Kohlhammer

Der Autor

Prof. Dr. Peter Kostorz bekleidet am Fachbereich Gesundheit der FH Münster die Professur für Rechtswissenschaften mit den Schwerpunkten Gesundheits- und Bildungsrecht.

© FH Münster

Peter Kostorz

Ausbildungsrecht in der Pflege

Einführung in das Pflegeberufegesetz und die
Ausbildungs- und Prüfungsverordnung

2., erweiterte und überarbeitete Auflage

Verlag W. Kohlhammer

Dieses Werk einschließlich aller seiner Teile ist urheberrechtlich geschützt. Jede Verwendung außerhalb der engen Grenzen des Urheberrechts ist ohne Zustimmung des Verlags unzulässig und strafbar. Das gilt insbesondere für Vervielfältigungen, Übersetzungen, Mikroverfilmungen und für die Einspeicherung und Verarbeitung in elektronischen Systemen.

Die Wiedergabe von Warenbezeichnungen, Handelsnamen und sonstigen Kennzeichen in diesem Buch berechtigt nicht zu der Annahme, dass diese von jedermann frei benutzt werden dürfen. Vielmehr kann es sich auch dann um eingetragene Warenzeichen oder sonstige geschützte Kennzeichen handeln, wenn sie nicht eigens als solche gekennzeichnet sind.

Es konnten nicht alle Rechtsinhaber von Abbildungen ermittelt werden. Sollte dem Verlag gegenüber der Nachweis der Rechtsinhaberschaft geführt werden, wird das branchenübliche Honorar nachträglich gezahlt.

Dieses Werk enthält Hinweise/Links zu externen Websites Dritter, auf deren Inhalt der Verlag keinen Einfluss hat und die der Haftung der jeweiligen Seitenanbieter oder -betreiber unterliegen. Zum Zeitpunkt der Verlinkung wurden die externen Websites auf mögliche Rechtsverstöße überprüft und dabei keine Rechtsverletzung festgestellt. Ohne konkrete Hinweise auf eine solche Rechtsverletzung ist eine permanente inhaltliche Kontrolle der verlinkten Seiten nicht zumutbar. Sollten jedoch Rechtsverletzungen bekannt werden, werden die betroffenen externen Links soweit möglich unverzüglich entfernt.

Verweise
▶ Kap./Abb./Tab./Kasten   → Zitat bzw. zitierte Vorschrift

2., erweiterte und überarbeitete Auflage 2023

Alle Rechte vorbehalten
© W. Kohlhammer GmbH, Stuttgart
Gesamtherstellung: W. Kohlhammer GmbH, Stuttgart

Print:
ISBN 978-3-17-041540-9

E-Book-Formate:
pdf: ISBN 978-3-17-041541-6
epub: ISBN 978-3-17-041542-3

Vorwort

Mit der vorliegenden zweiten Auflage wurde das Buch aktualisiert, in Teilen überarbeitet und unter anderem um Ausführungen zu den Möglichkeiten der Sanktionierung von Ausbildungspflichtverletzungen des Ausbildungsträgers (►Kap. 3.5), zum Distanzunterricht (►Kap. 4.1.2) und zur Erlaubnis zum Führen der Berufsbezeichnung *Pflegefachfrau* bzw. *Pflegefachmann* (►Kap. 8) ergänzt. Vor allem wurde es aber um ein Kapitel zur staatlichen Prüfung (►Kap. 6) erweitert, da seit dem Inkrafttreten des Pflegeberufe(reform)gesetzes zwischenzeitlich drei Jahre vergangen sind und nun die ersten Jahrgänge der generalistisch ausgebildeten Pflegefachkräfte das Staatsexamen ablegen.

Geblieben ist es bei dem Grundkonzept des Buches, allen an der Pflegeausbildung beteiligten Akteuren (Auszubildende, Pflegeschulen, Praxiseinrichtungen und Aufsichtsbehörden) eine systematische Einführung in das Ausbildungsrecht der Pflege bieten zu wollen. Dabei geht es um die Vermittlung grundlegender Kenntnisse und Strukturen – einen klassischen juristischen Kommentar zum Pflegeberufegesetz und zur Ausbildungs- und Prüfungsverordnung kann und soll das Buch nicht ersetzen. Dass dieses Konzept aufzugehen scheint, legen die zahlreichen positiven Rückmeldungen zur ersten Auflage dieser Veröffentlichung nahe, für die an dieser Stelle ein herzliches Dankeschön ausgesprochen werden soll; entsprechendes gilt für die wertvollen Hinweise zu Verbesserungsmöglichkeiten für die nun vorliegende zweite Auflage. Natürlich wird diese Kritik – sei sie positiv oder negativ – weiterhin ausdrücklich erbeten!

Mein abschließender Dank gilt meiner Frau Barbara, die mir als Pflegelehrerin viele pflegefachliche Hinweise und Einblicke in die Ausbildungspraxis in der Pflege geben konnte, und meinem Sohn Justus, der stets deutlich zum Ausdruck bringt, wann Papas Schreibtischzeit besser ein Ende nehmen sollte.

Münster, im Januar 2023   *Peter Kostorz*

Vorwort zur ersten Auflage

Mit dem Pflegeberufereformgesetz vom 17. Juli 2017 werden zum 1. Januar 2020 sowohl das Kranken- als auch das Altenpflegegesetz aufgehoben; gleichzeitig tritt das Pflegeberufegesetz in Kraft, das nach Jahren der wissenschaftlichen Diskussion und der politischen Auseinandersetzung das neue generalistische Berufsbild der *Pflegefachfrau* bzw. des *Pflegefachmanns* einführt. Damit wird naturgemäß auch die Pflegeausbildung auf eine neue rechtliche Grundlage gestellt, welche durch die Pflegeberufe-Ausbildungs- und -Prüfungsverordnung vom 2. Oktober 2018 weiter ausgestaltet und konkretisiert worden ist. Das vorliegende Buch bietet eine erste systematische Einführung in das neue Ausbildungsrecht in der Pflege und beleuchtet die rechtlichen Beziehungen zwischen den Ausbildungsträgern, den Pflegeschulen und den Auszubildenden. Folglich richtet er sich an alle an der Ausbildung beteiligten Akteure, die die neue Rechtslage ab dem Ausbildungsjahr 2020 umsetzen müssen oder von ihr betroffen sind; hierbei handelt es sich vor allem um die Pflegeschulen und deren Lehrkräfte, die Praxiseinrichtungen sowie deren Praxisanleiterinnen und Praxisanleiter, die Aufsichtsbehörden und natürlich die Auszubildenden selbst.

Dabei ist zu beachten, dass eine erläuternde Einführung in eine bestimmte Rechtsmaterie immer eine Darstellung aus zweiter Hand ist: Die Leserinnen und Leser des vorliegenden Buches sollten das Pflegeberufegesetz und die Ausbildungs- und Prüfungsverordnung daher stets griffbereit haben und im Zweifel (auch) einen Blick auf den Wortlaut der zitierten Vorschrift und somit auf die Informationen aus der ersten Hand des Gesetz- bzw. Verordnungsgebers werfen; die entsprechenden Texte können zum Beispiel im Internet unter www.bgbl.de, www.offenegesetze.de oder www.gesetze-im-internet.de aufgerufen werden, alternativ kann auch auf die von mir im Verlag der FH Münster herausgegebene Textausgabe (*Kostorz* 2022d) zurückgegriffen werden. Viele weitere relevante gesetzliche Grundlagen des (in diesem Sinne sekundären) Pflegeausbildungsrechts werden in dem vorliegenden Band im Wortlaut abgedruckt, um die Nutzerinnen und Nutzer des Buches zu motivieren, sich bei der Lösung kleinerer ausbildungsrechtlicher Probleme auch stets und gerade auf die jeweils einschlägigen gesetzlichen Vorschriften zu beziehen – es gilt insofern der Grundsatz: Ein Blick ins Gesetz erleichtert die Rechtsfindung!

Zu einem gewissen Teil wird die Pflegeausbildung darüber hinaus durch landesrechtliche Ausführungsbestimmungen zum Pflegeberufegesetz und zur Ausbildungs- und Prüfungsverordnung reglementiert. Da insofern nicht im Detail auf die Rechtslage in allen 16 Bundesländern eingegangen werden kann und entsprechende Regelungen zudem noch gar nicht flächendeckend und umfassend erlassen worden sind, wird bei den jeweiligen Erläuterungen nur auf die Möglichkeit bzw. Notwendigkeit des Erlasses landesspezifischer Vorschriften hingewiesen; zur Verdeutlichung werden hin und wieder auch einzelne landesrechtliche Bestimmungen exemplarisch dargestellt.

Das Manuskript zur vorliegenden Einführung in das Ausbildungsrecht der Pflege ist insgesamt mit größter Sorgfalt sowie bestem

Wissen und Gewissen verfasst worden. Sollten sich gleichwohl Fehler eingeschlichen haben, würde ich mich über eine Rückmeldung unter kostorz@fh-muenster.de ebenso freuen wie über sonstige (positive und negative) Kritik.

Münster, im März 2019 *Peter Kostorz*

Inhalt

Vorwort 5

Vorwort zur ersten Auflage 7

1 **Bedeutung und rechtliche Grundlagen des Ausbildungsrechts in der Pflege** 13
  1.1 Bedeutung des Ausbildungsrechts 13
  1.2 Rechtliche Grundlagen des Ausbildungsrechts 15
      1.2.1 Rangordnung der Rechtsquellen 15
      1.2.2 Recht der Europäischen Union 16
      1.2.3 Grundgesetz 20
      1.2.4 Pflegeberufe(reform)gesetz 21
      1.2.5 Rechtsverordnungen zum Pflegeberufegesetz 23
      1.2.6 Landesrecht 24

2 **Organisatorischer Rahmen der Pflegeausbildung** 25
  2.1 Pflegeausbildung als Ménage-à-trois 25
  2.2 Akteure der Pflegeausbildung 27
      2.2.1 Ausbildungsträger 27
      2.2.2 Pflegeschulen 28
      2.2.3 Auszubildende 32
  2.3 Dauer der Pflegeausbildung 35
  2.4 Zielsetzung der Pflegeausbildung 37
      2.4.1 Kompetenzen 41
      2.4.2 Pflegeverständnis 45
      2.4.3 Qualitätsmaßstab 46
      2.4.4 Lebensweltbezug und Patientenorientierung 50
      2.4.5 Befähigung zum Pflegeberuf 51

3 **Ausbildungsverhältnis zwischen Ausbildungsträger und Auszubildenden** 53
  3.1 Abschluss des Ausbildungsvertrages 53
  3.2 Wahlrecht der Auszubildenden beim Berufsabschluss 58
  3.3 Ausbildungspflicht des Ausbildungsträgers 63
      3.3.1 Verantwortung für das Erreichen des Ausbildungsziels 64
      3.3.2 Planung und Organisation der Praxiseinsätze 65
      3.3.3 Praxisanleitung 69
  3.4 Weisungsrecht des Ausbildungsträgers 72

	3.4.1	Weisungsbefugnis	73
	3.4.2	Inhalt der Aufgabenerfüllung	74
	3.4.3	Ort der Aufgabenerfüllung	76
	3.4.4	Zeitpunkt der Aufgabenerfüllung	77
3.5	Verletzung der Ausbildungspflicht des Ausbildungsträgers		78
	3.5.1	Möglichkeiten der Aufsichtsbehörde	78
	3.5.2	Möglichkeiten der Auszubildenden	79
	3.5.3	Möglichkeiten der Pflegeschule	81
3.6	Mitwirkungspflicht der Auszubildenden		82
	3.6.1	Kompetenzerwerb	83
	3.6.2	Aufgabenerfüllung	83
	3.6.3	Ausbildungsnachweis	85
	3.6.4	Achtung der Patientenrechte	85
3.7	Ausbildungsvergütung und Ausbildungsmittel		86
	3.7.1	Zahlung einer angemessenen Ausbildungsvergütung	87
	3.7.2	Zurverfügungstellung von Ausbildungsmitteln	90
3.8	Geltung des allgemeinen Arbeitsrechts		92
	3.8.1	Erholungsurlaub	93
	3.8.2	Ausbildungszeit	96
	3.8.3	Entgeltfortzahlung im Krankheitsfall	99
	3.8.4	Mutterschutz	103
	3.8.5	Jugendarbeitsschutz	108
	3.8.6	Schweigepflicht	112
3.9	Haftung für Pflegefehler		114
	3.9.1	Haftung in Anleitungssituationen	115
	3.9.2	Haftung in selbstständigen Arbeitseinsätzen	116
	3.9.3	Besonderheit Ausbildungsstation	118
	3.9.4	Schadensausgleich	119
3.10	Beendigung des Ausbildungsverhältnisses		124
	3.10.1	Ende durch Fristablauf und Möglichkeiten der Ausbildungsverlängerung	124
	3.10.2	Kündigung durch den Ausbildungsträger	129
	3.10.3	Kündigung durch den Auszubildenden	132
	3.10.4	Beschäftigung im Anschluss an das Ausbildungsverhältnis	133

4 Schulverhältnis zwischen Pflegeschule und Auszubildenden **135**

4.1	Erteilung des Unterrichts		135
	4.1.1	Theoretischer und praktischer Unterricht	136
	4.1.2	Distanzunterricht	137
	4.1.3	Unterrichtsinhalte	141
4.2	Zurverfügungstellung von Lehr- und Lernmitteln		144
4.3	Schulbesuchs- und Mitwirkungspflicht der Auszubildenden		148
	4.3.1	Schulbesuchspflicht	148
	4.3.2	Mitwirkungspflicht und Weisungsgebundenheit	149
	4.3.3	Freistellungsanspruch	152
4.4	Leistungsbewertung		153
	4.4.1	Jahreszeugnisse	153

		4.4.2 Zwischenprüfung	157
		4.4.3 Kriterien der Leistungsbewertung	159
	4.5	Umgang mit Disziplinschwierigkeiten	162
		4.5.1 Erziehungsmaßnahmen	163
		4.5.2 Ordnungsmaßnahmen	166
		4.5.3 Ausbildungsrechtliche Maßnahmen	168
		4.5.4 Grundsätze der Sanktionierung schulischen Fehlverhaltens	168
	4.6	Schulordnung	169
5	**Kooperationsverhältnis zwischen Ausbildungsträger und Pflegeschule**		**172**
	5.1	Abschluss von Kooperationsverträgen	172
	5.2	Praxisbegleitung	175
	5.3	Koordinationsverantwortung	178
	5.4	Kontrolle der Ausbildungsnachweise	179
6	**Staatliche Prüfung**		**180**
	6.1	Zulassung zur Prüfung	180
	6.2	Abnahme der Prüfung	182
		6.2.1 Strukturierung der Prüfung	183
		6.2.2 Prüfungsausschuss	184
		6.2.3 Nachteilsausgleich	187
	6.3	Prüfungsteile	189
		6.3.1 Schriftlicher Teil	190
		6.3.2 Mündlicher Teil	193
		6.3.3 Praktischer Teil	196
	6.4	Unregelmäßigkeiten	202
		6.4.1 Rücktritt	202
		6.4.2 Versäumnis	204
		6.4.3 Ordnungsverstöße und Täuschungsversuche	204
	6.5	Prüfungsergebnis	206
		6.5.1 Notenbildung und Bestehen	206
		6.5.2 Nichtbestehen und Wiederholungsmöglichkeiten	207
7	**Besonderheiten der hochschulischen Pflegeausbildung**		**209**
	7.1	Studiengangskonzept	210
	7.2	Ausbildungsziele	211
	7.3	Struktur des Studiums	213
	7.4	Rechtsstellung der Hochschule	214
	7.5	Rechtsstellung der Studierenden	214
	7.6	Staatliche Prüfung	217
8	**Führen der Berufsbezeichnung**		**220**
	8.1	Erlaubniserteilung	220
	8.2	Verlust der Erlaubnis	223
		8.2.1 Rücknahme der Erlaubnis	223
		8.2.2 Widerruf der Erlaubnis	224
		8.2.3 Ruhen der Erlaubnis	225

| 8.3 | Vorbehaltene Tätigkeiten | 226 |

Literaturverzeichnis **232**

Stichwortverzeichnis **237**

1 Bedeutung und rechtliche Grundlagen des Ausbildungsrechts in der Pflege

Pflegen darf in Deutschland jeder – nur nicht berufsmäßig! Zur Erfüllung unterschiedlich gearteter und teils gesetzlich bestimmter, teils korporatistisch bzw. vertraglich vereinbarter Fachkraftquoten und Personaluntergrenzen müssen Einrichtungen des Gesundheitswesens, in denen Menschen pflegerisch versorgt und betreut werden, aus Qualitätsgründen stets ein bestimmtes Maß an Pflegefachkräften beschäftigen (vgl. etwa *Igl*, in: *Igl/Welti* 2022, 78 und 120 f. oder *Hobusch* 2022, 173). Der Zugang zum Pflegeberuf setzt dabei vor allem das Bestehen einer staatlichen Prüfung und die vorherige Ableistung einer fachqualifizierenden Ausbildung voraus, die durch ein komplexes Regelwerk aus Vorschriften verschiedenster Rechtsquellen reglementiert wird. Das Pflegeausbildungsrecht ist insofern stets auch immer Berufszulassungsrecht, was sich bereits aus den ersten beiden Paragraphen des Pflegeberufegesetzes ergibt: »Wer die Berufsbezeichnung ›Pflegefachfrau‹ oder ›Pflegefachmann‹ führen will, bedarf der Erlaubnis« (§ 1 Abs. 1 Satz 1 PflBG). »Die Erlaubnis zum Führen der Berufsbezeichnung ist auf Antrag zu erteilen, wenn die antragstellende Person die durch dieses Gesetz vorgeschriebene berufliche oder hochschulische Ausbildung absolviert und die staatliche Abschlussprüfung bestanden hat« (§ 2 Nr. 1 PflBG).

1.1 Bedeutung des Ausbildungsrechts

Nach dem Recht der gesetzlichen Kranken- und der sozialen Pflegeversicherung sind sämtliche Leistungserbringer zu einer qualitativ hochwertigen Versorgung der Versicherten verpflichtet, die sich am Maßstab des jeweils anerkannten Standes wissenschaftlicher bzw. medizinisch-pflegerischer Erkenntnisse zu orientieren hat (§ 135a Abs. 1 SGB V bzw. §§ 11 Abs. 1 und 112 SGB XI). Diesem Erfordernis können die zur pflegerischen Versorgung zugelassenen (und damit auch ausbildungsberechtigten Krankenhäuser und Pflegeeinrichtungen) (▶ Kap. 2.2.1) nur durch die Beschäftigung formell und materiell hinreichend qualifizierten *Fach*personals nachkommen (vgl. *Igl*, in: *Igl/Welti* 2022, 80). Die materielle Qualifikation wird dabei geprägt durch die individuellen Kenntnisse, Fähigkeiten und Fertigkeiten einer Pflegekraft, die formelle durch ein von ihr erworbenes Zeugnis oder Zertifikat, das das Vorhandensein bestimmter Kompetenzen nachweist und belegt (*Großkopf/Klein* 2020, 218). Welche entsprechenden Qualifikationen im Einzelfall von einer Pflege*fach*kraft erwartet bzw. verlangt werden, bestimmt der Gesetzgeber im Pflegeausbildungsrecht, also vor allem im Pflegeberufegesetz.

Mit diesem Gesetz wurde zum 1. Januar 2020 das neue Berufsbild der *Pflegefachfrau* bzw. des *Pflegefachmanns* geschaffen; gleichzeitig wurden mit Art. 15 PflBRefG das noch bis zum 31. Dezember 2019 geltende Krankenpflegegesetz und das Altenpflegegesetz außer Kraft gesetzt, wodurch die bestehenden Berufsbilder der Gesundheits- und Krankenpflege und der Gesundheits- und Kinderkrankenpflege nach § 1 KrPflG sowie der Altenpflege nach § 1 AltPflG dem Grunde nach zu einem neuen generalistischen Pflegeberuf zusammengeführt wurden (*Kostorz* 2017, 42). Ziel des Gesetzgebers war es, die Pflegeausbildung zu modernisieren, sie für Berufsinteressentinnen und -interessenten attraktiver zu gestalten und den Berufsbereich der Pflege insgesamt aufzuwerten (*Bördner* 2017, 202). Vor allem aber soll die reformierte Ausbildung in der Pflege künftig stärker den sich wandelnden Versorgungsstrukturen und den spezifischen Bedarfen pflegebedürftiger Patientinnen und Patienten bzw. Heimbewohnerinnen und -bewohnern gerecht werden (→ BT-Drucks. 18/7823, 1).

BT-Drucks. 18/7823, 1
Die Sicherung einer qualitativen Pflegeversorgung ist eine der gesellschaftspolitisch wichtigen Aufgaben der nächsten Jahre. Durch demografische und epidemiologische Entwicklungen sowie Veränderungen in den Versorgungsstrukturen wandeln sich die Anforderungen an die pflegerische Versorgung und an das Pflegepersonal. Die Lebenserwartung der Mitbürgerinnen und Mitbürger in Deutschland steigt; chronische Erkrankungen, Multimorbidität und die Zahl demenziell und psychisch erkrankter Menschen nehmen zu. Die spezifischen Belange älterer Menschen sind zunehmend auch bei der Pflege im Krankenhaus zu berücksichtigen. Aufgrund der dort verkürzten Liegezeiten müssen immer komplexere Pflegeleistungen durch ambulante Pflegedienste und in stationären Pflegeeinrichtungen erbracht werden. Aber auch die spezifischen Anforderungen an die Pflege (chronisch) kranker Kinder und Jugendlicher sowie von Personen mit psychischen Erkrankungen dürfen bei der Vermittlung der beruflichen Handlungskompetenz der Pflegefachkräfte nicht außer Acht gelassen werden. Es ist daher erforderlich, dass künftig in der Pflegeausbildung unter Berücksichtigung des pflegewissenschaftlichen Fortschritts Kompetenzen zur Pflege von Menschen aller Altersgruppen in allen Pflegesettings vermittelt werden: Moderne, sich wandelnde Versorgungsstrukturen erfordern eine übergreifende pflegerische Qualifikation. Mit Blick auf den bereits heute bestehenden Fachkräftemangel ist daneben die nachhaltige Sicherung der Fachkräftebasis eine wichtige Aufgabe auch der Reform der Pflegeausbildung. Ziel ist es deshalb, die Pflegeberufe zukunftsgerecht weiterzuentwickeln, attraktiver zu machen und inhaltliche Qualitätsverbesserungen vorzunehmen. Es soll ein modernes, gestuftes und durchlässiges Pflegebildungssystem geschaffen werden, das die Ausbildung der zukünftigen Pflegefachkräfte derart ausgestaltet, dass sie den Anforderungen an die sich wandelnden Versorgungsstrukturen und zukünftigen Pflegebedarfe gerecht wird und zugleich die notwendige Basis für die im Sinne lebenslangen Lernens erforderlichen Fort- und Weiterbildungsprozesse bildet.

Dabei ist das Durchlaufen der derart neu gestalteten Pflegeausbildung nur eine Stufe auf der Treppe zu einer qualitativ hochwertigen Versorgung pflegebedürftiger Menschen i.S.d. § 135a Abs. 1 SGB V bzw. der §§ 11 Abs. 1 und 112 SGB XI: Nur wer die Ausbildung nach dem Pflegeberufegesetz absolviert hat, darf sich der staatlichen Prüfung zur *Pflegefachfrau* bzw. zum *Pflegefachmann* stellen – nur wer diese Abschlussprüfung bestanden hat, kann die Erlaubnis erhalten, die Berufsbezeichnung *Pflegefachfrau* bzw. *Pflegefachmann* zu führen – nur wer die Erlaubnis hat, eine entsprechende Berufsbezeichnung zu führen, darf als formell und materiell qualifizierte Pflege*fach*kraft für Gesundheitseinrichtungen tätig werden – und nur die Beschäftigung einer ausreichenden Anzahl erforderlicher Pflegefachkräfte erfüllt das Kriterium einer qualitativ hochwertigen Versorgung der kranken- bzw. pflegeversicherten Patientinnen und Patienten bzw. Bewohnerinnen und Bewohner unter Berücksichtigung des jeweils anerkannten Standes wissenschaftlicher bzw. medizinisch-pflegerischer Erkenntnisse. Bei der Erlaubnis zum Führen der Berufsbezeichnung *Pflegefachfrau* bzw. *Pflegefachmann* geht es also nicht zuletzt darum, »Patienten einen entsprechenden Standard der zu erbringenden Leistungen zu sichern und sie vor Schädigungen durch unqualifiziertes Personal zu schützen. Aus diesem Grund besteht auch ein Berufsbezeichnungsschutz, damit Patienten, aber auch Arbeitgeber das so bezeichnete Personal von anders oder nicht ausreichend qualifizierten Personen unterscheiden können« (*Igl*, in: *Igl/Welti* 2022, 77).

Zu beachten ist indes, dass die Erlaubnis zum Führen der Berufsbezeichnung nicht mit einem Berufs- oder Tätigkeitsschutz gleichgesetzt werden kann: Von den sogenannten Vorbehaltsaufgabe nach § 4 PflBG abgesehen (▶ Kap. 2.4.2 und ▶ Kap. 8.3) kann dem Grunde nach jede Person die Tätigkeiten, für die Pflegefachkräfte ausgebildet worden sind, ausüben, allerdings nicht unter der geschützten Berufsbezeichnung *Pflegefachfrau* bzw. *Pflegefachmann*. Als Regelung zur Berufszulassung hat die Erlaubnis zur Führung der entsprechenden Berufsbezeichnung für deren Trägerinnen und Träger gleichwohl einen nicht zu unterschätzenden, doppelten Wert: »Sie eröffnet grundsätzlich Beschäftigungschancen, wenn dem Arbeitgeber daran gelegen ist, Fachpersonal zu gewinnen. Noch hilfreicher ist die Situation, wenn ein Arbeitgeber gesetzlich verpflichtet ist, Fachpersonal einzustellen, oder wenn – wie im Sozialleistungsrecht – Sozialleistungen davon abhängen, dass sie durch bestimmtes Fachpersonal erbracht werden« (*Igl*, in: *Igl/Welti* 2022, 78).

1.2 Rechtliche Grundlagen des Ausbildungsrechts

Das Grundgesetz sieht in Art. 12 Abs. 1 GG zwar vor, dass alle Deutschen das Recht haben, ihren Beruf und ihren Arbeitsplatz frei zu wählen, doch kann die Berufsausübung durch ein Gesetz oder auf Grund eines Gesetzes eingeschränkt und reglementiert werden. Dementsprechend wird das Pflegeausbildungs- und -berufrecht in Deutschland durch eine Vielzahl an Gesetzen und Verordnungen determiniert, die aufgrund des föderalen Systems der Bundesrepublik sowohl auf Bundes- als auch auf Landesebene erlassen worden sind; mit der Entwicklung der Europäischen Union nimmt zudem das europäische Recht vermehrt Einfluss auf das Ausbildungs- und Berufrecht in der Pflege (hierzu insgesamt *Kostorz* 2022b).

1.2.1 Rangordnung der Rechtsquellen

Hinsichtlich ihres Verhältnisses untereinander folgen die verschiedenen Rechtsquellen einer bestimmten Hierarchie bzw. dem sogenannten Rangordnungsprinzip: Danach darf – stark vereinfacht ausgedrückt – eine in diesem Sinne rangniedrigere Regelung einer ranghöheren Regelung inhaltlich nicht widersprechen und darüber hinaus im Regelfall auch nur dann erlassen werden, wenn und soweit das höherrangigere Recht dies zulässt – es gilt mithin der Grundsatz *lex superior derogat legi inferiori* (hierzu insgesamt *Röhl/Röhl* 2008, 305 ff.) (▶ Abb. 1).

Das höchste nationale Recht stellt dabei die Verfassung der Bundesrepublik, also das Grundgesetz dar. In ihm finden sich mit den Grundrechten Vorschriften zur Berufsfreiheit und im Abschnitt zur Gesetzgebung Maßgaben zur jeweiligen Gesetzgebungskompetenz von Bund und Ländern. Bei den vom Bundesstaat und den Bundesländern erlassenen Rechtquellen handelt es sich in erster Linie um Gesetze, die auf dem jeweils vorgeschriebenen Wege von den Organen der Legislative, also vor allem vom Bundestag und vom Bundesrat bzw. dem Landtag verabschiedet

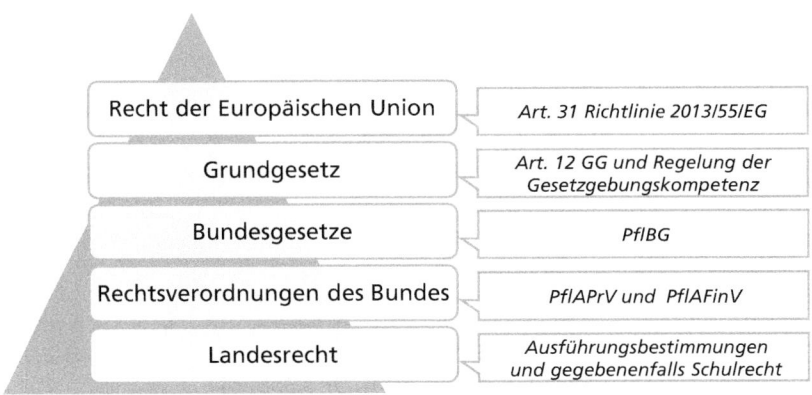

Abb. 1: Normenpyramide im Pflegeausbildungs- und -beruferecht (eigene Darstellung)

worden sind (sog. formelles und materielles Recht). In diesen Gesetzen kann die (Bundes- bzw. Landes-) Regierung als Exekutive ermächtigt werden, bestimmte Sachverhalte durch Rechtsverordnungen zu regeln; dieses sognannte (ausschließlich) materielle Recht ist im Vergleich zum Gesetzesrecht insofern rangniedriger, als es grundsätzlich nur dann erlassen werden darf, wenn Inhalt, Zweck und Ausmaß der erteilten Ermächtigung durch ein formell-materielles Gesetz bestimmt worden sind (vgl. für die Bundesebene Art. 80 GG) (*Röhl/Röhl* 2008, 549 und 585). Zwischen den Rechtsquellen von Bund und Land gilt der Grundsatz »Bundesrecht bricht Landesrecht« (Art. 31 GG), so dass in Fällen einer Normenkollision bundesrechtliche Regelungen landesrechtlichen Bestimmungen stets vorgehen. Als absolut vorrangiges Recht gilt das übernationale Recht der Europäischen Union, das nach Art. 23 Abs. 1 Satz 2 GG einen sogenannten Anwendungsvorrang genießt und daher von allen nationalstaatlichen Gewalten grundsätzlich zu beachten und umzusetzen ist (vgl. *Wolff*, in: *Hömig/Wolff* 2022, Art. 23 Rdnr. 14).

1.2.2 Recht der Europäischen Union

Auf der Ebene des Rechts der Europäischen Union ist insbesondere die sogenannte Berufsanerkennungsrichtlinie 2005/36/EG von Bedeutung, die durch die Richtlinie 2013/55/EU für den Bereich der Pflegeberufe modifiziert und erweitert worden ist (hierzu etwa *Igl* 2020). In deren → Art. 31 werden die Mindestanforderungen für die Ausbildung zur Pflegefachkraft bestimmt; es handelt sich hierbei vor allem um Maßgaben zu den schulischen Zugangsvoraussetzungen zur Ausbildung (Abs. 1), zu den in der Ausbildung zu berücksichtigenden Themengebieten (Abs. 2), zur Dauer und zum Umfang der Ausbildung (Abs. 3), zur Struktur der theoretischen und der praktischen Ausbildung (Abs. 4 und 5) sowie zu den in der Ausbildung zu vermittelnden Kompetenzen (Abs. 6 und 7). Nationale Berufsabschlüsse in der Pflege, die diesen Kriterien entsprechen, werden nach der EU-Richtlinie in allen EU-Mitgliedsstaaten automatisch anerkannt (Art. 21 Abs. 1 und 6 Richtlinie 2005/36/EG). Zu beachten ist dabei jedoch, dass in der Richtlinie ausschließlich von »Krankenschwestern und Krankenpflegern für die allgemeine Pflege« die Rede ist. Eine entsprechende Berufsanerkennung kommt mithin nur für *Pflegefachfrauen* und *Pflegefachmänner* i.S.d. § 1 PflBG in Betracht. Berufsabschlüsse in der Gesundheits- und Kinderkrankenpflege und in der Altenpflege nach § 58 Abs. 1 bzw. Abs. 2 PflBG (▶ Kap. 3.2) werden demgegenüber nicht automatisch bzw. nicht in allen EU-Mitgliedsstaaten anerkannt (*Funk* 2017, 345 sowie *Hartmeyer/Slatosch* 2019, 176).

Das Programm der Ausbildung, die nach dieser EU-Richtlinie zum europaweit anerkannten Ausbildungsnachweis für Fachkräfte der allgemeinen Krankenpflege führt, umfasst dabei mindestens die in Anhang V Nr. 5.2.1 der Richtlinie aufgeführten Ausbildungsteile mit den dahinterliegenden Fachgebieten (Art. 31 Abs. 2 Richtlinie 2005/36/EG); es handelt sich insofern um eine duale Ausbildung, die sowohl Elemente des theoretischen Unterrichts als auch der klinisch-praktischen Ausbildung umfasst (▶ Abb. 2).

Art. 31 Richtlinie 2005/36/EG [Ausbildung von Krankenschwestern und Krankenpflegern für allgemeine Pflege]

(1) Die Zulassung zur Ausbildung zur Krankenschwester und zum Krankenpfleger, die für die allgemeine Pflege verantwortlich sind, setzt Folgendes voraus:
   a) entweder eine zwölfjährige allgemeine Schulausbildung, deren erfolgreicher Abschluss durch ein von den zuständigen Behörden oder Stellen eines Mitgliedstaats ausgestelltes Diplom oder Prüfungszeugnis oder durch einen sonstigen Befähigungsnachweis oder durch ein Zeugnis über eine bestandene Prüfung von gleichwertigem Niveau bescheinigt wird, das zum Besuch von Universitäten oder anderen Hochschuleinrichtungen mit anerkannt gleichwertigem Niveau berechtigt, oder
   b) eine mindestens zehnjährige allgemeine Schulausbildung, deren erfolgreicher Abschluss durch ein von den zuständigen Behörden oder Stellen eines Mitgliedstaats ausgestelltes Diplom oder Prüfungszeugnis oder durch einen sonstigen Befähigungsnachweis oder durch ein Zeugnis über eine bestandene Prüfung von gleichwertigem Niveau bescheinigt wird, das zum Besuch von Berufsschulen für Krankenpflege oder zur Teilnahme an Berufsausbildungsgängen für Krankenpflege berechtigt.

(2) Die Ausbildung zur Krankenschwester und zum Krankenpfleger, die für die allgemeine Pflege verantwortlich sind, erfolgt als Vollzeitausbildung und umfasst mindestens das in Anhang V Nummer 5.2.1. aufgeführte Programm [▶ Abb. 2]. […]

(3) Die Ausbildung zur Krankenschwester und zum Krankenpfleger für allgemeine Pflege umfasst insgesamt mindestens drei Jahre (kann zusätzlich in der entsprechenden Anzahl von ECTS-Punkten ausgedrückt werden) und besteht aus mindestens 4600 Stunden theoretischer und klinisch-praktischer Ausbildung; die Dauer der theoretischen Ausbildung muss mindestens ein Drittel und die der klinisch-praktischen Ausbildung mindestens die Hälfte der Mindestausbildungsdauer betragen. Ist ein Teil der Ausbildung im Rahmen anderer Ausbildungsgänge von mindestens gleichwertigem Niveau erworben worden, so können die Mitgliedstaaten den betreffenden Berufsangehörigen für Teilbereiche Befreiungen gewähren.

Die Mitgliedstaaten tragen dafür Sorge, dass die mit der Ausbildung der Krankenschwestern und Krankenpfleger betrauten Einrichtungen die Verantwortung dafür übernehmen, dass Theorie und Praxis für das gesamte

1 Bedeutung und rechtliche Grundlagen des Ausbildungsrechts in der Pflege

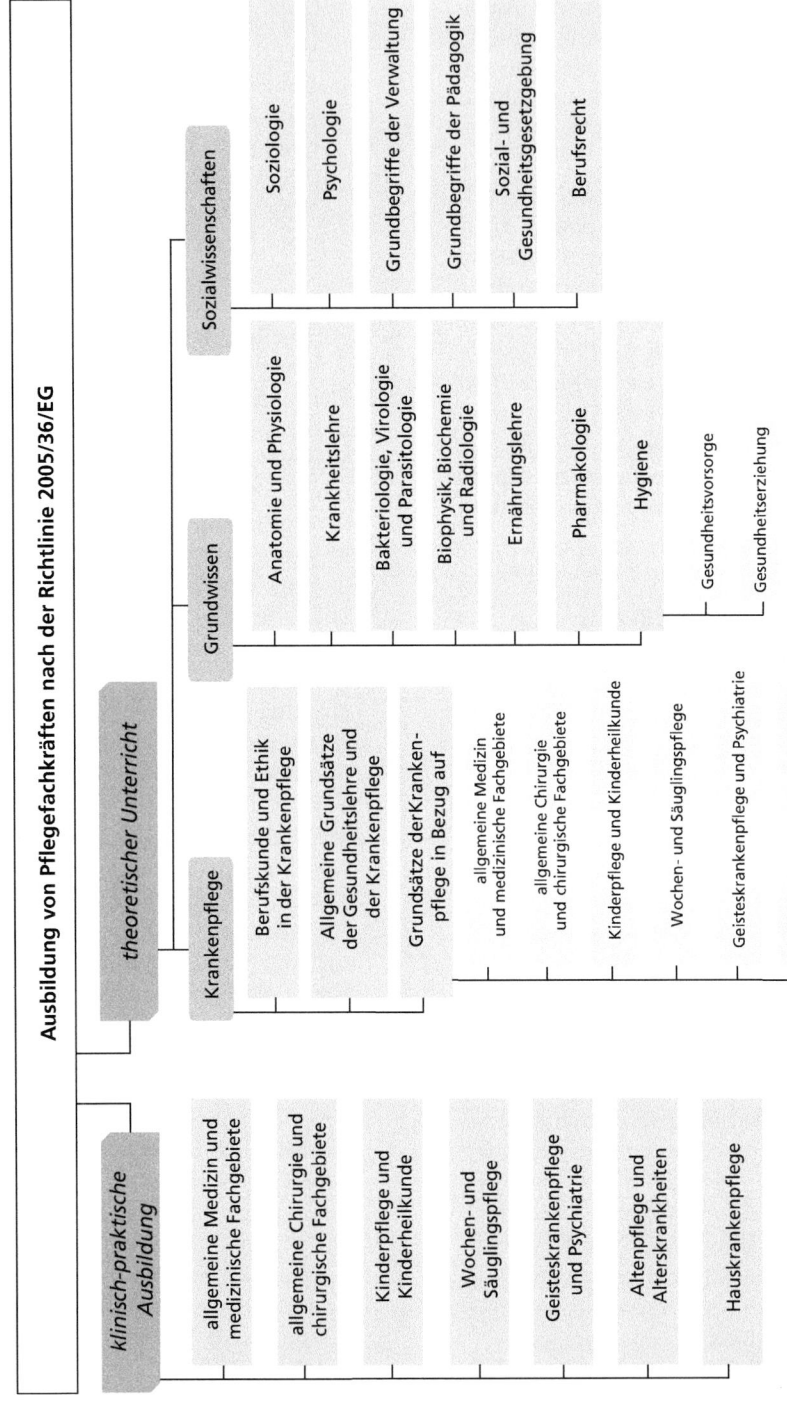

Abb. 2: Ausbildungsprogramm für Fachkräfte in der allgemeinen Pflege nach der Richtlinie 2005/36/EG (eigene Darstellung)

Ausbildungsprogramm koordiniert werden.
(4) Die theoretische Ausbildung ist der Teil der Krankenpflegeausbildung, in dem die Krankenpflegeschülerinnen und -schüler die in den Absätzen 6 und 7 verlangten beruflichen Kenntnisse, Fähigkeiten und Kompetenzen erwerben. Die Ausbildung wird an Universitäten, an Hochschulen mit anerkannt gleichwertigem Niveau oder Berufsschulen für Krankenpflege oder in Berufsausbildungsgängen für Krankenpflege von Lehrenden für Krankenpflege und anderen fachkundigen Personen durchgeführt.
(5) Die klinisch-praktische Unterweisung ist der Teil der Krankenpflegeausbildung, in dem die Krankenpflegeschülerinnen und -schüler als Mitglied eines Pflegeteams und in unmittelbarem Kontakt mit Gesunden und Kranken und/oder im Gemeinwesen lernen, anhand ihrer erworbenen Kenntnisse, Fähigkeiten und Kompetenzen die erforderliche umfassende Krankenpflege zu planen, durchzuführen und zu bewerten. Die Krankenpflegeschülerinnen und -schüler lernen nicht nur, als Mitglieder eines Pflegeteams tätig zu sein, sondern auch, ein Pflegeteam zu leiten und die umfassende Krankenpflege einschließlich der Gesundheitserziehung für Einzelpersonen und kleine Gruppen im Rahmen von Gesundheitseinrichtungen oder im Gemeinwesen zu organisieren.

Diese Unterweisung wird in Krankenhäusern und anderen Gesundheitseinrichtungen sowie im Gemeinwesen unter der Verantwortung des Krankenpflegelehrpersonals und in Zusammenarbeit mit anderen fachkundigen Krankenpflegern bzw. mit deren Unterstützung durchgeführt. Auch anderes fachkundiges Personal kann in diesen Unterricht mit einbezogen werden.

Die Krankenpflegeschülerinnen und Krankenpflegeschüler beteiligen sich an dem Arbeitsprozess der betreffenden Abteilungen, soweit diese Tätigkeiten zu ihrer Ausbildung beitragen und es ihnen ermöglichen, verantwortliches Handeln im Zusammenhang mit der Krankenpflege zu erlernen.

(6) Die Ausbildung von Krankenschwestern/Krankenpflegern, die für die allgemeine Pflege verantwortlich sind, stellt sicher, dass der betreffende Berufsangehörige folgende Kenntnisse und Fähigkeiten erwirbt:
a) umfassende Kenntnisse in den Wissenschaften, auf denen die allgemeine Krankenpflege beruht, einschließlich ausreichender Kenntnisse über den Organismus, die Körperfunktionen und das Verhalten des gesunden und des kranken Menschen sowie über die Einflüsse der physischen und sozialen Umwelt auf die Gesundheit des Menschen;
b) Kenntnisse in der Berufskunde und in der Berufsethik sowie über die allgemeinen Grundsätze der Gesundheit und der Krankenpflege;
c) eine angemessene klinische Erfahrung; diese muss der Ausbildung dienen und unter der Aufsicht von qualifiziertem Krankenpflegepersonal an Orten erworben werden, die aufgrund ihrer Ausstattung und wegen des in ausreichender Anzahl vorhandenen Personals für die Krankenpflege geeignet sind;
d) die Fähigkeit, an der praktischen Ausbildung von Angehörigen von Gesundheitsberufen mitzuwirken, und Erfahrung in der Zusammenarbeit mit diesem Personal;

e) Erfahrung in der Zusammenarbeit mit anderen im Gesundheitswesen tätigen Berufsangehörigen.

(7) Formale Qualifikationen von Krankenschwestern/Krankenpflegern, die für die allgemeine Pflege verantwortlich sind, dienen unabhängig davon, ob die Ausbildung an einer Universität, einer Hochschule mit anerkannt gleichwertigem Niveau oder einer Berufsschule für Krankenpflege oder in einem Berufsausbildungsgang für Krankenpflege erfolgte, als Nachweis dafür, dass der betreffende Berufsangehörige mindestens über die folgenden Kompetenzen verfügt:

a) die Kompetenz, den Krankenpflegebedarf unter Rückgriff auf aktuelle theoretische und klinisch-praktische Kenntnisse eigenverantwortlich festzustellen und die Krankenpflege im Rahmen der Behandlung von Patienten auf der Grundlage der gemäß Absatz 6 Buchstaben a, b und c erworbenen Kenntnisse und Fähigkeiten im Hinblick auf die Verbesserung der Berufspraxis zu planen, zu organisieren und durchzuführen;

b) die Kompetenz zur effektiven Zusammenarbeit mit anderen Akteuren im Gesundheitswesen, einschließlich der Mitwirkung an der praktischen Ausbildung von Angehörigen von Gesundheitsberufen, auf der Grundlage der gemäß Absatz 6 Buchstaben d und e erworbenen Kenntnisse und Fähigkeiten;

c) die Kompetenz, Einzelpersonen, Familien und Gruppen auf der Grundlage der gemäß Absatz 6 Buchstaben a und b erworbenen Kenntnisse und Fähigkeiten zu einer gesunden Lebensweise und zur Selbsthilfe zu verhelfen;

d) die Kompetenz, eigenverantwortlich lebenserhaltende Sofortmaßnahmen einzuleiten und in Krisen- und Katastrophenfällen Maßnahmen durchzuführen;

e) die Kompetenz, pflegebedürftige Personen und deren Bezugspersonen eigenverantwortlich zu beraten, anzuleiten und zu unterstützen;

f) die Kompetenz, die Qualität der Krankenpflege eigenverantwortlich sicherzustellen und zu bewerten;

g) die Kompetenz zur umfassenden fachlichen Kommunikation und zur Zusammenarbeit mit anderen im Gesundheitswesen tätigen Berufsangehörigen;

h) die Kompetenz, die Pflegequalität im Hinblick auf die Verbesserung der eigenen Berufspraxis als Krankenschwestern und Krankenpfleger, die für die allgemeine Pflege verantwortlich sind, zu analysieren.

1.2.3 Grundgesetz

Nach Art. 74 Abs. 1 Nr. 19 GG erstreckt sich die sogenannte konkurrierende Gesetzgebung unter anderem auf die »Zulassung zu ärztlichen und anderen Heilberufen«, worunter auch der Beruf der Pflegefachkraft fällt, da die Ausbildung hierzu die notwendigen Kompetenzen zur Erhaltung, Förderung, Wiedererlangung oder Verbesserung der physischen und psychischen Situation zu pflegender Menschen vermittelt (§ 5 PflBG) (*Igl* 2021, § 1 PflBG Rdnr. 3). Konkurrierende Gesetzgebung bedeutet dabei, dass die Länder (nur dann) »die Befugnis zur Gesetzgebung [haben], solange und soweit der Bund von seiner Gesetzgebungszuständigkeit nicht durch Gesetz Gebrauch gemacht hat« (Art. 72 Abs. 1 GG) – Regelungen des Bundes entfalten mithin eine Art Sperrwirkung für eine Gesetzgebung auf Landesebene (*von Knobloch*, in: *Hömig/Wolff* 2022, Art. 72 Rdnr. 2). Hiervon hat der Bund mit dem Pflegeberufegesetz

Gebrauch gemacht, das insofern also vor allem ein Berufszulassungsgesetz ist (*Igl* 2021, § 1 PflBG Rdnr. 22 f. spricht in diesem Zusammenhang von einer »Teilapprobation«). Zu den Regelungen der Berufszulassung gehören dabei sowohl die Maßgaben zur Erteilung der Erlaubnis zum Führen der Berufsbezeichnung *Pflegefachfrau* bzw. *Pflegefachmann* (▶ Kap. 8.1) als auch die an die Ausbildung und die staatliche Prüfung zu stellenden Mindestanforderungen (▶ Kap. 2 bzw. ▶ Kap. 6), die zum Erteilen einer entsprechenden Erlaubnis zu erfüllen sind (vgl. *von Knobloch*, in: *Hömig/Wolff* 2022, Art. 74 Rdnr. 18). Nicht erfasst von der Gesetzgebungskompetenz des Bundes sind demgegenüber vor allem Regelungen zur Berufsausübung, wie sie etwa die Vorschriften zur Fachweiterbildung in der Pflege darstellen (*Igl* 2021, § 1 PflBG Rdnr. 4 f.).

Bei den neu im Pflegeberuferecht verankerten sogenannten Vorbehaltsaufgaben nach § 4 PflBG, die beruflich nur von Personen durchgeführt werden dürfen, die die Berufsbezeichnung *Pflegefachfrau* bzw. *Pflegefachmann* führen dürfen (▶ Kap. 2.4.2 und ▶ Kap. 8.3), handelte es sich zwar dem Grunde nach ebenfalls um Regelungen der Berufsausübung, doch werden entsprechende Tätigkeiten vom Bundesverfassungsgericht demgegenüber stets dann den Bestimmungen der Berufszulassung zugeordnet, wenn »sie nicht das gesamte berufliche Betätigungsfeld ausmachen, sondern nur einen eng abgrenzbaren Bereich, und daher genau definiert werden können« (BVerfG vom 24. Oktober 2002 [Az. 2 BvF 1/01]), was auf die in § 4 PflBG genannten pflegerischen Tätigkeiten zutrifft.

Neben der verfahrensmäßigen Gesetzgebungskompetenz sind bei der Gesetzgebung ferner sämtliche grundrechtlichen Maßgaben der Verfassung zu berücksichtigen. Hier spielt der bereits einleitend zitierte → Art. 12 Abs. 1 GG eine wesentliche Rolle, wonach die Berufsausübung durch ein Gesetz freiheitseinschränkend geregelt werden kann. Ein solches Gesetz kann nach der Rechtsprechung des Bundesverfassungsgerichts unter anderem dann erlassen werden, wenn es dem Schutz eines höherrangigen wichtigen Gemeinschaftsgutes dient (*Wolff*, in: *Hömig/Wolff* 2022, Art. 12 Rdnr. 17), wie etwa dem Schutz pflegebedürftiger Personen vor einer unsachgemäßen und fachlich unzureichenden pflegerischen Versorgung (Recht auf den vorrangigen Schutz der körperlichen Unversehrtheit nach Art. 2 Abs. 2 Satz 1 GG). Der Berufszugang bzw. die Berufsausübung kann in diesem Fall durch sogenannte subjektive Zulassungsvoraussetzungen reglementiert werden (*Wolff*, in: *Hömig/Wolff* 2022, Art. 12 Rdnr. 18), zu denen etwa gewisse persönliche Eigenschaften und Fähigkeiten, erworbene Abschlüsse oder bestimmte Leistungen des Berufsbewerbers gehören (BVerfG vom 11. Juni 1958 [Az. 1 BvR 596/56]).

> **Art. 12 Abs. 1 GG**
>
> Alle Deutschen haben das Recht, Beruf, Arbeitsplatz und Ausbildungsstätte frei zu wählen. Die Berufsausübung kann durch Gesetz oder auf Grund eines Gesetzes geregelt werden.

1.2.4 Pflegeberufe(reform)gesetz

Das *Gesetz über die Pflegeberufe* (Pflegeberufegesetz – PflBG) vom 17. Juni 2017, das als Art. 1 des *Gesetzes zur Reform der Pflegeberufe* (Pflegeberufereformgesetz – PflBRefG) verabschiedet worden ist, setzt die Maßgaben des EU-Rechts und des Grundgesetzes als höherrangigem Recht um, indem es für die Ausübung fachqualifizierter Pflege bestimmte Bedingungen vorschreibt und die Zulassung zum Beruf der *Pflegefachfrau* bzw. des *Pflegefachmanns* entsprechend reglementiert (Teil 1 des Gesetzes): So bedürfen Pflegende, die eine entsprechende Berufsbezeichnung führen möchten, hierzu der Erlaubnis durch eine zuständige Behörde (§ 1 PflBG) (▶ Kap. 8.1). Diese Erlaubnis kann wiederum nur erteilt werden, wenn die jeweilige Person eine gewisse Zuverlässigkeit für die Ausübung des Berufes mitbringt, in gesundheitlicher Hinsicht für die Ausübung des Berufes geeignet ist, über die für die Ausübung des Berufes erforderlichen Deutschkenntnisse verfügt und vor allem eine staatliche Prüfung bestanden hat (§ 2 PflBG). Letzteres setzt indes voraus, dass die nach dem Gesetz vorgeschriebene Ausbildung absolviert worden ist, was wiederum nur möglich ist, wenn der Bewerber um einen Ausbildungsplatz eine bestimmte (schulische) Vorbildung mitbringt (§ 11 PflBG) (subjektive Zulassungsvoraussetzungen).

Kern des Pflegeberufegesetzes ist indes die Reglementierung der beruflichen Pflegeausbildung in Teil 2 des Gesetzes. Hier finden sich in Abschnitt 1 die Vorschriften zur Organisation, Struktur und Dauer der Ausbildung zur *Pflegefachfrau* bzw. zum *Pflegefachmann*, die unter anderem die Maßgaben des Art. 31 Richtlinie 2005/36/EG in nationales Recht umsetzen; exemplarisch genannt werden kann diesbezüglich die Formulierung des Ausbildungsziels in § 5 PflBG (▶ Kap. 2.4), das der Umsetzung der Abs. 6 und 7 der genannten Richtlinie dient. Weitere hier geregelte Aspekte sind unter anderem die Mindestanforderungen an Pflegeschulen und deren Verantwortung in der Ausbildungsorganisation sowie die Möglichkeit zur Umsetzung von Modellvorhaben zur Weiterentwicklung des Pflegeberufs und zur Übertragung von dem Grunde nach ärztlichen Tätigkeiten der selbständigen Ausübung von Heilkunde auf Angehörige der Pflegefachberufe. Das Ausbildungsverhältnis zwischen den Ausbildungsträgern und den Auszubildenden wird in Abschnitt 2 reglementiert; er enthält Bestimmungen zum Abschluss des Ausbildungsvertrages, zu den Pflichten der beiden Vertragspartner und zu den Modalitäten der Beendigung des Ausbildungsverhältnisses. Abschnitt 3 regelt schließlich die Finanzierung der beruflichen Pflegeausbildung im Umlageverfahren durch auf Landesebene angesiedelte Ausbildungsfonds (hier nicht dargestellt, vgl. aber *Opolony* 2019).

Obwohl das Hochschulrecht dem Grunde nach nicht in die Gesetzgebungskompetenz des Bundes fällt, eröffnet Teil 3 des Pflegeberufegesetzes die Möglichkeit eines generalistisch ausgerichteten, primärqualifizierenden Pflegestudiums an Hochschulen auf Bachelor-Niveau (▶ Kap. 7). Ein entsprechendes Rahmenrecht auf Bundesebene ist insofern erforderlich, als die Absolventinnen und Absolventen eines solchen Studiengangs ebenfalls die Erlaubnis erhalten können, die Berufsbezeichnung *Pflegefachfrau* bzw. *Pflegefachmann* (mit dem Zusatz des akademischen Grades) zu führen und dementsprechend nach den Regularien des Pflegeberufegesetzes zur Berufsausübung zuzulassen sind; konsequenterweise integrieren die hochschulischen Prüfungen auch die einzelnen Teile der staatlichen Prüfung zur Berufszulassung (§ 39 Abs. 3 PflBG) (▶ Kap. 7.6). Die konkreten Studiengangskonzepte unterliegen vor dem Hintergrund der Wissenschaftsfreiheit nach Art. 5 Abs. 3 GG dem Gestaltungsspielraum der Hochschulen (§ 37 Abs. 4 PflBG), aber auch der Überprüfung durch die zuständige Landesbehörde im Akkreditierungsverfahren (§ 38 Abs. 2 PflBG).

Die weiteren Teile des Pflegeberufegesetzes beschäftigen sich mit der europarechtlich gebotenen Anerkennung ausländischer Berufsabschlüsse (Teil 4) (hier nicht dargestellt, vgl. aber *Schilling* 2021), mit den Besonderheiten der Ausbildung in der Gesundheits- und Kinderkrankenpflege sowie in der Altenpflege (Teil 5) und enthalten bestimmte Anwendungs- und Übergangsvorschriften (Teil 6).

Aufgrund der spezifischen Gesetzgebungskompetenz bei der Regelung der Berufszulassung zu nichtärztlichen Heilberufen findet das Berufsbildungsgesetz nach ausdrücklicher Anordnung des § 63 PflBG auf die berufliche Pflegeausbildung grundsätzlich keine Anwendung (hierzu *Dielmann* 2013, 156 ff.). Gleichwohl sind viele Vorschriften des Pflegeberufegesetzes denen des Berufsbildungsgesetzes nachgebildet. Im Zweifel kann daher bei Auslegungsfragen oder Regelungslücken auf die Rechtsprechung und die Literatur zum Berufsbildungsgesetz zurückgegriffen werden, die dann analog angewendet werden können (zu einem Vergleich der Regelungen nach dem Berufsbildungs- und dem Pflegeberufegesetz siehe *Hofrath/Zöller* 2020).

1.2.5 Rechtsverordnungen zum Pflegeberufegesetz

Das Pflegeberufegesetz enthält insgesamt drei Ermächtigungen zum Erlass von Rechtsverordnungen durch das *Bundesministerium für Familie, Senioren, Frauen und Jugend* sowie das *Bundesministerium für Gesundheit* (jeweils mit Zustimmung des Bundesrates):

1. Erlass einer Ausbildungs- und Prüfungsverordnung nach § 56 Abs. 1 und 2 PflBG
2. Erlass einer Verordnung über die Finanzierung der beruflichen Ausbildung in der Pflege nach § 56 Abs. 3 PflBG (im Benehmen mit dem *Bundesministerium der Finanzen*)
3. Erlass einer Verordnung zur Durchführung statistischer Erhebungen nach § 55 PflBG

Entsprechend dieser Ermächtigungen wurde am 2. Oktober 2018 die *Ausbildungs- und Prüfungsverordnung für die Pflegeberufe* (Pflegeberufe-Ausbildungs- und -Prüfungsverordnung – PflAPrV) sowie die *Verordnung über die Finanzierung der beruflichen Ausbildung nach dem Pflegeberufegesetz sowie zur Durchführung statistischer Erhebungen* (Pflegeberufe-Ausbildungsfinanzierungsverordnung – PflAFinV) erlassen.

Während das Pflegeberufegesetz den Rahmen der Pflegeausbildung absteckt, dient die Pflegeberufe-Ausbildungs- und -Prüfungsverordnung der Ergänzung und Ausgestaltung dieser Vorgaben. Sie regelt im Wesentlichen Einzelheiten zu der Ausbildungsstruktur, den Ausbildungsinhalten und der staatlichen Prüfung einschließlich der staatlichen Prüfung in der hochschulischen Pflegeausbildung und konkretisiert die Vorgaben zu den Kooperationsvereinbarungen zwischen den an der dualen beruflichen Pflegeausbildung beteiligten Akteuren; darüber hinaus enthält sie detailliertere Regelungen zu den Anerkennungsverfahren von Ausbildungen (hierzu *Schilling* 2021), die außerhalb des Geltungsbereichs des Pflegeberufegesetzes abgeschlossen worden sind (vgl. BT-Drucks. 19/2707, 2 und 81). Von besonderer praktischer bzw. berufspädagogischer Bedeutung sind dabei die Anlagen der Verordnung, die vor allem die während der Ausbildung zu vermittelnden Kompetenzen definieren (Anlagen 1 bis 5 PflAPrV) und den jeweiligen Stundenumfang der Lernbereiche des theoretischen und praktischen Unterrichts der Pflegeschule sowie die Art und Dauer der Praxiseinsätze im Rahmen der praktischen Ausbildung festlegen (Anlagen 6 und 7 PflAPrV). Damit erfolgt durch die Pflegeberufe-Ausbildungs- und -Prüfungsverordnung insgesamt eine weitere Umsetzung der Maßgaben des Art. 31 Richtlinie 2005/36/EG.

Die Pflegeberufe-Ausbildungsfinanzierungsverordnung wurde aufgrund der Ermächtigung sowohl des § 55 Abs. 1 PflBG als auch des § 56 Abs. 3 PflBG erlassen. Dementsprechend regelt sie zunächst in ihrem Teil 1 Konkretisierungen und weitere Einzelheiten zur Finanzierung der beruflichen Pflegeausbildung, die nach §§ 26 bis 36 PflBG über einen Ausgleichsfonds erfolgt, in den alle Krankenhäuser und stationären sowie ambulanten Pflegeeinrichtungen einzahlen und an dem sich außerdem die soziale sowie die private Pflegeversicherung beteiligt (hierzu *Opolony* 2019). Zentraler Bestandteil der Verordnung sind die Festlegungen, welche Ausbildungskosten die nach dem Pflegeberufegesetz ausbildenden Krankenhäuser und Pflegeeinrichtungen sowie die Pflegeschulen im Rahmen der Vereinbarung von Ausbildungsbudgets geltend machen können, um Zuweisungen aus dem Ausgleichsfonds zu erhalten, und welche Angaben und Daten sie im Hinblick auf die Festsetzung der Ausbildungsbudgets an die zuständige Stelle zu übermitteln haben. In ihrem Teil 2 regelt die Verordnung Art, Zweck und Umfang jährlicher statistischer Erhebungen zur Darstellung und Bewertung der beruflichen Ausbildung in der Pflege (vgl. BR-Drucks. 360/18, 18).

1.2.6 Landesrecht

Auch wenn das Pflegeberufegesetz zusammen mit seinen untergeordneten Rechtsverordnungen verhältnismäßig detaillierte Regelungen zum Pflegeausbildungs- und -berufecht enthält, überlässt es den Ländern in einigen Bereichen eine nähere Ausgestaltung der dort getroffenen Maßgaben durch landesrechtliche Bestimmungen (vgl. etwa § 9 Abs. 3 PflBG zur Befugnis, das Nähere zu den Mindestanforderungen an Pflegeschulen zu regeln, oder § 6 Abs. 2 PflBG zur Erlaubnis, auf Landesebene einen einheitlichen Lehrplan für den Unterricht an den Pflegeschulen festzulegen); zudem enthält das Bundesgesetz eine Reihe von Vorschriften, die zwingend einer Umsetzung durch Landesrecht bedürfen (vgl. vor allem § 49 PflBG zum Auftrag, die für die Ausführung des Gesetzes zuständigen Landesbehörden zu bestimmen). Hintergrund hierfür ist zum einen, dass das Recht der Berufszulassung eben nicht zur ausschließlichen Gesetzgebungskompetenz des Bundes nach Art. 73 GG gehört, sondern zum Bereich der konkurrierenden Gesetzgebung nach Art. 72 Abs. 1 GG, und zum anderen, dass das Recht zur Regelung der Berufsausübung gemäß Art. 70 GG grundsätzlich bei den Ländern liegt. Es obliegt daher den Bundesländern, entsprechende Landesausführungs-

bestimmungen in Form von Gesetzen und Rechtsverordnungen zu erlassen (hierzu insgesamt *Arens* 2022; eine Zusammenstellung des jeweils geltenden Landesrechts bietet zudem der Internetautritt des *BMFSFJ* 2023; speziell für Nordrhein-Westfalen siehe *Kostorz* 2022d).

Originäres Länderrecht ist hingegen das Schulrecht (*Wolff*, in: *Hömig/Wolff* 2022, Art. 7 GG Rdnr. 3). Obwohl Auszubildende in der beruflichen Pflegeausbildung dem Grunde nach zugleich Schülerinnen und Schüler einer Pflegeschule sind (vgl. § 17 Satz 2 Nr. 1 PflBG) (► Kap. 2.1), haben indes nicht alle Bundesländer die Möglichkeit genutzt, das Schulverhältnis zwischen Pflegeschülerinnen und -schülern sowie den Pflegeschulen durch landesspezifische Bestimmungen zu regeln (hierzu bereits *Bals* 2002 139 f.) – im Gegenteil: Viele Schulgesetze schließen eine Anwendung des (allgemeinen) Schulrechts auf den schulischen Teil der beruflichen Pflegeausbildung sogar explizit aus (vgl. exemplarisch für Nordrhein-Westfalen § 6 Abs. 2 SchulG NRW). Hier stehen die Lehrkräfte oftmals vor einer Art rechtlichen Vakuums, etwa wenn es um die Frage ihrer Weisungsbefugnis gegenüber Schülerinnen und Schülern oder um die Ahnung von disziplinarischen Verfehlungen von Lernenden geht (► Kap. 4.5). In anderen Bundesländern wird das allgemeine Schulrecht entweder ausdrücklich zur Geltung gebracht (vgl. für Thüringen § 62 Abs. 3 ThürSchulG) oder es gilt sogar ein komplexes Regelwerk aus allgemeinem Schulrecht und einer speziellen Berufsfachschulordnung (vgl. etwa für Bayern die *Berufsfachschulordnung Gesundheitswesen* [BFSO Gesundheit BY], für Mecklenburg-Vorpommern die *Gesundheits- und Sozialpflege-Berufsfachschulverordnung* [GSBFSVO MV] oder für Sachsen die *Schulordnung Berufsfachschule* [BFSO SN]) (zu einem Vergleich der länderspezifischen Regelungen vgl. äußerst umfassend *Arens* 2022, 159 ff.).

2 Organisatorischer Rahmen der Pflegeausbildung

Bei der Ausbildung zur *Pflegefachfrau* bzw. zum *Pflegefachmann* handelt es sich um eine für das deutsche Bildungssystem typische duale Berufsausbildung, die an zwei Lernorten stattfindet: Während die praktische Ausbildung in Einrichtungen des Gesundheitswesens erfolgt (§ 6 Abs. 3 PflBG), erteilen die Pflegeschulen theoretischen und praktischen Unterricht (§ 6 Abs. 2 PflBG), um den Auszubildenden insgesamt »die für die Ausübung einer qualifizierten beruflichen Tätigkeit in einer sich wandelnden Arbeitswelt notwendigen beruflichen Fertigkeiten, Kenntnisse und Fähigkeiten (berufliche Handlungsfähigkeit) in einem geordneten Ausbildungsgang zu vermitteln« und »den Erwerb der erforderlichen Berufserfahrungen zu ermöglichen« (§ 1 Abs. 3 BBiG). Das für die Pflege relevante, berufsspezifische Ausbildungsziel ergibt sich dabei aus § 5 PflBG, der vergleichsweise detailliert sowohl die an den beiden Lernorten zu vermittelnden Kompetenzen als auch die Aufgaben von Pflegefachkräften beschreibt, für die sie im Laufe der Ausbildung zu befähigen sind.

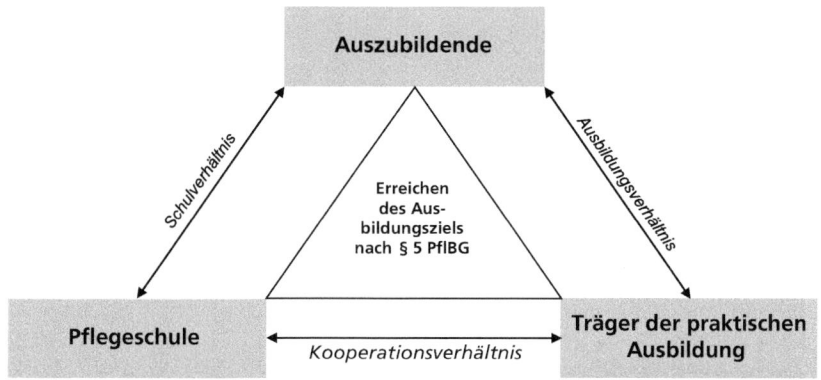

Abb. 3: Ausbildungsrechtliches Dreiecksverhältnis (eigene Darstellung)

2.1 Pflegeausbildung als Ménage-à-trois

Die Pflegeausbildung nach dem Pflegeberufegesetz wird damit durch insgesamt drei Rechtsverhältnisse determiniert: das Ausbildungsverhältnis zwischen dem Auszubildenden und dem Ausbildungsträger, das Schulverhältnis zwischen dem Auszubildenden und der Pflegeschule sowie das Kooperationsverhältnis zwischen dem Ausbildungsträger und der Pflegeschule. Aus diesem ausbildungsrechtlichen Dreiecksverhältnis ergeben sich für die drei an der Pflegeausbildung beteiligten Akteure unterschiedliche, jeweils wechselseitige Rechte und Pflichten (▶ Abb. 3) (hierzu insgesamt *Kostorz* 2018a–c).

Grundlegend für die Ausbildung zur Pflegefachkraft ist das Ausbildungsverhältnis zwischen dem Ausbildungsträger und dem Auszubildenden (▶ Kap. 3), das durch den von diesen beiden Akteuren abzuschließenden Ausbildungsvertrag begründet wird. Die sich aus diesem Ausbildungsvertrag ergebenden Rechte und Pflichten werden mehrheitlich durch das bestehende Pflegeausbildungs- und -berufrecht in nicht dispositiver Form vorgegeben. Die Hauptpflicht des Ausbildungsträgers besteht dabei darin, die praktische Ausbildung des Auszubildenden so zu gestalten und zu organisieren, dass das Ausbildungsziel in der vorgegebenen Zeit erreicht und die staatliche Prüfung insofern erfolgreich absolviert werden kann. Der Auszubildende wiederum ist verpflichtet, möglichst aktiv am Erreichen des Ausbildungsziels mitzuwirken. Auf das Ausbildungsverhältnis sind zudem grundsätzlich sämtliche Maßgaben des allgemeinen Arbeitsrechts anzuwenden, so dass die sich aus ihm ergebenden Rechte und Pflichten auch für die Ausbildungsträger und die Auszubildenden gelten.

Auch das Schulverhältnis zwischen der Pflegeschule und dem Auszubildenden ist dem Grunde nach ein synallagmatisches, auch wenn zwischen diesen beiden Akteuren der Pflegeausbildung kein direktes Vertragsverhältnis besteht (▶ Kap. 4). Die sich aus diesem Verhältnis ergebenden Rechte und Pflichten resultieren in erster Linie ebenfalls direkt aus dem Pflegeberufegesetz und der nachgelagerten Ausbildungs- und Prüfungsverordnung oder mittelbar aus den Kooperationsvereinbarungen, die die Pflegeschule mit dem Ausbildungsträger getroffen hat. In einigen Bundesländern wird das Schulverhältnis zwischen der Pflegeschule und ihren Schülerinnen und Schülern zudem durch landesspezifisches (allgemeines) Schulrecht reglementiert (▶ Kap. 1.2.6). Hauptpflicht der Pflegeschule ist dabei die Erteilung des (theoretischen und praktischen) Unterrichts, die des Auszubildenden die (möglichst aktive) Teilnahme an den Schulveranstaltungen.

Das Verhältnis zwischen dem Träger der praktischen Ausbildung und der Pflegeschule wird vor allem durch die Pflicht zur Koordination der Ausbildungsveranstaltungen, zur gemeinsamen Kooperation und zur gegenseitigen Kontrolle bestimmt. Grundlage hierfür ist entweder die gemeinsame Organisationsstruktur bei einer Trägeridentität zwischen Ausbildungsträger und Pflegeschule oder der Abschluss einer Kooperationsvereinbarung (▶ Kap. 5).

Neben der (dualen) beruflichen Pflegeausbildung kann die Erlaubnis zum Führen der Berufsbezeichnung *Pflegefachmann* bzw. *Pflegefachfrau* auch durch den Abschluss einer primärqualifizierenden hochschulischen Pflegeausbildung erworben werden. Primärqualifizierendes Pflegestudium bedeutet in diesem Zusammenhang vor allem, dass es keinen Ausbildungsträger gibt, mit dem ein Ausbildungsvertrag abgeschlossen wird; vielmehr geht die Hochschule mit dem Studenten in aller Regel ein sogenanntes Mitgliedschaftsverhältnis ein, innerhalb dessen die Hochschule nicht nur die gesamte theoretische, sondern auch die praktische Ausbildung in den an der Ausbildung beteiligten und vertraglich mit der Hochschule verbundenen Gesundheitseinrichtungen verantwortet. In der hochschulischen Pflegeausbildung integriert das Hochschulverhältnis zwischen dem Studenten und der Hochschule also quasi sowohl das in der beruflichen Pflegeausbildung bestehende Schulverhältnis zwischen dem Auszubildenden und der Pflegeschule als auch das Ausbildungsverhältnis zwischen dem Auszubildenden und dem Ausbildungsträger – wenn auch mit entsprechenden Besonderheiten (▶ Kap. 7).

2.2 Akteure der Pflegeausbildung

Bei den an der Pflegeausbildung beteiligten ausbildenden Akteuren handelt es sich also vor allem um die Träger der (praktischen) Ausbildung sowie die den (theoretischen und praktischen) Unterricht erteilenden Pflegeschulen. Die von ihnen jeweils zu erfüllenden gesetzlichen Voraussetzungen bzw. Mindestanforderungen ergeben sich im Wesentlichen aus den §§ 8 und 9 PflBG. Daneben statuiert das Gesetz aber auch bestimmte Bedingungen für den Zugang zur Ausbildung; diese von den Auszubildenden zu erfüllenden Voraussetzungen beschreibt § 11 PflBG.

2.2.1 Ausbildungsträger

Träger der praktischen Ausbildung können ausschließlich zur Versorgung zugelassene Krankenhäuser oder Pflegeeinrichtungen sein, die entweder selbst eine Pflegeschule betreiben (sog. Trägeridentität) oder mit einer Pflegeschule einen Vertrag über die Durchführung des theoretischen und praktischen Unterrichts für ihre Auszubildenden abgeschlossen haben (§ 8 Abs. 2 i. V. m. § 7 Abs. 1 PflBG). Die geforderte institutionelle bzw. vertragliche Verbindung mit der Pflegeschule ist dabei vor allem deshalb erforderlich, um die notwendige Verknüpfung zwischen praktischer Ausbildung und theoretischem bzw. praktischem Unterricht sicherzustellen (BT-Drucks. 18/7823, 69 f.).

Der Begriff des Krankenhauses ist in → § 107 Abs. 1 SGB V legaldefiniert. Um Pflegefachkräfte ausbilden zu können, müssen entsprechende Einrichtungen nach § 108 SGB V zur Versorgung gesetzlich krankenversicherter Patientinnen und Patienten zugelassen sein. Die Vorschrift unterscheidet dabei zwischen Krankenhäusern, die entweder in den Krankenhausplan eines Landes aufgenommen wurden (sogenannte Plankrankenhäuser), nach landesrechtlichen Vorschriften als Hochschulklinik anerkannt sind oder nach § 109 SGB V einen Versorgungsvertrag mit den Krankenkassen abgeschlossen haben (hierzu *Kostorz* 2019c, 770 sowie *Kostorz* 2020a, 88 ff.).

> **§ 107 Abs. 1 SGB V**
>
> Krankenhäuser im Sinne dieses Gesetzbuchs sind Einrichtungen, die
>
> 1. der Krankenhausbehandlung oder Geburtshilfe dienen,
> 2. fachlich-medizinisch unter ständiger ärztlicher Leitung stehen, über ausreichende, ihrem Versorgungsauftrag entsprechende diagnostische und therapeutische Möglichkeiten verfügen und nach wissenschaftlich anerkannten Methoden arbeiten,
> 3. mit Hilfe von jederzeit verfügbarem ärztlichem, Pflege-, Funktions- und medizinisch-technischem Personal darauf eingerichtet sind, vorwiegend durch ärztliche und pflegerische Hilfeleistung Krankheiten der Patienten zu erkennen, zu heilen, ihre Verschlimmerung zu verhüten, Krankheitsbeschwerden zu lindern oder Geburtshilfe zu leisten,
>
> und in denen
>
> 4. die Patienten untergebracht und verpflegt werden können.

Bei den Pflegeeinrichtungen ist zwischen den (ambulanten) Pflegediensten nach → § 71 Abs. 1 SGB XI und den (stationären) Pflegeheimen nach → § 71 Abs. 2 SGB XI zu unterscheiden. Auch sie müssen zur Versorgung sozial pflege- bzw. gesetzlich krankenversicherter Leistungsempfänger zugelassen sein, um in der Pflege ausbilden zu dürfen. Die Zulassung wird dabei durch den Abschluss eines Versorgungsvertrages mit den Pflegekassen nach § 72 SGB XI bewirkt (*Kostorz* 2019c, 771 sowie *Kostorz* 2020a, 98); Pflegedienste müssen darüber hinaus einen Versorgungsvertrag mit den Krankenkassen über die Erbringung von Leistungen der häuslichen Krankenpflege nach § 37 SGB V i. V. m. § 132a SGB V abgeschlossen haben (*Weiß* et al. 2018, 151).

> **§ 71 Abs. 1 und 2 SGB XI**
>
> (1) Ambulante Pflegeeinrichtungen (Pflegedienste) im Sinne dieses Buches sind selbständig wirtschaftende Einrichtungen, die unter ständiger Verantwortung einer ausgebildeten Pflegefachkraft Pflegebedürftige in ihrer Wohnung mit Leistungen der häuslichen Pflegehilfe im Sinne des § 36 versorgen.
> (2) Stationäre Pflegeeinrichtungen (Pflegeheime) im Sinne dieses Buches sind selbständig wirtschaftende Einrichtungen, in denen Pflegebedürftige:
> 1. unter ständiger Verantwortung einer ausgebildeten Pflegefachkraft gepflegt werden,
> 2. ganztägig (vollstationär) oder tagsüber oder nachts (teilstationär) untergebracht und verpflegt werden können.

2.2.2 Pflegeschulen

Der theoretische und praktische Unterricht wird an speziellen Pflegeschulen erteilt, die entweder in staatlicher Trägerschaft stehen oder staatlich genehmigt bzw. anerkannt worden sein müssen (§ 6 Abs. 2 Satz 1 PflBG) (hierzu insgesamt *Kostorz* 2019a). Staatliche Pflegeschulen sind dabei Schulen in öffentlich-rechtlicher Trägerschaft. Bei den staatlich anerkannten bzw. genehmigten Pflegeschulen handelt es sich um Schulen in privater bzw. kirchlicher Trägerschaft, die als private Ersatzschulen i.S.d. Art. 7 Abs. 4 GG gelten; ob sie staatlich anzuerkennen oder zu genehmigen sind, ist eine Frage des jeweiligen Landesrechts (*Igl* 2021, § 6 PflBG Rdnr. 7).

In jedem Fall müssen Pflegeschulen zu ihrem Betrieb bestimmte Voraussetzungen bzw. Mindestanforderungen erfüllen (§ 9 PflBG), um eine möglichst hohe Ausbildungsqualität sicherstellen zu können. Dabei haben die Länder nach § 9 Abs. 3 Satz 1 PflBG die Möglichkeit, das Nähere zu den im Pflegeberufegesetz beschriebenen Mindestanforderungen in speziellen Umsetzungs- bzw. Durchführungsbestimmungen zu regeln und weitere, auch darüber hinausgehende Anforderungen festzulegen (zu den landesspezifischen Regelungen ausführlich *Arens* 2022, 159 ff. sowie 249 ff.).

Nach den im Pflegeberufegesetz bestimmten Anforderungen muss eine Pflegeschule zunächst durch eine pädagogisch qualifizierte Person mit einem abgeschlossenen Hochschulstudium auf Masterniveau (oder einem vergleichbaren akademischen Grad) hauptberuflich geleitet werden (§ 9 Abs. 1 Nr. 1 PflBG), was dem üblichen Qualifikationsniveau von Schulleitungen an öffentlichen Schulen entspricht (*Weiß* et al. 2018, 155). Dabei hat der Gesetzgeber bewusst darauf verzichtet, einen pädagogischen Hochschulabschluss bzw. eine bestimmte Studien- bzw. Fachrichtung vorzuschreiben oder besondere pflegerische Fachkenntnisse vorauszusetzen. Er geht vielmehr davon aus, dass diese speziellen Qualifikationen für die Erfüllung der Leitungsaufgabe nicht zwingend und darüber hinaus insbesondere für (staatliche) Schulzentren, die über mehrere Ausbildungsgänge verschiedener Fachrichtungen verfügen, nicht umsetzbar sind (BT-Drucks. 18/7823, 70).

Zudem muss die Pflegeschule nach § 9 Abs. 1 Nr. 2 PflBG eine angemessene Anzahl adäquat qualifizierter Lehrkräfte beschäftigen. Auch wenn mit dieser Vorschrift in erster Linie die Pflegeschulen und die sie beaufsichtigenden Behörden adressiert werden, die diese Mindestanforderungen zu erfüllen bzw. zu überwachen haben (so etwa *Weiß* et al. 2018, 155), lassen sich aus den hier näher beschriebenen Anforderungen an die Eignung der unterrichtenden Lehrpersonen grundsätzlich auch deren für eine Lehrtätigkeit erforderlichen individuellen Qualifikationsprofile ableiten (*argumentum a maiore ad minus*) (so wohl auch *Igl* 2021, § 9 PflBG Rdnr. 7 und *Opolony*, in: *Kreutz/Opolony* 2019, § 9 Rdnr. 9 f.). Diesbezüglich wird zwischen den Lehrkräften des theoretischen und des praktischen Unterrichts (▶ Kap. 4.1.1) unterschieden. Die Lehrerinnen und Lehrer des theoretischen Unterrichts müssen danach sowohl fachlich als auch pädagogisch qualifiziert sein und über eine entsprechende, insbesondere pflegepädagogische, abgeschlossene Hochschulausbildung auf Masterniveau (oder einen vergleichbaren akademischen Grad) verfügen, was dem in der Lehrerbildung üblichen Anforderungsprofil entspricht (BT-Drucks. 18/7823, 70). Mit dem Pflegeberufegesetz wurde es indes insofern angehoben, als nach dem Krankenpflegegesetz für eine Lehrtätigkeit im theoretischen Unterricht grundsätzlich noch ein Bachelorabschluss ausreichend war (vgl. § 4 Abs. 3 Nr. 2 KrPflG). Bei den Lehrenden des praktischen Unterrichts genügt demgegenüber (weiterhin) ein entsprechender akademischer Abschluss auch unterhalb des Masterniveaus, also i. d. R. ein Bachelorabschluss (hierzu ausführlicher *Kostorz* 2018b, 175 sowie *Kostorz* 2022e, 104 ff.).

Dabei ist indes zu betonen, dass die Lehrkräfte der Pflegeschule nicht in jedem Fall hauptberuflich für die Schule tätig sein und nicht zwingend eine pflegepädagogische Hochschulausbildung absolviert haben müssen: So spricht § 9 Abs. 1 Nr. 2 PflBG – anders als § 9 Abs. 1 Nr. 1 PflBG, der eine hauptberufliche Schulleitung fordert – nicht (ebenso) von hauptberuflichen Lehrkräften für den theoretischen und praktischen Unterricht; zudem verlangt die Vorschrift (lediglich) den »*Nachweis einer ... angemessenen Zahl* fachlich und pädagogisch qualifizierter Lehrkräfte mit entsprechender, insbesondere pflegepädagogischer, abgeschlossener Hochschulausbildung« (Hervorhebung durch d. V.), weshalb ein anderes fachlich einschlägiges Hochschulstudium (oder gar eine fachlich qualifizierende außerhochschulische Ausbildung) im Einzelfall kein Ausschlusskriterium für eine Lehrtätigkeit an einer Pflegeschule sein kann (*Kostorz* 2022e, 105). Möglich ist also beispielsweise auch der Einsatz von nebenberuflich tätigen Honorarlehrkräften anderer Professionen, da allein aus fachlicher Sicht nicht alle Lehrinhalte durch festangestellte Pflegepädagoginnen und -pädagogen vermittelt werden können (*Weiß* et al. 2018, 155 f.); ein gutes Beispiel bieten pädagogisch qualifizierte Juristen, die die rechtlichen Lehrinhalte der Pflegeausbildung als sogenannte Lehrbeauftragte oder Honorardozenten unterrichten.

Allerdings muss die Zahl der Lehrkräfte nach § 9 Abs. 1 Nr. 2 PflBG, also diejenige der hochschulisch ausgebildeten Pflegepädagoginnen und Pflegepädagogen, im Verhältnis zur Zahl der Ausbildungsplätze der Schule angemessen sein. Dieses Kriterium wird in § 9 Abs. 2 Satz 1 PflBG konkretisiert, nach dem grundsätzlich ein Personalschlüssel von einer hauptberuflichen Pflegelehrkraft mit einer Vollzeitstelle auf 20 Ausbildungsplätze einzuhalten ist. Dabei differenziert die Vorschrift nicht nach Lehrkräften mit einer Befähigung zur Erteilung des theoretischen Unterrichts (i. d. R. Masterabschluss) und Lehrpersonen, die nur über die Erlaubnis zum Erteilen des praktischen Unterrichts verfügen (i. d. R. Bachelorabschluss): Entscheidend ist, dass die Schule eine entsprechend ausreichende Zahl an hauptberuflichen Lehrerinnen und Lehrern beschäftigt, um sicherzustellen, »dass den Auszubildenden ein Mindestmaß an hauptberuflichen Lehrkräften als kontinuierliche Ansprechpartner zur Verfügung steht« (BT-Drucks. 18/7823, 71). Zu betonen ist ferner, dass sich das entsprechende Verhältnis nach dem ausdrücklichen Wortlaut der Vorschrift auf die Zahl der (genehmigten) Ausbildungsplätze und nicht auf die Zahl der (tatsächlich) Auszubildenden bezieht, weshalb es für die Schule eine Art Vorhaltungspflicht von Lehrkräften auch für nicht besetzte Ausbildungsplätze gibt (*Weiß* et al. 2018, 156). Eine geringere Anzahl von hauptberuflichen Lehrkräften ist dabei lediglich im Ausnahmefall und auch nur vorübergehend zulässig (§ 9 Abs. 2 Satz 2 PflBG); dies dürfte beispielsweise bei einer kurzfristigen Vakanz einer Stelle infolge einer Kündigung der Fall sein oder wenn für eine zeitweise nicht besetzte Stelle wegen Elternzeit noch keine Vertretung eingestellt werden konnte (*Kostorz* 2020b, 50).

In der Gesetzesbegründung wird im Zusammenhang mit dem geforderten Personalschlüssel klarstellend ausgeführt, dass damit lediglich Mindestanforderungen aufgestellt werden, die zur Sicherung der Ausbildungsqualität notwendig sind. »Es soll sichergestellt werden, dass den Auszubildenden ein Mindestmaß an hauptberuflichen Lehrkräften als kontinuierliche Ansprechpartner zur Verfügung steht. Ein höherer Personalschlüssel kann geboten sein, um den gesetzlich vorgegebenen Bildungsauftrag der Schule umzusetzen« (BT-Drucks. 18/7823, 71; ausführlicher hierzu auch *Kostorz* 2018b, 175). Angesichts dessen ist klar, »dass der Gesetzgeber die gesetzliche Zahl [von einer Lehrkraft auf 20 Ausbildungsplätze; d. V.] als *Mindest*vorgabe und nicht als *Regel*vorgabe verstanden hat« (*Opolony*, in: *Kreutz/Opolony* 2019, § 9 Rdnr. 15), weshalb auch mit der Öffnungsklausel des § 9 Abs. 3 Satz 1 PflBG keine Möglichkeit geschaffen werden sollte, diesen Personalschlüssel zu unterlaufen (*Igl* 2021, § 9 PflBG Rdnr. 11). Sofern Landesrecht regelhaft von ihm abweicht (so etwa → § 2 Satz 1 DVO-PflBG NRW), ist dies dem Grunde nach unzulässig. Möglich ist hingegen, landesrechtliche Regelungen zur Kursstärke bzw. zur Klassengröße zu schaffen (so etwa → § 2 Satz 2 bis 4 DVO-PflBG NRW) (ausführlich hierzu *Kostorz* 2020b, 50 f.).

§ 2 DVO-PflBG NRW

Abweichend von § 9 Absatz 2 Satz 1 des Pflegeberufegesetzes muss bis zum 31. Dezember 2029 das Verhältnis hauptberuflicher Lehrkräfte zur Zahl der Ausbildungsplätze einer Vollzeitstelle auf 25 Ausbildungsplätze entsprechen. In der Ausbildung an Pflegeschulen soll die Anzahl der Auszubildenden pro Kurs bei 25 liegen. Eine Kursgröße von bis zu 28 Auszubildenden kann zugelassen werden, wenn die Pflegeschule dies gegenüber der zuständigen Bezirksregierung anzeigt. Die zuständigen Bezirksregierungen können auf Antrag der jeweiligen Pflegeschule in begründeten Einzelfällen Ausnahmen von der in Satz 2 festgelegten Kursgröße zulassen.

Damit die Anhebung des Qualifikationsniveaus für die Lehrkräfte des theoretischen Unterrichts nicht zu Personalengpässen an den Schulen führt, können die Länder befristet bis zum 31. Dezember 2029 regeln, inwieweit die erforderliche Hochschulausbildung nicht oder nur für einen Teil der Lehrkräfte auf Master- oder einem vergleichbaren Niveau vorliegen muss (§ 9 Abs. 3 Satz 2 PflBG). Als Beispiel für eine solche Übergangsregelung kann der in Nordrhein-Westfalen geltende → § 3 LAGPflB NRW genannt werden (hierzu insgesamt kritisch *Kostorz* 2020b; zu weiteren landesspezifischen Bestimmungen *Arens* 2022, 252 ff.).

§ 3 LAGPflB NRW

(1) Abweichend von § 9 Absatz 1 Nummer 2 des Pflegeberufegesetzes ist es bis zum 31. Dezember 2025 zulässig, dass für die Durchführung des theoretischen Unterrichts an Pflegeschulen unter den Voraussetzungen der Sätze 2 bis 4 Lehrkräfte tätig werden, die nicht über eine Hochschulausbildung auf

Master- oder vergleichbarem Niveau verfügen, sofern sie über einen Abschluss eines Hochschulstudiums mit entsprechender, insbesondere pflegepädagogischer oder anderer berufsspezifischer Ausrichtung, verfügen. An Pflegeschulen mit bis zu 120 Schülerinnen und Schülern können Lehrkräfte im Sinne des Satzes 1 im Umfang von bis zu einer Vollzeitstelle tätig werden. An Pflegeschulen mit bis zu 240 Schülerinnen und Schülern können Lehrkräfte im Sinne des Satzes 1 im Umfang von bis zu zwei Vollzeitstellen tätig werden. An Pflegeschulen mit mehr als 240 Schülerinnen und Schülern können Lehrkräfte im Sinne des Satzes 1 im Umfang von bis zu vier Vollzeitstellen tätig werden.
(2) Darüber hinaus regelt das für die Pflegeberufe zuständige Ministerium durch Rechtsverordnung, inwieweit für die Lehrkräfte für die Durchführung des theoretischen Unterrichts bis zum 31. Dezember 2029 die erforderliche Hochschulbildung nicht oder nur für einen Teil der Lehrkräfte auf Masterniveau oder auf vergleichbarem Niveau vorliegen muss.
(3) Die Regelungen des § 65 Absatz 4 des Pflegeberufegesetzes zum Bestandsschutz bleiben unberührt.
(4) Die zuständige Behörde kann in Fällen der Absätze 1 und 2 auf Antrag in begründeten Einzelfällen weitere Ausnahmen zulassen.

Zudem erhalten die an den Pflegeschulen bereits tätigen Lehrkräfte ebenso wie die bereits staatlich anerkannten bzw. genehmigten Schulen einen weitgehenden Vertrauens- bzw. Bestandsschutz (§ 65 PflBG) (hierzu *Igl* 2018). So gelten die personellen Anforderungen an Pflegeschulen des § 9 Abs. 1 Nr. 1 und 2 PflBG nach § 65 Abs. 4 PflBG vor allem auch dann als erfüllt, wenn als Schulleitung oder Lehrkräfte Personen eingesetzt werden, die am 31. Dezember 2019

- eine staatliche oder staatlich anerkannte Pflegeschule rechtmäßig leiten,
- als Lehrkräfte an einer staatlichen oder staatlich anerkannten Pflegeschule rechtmäßig unterrichten oder
- über die Qualifikation zur Leitung oder zur Tätigkeit als Lehrkraft an einer staatlichen oder staatlich anerkannten Pflegeschule verfügen.

Diese Maßgaben dienen dabei vor allem der Sicherung der bestehenden Ausbildungskapazitäten sowie der nach Art. 12 GG gebotenen Besitzstandswahrung und sollen »einen zeitlich gestreckten Übergang zu den Mindestanforderungen an Pflegeschulen nach § 9 [PflBG] schaffen« (BT-Drucks. 18/7823, 96; vgl. auch *Weiß* et al. 2018, 290 f.).

§ 9 Abs. 1 Nr. 3 PflBG bestimmt schließlich die Pflicht der Pflegeschulen, die für die Ausbildung erforderlichen Räume und Einrichtungen vorzuhalten sowie ausreichende Lehr- und Lernmittel für die Schülerinnen und Schüler zur Verfügung zu stellen. Welche räumliche bzw. sächliche Ausstattung genau vorhanden sein muss, ist im Pflegeberufegesetz nicht näher bestimmt (*Weiß* et al. 2018, 156). Entsprechende Mindestanforderungen ergeben sich regelmäßig aus den länderspezifischen Gesetzen bzw. Verordnungen zur Umsetzung des Pflegeberufegesetzes, in denen regelmäßig vor allem folgende Räumlichkeiten genannt werden (zu den landesspezifischen Regelungen ausführlich *Arens* 2022, 263 ff.):

- Mindestanzahl an Klassen- und Gruppenräumen sowie Demonstrationsräumen (insbesondere für den praktischen Unterricht) mit ausreichender sächlicher Ausstattung
- Aufenthalts- bzw. Lern- und Sozialräume für Schülerinnen und Schüler und das Lehrpersonal

- Bibliothek (mit Standardlehrbüchern in jeweils aktueller Auflage)
- Mindestanzahl an EDV-Arbeitsplätzen für Lehrende und Lernende
- Büros bzw. Arbeitsplätze für die Lehrkräfte

2.2.3 Auszubildende

Um eine Ausbildung zur Pflegefachkraft absolvieren zu können, müssen Bewerberinnen und Bewerber auf einen Ausbildungsplatz bestimmte Voraussetzungen erfüllen. Hierzu gehören neben den Anforderungen an deren bisherigen schulischen bzw. beruflichen Werdegang (§ 11 Abs. 1 PflBG) auch ihre Zuverlässigkeit zur späteren Berufsausübung, ihre hierzu erforderliche gesundheitliche Eignung sowie ausreichende Deutschkenntnisse (§ 11 Abs. 2 i. V. m. § 2 Nr. 2 bis 4 PflBG).

Zur Erfüllung der schulischen bzw. beruflichen Voraussetzungen für einen Ausbildungsplatz haben Bewerberinnen und Bewerber drei verschiedene Möglichkeiten (BT-Drucks. 18/7823, 72): So ist in Anbetracht der hohen Anforderungen an Pflegefachkräfte, die sich bereits in der Berufsausbildung niederschlagen, nach § 11 Abs. 1 Nr. 1 PflBG grundsätzlich ein mittlerer Schulabschluss oder ein als gleichwertig anerkannter Abschluss Voraussetzung für den Zugang zur Ausbildung.

Daneben können Bewerber mit einem Hauptschulabschluss oder einer als gleichwertig anerkannten Qualifikation zur Ausbildung zugelassen werden, wenn eine der zusätzlichen Voraussetzungen nach § 11 Abs. 1 Nr. 2 lit. a bis d erfüllt ist. Hierzu gehört insbesondere der erfolgreiche Abschluss einer landesrechtlich geregelten Assistenz- oder Helferausbildung in der Pflege von mindestens einjähriger Dauer (hierzu *Jürgensen* 2019), die den Anforderungen der sogenannten → *Eckpunkte für die in Länderzuständigkeit liegenden Ausbildungen zu Assistenz- und Helferberufen in der Pflege* entspricht (zu den landesrechtlichen Regelungen *Arens* 2022, 144 f. sowie *Jürgensen* 2019). Diese Möglichkeit ebnet den Übergang von den Assistenz- und Helferberufen in die dreijährige Fachkraftausbildung nach dem Pflegeberufegesetz und ist daher besonders bedeutsam für ein möglichst durchlässiges Pflegebildungssystem.

Eckpunkte für die in Länderzuständigkeit liegenden Ausbildungen zu Assistenz- und Helferberufen in der Pflege

Präambel
Die 86. Arbeits- und Sozialministerkonferenz 2009 hat es für erforderlich gehalten, die in der Regelungszuständigkeit der Länder liegenden Berufsausbildungen in der Pflege attraktiver zu gestalten sowie sie mit dem Ziel der gegenseitigen Anerkennung und einer Verbesserung der Aufstiegsmöglichkeiten weiter zu entwickeln. Zu diesem Zweck wurde einvernehmlich in Aussicht genommen, gemeinsame Eckpunkte vergleichbar den Rahmenvereinbarungen der Kultusministerkonferenz festzulegen. Dadurch soll nach dem Beschluss der ASMK ein länderübergreifend transparentes sowie durchlässiges Aus- und Weiterbildungsangebot von Assistenz- und Helferberufen bis zu Pflegefachkraftberufen und akademischen Aus- und Weiterbildungen entstehen, das bei überschaubaren Ausbildungszeiten Beschäftigungsmöglichkeiten auf unterschiedlichen Fachniveaus bietet.
Die nachstehenden Eckpunkte stellen in diesem Sinne zwischen den Ländern vereinbarte Mindestanforderungen an Ausbildungen zu Assistenz- und Helferberufen in der Pflege dar. Sie werden in vielen Fällen und bei einzelnen Anforderungen von den geltenden Länderregelungen überschritten. Länderrechtlich geregelte Weiterbildungen und akademische Ausbildungen sind nicht Gegenstand dieser Eckpunkte.
Die Länder erkennen die auf Basis dieser Mindestanforderungen landesrechtlich geregelten Ausbildungsgänge gegenseitig an, sofern sie in länderrechtlichen Regelungen eine abgeschlossene Assistenz- oder Helferausbildung in der Pflege als Voraussetzung fordern. Die Länder, deren Regelungen im Zeitpunkt der Vereinbarung die Anforderungen noch nicht in allen Punkten erfüllen, sagen zu, bis zum Inkrafttreten des neuen Pflegeberufsgesetzes alle Mindestanforderungen in ihren Länderregelungen umgesetzt zu haben.
Die Länder bitten die Bundesregierung auf dieser Grundlage, eine gesetzliche Regelung zu

treffen, die im Rahmen der künftigen Pflegefachkraftausbildung bei einer erfolgreich abgeschlossenen Ausbildung in den Assistenz- und Helferberufen in der Pflege eine Verkürzung der Ausbildungszeit von einem Jahr vorsieht.

1. Berufsbild: Kenntnisse, Fähigkeiten und Fertigkeiten
Assistenzkräfte und Pflegehelfer arbeiten im Team mit Pflegefachkräften in der ambulanten Pflege, der stationären Akutpflege und der stationären Langzeitpflege. Sie betreuen und pflegen Menschen insbesondere in der Häuslichkeit, in Wohngruppen, Pflegeeinrichtungen und Krankenhäusern. Sie führen die Maßnahmen selbstständig durch (Durchführungsverantwortung), die von einer Pflegefachkraft geplant, überwacht und gesteuert werden (Steuerungsverantwortung der Pflegefachkraft). Bei Maßnahmen mit höherem Schwierigkeitsgrad, bei Mitwirkung an ärztlich verordneten Maßnahmen oder in instabilen Pflegesituationen beinhaltet die Steuerungsverantwortung auch die konkrete Anleitung der Assistenzkräfte und Pflegehelfer, sofern die Tätigkeit nicht ihrer Art und Schwierigkeit nach oder im Einzelfall aufgrund besonderer Umstände oder ihres Risikopotentials für die zu pflegende Person wegen von der Pflegefachkraft selbst durchgeführt werden müssen. Die länderrechtlich geregelten Ausbildungen zu Assistenz- und Helferberufen in der Pflege vermitteln mindestens diejenigen Kompetenzen, die in diesem Sinne zur selbstständigen Wahrnehmung insbesondere folgender Tätigkeiten befähigen:

a) grundpflegerische Maßnahmen in stabilen Pflegesituationen sicher durchführen,
b) im Pflegeprozess bei der Erstellung von Biographie und Pflegeplanung unterstützend mitwirken, den Pflegebericht fortschreiben und die eigenen Tätigkeiten selbständig dokumentieren,
c) Kontakte mit pflegebedürftigen Menschen herstellen, mit ihnen einen respektvollen Umgang pflegen und sie unter Beachtung wesentlicher Vorbeugungsmaßnahmen bei der Grundversorgung unterstützen, Ressourcen erkennen und aktivierend in die Pflegehandlung einbeziehen
d) pflegebedürftige Menschen bei der Lebensgestaltung im Alltag unter Beachtung der Lebensgeschichte, der Kultur und der Religion unterstützen,
e) Notfallsituationen und Veränderungen der Pflegesituation durch gezielte Beobachtung rechtzeitig erkennen und angemessen handeln
f) mit anderen Berufsgruppen unter Reflektion der Situation und der eigenen Rolle zusammenarbeiten.

Sie vermitteln mindestens diejenigen Kompetenzen, die dazu befähigen unter Anleitung und Überwachung von Pflegefachkräften insbesondere folgende Tätigkeiten durchzuführen:

g) bei der Durchführung ärztlich veranlasster therapeutischer und diagnostischer Verrichtungen mitwirken (insb. Kontrolle von Vitalzeichen, Medikamentengabe, subkutane Injektionen, Inhalationen, Einreibungen, An- und Ausziehen von Kompressionsstrümpfen),
h) Menschen in der Endphase des Lebens unterstützend begleiten und pflegen.

2. Ausbildungsdauer
Die Ausbildung dauert mindestens ein Jahr. Sie umfasst mindestens 700 Stunden berufsbezogenen schulischen Unterricht und 850 Stunden praktischer Ausbildung unter Anleitung einer Pflegefachkraft.
Eine längere Ausbildungsdauer kann insbesondere erforderlich sein, um

- einen weiterführenden Schulabschluss zu vermitteln,
- einem höheren pädagogischen Bedarf unter Berücksichtigung der Zielgruppe der Ausbildung zu entsprechen,
- einen Assistenzberuf mit eigenem Profil zu erlernen,
- drei Praxisbereiche kennen zu lernen (insb. stationäre Akutpflege und stationäre Langzeitpflege),
- eine Ausbildung in Teilzeit zu ermöglichen.

3. Praxiseinsätze
Die Auszubildenden bzw. Schüler lernen in der Ausbildung mindestens zwei Praxisbereiche kennen: ambulante Pflege und stationäre Akut- oder Langzeitversorgung.

4. Zugangsvoraussetzung
Die Ausbildungsgänge setzen einen Hauptschulabschluss voraus.
Die landesrechtliche Regelung kann vorsehen, dass die zuständige Behörde im Einzelfall eine Zulassung zur Ausbildung genehmigen kann, wenn eine positive Eignungsprognose der Schule vorliegt.

5. Prüfung und Berufsabschluss
Die Ausbildung schließt mit einer Prüfung ab, die mindestens einen schriftlichen und einen praktischen Teil umfasst. Die praktische Prüfung erfolgt in der Regel am Klienten. Leistungen aus der Ausbildungsphase (Vornoten) können in das Prüfungsergebnis einfließen.

Zur Prüfung können nach den landesrechtlichen Regelungen im Ermessen der zuständigen Behörde auch Personen zugelassen werden, die nicht oder nicht in vollem Umfang an der Ausbildung teilgenommen haben (Externenprüfung). Ziel dieser Prüfungsmöglichkeit ist ein erleichterter Zugang für pflegepraxiserfahrene Personen ohne Absenkung von Qualitätsanforderungen. Daher dürfen in diesem Fall die Zugangsvoraussetzungen, der Umfang der nachzuweisenden einschlägigen praktischen Tätigkeit und der Umfang der Prüfung nicht geringer sein als bei der regulären Ausbildung. Zur Qualitätssicherung soll ein einschlägiger Vorbereitungskurs einer Schule oder eines Bildungsträgers vorgeschrieben sein oder ein Nachweis, dass mind. die Hälfte der praktischen Tätigkeit unter Anleitung einer geeigneten Fachkraft stattgefunden hat.

Außerdem kann zur Prüfung zugelassen werden, wer an einer bundesgesetzlich geregelten Ausbildung zur Pflegefachkraft regelmäßig teilgenommen hat, die in ihrem Umfang und Inhalt der Ausbildung zu Assistenz- und Helferberufen in der Pflege gleichwertig ist.

Die erfolgreich abgeschlossene Prüfung führt zum Erlangen eines staatlich anerkannten oder staatlich geprüften Berufsabschlusses.

Der Zugang zur Pflegeausbildung ist zudem Bewerberinnen und Bewerbern möglich, die zusätzlich zum Hauptschulabschluss über eine erfolgreich abgeschlossene Berufsausbildung von mindestens zweijähriger Dauer oder eine bereits aufgrund des Krankenpflegegesetzes erteilte Erlaubnis verfügen, als Krankenpflegehelferin bzw. Krankenpflegehelfer tätig zu werden. Unter Berücksichtigung des bundesweiten Fachkräftemangels in der Pflege ist der Zugang zur Ausbildung darüber hinaus schließlich über eine erfolgreich abgeschlossene sonstige zehnjährige Schulbildung möglich. Hierunter fällt sowohl eine abgeschlossene zehnjährige Schulbildung, die den Hauptschulabschluss erweitert, als auch eine andere abgeschlossene zehnjährige allgemeine Schulbildung (hierzu *KMK* 2021a, 125).

Die weiteren Bedingungen zum Absolvieren der Ausbildung bzw. zum Abschluss des Ausbildungsvertrages entsprechen den Voraussetzungen zum Berufszugang (§ 11 Abs. 2 i. V. m. § 2 Nr. 2 bis 4 PflBG). So dürfen sich sowohl Auszubildende als auch examinierte Pflegefachkräfte, die die Erlaubnis zum Führen der Berufsbezeichnung *Pflegefachfrau* bzw. *Pflegefachmann* erhalten wollen, keines Verhaltens schuldig gemacht haben, aus dem sich die Unzuverlässigkeit zur Ausübung des Berufs ergibt; zudem müssen sie in gesundheitlicher Hinsicht zur Ausübung des Berufs geeignet sein (▶ Kap. 8.1).

Schließlich müssen beide Personenkreise über die zur Ausbildung bzw. zur Berufsausübung erforderlichen Kenntnisse der deutschen Sprache verfügen. Die geforderten Sprachkenntnisse sollten sich dabei grundsätzlich am Sprachniveau B2 des sogenannten *Gemeinsamen Europäischen Referenzrahmens für Sprache (GER)* orientieren (▶ Kap. 8.1). Zwar sollen nach der Gesetzesbegründung die für die Ausbildung erforderlichen Sprachkenntnisse auf einem niedrigeren Niveau anzusetzen sein als die für die letztendliche Ausübung des Berufs geforderten Deutschkenntnisse (BT-Drucks. 18/1723, 73), doch erscheint diese Bewertung insofern mehr als fraglich, als »das Verständnis für die Inhalte des theoretischen und praktischen Unterrichts sowie die Tätigkeit in der praktischen Ausbildung mindestens die gleichen Deutschkenntnisse, [sic!] wie die berufliche Tätigkeit als Pflegefachkraft erfordern« (*Weiß et al.* 2018, 162). Der Verweis in § 11 Abs. 2 PflBG auf § 2 Nr. 4 PflBG sollte daher – anders als nach der Gesetzesbegründung – eng ausgelegt werden. Es ist damit also nicht möglich, die Pflegeausbildung ohne ausreichende Deutschkenntnisse zu beginnen und diese dann bis zum Ende der Ausbildung bzw. bis zur Erteilung der Erlaubnis zum Führen der Berufsbezeichnung nachträglich zu erwerben (*Hartmeyer/Slatosch* 2019, 124 f.).

2.3 Dauer der Pflegeausbildung

Wie in anderen dualen Ausbildungsgängen üblich, dauert auch die Pflegeausbildung grundsätzlich drei Jahre; in Teilzeitform kann sie auf höchstens fünf Jahre ausgedehnt werden (§ 6 Abs. 1 Satz 1 PflBG). Unabhängig davon bestimmt § 6 Abs. 1 Satz 2 PflBG, dass der Anteil der praktischen Ausbildung denjenigen der theoretischen überwiegen muss. Dementsprechend weist § 1 Abs. 2 PflAPrV dem theoretischen und praktischen Unterricht an der Pflegeschule mindestens 2.100 Stunden und der praktischen Ausbildung in Einrichtungen des Gesundheitswesens mindestens 2.500 Stunden zu. Die genaue Stundenverteilung auf die einzelnen Ausbildungsinhalte und -abschnitte ergibt sich dabei aus den Anlagen 6 und 7 PflAPrV (▶ Kap. 3.3.2 bzw. ▶ Kap. 4.1).

Auf die Dauer der Ausbildung bzw. auf die Gesamtstundenzahl der theoretischen und praktischen Ausbildung werden bestimmte Fehlzeiten angerechnet, so dass sie wie tatsächlich abgeleistete Ausbildungszeiten gewertet werden und insofern für eine spätere Zulassung zur staatlichen Prüfung unschädlich sind (§ 13 Abs. 1 PflBG) (▶ Kap. 6.1). Hierzu gehören zunächst Ferienzeiten bzw. Zeiten des Urlaubs einschließlich des Bildungsurlaubs (§ 13 Abs. 1 Nr. 1 PflBG). Die Dauer des Erholungsurlaubs richtet sich dabei nach den Bestimmungen des Ausbildungsvertrages und den Vorschriften des allgemeinen Arbeitsrechts, also vor allem nach den Maßgaben des Bundesurlaubsgesetzes (▶ Kap. 3.8.1), eines eventuell bestehenden Tarifvertrages und gegebenenfalls des Jugendarbeitsschutzgesetzes (▶ Kap. 3.8.5). Der Gesetzgeber hat dabei darauf verzichtet, eine Höchstgrenze für den anzuerkennenden Urlaub festzulegen, um nicht in die verfassungsrechtlich geschützte Vertragsfreiheit bzw. die Tarifautonomie einzugreifen (*Dielmann* 2022, § 13 PflBG Rdnr. 4).

Anders verhält es sich mit den Fehlzeiten wegen Krankheit und anderer Gründe, die von den Auszubildenden nicht zu vertreten sind, wie etwa die Unterbrechung der Ausbildung aufgrund von Arbeitskampfmaßnahmen (*Igl* 2021, § 13 PflBG Rdnr. 15) (§ 13 Abs. 1 Nr. 2 PflBG). Für die Anrechnung dieser Fehlzeiten besteht eine Obergrenze von 10 % der Stunden des theoretischen und praktischen Unterrichts (entspricht 210 Stunden) sowie von 10 % der Stunden der praktischen Ausbildung (entspricht 250 Stunden), die nicht wechselseitig ausgeglichen werden können (*Dielmann* 2022, § 13 PflBG Rdnr. 3). Als Bezugsgröße gelten dabei die in § 1 Abs. 2 PflAPrV vorgeschriebenen Stundenzahlen für den Unterricht (2.100 Stunden) und für die Praxis (2.500 Stunden), nicht jedoch die tatsächlich im jeweiligen Ausbildungsjahrgang angebotenen Stunden, die über die Mindestvorgabe hinausgehen können (*Dielmann* 2022, § 13 PflBG Rdnr. 15 sowie *Opolony*, in: *Kreutz/Opolony* 2019, § 13 Rdnr. 5). Die Zulassung zur Abschlussprüfung kann also nicht versagt werden, wenn ein Auszubildender zwar mehr als 10 % des vorgesehenen Unterrichts oder der praktischen Ausbildung krankheitsbedingt versäumt, die nach der Ausbildungs- und Prüfungsverordnung erforderliche Mindeststundenzahl abzüglich der anrechenbaren Fehlzeiten aber absolviert hat (VG Gießen vom 21. Juli 2008 [Az. 8 L 1751/08]; a. A. VG Düsseldorf vom 12. Juli 2017 [Az. 15 L 3111/17]). »Da die tatsächlich angebotenen Ausbildungs- und Unterrichtsstunden je nach den Arbeitszeitregelungen der Praxiseinrichtungen und schulinternen Curricula stark variieren können, würde ein anderer Maßstab zu einer Ungleichbehandlung führen, die verfassungsrechtlich bedenklich wäre« (*Dielmann* 2022, § 13 PflBG Rdnr. 15; hierzu auch a. a. O., § 11 PflAPrV Rdnr. 13).

Fallbeispiel

Die Geschwister Fiete und Anni O. absolvieren zeitgleich eine Ausbildung zur Pflegefachkraft bei der Hypochondrie GmbH, einem großen Gesundheitsunternehmen, das in mehreren Bundesländern zahlreiche Pflegeheime und Krankenhäuser betreibt: Fiete in Nordrhein-Westfalen in einem Krankenhaus und Anni in Hessen in einem Pflegeheim. Die Schulen der beiden bieten insgesamt 2.400 Stunden theoretischen und praktischen Unterricht an, also 300 Stunden mehr als gesetzlich vorgegeben. Im Laufe der Ausbildung fehlen beide krankheitsbedingt insgesamt 350 Stunden, also mehr als 10 % der curricular angebotenen Stunden. Während Anni zur staatlichen Prüfung zugelassen wird, da sie mit 2.050 Stunden insgesamt mehr als die erforderlichen 1.890 Unterrichtsstunden absolviert hat (2.100 Stunden abzüglich 10 %), wird Fiete die Zulassung mit der Begründung versagt, er habe mehr als 10 % der angebotenen Unterrichtsstunden gefehlt und nicht die entsprechend berechnete Mindeststundenzahl von 2.160 Stunden absolviert. Die Aufsichtsbehörde beruft sich auf das Urteil des Verwaltungsgerichts Düsseldorf vom 12. Juli 2017, in dessen erstem Leitsatz es heißt: »Die Bezugsgröße für die Berechnung des Fehlzeitenanteils im Sinne des § 7 S. 1 Nr. 2 KrPflG [jetzt: § 13 Abs. 1 Nr. 2 PflBG] bildet das innerhalb des rechtlich vorgegebenen Rahmens von der Ausbildungsstätte nach ihrem Ausbildungskonzept vorgesehene Stundenkontingent.« In diesem Fall agiert die Aufsichtsbehörde rechtsfehlerhaft, da sich bereits aus dem Wortlaut des § 1 Abs. 4 PflAPrV ergibt, dass die Bezugsgröße für die Fehlzeiten die in § 1 Abs. 2 PflAPrV festgelegten Stundenkontingente sind und die Rechtsprechung des Verwaltungsgerichts Düsseldorf daher nicht auf die neue Rechtslage übertragen werden kann (*Opolony*, in: *Kreutz/ Opolony* 2019, § 13 Rdnr. 5).

Für die Pflichteinsätze in der praktischen Ausbildung wird die Fehlzeitenregelung von 10 % durch § 1 Abs. 4 Satz 1 PflAPrV noch insofern präzisiert, als entsprechende Fehlzeiten nur dann angerechnet werden können, wenn sie einen Umfang von 25 % der Stunden des jeweiligen Einsatzes nicht überschreiten. Dadurch soll sichergestellt werden, dass für einen erfolgreichen Abschluss der Ausbildung genügend Anteile des betreffenden Pflichteinsatzes absolviert wurden (*Igl* 2021, § 1 PflAPrV Rdnr. 6). Damit die Fehlzeiten wegen Krankheit auf die Ausbildungszeit angerechnet werden können, muss die Arbeits- bzw. Ausbildungsunfähigkeit von den Auszubildenden jeweils korrekt angezeigt und gegebenenfalls mit einem ärztlichen Nachweis belegt werden (▶ Kap. 3.8.3 sowie ▶ Kap. 4.3.1).

Schließlich sind auf die Ausbildungszeit Fehlzeiten anzurechnen, die sich aus den mutterschutzrechtlichen Beschäftigungsverboten ergeben (▶ Kap. 3.8.4). Sie dürfen einschließlich der Fehlzeiten wegen Krankheit bzw. wegen weiterer, von der Auszubildenden nicht zu vertretender Gründe eine Gesamtdauer von 14 Wochen nicht überschreiten, um das Ziel und die Qualität der Ausbildung nicht zu gefährden (BT-Drucks. 18/ 7823, 73).

Fallbeispiel

Die Auszubildende Barbara G. war im ersten Jahr ihrer Ausbildung zur *Pflegefachfrau* nach einem Skiunfall vier Wochen arbeits- bzw. ausbildungsunfähig. Im zweiten Ausbildungsjahr wird sie schwanger. Unter Berücksichtigung der Mutterschutzfristen nach § 3 Abs. 1 und 2 MuSchG (▶ Kap. 3.8.4) summierten sich die Fehlzeiten dadurch bereits auf 18 Wochen, womit eine Zulassung zur staatlichen Prüfung wegen eines möglichen Nichterreichens des Ausbildungsziels dem Grunde nach ausgeschlossen wäre. Sollte Frau G. die Prüfung dennoch ablegen wollen, hat sie nur die Möglichkeit, beim Ausbildungsträger eine Verlängerung der Ausbildung nach § 21 Abs. 2 PflBG zu verlangen (▶ Kap. 3.10.1), bei der zuständigen Behörde einen Härtefall nach § 13 Abs. 2 PflBG geltend zu machen (hierzu sogleich) oder nach § 3 Abs. 1 Satz 1 bzw. Abs. 3 MuSchG freiwillig auf einen Teil des (relativen) Beschäftigungsverbotes zu verzichten (▶ Kap. 3.8.4).

Insgesamt gilt nach § 1 Abs. 4 Satz 3 PflAPrV, dass das Erreichen des Ausbildungsziels einzelner Pflichteinsätze (▶ Kap. 3.3.2) nicht durch die Anerkennung von Fehlzeiten gefährdet werden darf. Dies dürfte neben der Anrechnung von Fehlzeiten wegen Krankheit insbesondere bei der Urlaubsgewährung eine Rolle spielen (▶ Kap. 3.8.1).

Fallbeispiel

Der Auszubildende Dirk W. möchte seinen gesamten Jahresurlaub von insgesamt 30 Tagen bzw. sechs Wochen unterbrechungslos während des insgesamt zehnwöchigen Pflichteinsatzes in der stationären Langzeitpflege nehmen. Er beruft sich dabei auf § 7 Abs. 2 Satz 1 BUrlG, nach dem der Erholungsurlaub grundsätzlich zusammenhängend gewährt werden soll. Der Ausbildungsträger lehnt den Urlaubsantrag von Herrn W. zu Recht mit dem Hinweis darauf ab, »dass das für diesen Praxiseinsatz nach dem […] Ausbildungsplan vorgesehene Ausbildungsziel [in den verbleibenden vier Wochen; d. V.] nicht mehr erreicht« werden kann (BT-Drucks. 19/2707, 88).

Um besondere Härten zu vermeiden, können Unterbrechungen der Ausbildung, die hinsichtlich ihrer Dauer über die eben dargestellten Fehlzeiten hinausgehen, von der nach Landesrecht zuständigen Behörde auf Antrag des Auszubildenden zudem dann angerechnet werden, wenn nach Abwägung aller Umstände des Einzelfalls eine Anrechnung gerechtfertigt erscheint und das Erreichen des Ausbildungsziels dadurch nicht gefährdet wird (§ 13 Abs. 2). Der jeweils zuständigen Behörde wird damit ein gewisser Ermessensspielraum bei der Prüfung eingeräumt, ob in diesem Sinne eine »besondere Härte« vorliegt, die eine Anrechnung von Fehlzeiten über das sich aus § 13 Abs. 1 PflBG ergebende Maß rechtfertigt (*Igl* 2021, § 13 PflBG Rdnr. 20). Dabei wird sich regelmäßig nur schwer prognostizieren lassen, ob das Ausbildungsziel trotz der hohen Fehlzeiten noch erreicht werden kann; als Indiz können allenfalls die im Laufe der Ausbildung erbrachten Leistungen herangezogen werden (▶ Kap. 4.4). Da zudem letztendlich allein das Bestehen bzw. das Nicht-Bestehen der staatlichen Prüfung das Erreichen bzw. das Nicht-Erreichen des Ausbildungsziels attestiert, dürfte die Behörde einem entsprechenden Antrag regelmäßig stattgeben (*Dielmann* 2022, § 13 PflBG Rdnr. 20), was sich auch in der bestehenden Verwaltungspraxis der zuständigen Behörden widerspiegelt. Ist eine Anrechnung der Fehlzeiten danach dennoch nicht möglich, kann die Ausbildungszeit – ebenfalls auf Antrag der Auszubildenden – entsprechend verlängert werden (▶ Kap. 3.10.1).

2.4 Zielsetzung der Pflegeausbildung

Das gemeinsame Band zwischen Ausbildungsträgern, Pflegeschulen und Auszubildenden ist das Bestreben, das in → § 5 PflBG vorgegebene Ausbildungsziel zu erreichen; Ausbildungsträger und Pflegeschulen haben diesbezüglich die Pflicht, Auszubildende entsprechend zu unterweisen bzw. zu schulen; Auszubildenden obliegt es, möglichst aktiv an ihrer Qualifizierung mitzuarbeiten. Dass die Ausbildung dabei in der »Pflege von Menschen aller Altersstufen in akut und dauerhaft stationären sowie ambulanten Pflegesituationen« erfolgen soll (§ 5 Abs. 1 Satz 1 PflBG), unterstreicht den generalistischen Ansatz der Ausbildung nach dem Pflegeberufegesetz (*Kostorz* 2016c, 244): »Die Trennung der Ausbildungsziele nach Altersgruppen in den bisherigen Ausbildungen nach dem Altenpflegegesetz und dem Krankenpflegegesetz wird damit aufgehoben« (BT-Drucks. 18/7823, 67 sowie → BT-Drucks. 19/2707, 87).

BT-Drucks. 19/2707, 87
Mit dem PflBG ist ein neuer Beruf geschaffen worden. Den Auszubildenden werden Kompetenzen vermittelt, die über die Kompetenzen der bisherigen getrennt geregelten Ausbildungen in der Gesundheits- und Krankenpflege, der Gesundheits- und Kinderkrankenpflege und der Altenpflege hinausgehen und den Aufbau einer umfassenden Handlungskompetenz verfolgen. Dies gelingt nicht durch eine Addition bisheriger Ausbildungsinhalte, sondern nur durch eine Neukonzeption.

§ 5 PflBG

(1) Die Ausbildung zur Pflegefachfrau oder zum Pflegefachmann vermittelt die für die selbstständige, umfassende und prozessorientierte Pflege von Menschen aller Altersstufen in akut und dauerhaft stationären sowie ambulanten Pflegesituationen erforderlichen fachlichen und personalen Kompetenzen einschließlich der zugrunde liegenden methodischen, sozialen, interkulturellen und kommunikativen Kompetenzen und der zugrunde liegenden Lernkompetenzen sowie der Fähigkeit zum Wissenstransfer und zur Selbstreflexion. Lebenslanges Lernen wird dabei als ein Prozess der eigenen beruflichen Biographie verstanden und die fortlaufende persönliche und fachliche Weiterentwicklung als notwendig anerkannt.

(2) Pflege im Sinne des Absatzes 1 umfasst präventive, kurative, rehabilitative, palliative und sozialpflegerische Maßnahmen zur Erhaltung, Förderung, Wiedererlangung oder Verbesserung der physischen und psychischen Situation der zu pflegenden Menschen, ihre Beratung sowie ihre Begleitung in allen Lebensphasen und die Begleitung Sterbender. Sie erfolgt entsprechend dem allgemein anerkannten Stand pflegewissenschaftlicher, medizinischer und weiterer bezugswissenschaftlicher Erkenntnisse auf Grundlage einer professionellen Ethik. Sie berücksichtigt die konkrete Lebenssituation, den sozialen, kulturellen und religiösen Hintergrund, die sexuelle Orientierung sowie die Lebensphase der zu pflegenden Menschen. Sie unterstützt die Selbstständigkeit der zu pflegenden Menschen und achtet deren Recht auf Selbstbestimmung.

(3) Die Ausbildung soll insbesondere dazu befähigen
1. die folgenden Aufgaben selbstständig auszuführen:
   a) Erhebung und Feststellung des individuellen Pflegebedarfs und Planung der Pflege,
   b) Organisation, Gestaltung und Steuerung des Pflegeprozesses,
   c) Durchführung der Pflege und Dokumentation der angewendeten Maßnahmen,
   d) Analyse, Evaluation, Sicherung und Entwicklung der Qualität der Pflege,
   e) Bedarfserhebung und Durchführung präventiver und gesundheitsfördernder Maßnahmen,
   f) Beratung, Anleitung und Unterstützung von zu pflegenden Menschen bei der individuellen Auseinandersetzung mit Ge-

sundheit und Krankheit sowie bei der Erhaltung und Stärkung der eigenständigen Lebensführung und Alltagskompetenz unter Einbeziehung ihrer sozialen Bezugspersonen,
g) Erhaltung, Wiederherstellung, Förderung, Aktivierung und Stabilisierung individueller Fähigkeiten der zu pflegenden Menschen insbesondere im Rahmen von Rehabilitationskonzepten sowie die Pflege und Betreuung bei Einschränkungen der kognitiven Fähigkeiten,
h) Einleitung lebenserhaltender Sofortmaßnahmen bis zum Eintreffen der Ärztin oder des Arztes und Durchführung von Maßnahmen in Krisen- und Katastrophensituationen,
i) Anleitung, Beratung und Unterstützung von anderen Berufsgruppen und Ehrenamtlichen in den jeweiligen Pflegekontexten sowie Mitwirkung an der praktischen Ausbildung von Angehörigen von Gesundheitsberufen,
2. ärztlich angeordnete Maßnahmen eigenständig durchzuführen, insbesondere Maßnahmen der medizinischen Diagnostik, Therapie oder Rehabilitation,
3. interdisziplinär mit anderen Berufsgruppen fachlich zu kommunizieren und effektiv zusammenzuarbeiten und dabei individuelle, multidisziplinäre und berufsübergreifende Lösungen bei Krankheitsbefunden und Pflegebedürftigkeit zu entwickeln sowie teamorientiert umzusetzen.
(4) Während der Ausbildung zur Pflegefachfrau oder zum Pflegefachmann werden ein professionelles, ethisch fundiertes Pflegeverständnis und ein berufliches Selbstverständnis entwickelt und gestärkt.

§ 5 PflBG nennt dabei vor allem die in der Ausbildung zu vermittelnden Kompetenzen (Abs. 1) und die Berufsaufgaben, für die die Auszubildenden befähigt werden sollen (Abs. 3); er enthält darüber hinaus aber auch Angaben zum der Ausbildung zugrundeliegenden Pflegeverständnis (Abs. 2 Satz 1 und Abs. 4), zum Qualitätsmaßstab der Pflegeausbildung (Abs. 2 Satz 2) und zu den Lebenswelten bzw. Patientenbelangen, für die die Auszubildenden im Verlauf der Ausbildung sensibilisiert werden sollen (Abs. 2 Satz 3) (*Kostorz/Hatziliadis* 2016) (▶ Abb. 4).

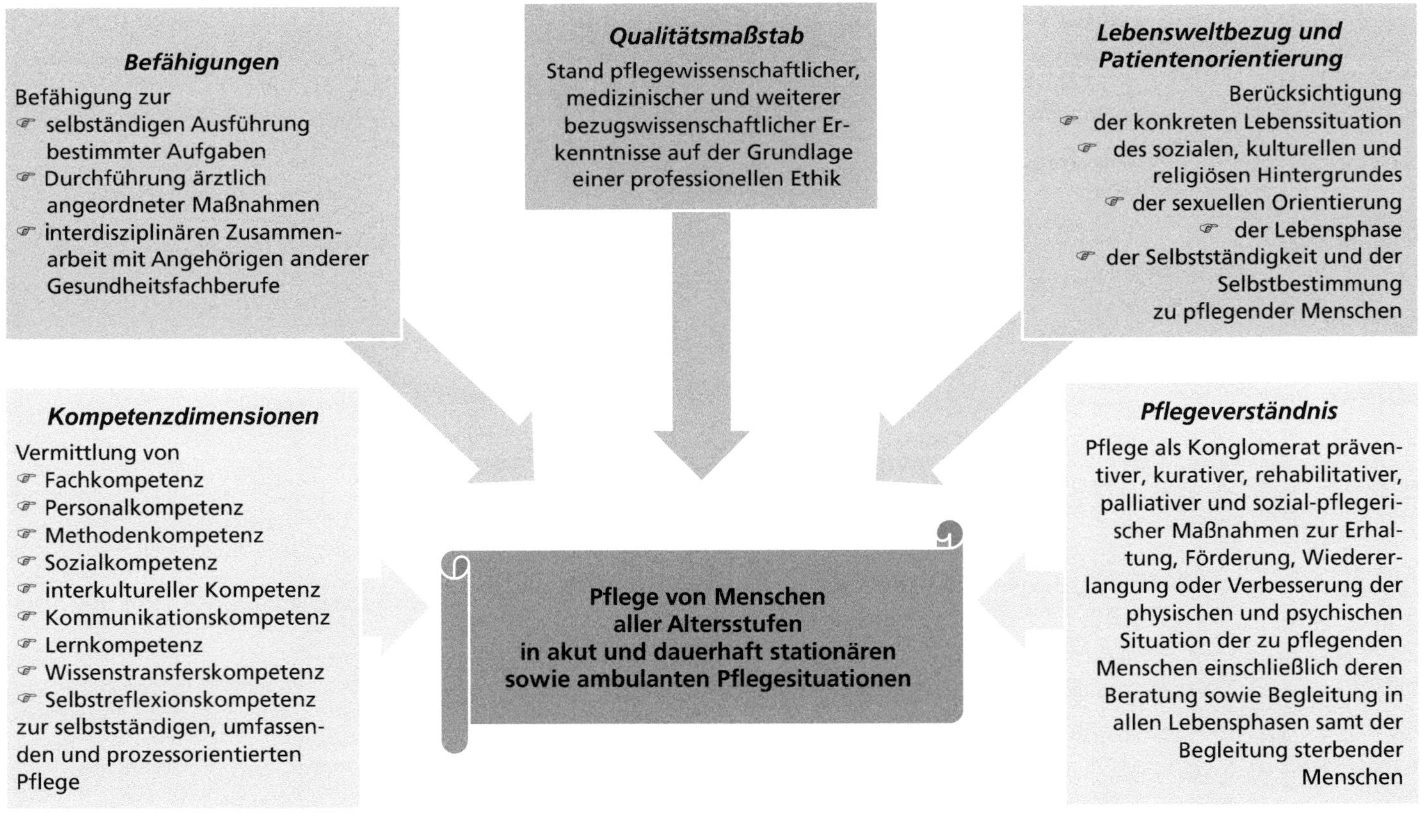

2 Organisatorischer Rahmen der Pflegeausbildung

Lebensweltbezug und Patientenorientierung
Berücksichtigung
☞ der konkreten Lebenssituation
☞ des sozialen, kulturellen und religiösen Hintergrundes
☞ der sexuellen Orientierung
☞ der Lebensphase
☞ der Selbstständigkeit und der Selbstbestimmung
zu pflegender Menschen

Pflegeverständnis
Pflege als Konglomerat präventiver, kurativer, rehabilitativer, palliativer und sozial-pflegerischer Maßnahmen zur Erhaltung, Förderung, Wiedererlangung oder Verbesserung der physischen und psychischen Situation der zu pflegenden Menschen einschließlich deren Beratung sowie Begleitung in allen Lebensphasen samt der Begleitung sterbender Menschen

Qualitätsmaßstab
Stand pflegewissenschaftlicher, medizinischer und weiterer bezugswissenschaftlicher Erkenntnisse auf der Grundlage einer professionellen Ethik

Befähigungen
Befähigung zur
☞ selbstständigen Ausführung bestimmter Aufgaben
☞ Durchführung ärztlich angeordneter Maßnahmen
☞ interdisziplinären Zusammenarbeit mit Angehörigen anderer Gesundheitsfachberufe

Kompetenzdimensionen
Vermittlung von
☞ Fachkompetenz
☞ Personalkompetenz
☞ Methodenkompetenz
☞ Sozialkompetenz
☞ interkultureller Kompetenz
☞ Kommunikationskompetenz
☞ Lernkompetenz
☞ Wissenstransferskompetenz
☞ Selbstreflexionskompetenz
zur selbstständigen, umfassenden und prozessorientierten Pflege

Pflege von Menschen aller Altersstufen in akut und dauerhaft stationären sowie ambulanten Pflegesituationen

Abb. 4: Ausbildungsziele nach § 5 PflBG (eigene Darstellung)

2.4.1 Kompetenzen

Die in der Pflegeausbildung zu vermittelnden bzw. zu erwerbenden Kompetenzen werden in § 5 Abs. 1 PflBG mit nicht weniger als neun Kompetenzdimensionen beschrieben. Während im Krankenpflegegesetz noch auf das klassische Quartett an Kompetenzen Bezug genommen wurde (Fach-, Personal-, Sozial- und Methodenkompetenz [§ 3 Abs. 1 KrPflG]), knüpft der Gesetzgeber mit dem Pflegeberufegesetz an die neuere Diskussion der Berufs- und Pflegepädagogik an (vgl. *Kostorz/Hatziliadis* 2016, 33 sowie *Kostorz* 2016c, 244), die die Dimensionen der Fach- und Personalkompetenz in den Vordergrund rückt und die weiteren genannten Kompetenzen (Methoden-, Sozial-, interkulturelle, Kommunikations-, Lern-, Wissenstransfer- und Selbstreflexionskompetenz) als deren jeweils immanente Bestandteile sieht, die sich wechselseitig beeinflussen und bedingen (*AK DQR* 2011). Gleichwohl sind diese Kompetenzumschreibungen insofern ungewöhnlich, als in Lehrplänen, Curricula etc. für gewöhnlich auf die Ausführungen der *KMK* (2021b) Bezug genommen wird, die die Dimensionen der Fach-, der Selbst- und der Sozialkompetenz benennen, denen die Methoden-, die Kommunikations- und die Lernkompetenz inhärent sind (*Kostorz/Schlosser* 2014, 41 ff.); nicht explizit aufgeführt werden die Wissenstransferskompetenz und die Selbstreflexionskompetenz, die als integraler Bestandteil der Selbstkompetenz verstanden werden. Da es übergeordnet aber dem Grunde nach primär um die Förderung einer umfassend zu verstehenden beruflichen Handlungskompetenz geht (*Bader/Müller* 2002, 176), dürfte deren konkrete Ausformung in unterschiedliche Kompetenzdimensionen von eher untergeordneter praktischer Bedeutung sein (▶ Kasten 1 [Definitionen vor allem nach *KMK* 2021b, 15 f.]).

Kasten 1: Kompetenzdimensionen

Fachkompetenz

ist die Bereitschaft und Fähigkeit, auf der Grundlage fachlichen Wissens und Könnens Aufgaben und Probleme zielorientiert, sachgerecht, methodengeleitet und selbstständig zu lösen und das Ergebnis zu beurteilen.

Personalkompetenz

ist die Bereitschaft und Fähigkeit, als individuelle Persönlichkeit die Entwicklungschancen, Anforderungen und Einschränkungen in Familie, Beruf und öffentlichem Leben zu klären, zu durchdenken und zu beurteilen, eigene Begabungen zu entfalten sowie Lebenspläne zu fassen und fortzuentwickeln. Sie umfasst Eigenschaften wie Selbstständigkeit, Kritikfähigkeit, Selbstvertrauen, Zuverlässigkeit, Verantwortungs- und Pflichtbewusstsein. Zu ihr gehören insbesondere auch die Entwicklung durchdachter Wertvorstellungen und die selbstbestimmte Bindung an Werte.

Methodenkompetenz

ist die Bereitschaft und Fähigkeit zu zielgerichtetem, planmäßigem Vorgehen bei der Bearbeitung von Aufgaben und Problemen (zum Beispiel bei der Planung der Arbeitsschritte).

Sozialkompetenz

ist die Bereitschaft und Fähigkeit, soziale Beziehungen zu leben und zu gestalten, Zuwendungen und Spannungen zu erfassen und zu verstehen sowie sich mit Anderen rational und verantwortungsbewusst auseinanderzusetzen und zu verständigen. Hierzu gehört insbesondere auch die Entwicklung sozialer Verantwortung und Solidarität.

Interkulturelle Kompetenz

umfasst die Fähigkeit, insbesondere in beruflichen Situationen mit Menschen mit und ohne Migrationshintergrund erfolgreich und zur gegenseitigen Zufriedenheit agieren zu können und bei Vorhaben, Maßnahmen etc. die verschiedenen Auswirkungen auf Menschen mit und ohne Migrationshintergrund beurteilen und entsprechend handeln zu können, sowie die Fähigkeit, die durch Diskriminierung und Ausgrenzung entstehenden integrationshemmenden Auswirkungen zu erkennen und zu überwinden (in Anlehnung an § 4 Abs. 2 TInG NRW).

Kommunikationskompetenz

ist die Bereitschaft und Fähigkeit, kommunikative Situationen zu verstehen und zu gestalten. Hierzu gehört es, eigene Absichten und Bedürfnisse sowie die der Partner wahrzunehmen, zu verstehen und darzustellen.

Lernkompetenz

ist die Bereitschaft und Fähigkeit, Informationen über Sachverhalte und Zusammenhänge selbstständig und gemeinsam mit anderen zu verstehen, auszuwerten und in gedankliche Strukturen einzuordnen. Zur Lernkompetenz gehört insbesondere auch die Fähigkeit und Bereitschaft, im Beruf und über den Berufsbereich hinaus Lerntechniken und Lernstrategien zu entwickeln und diese für lebenslanges Lernen zu nutzen.

Wissenstransferskompetenz

ist die Bereitschaft und Fähigkeit, Inhalte kontext-, situations- und zielgruppenadäquat aufzuarbeiten und darzustellen. Hierzu sind sowohl sprachliche und fachliche Fähigkeiten und Fertigkeiten als auch die Kenntnis bestimmter Methoden und Techniken der Wissensvermittlung erforderlich (*Krämer/Müller-Naevecke* 2014, 78).

Selbstreflexionskompetenz

ist die Bereitschaft und Fähigkeit, sich mit Fragen der eigenen Identitätsfindung auseinanderzusetzen, die eigene Haltung zu den für die pflegerische Arbeit charakteristischen existenziellen Themen zu reflektieren sowie zwischen den eigenen Bedürfnissen und denen anderer Menschen zu unterscheiden (*Oelke/Meyer* 2014, 345 f.).

Konkretisiert bzw. operationalisiert werden diese neun Kompetenzdimensionen in der Ausbildungs- und Prüfungsverordnung, in der den Kompetenzbereichen

- *Pflegeprozesse und Pflegediagnostik* (Kompetenzbereich I),
- *Kommunikation und Beratung* (Kompetenzbereich II),
- *Kooperation und intra-/interprofessionelles Handeln* (Kompetenzbereich III),
- *Recht und Ethik* (Kompetenzbereich IV) und
- *Wissenschaft und Berufshaltung* (Kompetenzbereich V),

jeweils bis zu sechs Kompetenzschwerpunkte zugeordnet werden, die in der Ausbildung zu berücksichtigen bzw. zu thematisieren sind (▶ Kasten 2). Diese Struktur findet sich vereinheitlicht in den Anlagen 1 bis 5 PflAPrV, in denen für die Zwischenprüfung sowie für die Abschlussprüfung in der generalistischen Pflegeausbildung, in der Gesundheits- und Kinderkrankenpflege, in der Altenpflege sowie im Rahmen der hochschulischen Pflegeausbildung jeweils spezifische Ausbildungsziele im Sinne zu erwerbender, konkreter Kompetenzen benannt werden (zur Operationalisierung der Kompetenzschwerpunkte vgl. etwa *Jürgensen/Dauer* 2021, 33 ff.).

Kasten 2: Kompetenzbereiche und Kompetenzschwerpunkte in der Pflegeausbildung

> **I. Pflegeprozesse und Pflegediagnostik in akuten und dauerhaften Pflegesituationen verantwortlich planen, organisieren, gestalten, durchführen, steuern und evaluieren.**
>
> 1. Die Pflege von Menschen aller Altersstufen verantwortlich planen, organisieren, gestalten, durchführen, steuern und evaluieren.
> 2. Pflegeprozesse und Pflegediagnostik bei Menschen aller Altersstufen mit gesundheitlichen Problemlagen planen, organisieren, gestalten, durchführen, steuern und evaluieren unter dem besonderen Fokus von Gesundheitsförderung und Prävention.
> 3. Pflegeprozesse und Pflegediagnostik von Menschen aller Altersstufen in hoch belasteten und kritischen Lebenssituationen verantwortlich planen, organisieren, gestalten, durchführen, steuern und evaluieren.
> 4. In lebensbedrohlichen sowie in Krisen- oder Katastrophensituationen zielgerichtet handeln.
> 5. Menschen aller Altersstufen bei der Lebensgestaltung unterstützen, begleiten und beraten.
> 6. Entwicklung und Autonomie in der Lebensspanne fördern.
>
> **II. Kommunikation und Beratung personen- und situationsorientiert gestalten.**
>
> 1. Kommunikation und Interaktion mit Menschen aller Altersstufen und ihren Bezugspersonen personen- und situationsbezogen gestalten und eine angemessene Information sicherstellen.
> 2. Information, Schulung und Beratung bei Menschen aller Altersstufen verantwortlich organisieren, gestalten, steuern und evaluieren.
> 3. Ethisch reflektiert handeln.
>
> **III. Intra- und interprofessionelles Handeln in unterschiedlichen systemischen Kontexten verantwortlich gestalten und mitgestalten.**
>
> 1. Verantwortung in der Organisation des qualifikationsheterogenen Pflegeteams übernehmen.
> 2. Ärztliche Anordnungen im Pflegekontext eigenständig durchführen.
> 3. In interdisziplinären Teams an der Versorgung und Behandlung von Menschen aller Altersstufen mitwirken und Kontinuität an Schnittstellen sichern.
>
> **IV. Das eigene Handeln auf der Grundlage von Gesetzen, Verordnungen und ethischen Leitlinien reflektieren und begründen.**
>
> 1. Die Qualität der pflegerischen Leistungen und der Versorgung in den verschiedenen Institutionen sicherstellen.
> 2. Versorgungskontexte und Systemzusammenhänge im Pflegehandeln berücksichtigen und dabei ökonomische und ökologische Prinzipien beachten.

> V. **Das eigene Handeln auf der Grundlage von wissenschaftlichen Erkenntnissen und berufsethischen Werthaltungen und Einstellungen reflektieren und begründen.**
> 1. Pflegehandeln an aktuellen wissenschaftlichen Erkenntnissen, insbesondere an pflegewissenschaftlichen Forschungsergebnissen, Theorien und Modellen ausrichten.
> 2. Verantwortung für die Entwicklung (lebenslanges Lernen) der eigenen Persönlichkeit sowie das berufliche Selbstverständnis übernehmen.

Auf diese Weise entsteht ein in der Ausbildung zu entwickelndes Kompetenzprofil angehender Pflegefachkräfte, das sich übergeordnet aus den Ausbildungszielen nach § 5 PflBG ergibt und über die Kompetenzbereiche, die darunterliegenden Kompetenzdimensionen und die ihnen zugeordneten Kompetenzen immer weiter ausdifferenziert und konkretisiert wird (*Kostorz* 2022e, 108) (▶ Abb. 5).

In der pflegewissenschaftlichen Diskussion werden häufig unterschiedliche Ebenen pflegeberuflichen Handelns ausdifferenziert, denen die fünf Kompetenzbereiche der Anlagen 1 bis 5 PflAPrV zugeordnet werden können (▶ Abb. 6). Zu unterscheiden ist insofern zunächst eine Mikroebene, die das »Kerngeschäft« der beruflichen Pflegepraxis widerspiegelt; sie kommt in den Kompetenzbereichen *Pflegeprozesse und Pflegediagnostik* sowie *Kommunikation und intra-/interprofessionelles Handeln* zum Ausdruck. Auf der Mesoebene liegen diejenigen Handlungen, die von einem institutionellen Kontext bestimmt werden. Es geht hier vor allem um die Schnittstellen zwischen der Pflege und anderen Gesundheitsprofessionen, also um die Interaktion und die Zusammenarbeit zwischen verschiedenen Akteuren im Kontext der pflegerischen Versorgung (Kompetenzbereich *Kooperation und intra-/interprofessionelles Handeln*). Die Makroebene schließlich umfasst den wissenschaftlichen und gesellschaftlichen Kontext des Pflegehandelns (Kompetenzbereiche *Recht und Ethik* sowie *Wissenschaft und Berufshaltung* (*Jürgensen/Dauer* 2021, 30 f.).

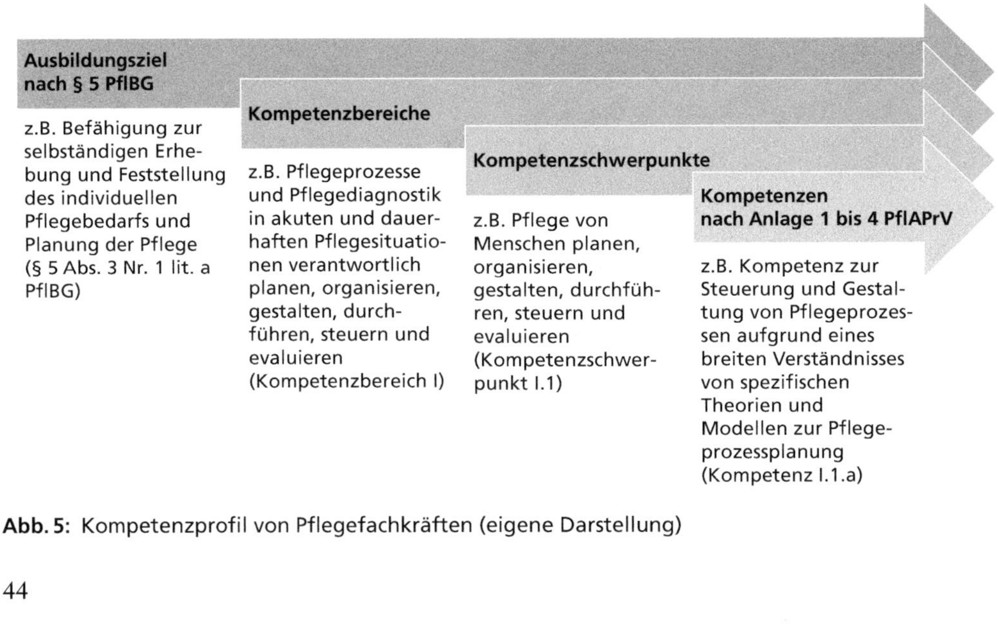

Ausbildungsziel nach § 5 PflBG

z.B. Befähigung zur selbständigen Erhebung und Feststellung des individuellen Pflegebedarfs und Planung der Pflege (§ 5 Abs. 3 Nr. 1 lit. a PflBG)

Kompetenzbereiche

z.B. Pflegeprozesse und Pflegediagnostik in akuten und dauerhaften Pflegesituationen verantwortlich planen, organisieren, gestalten, durchführen, steuern und evaluieren (Kompetenzbereich I)

Kompetenzschwerpunkte

z.B. Pflege von Menschen planen, organisieren, gestalten, durchführen, steuern und evaluieren (Kompetenzschwerpunkt I.1)

Kompetenzen nach Anlage 1 bis 4 PflAPrV

z.B. Kompetenz zur Steuerung und Gestaltung von Pflegeprozessen aufgrund eines breiten Verständnisses von spezifischen Theorien und Modellen zur Pflegeprozessplanung (Kompetenz I.1.a)

Abb. 5: Kompetenzprofil von Pflegefachkräften (eigene Darstellung)

2.4 Zielsetzung der Pflegeausbildung

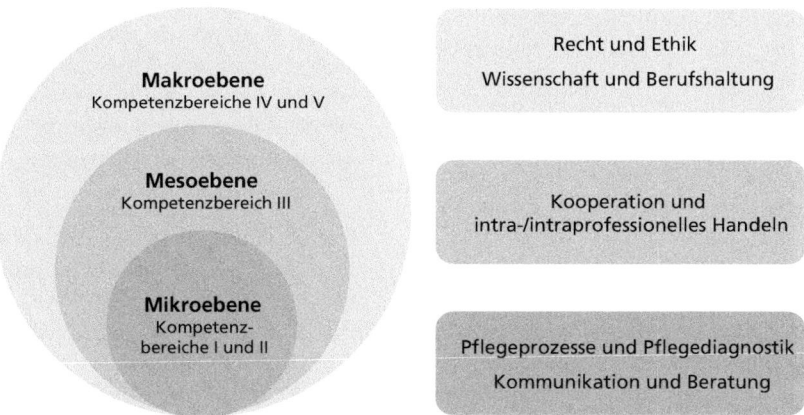

Abb. 6: Kontextebenen der Kompetenzbereiche (eigene Darstellung in Anlehnung an *Jürgensen/Dauer* 2021, 31)

2.4.2 Pflegeverständnis

In § 5 Abs. 2 Satz 1 PflBG wird das den Auszubildenden zu vermittelnde Berufs- bzw. Pflegeverständnis beschrieben: Danach wird Pflege verstanden als ein Konglomerat aus präventiven, kurativen, rehabilitativen, palliativen und sozialpflegerischen Maßnahmen zur Erhaltung, Förderung, Wiedererlangung oder Verbesserung der physischen und psychischen Situation der zu pflegenden Menschen einschließlich deren Beratung sowie Begleitung in allen Lebensphasen und der Begleitung Sterbender. Auch hierin zeigt sich das Ziel der neuen, generalistisch ausgerichteten Pflegeausbildung, den Auszubildenden diejenigen Kompetenzen zu vermitteln, die sie für die Pflege von Menschen aller Altersstufen in allen Lebensphasen benötigen (*Kostorz/Hatziliadis* 2016, 33 sowie *Kostorz* 2016c, 244 f.). Die genannten Ziele der Pflege entsprechen dabei weitestgehend den Zielen und den Leistungen der gesetzlichen Kranken- und der sozialen Pflegeversicherung (*Igl* 2021, § 5 PflBG Rdnr. 19; hierzu auch *Kostorz* 2019a, 763 ff. sowie *Kostorz* 2020a, 22 ff. bzw. 50 ff.).

§ 5 Abs. 4 PflBG betont darüber hinaus, dass während der Ausbildung zur Pflegefachkraft »ein professionelles [...] Pflegeverständnis und ein berufliches Selbstverständnis entwickelt und gestärkt« werden soll, »um sich neben anderen Gesundheitsfachberufen inklusive der Ärzteschaft als Berufsgruppe selbstbewusst zu positionieren« (BT-Drucks. 18/7823, 67). Ein rechtlicher Reflex auf die Professionalisierungsdebatte in der Pflege (hierzu *Igl* 2002) ist dabei die Formulierung von Vorbehaltsaufgaben in § 4 PflBG (hierzu *Hundenborn/Knigge-Demal* 2018).

Nach § 4 Abs. 2 i. V. m. § 5 Abs. 3 PflBG handelt es sich bei diesen vorbehaltenen Tätigkeiten, die ausschließlich von *Pflegefachmännern* und *Pflegefachfrauen* durchgeführt werden dürfen (▶ Kap. 8.3), um

1. die Erhebung und Feststellung des individuellen Pflegebedarfs [einschließlich der Planung der Pflege],
2. die Organisation, Gestaltung und Steuerung des Pflegeprozesses und
3. die Analyse, Evaluation, Sicherung und Entwicklung der Qualität der Pflege.

Ausgenommen aus dem Katalog der Vorbehaltsaufgaben ist die Durchführung der Pflege selbst (nebst deren Dokumentation). Dies ist auf den ersten Blick insofern erstaunlich, als es sich hierbei um den Kern der Berufstätigkeit von Pflegefachkräften handelt, für den sie auch entsprechend zu qualifizieren sind (vgl. § 5 Abs. 3 Nr. 1 lit. c PflBG). Zu berücksichtigen ist jedoch, dass diese Maßnahmen (insbesondere in stabilen Pflegesituationen) durchaus auch von Pflegeassistentinnen und -assistenten übernommen werden können, so dass sie nicht den mindestens dreijährig ausgebildeten Pflegefachkräften vorbehalten sein müssen (*Kostorz/Hatziliadis* 2016, 34 sowie *Klie/Krautz* 2021, 420).

Mit der Zuweisung dieser Vorbehaltsaufgaben soll eine merkliche Aufwertung des Pflegeberufs erfolgen und hervorgehoben werden, dass die Kernaufgaben der professionell durchgeführten Pflege durch zielgerichtet ausgebildetes Personal mit den erforderlichen Kompetenzen wahrgenommen werden müssen (*Weidner* 2019, 25) (▶ Kap. 1.1).

2.4.3 Qualitätsmaßstab

Der in § 5 Abs. 2 Satz 2 PflBG formulierte Qualitätsmaßstab (Pflege nach dem »allgemein anerkannten Stand pflegewissenschaftlicher, medizinischer und weiterer bezugswissenschaftlicher Erkenntnisse«) entspricht zunächst dem Qualitätsstandard der Leistungen der sozialen Pflegeversicherung (→ § 11 Abs. 1 Satz 1 SGB XI; ähnlich §§ 28 Abs. 3 und 69 Satz 1 SGB XI), erweitert diesen aber in Richtung auf weitere bezugswissenschaftliche Erkenntnisse. Hierunter können etwa die Medizin, die Psychologie oder einzelne Sozialwissenschaften verstanden werden. Damit soll deutlich gemacht werden, »dass gemäß einem zeitgemäßen Verständnis der Pflegewissenschaft die interdisziplinären Kontexte in den Blick zu nehmen sind« (*Igl* 2021, § 5 PflBG Rdnr. 22).

> **§ 11 Abs. 1 SGB XI**
>
> Die Pflegeeinrichtungen pflegen, versorgen und betreuen die Pflegebedürftigen, die ihre Leistungen in Anspruch nehmen, entsprechend dem allgemein anerkannten Stand medizinisch-pflegerischer Erkenntnisse. Inhalt und Organisation der Leistungen haben eine humane und aktivierende Pflege unter Achtung der Menschenwürde zu gewährleisten.

Hinzu kommt, dass die Ausbildung in der Pflege auf der Grundlage einer professionellen Ethik zu erfolgen hat (§ 5 Abs. 2 Satz 2 a. E. PflBG). In diesem Zusammenhang ist vor allem der → *Ethikkodex für Pflegende* des *International Council of Nurses* (ICN) zu berücksichtigen, der insgesamt vier den Standard ethischer Verhaltensweisen in der Pflege bestimmende Grundelemente umfasst (*DBfK* et al. 2021).

ICN-Ethikkodex für Pflegefachpersonen

Präambel
Seit den Anfängen der organisierten Pflege Mitte des 19. Jahrhunderts und der Erkenntnis, dass die Pflege tief in den Traditionen und Praktiken von Chancengerechtigkeit und Inklusion sowie in der Wertschätzung von Vielfalt verwurzelt ist, haben Pflegefachpersonen konsequent vier grundlegende Verantwortlichkeiten anerkannt: Gesundheit fördern, Krankheiten verhüten, Gesundheit wiederherstellen sowie Leiden lindern und ein würdiges Sterben unterstützen. Der Bedarf nach Pflege ist universell. Der Pflege inhärent ist die Achtung der Menschenrechte, einschließlich der kulturellen Rechte, des Rechts auf Leben und Wahlfreiheit, das Recht auf Würde und respektvolle Behandlung. Die Pflege ist respektvoll und uneingeschränkt in Bezug auf die Merkmale Alter, Hautfarbe, Kultur, kulturelle Zugehörigkeit, Behinderung oder Krankheit, Geschlecht, sexuelle Orientierung, Nationalität, Politik, Sprache, ethnische Zugehörigkeit, religiöse oder spirituelle Überzeugungen, rechtlicher, wirtschaftlicher oder sozialer Status. Pflegefachpersonen werden für ihren Beitrag zur Verbesserung der Gesundheit von Einzelpersonen, Familien, Gemeinschaften und Bevölkerungsgruppen auf lokaler, nationaler und globaler Ebene geschätzt und respektiert. Sie koordinieren die Versorgung mit anderen Gesundheitsfachpersonen und weiteren involvierten Gruppen. Pflegefachpersonen zeigen professionelle ethische Werte wie Respekt, Gerechtigkeit, Empathie, Verlässlichkeit, Fürsorge, Mitgefühl, Vertrauenswürdigkeit und Integrität.

2.4 Zielsetzung der Pflegeausbildung

1. *Pflegefachpersonen und Patientinnen und Menschen mit Pflegebedarf*

    1.1 Die primäre berufliche Verantwortung der Pflegefachpersonen besteht gegenüber Menschen, die jetzt oder in Zukunft Pflege benötigen, seien es Einzelpersonen, Familien, Gemeinschaften oder Bevölkerungsgruppen (im Folgenden entweder »Patientinnen« oder »Menschen mit Pflegebedarf« genannt).

    1.2 Pflegefachpersonen fördern ein Umfeld, in dem die Menschenrechte, Werte, Bräuche, religiösen und spirituellen Überzeugungen von Einzelnen, Familien und Gemeinschaften von allen anerkannt und respektiert werden. Die Rechte von Pflegefachpersonen sind Teil der Menschenrechte und sind zu wahren und zu schützen.

    1.3 Pflegefachpersonen stellen sicher, dass Einzelne und Familien verständliche, genaue, ausreichende und rechtzeitige Informationen erhalten, angepasst an die Kultur der Patientinnen, ihre sprachlichen, kognitiven und körperlichen Bedürfnisse sowie an ihren mentalen Zustand. Sie bilden die Grundlage für die Zustimmung zur Pflege und die dazu gehörige Behandlung.

    1.4 Pflegefachpersonen behandeln personenbezogene Daten vertraulich. Sie respektieren die Privatsphäre, Vertraulichkeit und die Interessen der Patientinnen bei der rechtmäßigen Erhebung, der Verwendung, dem Zugriff auf personenbezogene Daten, sowie ihrer Übermittlung, Speicherung und Offenlegung.

    1.5 Pflegefachpersonen respektieren die Privatsphäre und die vertraulichen Informationen von Kolleginnen und Menschen mit Pflegebedarf, und wahren die Integrität des Pflegeberufs persönlich und in allen Medien, einschließlich der sozialen Medien.

    1.6 Pflegefachpersonen teilen mit der Gesellschaft die Verantwortung, Maßnahmen zu initiieren und zu unterstützen, die den gesundheitlichen und sozialen Bedürfnissen aller Menschen gerecht werden.

    1.7 Pflegefachpersonen setzen sich für Chancengerechtigkeit und soziale Gerechtigkeit bei der Ressourcenzuteilung, dem Zugang zu Gesundheitsversorgung und anderen sozialen und wirtschaftlichen Dienstleistungen ein.

    1.8 Pflegefachpersonen zeigen professionelle Werte wie Respekt, Gerechtigkeit, Verlässlichkeit, Fürsorge, Mitgefühl, Empathie, Vertrauenswürdigkeit und Integrität. Sie unterstützen und respektieren die Würde und die universellen Rechte aller Menschen, einschließlich Patientinnen, Kolleginnen und Familien.

    1.9 Pflegefachpersonen fördern eine Sicherheitskultur im Gesundheitswesen, indem sie Risiken für die Menschen oder die sichere Pflegepraxis in jeder Pflegeumgebung erkennen und aktiv angehen. Sie gewährleisten eine sichere Versorgung in der Praxis, bei Dienstleistungen und in Arbeitsumfeldern.

    1.10 Pflegefachpersonen bieten eine »evidence-informed« und personenzentrierte Pflege. Sie anerkennen und verwenden die Werte und Prinzipien der primären Gesundheitsversorgung und -förderung über die gesamte Lebensspanne hinweg.

    1.11 Pflegefachpersonen stellen sicher, dass der Einsatz von Technologie und wissenschaftlichen Fortschritten mit der Sicherheit und den Rechten von Menschen vereinbar sind. Bei künstlicher Intelligenz oder Geräten wie Robotern oder Drohnen sorgen Pflegefachpersonen dafür, dass die Pflege personenzentriert bleibt und solche Geräte menschliche Beziehungen unterstützen und nicht ersetzen.

2. *Pflegefachpersonen und die Praxis*

    2.1 Pflegefachpersonen sind persönlich verantwortlich und rechenschaftspflichtig für die ethische Pflegepraxis und die Aufrechterhaltung ihrer Kompetenzen, durch kontinuierliche berufliche Weiterentwicklung und lebenslanges Lernen

    2.2 Pflegefachpersonen halten ihre fachlichen Kompetenzen aktuell, damit sie ihre Fähigkeit, eine qualitativ hochwertige und sichere Pflege zu gewährleisten, nicht gefährden.

    2.3 Pflegefachpersonen praktizieren innerhalb der Grenzen ihrer individuellen Kompetenz und dem gesetzlich vorgegebenen Verantwortungsbereich. Sie verwenden professionelles Urteilsvermögen, wenn sie Verantwortung übernehmen und delegieren.

    2.4 Pflegefachpersonen wertschätzen ihre eigene Würde, ihr Wohlbefinden und ihre Gesundheit. Um dies zu erreichen, braucht es positive Arbeitsumgebungen, die geprägt sind von beruflicher Anerkennung, Bildung, Reflexion, Unterstützungsstrukturen, angemessener

Ressourcenausstattung, solide Managementpraktiken sowie Gesundheitsschutz und Arbeitssicherheit.

2.5 Pflegefachpersonen legen jederzeit ein angemessenes Verhalten an den Tag. Sie repräsentieren den Beruf positiv und stärken sein Image und das öffentliche Vertrauen. In ihrer beruflichen Rolle erkennen und berücksichtigen Pflegefachpersonen Grenzen der persönlichen Beziehungen.

2.6 Pflegefachpersonen teilen ihr Wissen und ihre Expertise und geben Feedback, um Studierende/Lernende, Berufsanfängerinnen, Kolleginnen und Angehörige anderer Gesundheitsberufe anzuleiten und zu unterstützen.

2.7 Pflegefachpersonen sind Fürsprecherinnen für Betroffene und pflegen eine Praxiskultur, die ein ethisches Verhalten und den offenen Dialog fördert.

2.8 Pflegefachpersonen haben die Möglichkeit, die Teilnahme an bestimmten Prozeduren oder pflege- oder gesundheitsbezogener Forschung aus Gewissensgründen abzulehnen. Sie müssen respektvoll und rechtzeitig handeln, um sicherzustellen, dass die Menschen eine ihren individuellen Bedürfnissen angemessene Pflege erhalten.

2.9 Pflegefachpersonen schützen das Recht einer Person, den Zugriff auf ihre persönlichen, gesundheitsbezogenen und genetischen Informationen zu erteilen und zu widerrufen. Sie schützen die Nutzung, Privatsphäre und Vertraulichkeit beim Umgang mit genetischen Informationen und humanen Genomtechnologien.

2.10 Pflegefachpersonen ergreifen geeignete Maßnahmen, um Einzelpersonen, Familien, Gemeinschaften und Bevölkerungsgruppen zu schützen, von deren Gesundheit durch eine Kollegin, eine andere Person, Regelwerke, oder die Anwendung oder den Missbrauch von Technologie gefährdet wird.

2.11 Pflegefachpersonen beteiligen sich aktiv an der Förderung der Sicherheit der Patientinnen. Sie fördern ethisches Verhalten, wenn Fehler oder Beinahe-Fehler auftreten. Sie melden sich zu Wort, wenn die Sicherheit der Patientinnen gefährdet ist. Sie setzen sich für Transparenz ein und arbeiten mit anderen zusammen, um das Fehlerpotenzial zu reduzieren.

2.12 Pflegefachpersonen sind für die Korrektheit und Vollständigkeit von Daten verantwortlich, um ethische Standards der Pflege zu unterstützen und zu fördern.

3. *Pflegefachpersonen und der Beruf*

3.1 Pflegefachpersonen übernehmen die führende Rolle bei der Festlegung und Umsetzung »evidence-informed«, akzeptabler Standards der klinischen Pflegepraxis, des Managements, der Forschung und der Ausbildung.

3.2 Pflegefachpersonen und Pflegewissenschaftlerinnen sind aktiv in der Erweiterung des forschungsbasierten, aktuellen Berufswissens, das eine »evidence-informed« Praxis unterstützt.

3.3 Pflegefachpersonen sind aktiv bei der Entwicklung und Erhaltung eines Kerns von beruflichen Werten.

3.4 Pflegefachpersonen beteiligen sich durch ihre Berufsorganisationen an der Schaffung einer positiven und konstruktiven Arbeitsumgebung, welche die klinische Pflege, die Ausbildung, die Forschung, das Management und die Führung umfasst. Dazu gehören Umgebungen, die es Pflegefachpersonen ermöglichen, ihren Verantwortungsbereich optimal auszufüllen und eine sichere, effektive und rechtzeitige Gesundheitsversorgung zu gewährleisten. Dies unter Arbeitsbedingungen, die für Pflegefachpersonen sicher, sowie sozial und wirtschaftlich gerecht sind.

3.5 Pflegefachpersonen tragen zu einer positiven und ethischen Arbeitsumgebung bei und setzen sich gegen unethische Praktiken und Einstellungen ein. Pflegefachpersonen arbeiten mit Pflegekolleginnen, anderen (Gesundheits-)Disziplinen und relevanten Gruppen zusammen. Sie beteiligen sich an der Erstellung, Durchführung und Verbreitung von »peer-reviewed« und ethisch verantwortungsvoller Forschung und Praxisentwicklung im Kontext von Patientinnenversorgung, Pflege und Gesundheit.

3.6 Pflegefachpersonen beteiligen sich an der Erstellung, Verbreitung und Anwendung von Forschung, die die Ergebnisse für Einzelpersonen, Familien und Gemeinschaften verbessern.

3.7 Pflegefachpersonen bereiten sich auf Notfälle, Katastrophen, Konflikte, Epidemien, Pandemien, soziale Krisen und Situationen mit knappen Ressourcen vor und reagieren darauf. Die Sicherheit der Menschen, die Pflege erhalten, liegt in der Verantwortung der einzelnen Pflegefachpersonen und der Führungspersonen von Gesundheitssystemen und -organisationen. Das beinhaltet die Bewertung von Risiken und die Entwicklung, Umsetzung und Planung von Ressourcen, um diese zu minimieren.

4. *Pflegefachpersonen und globale Gesundheit*
   4.1 Pflegefachpersonen erachten die Gesundheitsversorgung als Menschenrecht und bekräftigen das Recht auf universellen Zugang zur Gesundheitsversorgung für alle.
   4.2 Pflegefachpersonen wahren die Würde, die Freiheit und den Wert aller Menschen und wenden sich gegen alle Formen der Ausbeutung, wie Menschenhandel und Kinderarbeit.
   4.3 Pflegefachpersonen übernehmen eine Führungsrolle oder tragen zu einer soliden gesundheitspolitischen Entwicklung bei.
   4.4 Pflegefachpersonen tragen zur Gesundheit der Bevölkerung bei und arbeiten auf die Erreichung der Nachhaltigen Entwicklungsziele der Vereinten Nationen (SDG) hin.
   4.5 Pflegefachpersonen anerkennen die Bedeutung der sozialen Determinanten von Gesundheit. Sie tragen zu entsprechenden Richtlinien und Programmen bei und setzen sich dafür ein.
   4.6 Pflegefachpersonen setzen sich gemeinsam dafür ein, die natürliche Umwelt zu erhalten, zu stärken und zu schützen. Sie sind sich der gesundheitlichen Folgen der Umweltzerstörung, z. B. aufgrund des Klimawandels, bewusst. Sie treten für Initiativen ein, die umweltschädliche Praktiken reduzieren, um Gesundheit und Wohlbefinden zu fördern.
   4.7 Pflegefachpersonen arbeiten mit anderen Gesundheits- und Sozialberufen und der Bevölkerung zusammen, um die Grundsätze der Gerechtigkeit zu wahren, indem sie die Verantwortung für Menschenrechte, Chancengerechtigkeit und Fairness fördern und sich für das öffentliche Wohl und für einen gesunden Planeten einsetzen.
   4.8 Pflegefachpersonen arbeiten länderübergreifend zusammen, um die globale Gesundheit zu entwickeln und zu erhalten, und Richtlinien und Grundsätze dafür sicherzustellen.

Anhaltspunkte für ethisches Handeln in der Pflege können sich darüber hinaus auch aus weiteren Ansätzen der Medizin- bzw. Pflegeethik ergeben (vgl. exemplarisch *Lay* 2022 oder *Schiff/Dallmann* 2021). Ein häufig rezipiertes Konzept ist etwa das Vier-Prinzipien-Modell von *Tom L. Beauchamp* und *James F. Childress* (2013), das gleichberechtigt nebeneinanderstehende medizinethische Prinzipien beschreibt, die im Einzelfall konkretisiert und gegeneinander abgewogen werden müssen (▶ Abb. 7).

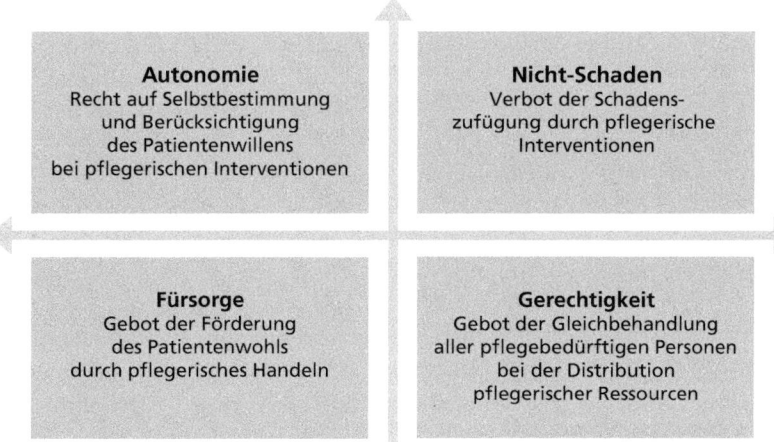

Abb. 7: Prinzipien biomedizinischer Ethik (eigene Darstellung)

Prinzipien biomedizinischer Ethik nach *Tom L. Beauchamp* und *James F. Childress* (Zitate aus: Marckmann/Jox 2013, 443)

Patientenautonomie
Dem »Prinzip des Respekts vor der Autonomie« zufolge dürfen nur diejenigen Maßnahmen durchgeführt werden, denen der Patient nach angemessener Aufklärung selbst zugestimmt hat (sogenannter »informed consent«). Dabei umfasst das Autonomie-Prinzip nicht nur die Entscheidungsfreiheit, sondern darüber hinaus die Verpflichtung, den Patienten in seiner Entscheidungsfindung aktiv zu unterstützen und ihn dadurch erst in die Lage zu versetzen, eine selbstbestimmte Entscheidung über die durchzuführenden Maßnahmen zu treffen. Die Bedingungen des »informed consent« sind erfüllt, wenn der Patient kognitiv entscheidungsfähig ist, eine ausreichende Aufklärung erhalten und diese verstanden hat, freiwillig eine Entscheidung trifft und schließlich seine Zustimmung zur Maßnahme gibt.

Schadensvermeidung
Das »Prinzip des Nichtschadens« (englisch: nonmaleficence) verpflichtet dazu, dem Patienten nach Möglichkeit durch die therapeutischen Bemühungen keinen Schaden zuzufügen. Oft kann der Arzt dem Patienten aber nur dann effektiv helfen, wenn er ihm gleichzeitig gesundheitliche Risiken und Belastungen zumutet (vgl. zum Beispiel onkologische oder intensivmedizinische Behandlungen). In diesem Fall ist eine sorgfältige Abwägung von Nutzen und Schaden für den Patienten erforderlich.

Fürsorge
Das »Prinzip des Wohltuns« (englisch: beneficence) verpflichtet alle im Gesundheitswesen Tätigen dazu, das Wohlergehen des Patienten bestmöglich zu fördern, das heißt diejenigen Maßnahmen auszuwählen, die den Patienten den größten Nutzen bieten. Nützlich sind allgemein diejenigen Maßnahmen, die die Lebenserwartung und/oder die Lebensqualität des Patienten verbessern.

Gleichheit und Gerechtigkeit
Das »Prinzip der Gerechtigkeit« blickt über den einzelnen Patienten hinaus und fordert eine faire Verteilung von Nutzen und Lasten im Gesundheitswesen. Diese ethischen Fragen der Verteilungsgerechtigkeit dürften aufgrund der zunehmenden Diskrepanz zwischen medizinisch Möglichem und solidarisch Finanzierbarem in den kommenden Jahren weiter an Bedeutung gewinnen. Im Kern fordert dabei die Gerechtigkeit eine Gleichbehandlung der Patienten: Gleiche Fälle sollten gleich behandelt werden, und ungleiche Fälle sollten nur insofern ungleich behandelt werden, als sie moralisch relevante Unterschiede aufweisen. Was im Einzelfall moralisch relevante Unterschiede sind, bereitet oft Interpretationsschwierigkeiten.

2.4.4 Lebensweltbezug und Patientenorientierung

Nach § 5 Abs. 2 Satz 3 PflBG sind die Auszubildenden dafür zu sensibilisieren, bei allen pflegerischen Interventionen neben dem konkreten Pflegebedarf auch die Lebenssituation und die Lebensphase, den sozialen, kulturellen und religiösen Hintergrund sowie die sexuelle Orientierung der zu pflegenden Personen zu berücksichtigen. Darin kommt vor allem zum Ausdruck, dass Patienten keine Objekte der Pflege sind, sondern stets als Subjekte wahrgenommen werden müssen (*Igl* 2021, § 5 PflBG Rdnr. 24); zudem wird aktuelleren Erkenntnissen der Versorgungsforschung Rechnung getragen, Pflege auch immer als Bestandteil eines umfassenden Case- und Care-Managements zu sehen (*Kostorz/Hatziliadis* 2016, 33).

In § 5 Abs. 2 Satz 4 PflBG wird das Recht auf Selbstbestimmung und Selbständigkeit noch einmal explizit aufgegriffen. Dabei wird zumindest indirekt auf den Pflegebedürftigkeitsbegriff nach → §§ 14 und 15 SGB XI Bezug genommen, der den Aspekt der Förderung und des Erhalts der Selbständigkeit der Patienten zum zentralen Leitmotiv der sozialen Pflegeversicherung macht (hierzu *Kostorz* 2016a, *Kostorz* 2019c, 765 sowie *Kostorz* 2020a, 52 f.).

§ 14 Abs. 1 SGB XI

Pflegebedürftig im Sinne dieses Buches sind Personen, die gesundheitlich bedingte Beeinträchtigungen der Selbständigkeit oder der Fähigkeiten aufweisen und deshalb der Hilfe durch andere bedürfen. Es

2.4 Zielsetzung der Pflegeausbildung

muss sich um Personen handeln, die körperliche, kognitive oder psychische Beeinträchtigungen oder gesundheitlich bedingte Belastungen oder Anforderungen nicht selbständig kompensieren oder bewältigen können. Die Pflegebedürftigkeit muss auf Dauer, voraussichtlich für mindestens sechs Monate, und mit mindestens der in § 15 festgelegten Schwere bestehen.

§ 15 Abs. 1 SGB XI

Pflegebedürftige erhalten nach der Schwere der Beeinträchtigungen der Selbständigkeit oder der Fähigkeiten einen Grad der Pflegebedürftigkeit (Pflegegrad). Der Pflegegrad wird mit Hilfe eines pflegefachlich begründeten Begutachtungsinstruments ermittelt.

2.4.5 Befähigung zum Pflegeberuf

»Am Ende der Ausbildung sollen die Auszubildenden befähigt sein, die vielfältigen Aufgaben des Pflegeberufs sicher zu übernehmen. [§ 5] Absatz 3 [PflBG] präzisiert in einer umfassenden, aber nicht abschließenden Aufzählung die charakteristischen Aufgaben des Pflegeberufs und die Fähigkeiten, die zu ihrer ordnungsgemäßen Erfüllung in der Ausbildung nach diesem Gesetz zu entwickeln sind« (BT-Drucks. 18/7823, 67). Unterschieden wird insofern zwischen selbstständig auszuführenden, eigenständig durchzuführenden und interdisziplinären Aufgaben.

Nach der Gesetzesbegründung wurde beim Begriff der selbstständig auszuführenden Aufgaben auf die Terminologie des Deutschen Qualifikationsrahmens für lebenslanges Lernen abgestellt. Der »Begriff der Selbstständigkeit umfasst danach insbesondere auch das Element des Tätigwerdens in eigener Verantwortung« (BT-Drucks. 18/7823, 67), ohne dass dazu eine ärztliche Anordnung erforderlich ist – es handelt sich hierbei also um die originären Kernaufgaben der pflegerischen Tätigkeit. Hierzu gehören zunächst die Aufgaben nach § 5 Abs. 3 Nr. 1 lit. a bis d PflBG, die an das vierphasige Pflegeprozessmodell der *WHO* angelehnt sind (vgl. *Hundenborn/Knigge-Demal* 2018, 233 f.) (▶ Abb. 8).

Dabei ist es zunächst erstaunlich, dass der Gesetzgeber hier auf das auf *Helen Yura* und *Mary B. Walsh* (1967) zurückgehende vierphasige Pflegeprozessmodell der *WHO* rekurriert, während sich in der deutschen Pflegewissenschaft bislang eher das sechsstufige Modell nach *Verena Fiechter* und *Martha Meier* (1981) durchgesetzt hatte (*Hundenborn/Knigge-Demal* 2018, 233). Zudem handelt es sich um eine fast kuriose Gesetzessystematik, dass dabei die »Organisation, Gestaltung und Steuerung des Pflegeprozesses« erst unter lit. b des § 5 Abs. 3 Nr. 1 PflBG aufgeführt wird, obwohl es sich hierbei um eine Art Oberkategorie handelt, der die »Erhebung und Feststellung des individuellen Pflegebedarfs« (Assessment) sowie die »Planung der Pflege« (Planung) nach lit. a, die »Durchführung der Pflege und Dokumentation der angewendeten Maßnahmen« (Intervention) nach lit. c und die »Analyse, Evaluation, Sicherung und Entwicklung der Qualität der Pflege« (Evaluation) nach lit. d dem Grunde nach untergeordnet sind. Mit Ausnahme der Durchführung und der Dokumentation der pflegerischen Interventionen (§ 5 Abs. 3 Nr. 1 lit. c PflBG) handelt es sich

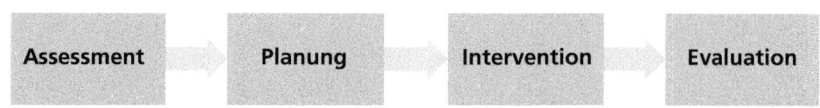

Abb. 8: Pflegeprozessmodell nach der WHO (eigene Darstellung)

dabei auch um die Vorbehaltsaufgaben nach § 4 Abs. 2 PflBG (▶ Kap. 2.4.2 und ▶ Kap. 8.3), die nur von Pflegefachkräften i.S.d. Pflegeberufegesetzes, also von *Pflegefachfrauen* und *Pflegefachmännern*, und nicht von (noch nicht examinierten) Auszubildenden durchgeführt werden dürfen, die hierzu erst angeleitet werden müssen (▶ Kap. 3.3.3). Dass aus dem Katalog der Pflegefachkräften vorbehaltenen Tätigkeiten die eigentliche Durchführung pflegerischer Maßnahmen ausgeschlossen ist, erklärt sich mit der (vertikalen) Arbeitsteilung in der Pflege: Diese Interventionen können (insbesondere in stabilen Pflegesituationen) durchaus auch von Pflegeassistentinnen bzw. -assistenten und eben auch von Auszubildenden im praktischen Arbeitseinsatz übernommen werden, wenn sie hierzu bereits ausreichend angeleitet worden sind (▶ Kap. 3.6.2 und ▶ Kap. 3.9.2).

Zum vierstufigen Pflegezyklus hinzu kommen fünf weitere selbstständig auszuführende Aufgaben, für die die Auszubildenden zu befähigen sind (§ 5 Abs. 3 Nr. 1 lit. e bis i PflBG). Es handelt sich hierbei um die Durchführung von Präventionsmaßnahmen (lit. e), die Beratung, Schulung und Anleitung pflegebedürftiger Personen (lit. f), die Durchführung rehabilitativer Maßnahmen zur Minderung der Pflegebedürftigkeit (lit. g), die Einleitung lebensrettender Sofortmaßnahmen (lit. h) sowie die Mitwirkung an der Ausbildung von Angehörigen anderer Gesundheitsberufe und von ehrenamtlich pflegenden Personen i.S.d. § 19 SGB XI (lit. i) (im Einzelnen *Igl* 2021, § 5 PflBG Rdnr. 39 ff.). Hierin kommt insgesamt die zunehmende rechtliche und faktische Gesamtverantwortung der Pflegefachkräfte für die pflegerische Versorgung von Patientinnen und Patienten zum Ausdruck, was ein weiteres wichtiges Signal für die Weiterentwicklung der Pflege als Profession setzt (*Kostorz/Hatziliadis* 2016, 34).

Bei den eigenständig durchzuführenden Maßnahmen, für die Auszubildende nach § 5 Abs. 3 Nr. 2 PflBG zu befähigen sind, handelt es sich um Aufgaben, die aufgrund einer ärztlichen Anordnung durchzuführen sind; es geht hierbei vor allem um ärztlich veranlasste Maßnahmen der medizinischen Diagnostik, der Therapie und der Rehabilitation. Welche Maßnahmen dabei im Einzelfall angeordnet bzw. delegiert werden können, ist vor allem eine Frage des (ärztlichen) Berufsrechts (hierzu *Wiese* 2014, Rdnr. 575 ff., *Weiß* 2020, 75 ff. sowie *Müller/Schabbeck* 2018, 411 ff.). Zu beachten ist, dass Auszubildende für diese Aufgaben zwar zu befähigen sind, sie sie jedoch aufgrund ihres besonderen Status noch nicht eigenständig, sondern nur unter unmittelbarer Aufsicht und zum Zwecke der Ausbildung durchführen dürfen (*Großkopf/Klein* 2020, 221).

Schließlich soll die Ausbildung zur interdisziplinären Zusammenarbeit mit Angehörigen anderer Gesundheits(fach)berufe qualifizieren (§ 5 Abs. 3 Nr. 3 PflBG); hierzu gehören etwa Logopädinnen bzw. Logopäden oder Physiotherapeutinnen bzw. Physiotherapeuten. »Dies trägt den Entwicklungen im Berufsfeld Rechnung, die von zunehmender Arbeitsteilung, Ausdifferenzierung der Tätigkeiten und Spezialisierung gekennzeichnet sind« (*Dielmann* 2022, § 5 Rdnr. 23; hierzu auch *Kostorz* 2020a, 74 ff.).

3 Ausbildungsverhältnis zwischen Ausbildungsträger und Auszubildenden

Grundlegend für die Ausbildung zur Pflegefachkraft ist das Ausbildungsverhältnis zwischen dem Ausbildungsträger und dem Auszubildenden, das durch den von diesen beiden Akteuren abzuschließenden Ausbildungsvertrag begründet wird. Aus ihm ergeben sich vor allem die für beide Vertragsparteien synallagmatischen Hauptpflichten im Ausbildungsverhältnis: die Ausbildungspflicht des Ausbildungsträgers einerseits und die Pflicht des Auszubildenden andererseits, aktiv am Ausbildungserfolg mitzuwirken. Hinzu kommen weitere Rechte und Pflichten der den Ausbildungsvertrag abschließenden Akteure, wie etwa die Pflicht des Ausbildungsträgers, eine Ausbildungsvergütung zu zahlen und die erforderlichen Ausbildungsmittel zur Verfügung zu stellen, oder das Recht des Auszubildenden, unter bestimmten Voraussetzungen eine klientenspezifische Ausbildung in der Kinderkranken- bzw. Altenpflege wählen zu können, sowie dessen Pflicht, für eventuell verursachte Pflegefehler bzw. Schäden an Patientinnen und Patienten bzw. Bewohnerinnen und Bewohnern einzustehen. Zudem sind auf den Ausbildungsvertrag grundsätzlich sämtliche Maßgaben des allgemeinen Arbeitsrechts anzuwenden (▶ Abb. 9).

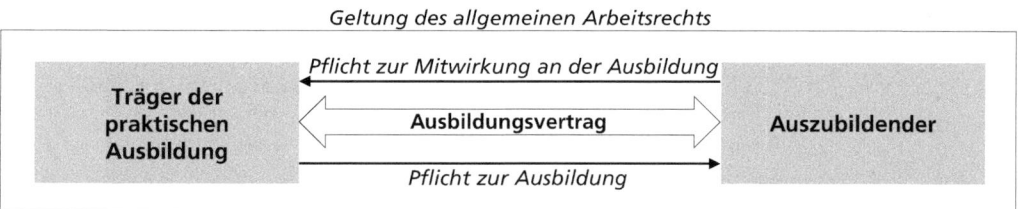

Abb. 9: Rechte und Pflichten aus dem Ausbildungsverhältnis (eigene Darstellung)

3.1 Abschluss des Ausbildungsvertrages

Der Ausbildungsvertrag ist stets in schriftlicher Form (→ § 126 BGB) zwischen dem Träger der praktischen Ausbildung und dem Auszubildenden abzuschließen (§ 16 Abs. 1 und 3 PflBG). Besteht zwischen dem Ausbildungsträger und der Pflegeschule keine sogenannte Trägeridentität, hängt die Wirksamkeit des Vertrages von der schriftlichen Zustimmung der Schule ab (§ 16 Abs. 4 PflBG), welche als (vorherige) Einwilligung nach → § 183 BGB oder als (nachträgliche) Genehmigung nach → § 184 Abs. 1 BGB erteilt werden kann (*Igl* 2021, § 16 PflBG Rdnr. 21). Daneben gibt es für den Ausbildungsträger die Möglichkeit, die Pflegeschule zum Abschluss des Ausbildungsvertrages zu bevollmächtigen (§ 8 Abs. 4 Satz 2 PflBG) (▶ Kap. 5.1). Da für den Abschluss des Ausbildungsvertrages die allgemeinen Vorschriften des Bürgerlichen Gesetzbuches und hier vorrangig diejenigen der → §§ 164 ff. BGB gelten (*Igl* 2021, § 16 PflBG Rdnr. 4), bleibt der rechtliche Vertragspartner des Auszubildenden auch in diesem Fall aber stets der Träger der praktischen Ausbildung (*Dielmann* 2022, § 16 PflBG Rdnr. 32).

§ 126 BGB

(1) Ist durch Gesetz schriftliche Form vorgeschrieben, so muss die Urkunde von dem Aussteller eigenhändig durch Namensunterschrift oder mittels notariell beglaubigten Handzeichens unterzeichnet werden.
(2) Bei einem Vertrag muss die Unterzeichnung der Parteien auf derselben Urkunde erfolgen. Werden über den Vertrag mehrere gleichlautende Urkunden aufgenommen, so genügt es, wenn jede Partei die für die andere Partei bestimmte Urkunde unterzeichnet.
(3) Die schriftliche Form kann durch die elektronische Form ersetzt werden, wenn sich nicht aus dem Gesetz ein anderes ergibt.
(4) Die schriftliche Form wird durch die notarielle Beurkundung ersetzt.

§ 164 Abs. 1 BGB

Eine Willenserklärung, die jemand innerhalb der ihm zustehenden Vertretungsmacht im Namen des Vertretenen abgibt, wirkt unmittelbar für und gegen den Vertretenen. Es macht keinen Unterschied, ob die Erklärung ausdrücklich im Namen des Vertretenen erfolgt oder ob die Umstände ergeben, dass sie in dessen Namen erfolgen soll.

§ 167 BGB

(1) Die Erteilung der Vollmacht erfolgt durch Erklärung gegenüber dem zu Bevollmächtigenden oder dem Dritten, dem gegenüber die Vertretung stattfinden soll.
(2) Die Erklärung bedarf nicht der Form, welche für das Rechtsgeschäft bestimmt ist, auf das sich die Vollmacht bezieht.

§ 183 BGB

Die vorherige Zustimmung (Einwilligung) ist bis zur Vornahme des Rechtsgeschäfts widerruflich, soweit nicht aus dem ihrer Erteilung zugrunde liegenden Rechtsverhältnis sich ein anderes ergibt. Der Widerruf kann sowohl dem einen als dem anderen Teil gegenüber erklärt werden.

§ 184 Abs. 1 BGB

Die nachträgliche Zustimmung (Genehmigung) wirkt auf den Zeitpunkt der Vornahme des Rechtsgeschäfts zurück, soweit nicht ein anderes bestimmt ist.

Ist ein Bewerber um einen Ausbildungsplatz noch minderjährig, also beschränkt geschäftsfähig (→ § 106 BGB), ist der Ausbildungsvertrag nicht nur vom Auszubildenden, sondern auch von dessen gesetzlichen Vertretern zu unterschreiben (§ 16 Abs. 3 Satz 1 PflBG). Hierbei handelt es sich regelmäßig um die Eltern des Auszubildenden, die den Vertrag grundsätzlich beide unterzeichnen müssen (→ §§ 1626 Abs. 1 und 1629 Abs. 1 BGB). In diesem Fall ist eine Ausfertigung des Ausbildungsvertrages sowohl dem Auszubildenden als auch dessen gesetzlichen Vertretern auszuhändigen (§ 16 Abs. 3 Satz 2 PflBG). Dabei ist zu beachten, dass die Erteilung der Erlaubnis, die Ausbildung absolvieren zu dürfen, den

Auszubildenden nicht zugleich zum selbständigen Abschluss von Rechtsgeschäften berechtigt, die in Zusammenhang mit der Ausbildung stehen; → § 113 BGB gilt in diesem Zusammenhang nach dem ausdrücklichen Wortlaut der Vorschrift (»Dienst- oder Arbeitsverhältnis«) nicht im Zusammenhang mit Ausbildungsverhältnissen (*Mestwerdt*, in: *Boecken* et al. 2016, § 113 BGB Rdnr. 18), so dass die gesetzlichen Vertreter nach den rechtlichen Maßgaben zur (beschränkten) Geschäftsfähigkeit auch bei Rechtsgeschäften, die sich aus dem Ausbildungsverhältnis ergeben, ihre Zustimmung (Einwilligung oder Genehmigung) erteilen müssen (→ §§ 107 ff. BGB). Eine Ausnahme besteht nach → § 110 BGB indes dann, wenn die gesetzlichen Vertreter dem Auszubildenden die Ausbildungsvergütung (oder auch Teile davon) zur freien Verfügung überlassen bzw. zweckgebunden zur Verfügung stellen und dieser einen Vertrag eingeht, den er mit diesen finanziellen Mitteln bewirken, also hinsichtlich seiner Zahlungspflicht erfüllen kann (*Trenczek* et al. 2018, 245 f.).

§ 106 BGB

Ein Minderjähriger, der das siebente Lebensjahr vollendet hat, ist nach Maßgabe der §§ 107 bis 113 in der Geschäftsfähigkeit beschränkt.

§ 107 BGB

Der Minderjährige bedarf zu einer Willenserklärung, durch die er nicht lediglich einen rechtlichen Vorteil erlangt, der Einwilligung seines gesetzlichen Vertreters.

§ 108 BGB

(1) Schließt der Minderjährige einen Vertrag ohne die erforderliche Einwilligung des gesetzlichen Vertreters, so hängt die Wirksamkeit des Vertrags von der Genehmigung des Vertreters ab.
(2) Fordert der andere Teil den Vertreter zur Erklärung über die Genehmigung auf, so kann die Erklärung nur ihm gegenüber erfolgen; eine vor der Aufforderung dem Minderjährigen gegenüber erklärte Genehmigung oder Verweigerung der Genehmigung wird unwirksam. Die Genehmigung kann nur bis zum Ablauf von zwei Wochen nach dem Empfang der Aufforderung erklärt werden; wird sie nicht erklärt, so gilt sie als verweigert.
(3) Ist der Minderjährige unbeschränkt geschäftsfähig geworden, so tritt seine Genehmigung an die Stelle der Genehmigung des Vertreters.

§ 110 BGB

Ein von dem Minderjährigen ohne Zustimmung des gesetzlichen Vertreters geschlossener Vertrag gilt als von Anfang an wirksam, wenn der Minderjährige die vertragsmäßige Leistung mit Mitteln bewirkt, die ihm zu diesem Zweck oder zu freier Verfügung von dem Vertreter oder mit dessen Zustimmung von einem Dritten überlassen worden sind.

§ 113 Abs. 1 und 2 BGB

(1) Ermächtigt der gesetzliche Vertreter den Minderjährigen, in Dienst oder in Arbeit zu treten, so ist der Minderjährige für solche Rechtsgeschäfte unbeschränkt geschäftsfähig, welche die Eingehung oder Aufhebung eines Dienst- oder Arbeitsverhältnisses der gestatteten Art oder die Erfüllung der sich aus einem solchen Verhältnis ergebenden Verpflichtungen betreffen. Ausgenommen sind Verträge, zu denen der Vertreter der Genehmigung des Familiengerichts bedarf.

(2) Die Ermächtigung kann von dem Vertreter zurückgenommen oder eingeschränkt werden.

§ 1626 Abs. 1 BGB

Die Eltern haben die Pflicht und das Recht, für das minderjährige Kind zu sorgen (elterliche Sorge). Die elterliche Sorge umfasst die Sorge für die Person des Kindes (Personensorge) und das Vermögen des Kindes (Vermögenssorge).

§ 1629 Abs. 1 BGB

Die elterliche Sorge umfasst die Vertretung des Kindes. Die Eltern vertreten das Kind gemeinschaftlich; ist eine Willenserklärung gegenüber dem Kind abzugeben, so genügt die Abgabe gegenüber einem Elternteil. Ein Elternteil vertritt das Kind allein, soweit er die elterliche Sorge allein ausübt oder ihm die Entscheidung nach § 1628 übertragen ist. [...]

Fallbeispiel

Die 17-jährige Freya W. möchte nach dem Abschluss der Realschule bei der MedSan-Krankenhaus GmbH eine Ausbildung zur *Pflegefachfrau* absolvieren. Ihre Eltern unterstützen sie bei diesem Berufswunsch. Um zur etwa 15 km entfernten Ausbildungsstätte zu gelangen, benötigt sie eine Monatskarte der örtlichen Verkehrsbetriebe.

Da Freya W. noch minderjährig und damit beschränkt geschäftsfähig ist, hängt die Wirksamkeit des mit der Sana-Krankenhaus GmbH abzuschließenden Ausbildungsvertrages von der Einwilligung ihrer Eltern ab (§§ 107 f. i. V. m. § 1629 Abs. 1 BGB). Der Ausbildungsvertrag ist von einem Vertreter der MedSan-Krankenhaus GmbH, von Freya W. und von beiden Elternteilen zu unterzeichnen; eine Ausfertigung des Vertrages ist ihr und ihren Eltern auszuhändigen (§ 16 Abs. 3 PflBG). Da es sich um ein Ausbildungs- und eben nicht um ein Arbeitsverhältnis handelt, findet § 113 BGB keine Anwendung, so dass die Eltern auch in den Beförderungsvertrag mit den örtlichen Verkehrsbetrieben einwilligen oder diesen genehmigen müssen (§ 107 bzw. § 108 BGB). Die Eltern haben jedoch die Möglichkeit, ihrer Tochter die Ausbildungsvergütung, über die Freya W. grundsätzlich ebenfalls nicht frei verfügen kann (§ 1626 Abs. 1 BGB), ganz oder zum Teil frei zur Verfügung zu stellen. In diesem Fall könnte Freya W. den Beförderungsvertrag rechtswirksam selber abschließen (§ 110 BGB).

Aufgrund der auch im Ausbildungsverhältnis grundsätzlich bestehenden Vertragsfreiheit (→ § 105 GewO) obliegt es dabei de jure den beiden Vertragsparteien, den Inhalt des Vertrages frei zu verhandeln und zu vereinbaren; de facto bereitet indes der Ausbildungsträger den Vertragsentwurf vor bzw. bedient sich dabei regelmäßig eines formularmäßigen Mustervertrages, weshalb es für gewöhnlich in seiner Verantwortung liegt, die Rechtmäßigkeit des abgeschlossenen Ausbildungsvertrages zu gewährleisten (so auch *Lakies* 2020, § 11 Rdnr. 4). Dabei hat er unter anderem die in § 16 Abs. 2 PflBG aufgeführten Mindestvertragsbestandteile zu berücksichtigen, die in erster Linie der Transparenz und damit der Information sowie dem Schutz der Auszubildenden dienen (*Igl* 2021, § 16 PflBG sowie *Schlachter*, in: *Müller-Glöge* et al. 2022, §§ 10–12 BBiG).

§ 105 GewO

Arbeitgeber und Arbeitnehmer können Abschluss, Inhalt und Form des Arbeitsvertrages frei vereinbaren, soweit nicht zwingende gesetzliche Vorschriften, Be-

> stimmungen eines anwendbaren Tarifvertrages oder einer Betriebsvereinbarung entgegenstehen. Soweit die Vertragsbedingungen wesentlich sind, richtet sich ihr Nachweis nach den Bestimmungen des Nachweisgesetzes.

Der Ausbildungsvertrag muss dabei mindestens folgende Aspekte beinhalten:

1. Bezeichnung des Berufs, zu dem nach den Vorschriften des Pflegeberufegesetzes ausgebildet wird, sowie den gewählten Vertiefungseinsatz (▶ Kap. 3.2)
2. Beginn und die Dauer der Ausbildung (▶ Kap. 2.3)
3. Angaben über die der Ausbildung zugrunde liegende Ausbildungs- und Prüfungsverordnung (▶ Kap. 1.2.5)
4. Darstellung der inhaltlichen und zeitlichen Gliederung der praktischen Ausbildung (Ausbildungsplan) (▶ Kap. 3.3.1)
5. Verpflichtung des Auszubildenden zum Besuch der Ausbildungsveranstaltungen der Pflegeschule (▶ Kap. 4.3.1)
6. Dauer der regelmäßigen täglichen oder wöchentlichen praktischen Ausbildungszeit (▶ Kap. 3.8.2).
7. Dauer der Probezeit (▶ Kap. 3.10.2 und ▶ Kap. 3.10.3)
8. Angaben über Zahlung und Höhe der Ausbildungsvergütung einschließlich des Umfangs etwaiger Sachbezüge (▶ Kap. 3.7.1)
9. Dauer des Urlaubs (▶ Kap. 3.8.1)
10. Voraussetzungen, unter denen der Ausbildungsvertrag gekündigt werden kann (▶ Kap. 3.10)
11. Hinweis auf die dem Ausbildungsvertrag gegebenenfalls zugrunde liegenden tariflichen Bestimmungen, Betriebs- oder Dienstvereinbarungen sowie auf die Rechte als Arbeitnehmer nach dem Betriebsverfassungs- bzw. dem Bundespersonalvertretungsgesetz (▶ Kap. 3.8)

Zu den Mindestvertragsbestandteilen gehört darüber hinaus auch der im Gesetz etwas versteckte Hinweis, dass sich Auszubildende, mit denen als Vertiefungseinsatz ein Einsatz im Bereich der pädiatrischen Versorgung bzw. im Bereich der stationären Langzeitpflege oder der ambulanten Pflege mit Ausrichtung auf die ambulante Langzeitpflege vereinbart worden ist, für das letzte Ausbildungsjahr entscheiden können, ob sie die bisherige Ausbildung generalistisch fortführen oder sich auf die Gesundheits- und Kinderkrankenpflege bzw. die Altenpflege spezialisieren, um nach bestandener Abschlussprüfung die Erlaubnis zu erhalten, eine entsprechende klientenspezifische Berufsbezeichnung zu führen (§ 59 Abs. 5 PflBG) (▶ Kap. 3.2).

Dem Ausbildungsträger obliegt es im Zusammenhang mit dem Abschluss des Ausbildungsvertrages zudem sicherzustellen, dass der Auszubildende die Voraussetzungen für den Zugang zur Ausbildung nach § 11 PflBG erfüllt (*Dielmann* 2022, § 11 PflBG Rdnr. 16). Hierzu gehören neben dem Erfüllen der schulischen bzw. beruflichen Voraussetzungen eines Bewerbers um einen Ausbildungsplatz (§ 11 Abs. 1 PflBG) auch dessen Zuverlässigkeit zur späteren Berufsausübung, die hierzu erforderliche gesundheitliche Eignung sowie ausreichende Deutschkenntnisse (§ 11 Abs. 2 i. V. m. § 2 Nr. 2 bis 4 PflBG) (▶ Kap. 2.2.3). Zur Überprüfung des Kriteriums der Zuverlässigkeit zur Ausübung des Pflegeberufs ist der Ausbildungsträger regelmäßig berechtigt, sich von dem Bewerber vor dem Abschluss des Ausbildungsvertrages ein Führungszeugnis vorlegen zu lassen (*Dielmann* 2021, § 11 PflBG Rdnr. 13 sowie *Weiß* et al. 2018, 121); in Betracht kommt insofern ein reguläres bzw. erweitertes Führungszeugnis nach § 30 bzw. § 30a BZRG sowie ein Führungszeugnis zur Vorlage bei einer Behörde nach § 31 BZRG. Ähnliches gilt bei der Voraussetzung der gesundheitlichen Eignung für die Berufsausübung; hier ist es dem Ausbildungsträger gestattet, sich die Berufseignung durch eine ärztliche Bescheinigung belegen zu lassen (*Igl* 2021, § 2 PflBG Rdnr. 20 f.). Die geforderten Sprachkenntnisse können beispielsweise durch ein entsprechendes Sprachzertifikat nachgewiesen werden (*Weiß* et al. 2018, 162).

3.2 Wahlrecht der Auszubildenden beim Berufsabschluss

Mit dem Pflegeberufegesetz wurden die Berufsbilder der Gesundheits- und Krankenpflege und der Gesundheits- und Kinderkrankenpflege nach § 1 KrPflG sowie der Altenpflege nach § 1 AltPflG dem Grunde nach zu einem neuen generalistischen Pflegeberuf zusammengeführt. Gleichwohl wird einigen Auszubildenden mit den §§ 58 bis 62 PflBG, die sich als Ausnahmetatbestände gesetzessystematisch am Ende des Pflegeberufegesetzes finden, unter bestimmten Voraussetzungen ein gewisses Wahlrecht bei der Führung der Berufsbezeichnung eingeräumt, das an den »gewählten Vertiefungseinsatz« nach § 16 Abs. 2 Nr. 1 PflBG anknüpft (hierzu *Kostorz* 2017 sowie umfassend *Kostorz* 2019b). Insgesamt geht es dabei um eine »Trifurkation« bei der Pflegeausbildung (*Igl* 2017, 860), also um eine Generalisierung mit gleichzeitiger, zweifacher Spezialisierung: So ist es nicht nur möglich, die (neue) generalistische Berufsbezeichnung der *Pflegefachfrau* bzw. des *Pflegefachmanns* zu erlangen (§ 1 PflBG), sondern auch die klientenspezifische der *Gesundheits- und Kinderkrankenpflegerin* bzw. des *Gesundheits- und Kinderkrankenpflegers* oder der *Altenpflegerin* bzw. des *Altenpflegers* (§ 58 PflBG) (► Abb. 10).

Der »gewählte Vertiefungseinsatz« nach § 16 Abs. 2 Nr. 1 PflBG ist dabei zwischen dem Auszubildenden und dem Träger der praktischen Ausbildung bereits mit dem Abschluss des Ausbildungsvertrages zu vereinbaren; er wird später auch auf der Urkunde für die Erlaubnis zur Führung der Berufsbezeichnung vermerkt (§ 1 Abs. 2 PflBG i. V. m. Anlage 13 und 14 PflAPrV). Möglich sind dabei sämtliche Vertiefungseinsätze, die sich aus § 7 Abs. 4 PflBG i. V. m. Anlage 7 PflAPrV ergeben:

- Vertiefungseinsatz in der stationären Akutpflege
- Vertiefungseinsatz in der stationären Langzeitpflege
- Vertiefungseinsatz in der ambulanten Akut-/Langzeitpflege
- Vertiefungseinsatz in der ambulanten Akut-/Langzeitpflege mit Ausrichtung auf die ambulante Langzeitpflege
- Vertiefungseinsatz in der pädiatrischen Versorgung
- Vertiefungseinsatz in der psychiatrischen Versorgung

Dabei ist zu beachten, dass der Vertiefungseinsatz grundsätzlich beim Ausbildungsträger zu absolvieren ist (§ 7 Abs. 4 Satz 1 PflBG bzw. § 3 Abs. 2 Satz 3 PflAPrV: »Der Vertiefungseinsatz soll beim Träger der praktischen Ausbildung […] durchgeführt werden.«), weshalb die Ausbildungsträger nach § 7 Abs. 1 PflBG dem Grunde nach nur bestimmte Vertiefungseinsätze anbieten bzw. mit ihren Auszubildenden vereinbaren können (► Tab. 1); Ausnahmen hiervon sind nur in (eng begründeten) Einzelfällen möglich (hierzu ausführlicher *Kostorz* 2019b, 581 mit Anm. 7).

3.2 Wahlrecht der Auszubildenden beim Berufsabschluss

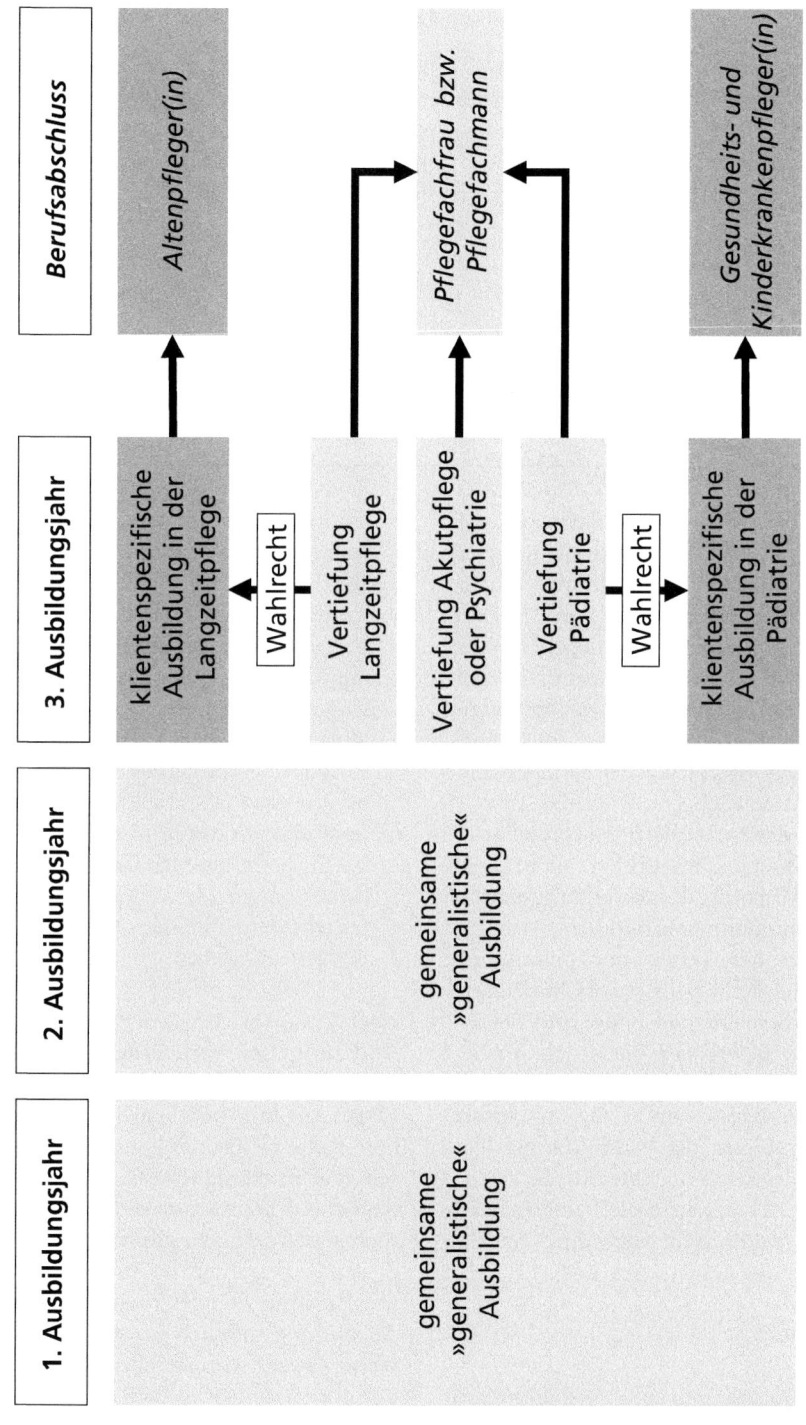

Abb. 10: Vertiefungseinsätze und Berufsabschlüsse (eigene Darstellung)

Tab. 1: »Soll«-Angebot an Vertiefungseinsätzen der einzelnen Ausbildungsträger (eigene Zusammenstellung)

Ausbildungsträger	»Soll«-Angebot an Vertiefungseinsätzen
Krankenhäuser i.S.d. § 108 SGB V (Ausbildungsträger i.S.d. § 8 Abs. i. V. m. § 7 Abs. 1 Nr. 1 PflBG)	stationäre Akutpflege pädiatrische Versorgung psychiatrische Versorgung
Pflegeheime i.S.d. § 71 Abs. 2 SGB XI (Ausbildungsträger i.S.d. § 8 Abs. 2 i. V. m. § 7 Abs. 1 Nr. 2 PflBG)	stationäre Langzeitpflege
Pflegedienste i.S.d. § 71 Abs. 1 SGB XI (Ausbildungsträger i.S.d. § 8 Abs. 2 i. V. m. § 7 Abs. 1 Nr. 3 PflBG)	ambulante Akut-/Langzeitpflege ambulante Akut-/Langzeitpflege mit Ausrichtung auf die ambulante Langzeitpflege

Die »Wahl« des Vertiefungseinsatzes ist vor dem Hintergrund der Vertragsfreiheit, die es den Vertragsparteien des Ausbildungsverhältnisses ermöglicht, die Vertragsinhalte im Rahmen der Maßgaben des Pflegeberufegesetzes grundsätzlich selbstbestimmt und auf dem Verhandlungswege frei zu gestalten (§ 105 GewO), allerdings kein echtes subjektives (einseitiges) Recht der Auszubildenden, weshalb der Gesetzgeber in § 16 Abs. 2 Nr. 1 PflBG besser die Formulierung »vereinbarter Vertiefungseinsatz« hätte wählen sollen: Diese können vor Abschluss des Ausbildungsvertrages nämlich nur dann eine wirkliche Auswahl treffen, wenn der Träger der praktischen Ausbildung tatsächlich in unterschiedlichen Schwerpunktbereichen ausbildet und Bewerberinnen und Bewerbern um einen Ausbildungsplatz darüber hinaus die Möglichkeit einräumt, sich selbst einen Vertiefungseinsatz auszusuchen. Bietet der Ausbildungsträger daher beispielsweise nur eine einzige Vertiefungsmöglichkeit an, ist diese bei Abschluss des Vertrages zugleich die »gewählte« Spezialisierung im Sinne des § 16 Abs. 2 Nr. 1 PflBG.

Fallbeispiel

Tobias T. möchte nach einer Ausbildung im Pflegebereich gerne in der Versorgung älterer Menschen arbeiten. Auf seiner Suche nach einem Ausbildungsplatz bietet ihm aber leider nur die Heilig-Geist-Klinik einen Ausbildungsplatz an; dort könnte er seinen Vertiefungseinsatz im Bereich der stationären Akutpflege oder der pädiatrischen Versorgung absolvieren. Mangels Alternativen schließt er mit der Heilig-Geist-Klinik einen Ausbildungsvertrag ab, in dem als Vertiefungseinsatz eine Tätigkeit im Bereich der stationären Akutpflege vereinbart wird. Tobias T. hofft, als dem Grunde nach generalistisch ausgebildete Pflegefachfachkraft später trotzdem in einem Seniorenheim tätig werden zu können.

Nach § 16 Abs. 5 Satz 2 PflBG ist dabei eine Änderung des Vertiefungseinsatzes »bis zu dessen Beginn jederzeit in beiderseitigem Einverständnis möglich«. Hier verdeutlicht bereits die Gesetzesformulierung (»in beiderseitigem Einverständnis«), dass ein Auszubildender den Schwerpunkt der Ausbildung also niemals einseitig bestimmen kann, sondern dessen Festlegung bzw. Änderung immer nur mit Zustimmung des Trägers der praktischen Ausbildung möglich ist, welche er beispielsweise (auch) von seiner aktuellen Ausbildungskapazität oder dem späteren Personalbedarf abhängig machen kann.

3.2 Wahlrecht der Auszubildenden beim Berufsabschluss

Fallbeispiel

Während seines Pflichteinsatzes in der Pädiatrie stellt Tobias T. fest, dass er später doch lieber mit Kindern als mit älteren Menschen arbeiten würde. Er bittet seinen Ausbildungsträger daher, den Vertiefungseinsatz zu ändern und ihn in der pädiatrischen Versorgung absolvieren zu können. Die Heilig-Geist-Klinik ist mit dem Wechsel einverstanden, da Sandra G., eine andere Auszubildende aus dem gleichen Ausbildungsjahrgang, hinsichtlich ihres Vertiefungseinsatzes gerne von der pädiatrischen Versorgung in die stationäre Akutpflege wechseln möchte – einen solchen Tausch hatte der Ausbildungsträger zur Bedingung für eine Änderung der Ausbildungsschwerpunkte gemacht. In der Folge werden im Benehmen mit Tobias T. und Sandra G. beide Ausbildungsverträge entsprechend geändert.

Diejenigen Auszubildenden, die beim Abschluss des Ausbildungsvertrages einen Vertiefungseinsatz im Bereich der pädiatrischen Versorgung bzw. im Bereich der Langzeitpflege (genauer: allgemeine Langzeitpflege in stationären Einrichtungen oder allgemeine ambulante Akut- und Langzeitpflege mit der Ausrichtung auf den Bereich der ambulanten Langzeitpflege) »gewählt« (oder besser: vereinbart) bzw. ihn später im Einvernehmen mit dem Ausbildungsträger entsprechend geändert haben, können sich nach § 59 Abs. 2 bzw. Abs. 3 PflBG entscheiden, ob sie ihre Ausbildung im letzten Ausbildungsdrittel generalistisch fortführen und beenden möchten (verbunden mit der Angabe der entsprechenden Schwerpunktwahl auf der Urkunde für die Erlaubnis zur Führung der Berufsbezeichnung *Pflegefachfrau* bzw. *Pflegefachmann* [§ 1 Abs. 2 PflBG]) oder sie sie fortan lieber klientenspezifisch in der Gesundheits- und Kinderkrankenpflege bzw. in der Altenpflege absolvieren wollen, um nach dem Bestehen der staatlichen Prüfung dann auch die Erlaubnis zu erhalten, eine entsprechende Berufsbezeichnung (*Gesundheits- und Kinderkrankenpfleger[in]* bzw. *Altenpfleger[in]*) zu führen (§ 58 und § 59 Abs. 2 bzw. Abs. 3 PflBG).

Der Gesetzgeber räumt diesen Auszubildenden damit ein sogenanntes einseitiges Gestaltungsrecht ein (vgl. § 59 Abs. 2 bzw. Abs. 3 PflBG: »kann sich die oder der Auszubildende [...] entscheiden«) – ein in irgendeiner Weise geartetes Mitsprache- oder Vetorecht des Ausbildungsträgers existiert in diesen Fällen also nicht (so auch *Igl* 2021, § 59 PflBG Rdnr. 22). Dabei kommt naturgemäß nur dann eine Ausbildung zur *Gesundheits- und Kinderkrankenpflegerin* bzw. zum *Gesundheits- und Kinderkrankenpfleger* in Betracht, wenn auch der Vertiefungseinsatz in der pädiatrischen Versorgung gewählt wurde, während die staatliche Prüfung zum *Altenpfleger* bzw. zur *Altenpflegerin* das Absolvieren des Vertiefungseinsatzes in der allgemeinen Langzeitpflege voraussetzt – ein dem Grunde nach bestehendes Wahlrecht kann also nicht invers ausgeübt werden.

Ist ein anderer Vertiefungseinsatz (etwa in der stationären Akutversorgung oder in der Psychiatrie) vereinbart worden, hat der Auszubildende also grundsätzlich keine Möglichkeit, letztendlich einen klientenspezifischen Beruf in der Altenpflege bzw. in der Gesundheits- und Kinderkrankenpflege zu erlernen; hier bleibt es bei dem Grundsatz der Berufsausbildung zum *Pflegefachmann* bzw. zur *Pflegefachfrau*. Anders sähe es nur dann aus, wenn der anfänglich vereinbarte Vertiefungseinsatz ausbildungsvertraglich rechtzeitig, also bis zu dessen Beginn, entsprechend geändert werden würde, was – wie beschrieben – indes eine Einigung mit dem Träger der praktischen Ausbildung voraussetzt (§ 16 Abs. 5 Satz 2 PflBG).

Insbesondere für die ausbildenden Pflegeheime i.S.d. § 71 Abs. 2 SGB XI bedeutet das, regelmäßig für zwei Berufsbilder qualifizieren zu müssen: Da der Vertiefungseinsatz beim Ausbildungsträger absolviert werden soll, sind sie gehalten, mit ihren Auszubildenden einen entsprechenden Einsatz im Bereich der Langzeitpflege zu vereinbaren. Da dieser Vertiefungseinsatz die Auszubildenden zur Wahl des angestrebten Berufsabschlusses berechtigt, wird daraufhin ein Teil von ihnen die generalistisch begonnene Ausbildung zur *Pflegefachfrau* bzw. zum *Pflegefachmann* (mit einem Vertiefungseinsatz in der stationären Langzeitpflege) fortführen, während sich andere Auszubildende (desselben Ausbildungsträgers!) eher für eine rein klientenspezifische Ausbildung zur *Altenpflegerin* bzw. zum *Altenpfleger* entscheiden. Im Gegensatz dazu haben die Krankenhäuser i.S.d. § 108 SGB V und die ambulanten Pflegedienste i.S.d. § 71 Abs. 1 SGB XI die Möglichkeit, mit ihren Auszubildenden einen Vertiefungseinsatz zu vereinbaren, der diesen keine Wahlmöglichkeit einräumt (beispielsweise ein Vertiefungseinsatz in der stationären Akutpflege bzw. der allgemeinen ambulanten Akut-/Langzeitpflege). In diesem Fall müssen sie als Ausbildungsträger nur für einen Pflegeberuf ausbilden, nämlich für den der generalistischen *Pflegefachfrau* bzw. des generalistischen *Pflegefachmanns* (so bereits *Kostorz* 2019b, 583).

Ein bestehendes Wahlrecht sollte vier Monate, frühestens jedoch sechs Monate vor Beginn des letzten Ausbildungsdrittels, also regelmäßig vor Beginn des dritten Ausbildungsjahres ausgeübt werden (§ 59 Abs. 5 Satz 1 PflBG), da die Auszubildenden unter Berücksichtigung des vorgegebenen Ausbildungsverlaufs (▶ Kap. 3.3.2) erst dann alle maßgeblichen Ausbildungsbereiche (zumindest teilweise) kennengelernt haben und nur auf dieser Grundlage eine informierte und reflektierte Entscheidung über die weitere Ausbildung und den anzustrebenden Berufsabschluss treffen können. Bei der Frist von sechs Monaten handelt es sich also primär um eine Schutzfrist für die Auszubildenden. Die Frist von vier Monaten stellt demgegenüber eine Schutzfrist für den Ausbildungsträger dar; mit ihr »soll ihm die weitere Planung und Organisation der Ausbildung erleichtert werden. Ggf. hat der Träger der praktischen Ausbildung in dieser Zeit auch die Kooperationsverträge vorzubereiten bzw. abzuschließen (vgl. § 59 Abs. 4 Satz 2 PflBG) [▶ Kap. 3.3.2]« (*Igl* 2021, § 59 PflBG Rdnr. 18).

Dementsprechend hat der Träger der praktischen Ausbildung auch sicherzustellen, dass die Auszubildenden vor der Ausübung des Wahlrechts die Pflichteinsätze in den drei allgemeinen Versorgungsbereichen (stationäre Akutpflege, stationäre Langzeitpflege und ambulante Akut-/Langzeitpflege) und in der pädiatrischen Pflege jeweils mindestens zur Hälfte absolviert haben (§ 59 Abs. 3 Satz 1 PflBG). Grundlage hierfür ist der Ausbildungsplan nach § 7 Abs. 3 PflBG (▶ Kap. 3.3.1), der ebenfalls Bestandteil des Ausbildungsvertrages ist (§ 16 Abs. 2 Nr. 4 PflBG) und dessen Einhaltung von der Pflegeschule zu überwachen ist (§ 10 Abs. 2 Satz 1 PflBG) (▶ Kap. 5.3).

Sofern Auszubildende ihr Wahlrecht ausüben, ist der Ausbildungsvertrag in schriftlicher Form dahingehend zu ändern, dass die Bezeichnung des Berufes, für den letztendlich ausgebildet wird, anzupassen bzw. zu ändern ist (§ 59 Abs. 5 Satz 3 PflBG). Das gleiche gilt für den Ausbildungsplan, der die inhaltliche und zeitliche Gliederung der praktischen Ausbildung darstellt und gemäß § 16 Abs. 2 Nr. 4 PflBG ebenfalls Bestandteil des Ausbildungsvertrages ist; auch er ist dem neuen Berufsziel anzupassen (§ 26 Abs. 2 bzw. § 28 Abs. 2 PflAPrV). In der Folge ist die weitere Ausbildung dem neuen Ausbildungsziel entsprechend speziell an der Pflege von Kindern und Jugendlichen bzw. von alten Menschen auszurichten, weshalb der späteste Zeitpunkt für die Ausbildung des Wahlrechts das Ende des zweiten Ausbildungsdrittels ist. Dies gilt sowohl für die praktische Ausbildung, die fortan nach dem novellierten Ausbildungsplan zu erfolgen hat (▶ Kap. 3.3.2), als auch für den (theoretischen und praktischen) Unterricht der Pflegeschule (▶ Kap. 4.1.3).

Fallbeispiel

Da sich Tobias T. nach dem Wechsel des Vertiefungseinsatzes entschlossen hat, den Beruf des *Gesundheits- und Kinderkrankenpflegers* anzustreben, übt er das ihm eingeräumte Wahlrecht fristgemäß, das heißt frühestens zur Mitte der Ausbildung und vor Beginn des Vertiefungseinsatzes aus. Die Heilig-Geist-Klinik hat als Trägerin der praktischen Ausbildung infolge der Ausübung des Wahlrechts den Ausbildungsvertrag dahingehend anzupassen, dass als Berufsziel ein Abschluss in der Gesundheits- und Kinderkrankenpflege angestrebt wird. Die Praktische Ausbildung im dritten Ausbildungsjahr muss sie dementsprechend im Bereich der Versorgung von Kindern und Jugendlichen durchführen; der theoretische und praktische Unterricht an der Pflegeschule ist am Ausbildungsziel der speziellen Gesundheits- und Kinderkrankenpflege auszurichten.

Damit sichergestellt ist, dass Auszubildende ein gegebenenfalls bestehendes Wahlrecht tatsächlich ausüben können, muss der Ausbildungsvertrag verpflichtend einen Hinweis auf die spätere Wahlmöglichkeit enthalten, wenn darin als Vertiefungseinsatz eine Tätigkeit in der Pädiatrie bzw. in der Langzeitpflege vereinbart worden ist (§ 59 Abs. 5 Satz 2 PflBG). Darüber hinaus muss auch die für die Pflegeausbildung zuständige Behörde Auszubildende zu einem späteren Zeitpunkt noch einmal schriftlich oder elektronisch auf die Möglichkeit der Ausübung des Wahlrechts hinweisen (§ 1 Abs. 7 PflAPrV), um zu gewährleisten, dass sie tatsächlich über ihre diesbezüglichen rechtlichen Möglichkeiten informiert sind. Die Aufsichtsbehörde kann die Auszubildenden dabei direkt anschreiben oder eine Weitergabe der Information durch den Ausbildungsträger oder die Pflegeschule veranlassen (BT-Drucks. 19/2707, 89).

3.3 Ausbildungspflicht des Ausbildungsträgers

Auch wenn auf den Ausbildungsvertrag »die für Arbeitsverträge geltenden Rechtsvorschriften und Rechtsgrundsätze anzuwenden« sind (§ 16 Abs. 4 PflBG), so dass auch im Ausbildungsverhältnis grundsätzlich die üblichen gegenseitigen arbeitsrechtlichen Rechte und Pflichten gelten (▶ Kap. 3.8), ist zu betonen, dass es sich bei dem Ausbildungsverhältnis selbst dem Grund nach nicht um ein Arbeitsverhältnis handelt (*Igl* 2021, § 16 PflBG Rdnr. 19): Im Vordergrund steht nicht die Erbringung von Diensten gegen Arbeitsentgelt, sondern die Ausbildung zum Beruf der *Pflegefachfrau* bzw. des *Pflegefachmanns* (vgl. *Sträßner* 2004, 99 f. sowie *Dielmann*, in: *Großkopf* 2010, Stw. Ausbildungsverhältnis). Aus Sicht des Ausbildungsträgers ergibt sich daraus in erster Linie die Pflicht zur praktischen Ausbildung der Auszubildenden. Er trägt insofern die Verantwortung für das Erreichen des Ausbildungsziels, muss die Praxiseinsätze entsprechend planen und organisieren sowie die Praxisanleitung der Auszubildenden sicherstellen. Ihm obliegt mithin die (übergeordnete) Pflicht, »die Kompetenzen zu vermitteln, die zur Erreichung des Ausbildungsziels nach § 5 des Pflegeberufegesetzes erforderlich sind«; dabei sind die Auszubildenden zu befähigen, »die im Unterricht und in der praktischen Ausbildung erworbenen Kompetenzen aufeinander zu beziehen, miteinander zu verbinden und weiterzuentwickeln« (§ 3 Abs. 1 PflAPrV).

3.3.1 Verantwortung für das Erreichen des Ausbildungsziels

Seiner Hauptpflicht aus dem Ausbildungsvertrag entsprechend ist es vor allem die Aufgabe des Ausbildungsträgers, »die Ausbildung in einer durch ihren Zweck gebotenen Form auf der Grundlage des Ausbildungsplans zeitlich und sachlich gegliedert so durchzuführen, dass das Ausbildungsziel [nach § 5 PflBG; d. V.] in der vorgesehenen Zeit erreicht werden« (§ 18 Abs. 1 Nr. 1 PflBG) und der Auszubildende die Abschlussprüfung erfolgreich absolvieren kann. Ihm obliegt daher insgesamt »die Verantwortung für die Durchführung der praktischen Ausbildung einschließlich ihrer Organisation« (§ 8 Abs. 1 Satz 1 PflBG).

Da der Ausbildungsträger mit dem Abschluss des Ausbildungsvertrages die auch einklagbare Verpflichtung eingeht, die Ausbildung derart zu organisieren, dass das Ausbildungsziel erreicht werden kann, muss er auch für Schäden haften, die gegebenenfalls dadurch entstanden sind, dass ein Auszubildender die Abschlussprüfung wegen eines Verschuldens des Ausbildungsträgers nicht erfolgreich absolvieren konnte (*Dielmann* 2022, § 18 PflBG Rdnr. 11 sowie *Weiß* et al. 2018, 177) (▶ Kap. 3.5).

Fallbeispiel

Die Auszubildende Claudia S. absolviert ihre Ausbildung zur *Pflegefachfrau* in einem kleineren Krankenhaus, in dem auch der Orientierungseinsatz (400 Std.), der Pflichteinsatz in der stationären Akutpflege (400 Std.) sowie der Vertiefungseinsatz in der stationären Akutpflege (500 Std.) erfolgen. In diesen insgesamt 1.300 Stunden der praktischen Ausbildung wird Claudia S. fast ausschließlich mit wenig anspruchsvollen Routinetätigkeiten beschäftigt (Bettenmachen, Essensausteilung, Transportdienste etc.); eine gezielte Praxisanleitung in pflegerische Tätigkeiten (▶ Kap. 3.3.3) erfolgt bestenfalls randständig. Aufgrund ihrer Defizite im pflegerischen Handeln fällt sie durch den praktischen Teil der staatlichen Prüfung und muss die Ausbildung um ein halbes Jahr verlängern. In dieser Zeit erhält sie eine Ausbildungsvergütung von ca. 1.000,- € monatlich; als examinierte Pflegefachkraft hätte sie 2.300,- € im Monat verdient.

In einem Urteil vom 10. Juni 1976 hat das Bundesarbeitsgericht (Az. 3 AZR 412/75) in einem vergleichbaren Fall entschieden, dass es sich regelmäßig um eine Verletzung der Ausbildungspflicht des Ausbildungsträgers handelt, wenn Auszubildende während der Ausbildungszeit nur unzureichend mit den praktischen Tätigkeiten des zu erlernenden Berufes vertraut gemacht werden und daher die Ausbildungszeit zu verlängern ist. Im ersten Leitsatz der Entscheidung heißt es hierzu: »Verletzt ein Ausbildender seine Ausbildungspflicht nach § 6 Abs. 1 Nr. 1 BBiG [jetzt: § 14 Abs. 1 Nr. 1 BBiG], so schuldet er dem Auszubildenden Ersatz des dadurch entstehenden Schadens, z. B. des entgangenen Verdienstes.« Claudia S. kann daher vom Ausbildungsträger Schadensersatz in Höhe der Differenz zwischen der für ein halbes Jahr gewährten Ausbildungsvergütung und dem entgangenen Verdienst verlangen.

Um die Ausbildung dabei nicht dem Zufall oder betrieblichen Arbeitserfordernissen zu überlassen, ist sie nach einem strukturierten Ausbildungsplan durchzuführen (§ 6 Abs. 3 Satz 1 PflBG) (hierzu allgemein *Arens* 2021), der auch Bestandteil des Ausbildungsvertrages ist (§ 16 Abs. 2 Nr. 4 PflBG). Dieser Ausbildungsplan muss auf dem empfehlenden Rahmenausbildungsplan basieren, den eine Fachkommission auf Grundlage der Kompetenzen erarbeitet hat, die gemäß der Ausbildungs- und Prüfungsverordnung in der beruflichen Pflegeausbildung vermittelt werden sollen (§ 53 Abs. 1 und 3 PflBG i. V. m. § 51 Abs. 1 PflAPrV), und den Anforderungen des schulinternen Curriculums für den theoretischen und praktischen Unterricht entsprechen (*Fachkommission* 2020 nebst *BiBB* 2020) (▶ Kap. 5.3). Er ist insofern verbindlich, als von ihm nicht ohne Not abgewichen werden darf – die Planmäßigkeit der Ausbildung hat mithin Vorrang vor anderen, gegebenenfalls arbeitsorganisatorischen Erwägungen: »Unplanmäßige kurzzeitige Einsatzänderungen (›Stationshopping‹) in andere Fachgebiete sind demnach nicht zulässig, soweit sie nicht dem Ausbildungszweck dienen. Eine Versetzung, die mit der Begründung erfolgt, dass an der neuen Einsatzstelle Personal fehle, dient nicht dem Ausbildungsziel, sondern der Kompensation einer unzureichenden Personalausstattung« (*Dielmann* 2022, § 18 PflBG Rdnr. 7).

3.3.2 Planung und Organisation der Praxiseinsätze

Um seiner Verantwortung für das Erreichen des Ausbildungsziels nachzukommen, muss der Ausbildungsträger unter anderem gewährleisten, dass sämtliche vorgesehenen Einsätze der praktischen Ausbildung durchgeführt werden (§ 18 Abs. 1 Nr. 2 PflBG). Diese müssen in der Summe mindestens 2.500 Stunden umfassen, dem Ausbildungsplan folgen und der durch die Ausbildungs- und Prüfungsverordnung vorgegebenen Struktur entsprechen, nach der zwischen einem Orientierungseinsatz zu Beginn der Ausbildung, Pflichteinsätzen in den Versorgungsbereichen der stationären Akutpflege, der stationären Langzeitpflege, der ambulanten Akut- und Langzeitpflege (sogenannte allgemeine Versorgungsbereiche), der pädiatrischen sowie der psychiatrischen Versorgung, einem Vertiefungseinsatz in einem Bereich eines der genannten Pflichteinsätze sowie zwei weiteren, grundsätzlich frei gestaltbaren Einsätzen unterschieden wird (§ 6 Abs. 3 Satz 2 und § 7 PflBG sowie § 1 Abs. 2 Nr. 2 und § 3 Abs. 3 nebst Anlage 7 PflAPrV [▶ Tab. 2]).

Dabei ist klar, dass ein Ausbildungsträger nicht in jedem Fall alle Praxiseinsätze selber anbieten kann (so auch *Hartmeyer/Slatosch* 2019, 174): Während in einem Krankenhaus beispielsweise regelmäßig keine Praxiseinsätze in der stationären Langzeitpflege durchgeführt werden können, wird dies in einem Pflegeheim kaum im Bereich der pädiatrischen Versorgung oder in der Akutpflege möglich sein. § 7 Abs. 4 PflBG und § 3 Abs. 2 PflAPrV bestimmen daher, dass beim Ausbildungsträger zumindest der überwiegende Teil der praktischen Ausbildung (mindestens 1.300 Stunden) und der mit dem Auszubildenden im Ausbildungsvertrag vereinbarte Vertiefungseinsatz absolviert werden *soll* und dass sowohl der Orientierungseinsatz als auch der Pflichteinsatz im Bereich eines der drei allgemeinen Versorgungsbereiche bei ihm durchgeführt werden *muss*. Um auch die Ausbildung in Versorgungsbereichen sicherstellen zu können, die der Ausbildungsträger nicht selber gewährleisten kann, muss er gegebenenfalls Kooperationen mit sogenannten weiteren an der praktischen Ausbildung beteiligten Einrichtungen eingehen (§ 8 Abs. 3 PflBG und § 8 Abs. 1 PflAPrV) (→ BT-Drucks. 18/7823, 70). Dass § 8 Abs. 3 PflBG diesbezüglich von Kooperations*vereinbarungen*, § 8 Abs. 1 PflAPrV hingegen von Kooperations*verträgen* spricht, ist zwar ungewöhnlich, aber aus rechtspraktischer Sicht letztendlich irrelevant.

BT-Drucks. 18/7823, 70
Können, was auch bei größeren Trägern ganz regelmäßig der Fall sein wird, nicht alle vorgegebenen Einsätze der praktischen Ausbildung beim Träger der praktischen Ausbildung durchgeführt werden, sind weitere Einrichtungen, die den Anforderungen nach § 7 genügen, an der praktischen Ausbildung zu beteiligen. Der Träger der praktischen Ausbildung schließt dann mit den weiteren Einrichtungen Vereinbarungen, um die Durchführung auf der Grundlage des Ausbildungsplans zu gewährleisten. Hierzu gehört auch die Sicherstellung

Tab. 2: Struktur der praktischen Ausbildung nach Anlage 7 PflAPrV

Erstes und zweites Ausbildungsdrittel	
I. Orientierungseinsatz Flexibel gestaltbarer Einsatz zu Beginn der Ausbildung beim Träger der praktischen Ausbildung	400 Std.
II. Pflichteinsätze in den drei allgemeinen Versorgungsbereichen	
1. Stationäre Akutpflege	400 Std.
2. Stationäre Langzeitpflege	400 Std.
3. Ambulante Akut-/Langzeitpflege	400 Std.
III. Pflichteinsatz in der pädiatrischen Versorgung Pädiatrische Versorgung	120 Std.
Summe erstes und zweites Ausbildungsdrittel	**1720 Std.**
Letztes Ausbildungsdrittel	
IV. Pflichteinsatz in der psychiatrischen Versorgung 1. Allgemein-, geronto-, kinder- oder jugendpsychiatrische Versorgung 2. Bei Ausübung des Wahlrechts nach § 59 Absatz 2 PflBG: nur kinder- oder jugendpsychiatrische Versorgung 3. Bei Ausübung des Wahlrechts nach § 59 Absatz 3 PflBG: nur gerontopsychiatrische Versorgung	120 Std.
V. Vertiefungseinsatz im Bereich eines Pflichteinsatzes 1. Im Bereich eines Pflichteinsatzes nach II. bis IV.1. Im Bereich des Pflichteinsatzes nach II.3. auch mit Ausrichtung auf die ambulante Langzeitpflege 2. Für das Wahlrecht nach § 59 Absatz 2 PflBG: Im Bereich eines Pflichteinsatzes nach III. 3. Für das Wahlrecht nach § 59 Absatz 3 PflBG: Im Bereich eines Pflichteinsatzes nach II.2. oder II.3. mit Ausrichtung auf die ambulante Langzeitpflege	500 Std.
VI. Weitere Einsätze/Stunden zur freien Verteilung 1. Weiterer Einsatz (z. B. Pflegeberatung, Rehabilitation, Palliation) bei Ausübung des Wahlrechts nach § 59 Absatz 2 PflBG: nur in Bereichen der Versorgung von Kindern und Jugendlichen bei Ausübung des Wahlrechts nach § 59 Absatz 3 PflBG: nur in Bereichen der Versorgung von alten Menschen	80 Std.
2. Zur freien Verteilung im Versorgungsbereich des Vertiefungseinsatzes	80 Std.
Summe letztes Ausbildungsdrittel	**780 Std.**
Gesamtsumme	**2500 Std.**

der Praxisanleitung in den Einrichtungen. Verfestigen sich diese Kooperationen zu dauerhaften Ausbildungsverbünden, wird die Organisation der Ausbildung in der Praxis stark vereinfacht.

Der Träger der praktischen Ausbildung trägt die Verantwortung für die Durchführung der praktischen Ausbildung einschließlich deren Organisation und Koordination bei mehreren an der praktischen Ausbildung beteiligten Einrichtungen.

In den Kooperationsverträgen zwischen dem Ausbildungsträger und den weiteren an der praktischen Ausbildung beteiligten Akteuren geht es vor allem um die Sicherstellung der Durchführung der Ausbildungseinsätze, die nicht vom Ausbildungsträger selbst angeboten werden können; diesbezüglich sollten die Verträge Angaben über die von der sogenannten weiteren Einrichtung zu erfüllenden Mindestvoraussetzungen, die Zahl der voraussichtlich benötigten Ausbildungsplätze sowie Beschreibungen der jeweiligen Praxiseinsätze enthalten. Zudem sollten die Vertragspartner des Ausbildungsträgers verpflichtet werden, die Ausbildung auf der Grundlage des Ausbildungsplans (▶ Kap. 3.3.1) ordnungsgemäß zeitlich und sachlich gegliedert so durchzuführen, dass das Ausbildungsziel in der vorgesehenen Zeit erreicht werden kann. Auf diese Weise kann es auch »zu regionalen Kooperationsverbünden kommen, die die Auszubildenden im ›Ringtausch‹ qualifizieren« (*Hartmeyer/Slatosch* 2019, 174). Weitere Vereinbarungspunkte können die Vertragslaufzeit und die Möglichkeiten der Vertragsanpassung bzw. der Vertragsänderung und der Vertragsbeendigung sein (*Igl* 2021, § 8 PflAPrV Rdnr. 15; hierzu auch *BiBB* 2019a).

Diese mit dem Ausbildungsträger über Kooperationsverträge verbundenen weiteren an der praktischen Ausbildung beteiligten Einrichtungen müssen dabei nicht zwangsläufig die Voraussetzungen erfüllen, die an die Ausbildungsträger gestellt werden (Krankenhaus i.S.d. § 107 SGB V bzw. Pflegeeinrichtung i.S.d. § 71 Abs. 1 und 2 SGB XI;) (▶ Kap. 2.2.1). Nach § 7 Abs. 2 PflBG können insbesondere die Pflichteinsätze in den speziellen Bereichen der pädiatrischen und der allgemein-, geronto-, kinder- oder jugendpsychiatrischen Versorgung sowie die in Anlage 7 PflAPrV genannten weiteren Einsätze auch in anderen zur Vermittlung der Ausbildungsinhalte geeigneten Einrichtungen durchgeführt werden. Deren Geeignetheit bestimmt sich nach landesrechtlichen Regelungen, wobei zudem ein angemessenes Verhältnis von Auszubildenden zu Pflegefachkräften gewährleistet sein muss (§ 7 Abs. 5 PflBG) (hierzu *Arens* 2022, 283 ff.). Für den Fall, dass in einer solchen Einrichtung (etwa in einer Kinderarztpraxis oder in einem integrativen Kindergarten) keine Pflegefachkräfte tätig sind, sieht § 3 Abs. 4 PflAPrV ergänzend vor, dass auch ein angemessenes Verhältnis von Auszubildenden zu anderen, zur Vermittlung der Ausbildungsinhalte geeigneten Fachkräften ausreichend ist.

Die Aufgabe des Ausbildungsträgers, durch den Abschluss von Vereinbarungen mit weiteren an der praktischen Ausbildung beteiligten Akteuren zu gewährleisten, dass die vorgeschriebenen Einsätze der praktischen Ausbildung (auch) in den Kooperationseinrichtungen durchgeführt werden und die Ausbildung gemäß dem Ausbildungsplan derart gestaltet wird, dass das Ausbildungsziel in der vorgesehenen Zeit erreicht werden kann (§ 8 Abs. 3 PflBG), kann dabei auch von der Pflegeschule wahrgenommen werden, wenn Trägeridentität mit dem Ausbildungsträger besteht oder dieser ihr die Wahrnehmung der genannten Aufgaben durch eine entsprechende Vereinbarung übertragen hat (§ 8 Abs. 4 Satz 1 PflBG) (▶ Kap. 5.1).

Besonderheiten ergeben sich dann, wenn im Ausbildungsvertrag ein Vertiefungseinsatz im speziellen Bereich der pädiatrischen Versorgung oder im Bereich der (stationären bzw. ambulanten) Langzeitpflege vereinbart wurde und der Auszubildende die Wahl getroffen hat, statt des generalistisch geprägten Berufs der Pflegefachkraft einen Berufsabschluss in der Gesundheits- und Kinderkrankenpflege bzw. in der Altenpflege anzustreben (§§ 59 bis 61 PflBG) (▶ Kap. 3.2). In diesem Fall ist die *gesamte* praktische Ausbildung des letzten Ausbildungsdrittels in Bereichen der Versorgung von Kindern und Jugendlichen bzw. von alten Menschen durchzuführen (§ 60 Abs. 2 Satz 1 bzw. § 61 Abs. 2 Satz 1 PflBG). Dies gilt also nicht nur für den Vertiefungseinsatz nach Punkt V Anlage 7 PflAPrV und die zur freien Verfügung stehenden Ausbildungsstunden nach Punkt VI.2 Anlage 7 PflAPrV, sondern auch für alle anderen Einsätze des letzten Ausbildungsdrittels. Konkret bedeutet das, dass der Pflichteinsatz in der Psychiatrie (Punkt IV Anlage 7 PflAPrV) in der kinder- und jugendpsychiatrischen bzw. in der gerontopsychiatrischen Versorgung zu erfolgen hat und auch der sogenannte weitere Einsatz (zum Beispiel in der Pflegeberatung, der Rehabilitation oder der Palliativversorgung) (Punkt VI.1 Anlage 7 PflAPrV) klienten- bzw. altersspezifisch absolviert werden muss. Sofern der Ausbildungsträger dies nicht in der eigenen Einrichtung gewährleisten kann, hat er durch Kooperationsverträge sicherzustellen, dass die entsprechenden Ausbildungseinsätze in einer sogenannten weiteren an der praktischen Ausbildung beteiligten Einrichtung abgeleistet werden können (§ 6 Abs. 4 PflBG und § 8 PflAPrV i. V. m. § 8 Abs. 3 Nr. 1 PflBG).

Zumindest für die ausbildenden Krankenhäuser ergibt sich hier ein gewisser Planungs- bzw. Gestaltungsspielraum: Sollen deren Auszubildende im letzten Ausbildungsdrittel möglichst umfänglich der eigenen Einrichtung zur Verfügung stehen und damit möglichst wenige (externe) Kooperationspartner an der Ausbildung beteiligt werden, können sie Bewerberinnen und Bewerbern um einen Ausbildungsplatz gezielt einen Vertiefungseinsatz in Abhängigkeit von der eigenen fachlichen Ausrichtung anbieten. Ist in der ausbildenden Einrichtung beispielsweise kein Praxiseinsatz in der Kinder- und Jugendpsychiatrie oder einem sogenannten weiteren Einsatz im Bereich der pädiatrischen Versorgung möglich, können sie den Ausbildenden ausschließlich einen Vertiefungseinsatz in der stationären Akutpflege und eben nicht in der das Wahlrecht der Auszubildenden begründenden pädiatrischen Versorgung anbieten; hier bliebe es diesbezüglich dann bei dem Pflichteinsatz in der Pädiatrie im ersten bzw. zweiten Ausbildungsdrittel (Punkt III Anlage 7 PflAPrV) und es müsste im letzten Ausbildungsdrittel bestenfalls ein Kooperationspartner für den Einsatz in der psychiatrischen Versorgung gefunden werden (Punkt IV.1 Anlage 7 PflAPrV), sofern das Krankenhaus über keine eigene (allgemein)psychiatrische Abteilung verfügt. Pflegeeinrichtungen haben demgegenüber einen deutlich geringeren Gestaltungsspielraum: Sie werden sich aufgrund ihres spezifischen Versorgungsangebots regelmäßig zumindest für die Durchführung des Pflichteinsatzes in der Psychiatrie eines Kooperationspartners bedienen müssen und das unabhängig davon, ob ihren Auszubildenden ein Wahlrecht i.S.d. § 59 Abs. 2 bzw. Abs. 3 PflBG zusteht (*Kostorz* 2019b, 584).

Insgesamt ist bei der Planung der Praxiseinsätze darauf zu achten, dass ab der zweiten Hälfte der Ausbildungszeit zwischen 80 und 120 Stunden im Nachtdienst abgeleistet werden sollen (§ 1 Abs. 6 PflAPrV); als Nachtarbeit gilt diesbezüglich die Zeit zwischen 23 Uhr abends und 6 Uhr morgens (§ 2 Abs. 3 und 4 ArbZG; nach § 7 Abs. 5 TVöD-K zwischen 21 Uhr abends und 6 Uhr morgens). Dabei ist stets den Bestimmungen des Jugendarbeitsschutzgesetzes Rechnung zu tragen. So dürfen Auszubildende unter 18 Jahren in mehrschichtigen Betrieben (also auch in Krankenhäusern und Pflegeeinrichtungen) nur bis 23 Uhr beschäftigt werden (§ 14 Abs. 2 Nr. 2 JArbSchG); zudem muss auf die erweiterten Pausenregelungen, die maximal mögliche Schichtzeit und die zu berücksichtigende tägliche Freizeit der Auszubildenden geachtet werden (*Taubert*, in: *Boecken* et al. 2016, § 14 JArbSchG Rdnr. 13) (▶ Kap. 3.8.5). Sind Nachtdienste insbesondere aufgrund der Vorgaben des Jugendarbeitsschutzgesetzes nicht durchführbar, kann darauf im Ausnahmefall verzichtet werden (BT-Drucks. 19/2707, 89). Um sicherzustellen, dass es nicht zu einer Überforderung der – vielfach verhältnismäßig jungen – Auszubildenden kommt, gibt § 1 Abs. 6 PflAPrV zudem vor, dass Auszubildende praktische Ausbildungsanteile im Nachtdienste nur unter unmittelbarer Aufsicht einer examinierten Pflegefachkraft ableisten dürfen; damit dürften insbesondere selbständige Arbeitseinsätze im Nachtdienst ausgeschlossen sein, da hier das Kriterium der unmittelbaren Aufsicht im Allgemeinen nicht erfüllt ist.

3.3.3 Praxisanleitung

Um ihrer Ausbildungspflicht gerecht zu werden, bedienen sich die Ausbildungsträger vor allem ihrer Praxisanleiterinnen und Praxisanleiter, deren Einsatz gesetzlich vorgeschrieben ist (§ 6 Abs. 3 Satz 3 und § 18 Abs. 1 Nr. 3 PflBG) und die als sogenannte Erfüllungsgehilfen des Ausbildungsträgers weisungsbefugt gegenüber den Auszubildenden sind (*Kostorz* 2019d bzw. *Sträßner* 2004, 108) (▶ Kap. 3.4.1). Aufgabe der Praxisanleitung ist es dabei, »die Auszubildenden schrittweise an die Wahrnehmung der beruflichen Aufgaben als Pflegefachfrau oder Pflegefachmann heranzuführen« (§ 4 Abs. 1 Satz 2 PflAPrV) (→ BT-Drucks. 18/7823, 68). Insgesamt muss sie damit geplant und strukturiert und nicht »en passant im Verlauf der pflegerischen Versorgung erfolgen« (*Dielmann* 2022, § 6 PflBG Rdnr. 16): »Die Vorgabe einer geplanten und strukturierten Praxisanleitung grenzt diese planmäßige Form von Anleitungssituationen ab, die in der praktischen Ausbildung im Verlauf der Pflegearbeit auch durch hierfür nicht speziell qualifizierte Pflegefachkräfte ohne entsprechende Vorbereitung und Terminabsprachen erfolgen. Praktische Ausbildung [in der Form der Praxisanleitung; d. V.] sollte immer unter Anleitung und Aufsicht durchgeführt werden, um den Ausbildungscharakter zu garantieren« (a.a.O, § 4 PflAPrV Rdnr. 2).

BT-Drucks. 18/7823, 68
Die Auszubildenden werden durch Beschäftigte in den Einrichtungen, die die Funktion als Praxisanleiterinnen und Praxisanleiter übernehmen, vor Ort in die pflegerischen Aufgaben und Tätigkeiten schrittweise anhand des Ausbildungsplans eingewiesen und angeleitet. Der Praxisanleitung kommt damit eine wesentliche Rolle beim Erwerb der nach diesem Gesetz [dem Pflegeberufegesetz; d. V.] beschriebenen Kompetenzen zu und unterstreicht den Ausbildungscharakter der praktischen Ausbildungseinheiten.

Dies bedeutet zudem, dass ein Auszubildender auch nicht sofort und ohne weiteres mit der selbständigen Wahrnehmung und Verrichtung pflegerischer Tätigkeit betraut werden darf; vielmehr muss er im Rahmen der Praxisanleitung »eingearbeitet, erprobt und überwacht werden, bis ein sicheres Urteil darüber gewonnen werden kann, ob und inwieweit der Schüler zur selbstständigen Erledigung der entsprechenden Tätigkeit in der Lage ist« (*Sträßner* 2004, 194). Praxisanleitenden obliegt damit ein Doppeltes: Zum einen müssen sie Auszubildende in Anleitungssituationen praktisch ausbilden und zum anderen die Entscheidung darüber treffen, welche Aufgaben diese nach erfolgter Anleitung künftig selbstständig durchführen dürfen (*Kostorz* 2014, 13). Neben diese rein fachlichen Verpflichtungen von Praxisanleiterinnen und Praxisanleitern treten weitere organisatorische und pädagogische Aufgaben (▶ Abb. 11) (hierzu insgesamt *Klein* et al. 2021).

Die Praxisanleitung muss mindestens 10 % der während eines Praxiseinsatzes zu leistenden praktischen Ausbildungszeit betragen (§ 6 Abs. 3 Satz 3 und § 18 Abs. 1 Nr. 3 PflBG sowie § 4 Abs. 1 Satz 3 PflAPrV), wobei diese Sicherstellungspflicht unabhängig davon besteht, ob der jeweilige Praxiseinsatz in einer eigenen Einrichtung des Ausbildungsträgers oder in einer mit ihm vertraglich verbundenen Einrichtung durchgeführt wird (▶ Kap. 3.3.2) (*Dielmann*, in: *Großkopf* 2010, Stw. Praxisanleitung). Wichtig ist dabei zum einen, dass sich dieser Mindestanteil der Praxisanleitung auf einzelne Einsätze bezieht, so dass kein Ausgleich zwischen verschiedenen Einsätzen möglich ist. Zum anderen ist diese Zeitvorgabe auf die tatsächliche Ausbildungszeit bezogen: »In diesem zeitlichen Umfang muss die Praxisanleitung unmittelbar dem konkreten Auszubildenden zugutekommen. Eventuell erforderliche zusätzliche organisatorische, vorbereitende oder verwaltende Tätigkeiten der Praxisanleitung sind in der Vorgabe von zehn Prozent nicht enthalten« (*Opolony*, in: *Kreutz/Opolony* 2019, § 6 Rdnr. 31). Das bedeutet letztendlich auch, dass die Praxisanleitung uno actu erfolgen muss und etwa die selbständige Bearbeitung von Lernaufgaben nicht auf den Zeitanteil von 10 % angerechnet werden kann.

Die Qualifikationsanforderungen an praxisanleitende Pflegekräfte werden mit § 4 Abs. 2 und 3 PflAPrV vorgegeben. Danach müssen entsprechende Ausbilder eine Berufserlaubnis nach dem Pflegeberufe-, dem Kranken- oder dem Altenpflegegesetz, eine Berufserfahrung von mindestens einem Jahr und eine sogenannte Befähigung zur Praxisanleitung vorweisen können. Um eine gewisse Aktualität der Praxiserfahrung sicherstellen zu können, muss die Berufserfahrung von einem Jahr im jeweiligen Einsatzbereich und innerhalb eines Fünfjahreszeitraums vor Beginn der Tätigkeit als Praxisanleiter erworben worden sein (BT-Drucks. 19/2707, 92). Die Befähigung zur Praxisanleitung ist durch eine mindestens 300 Stunden umfassende berufspädagogische Zusatzqualifikation und kontinuierliche, insbesondere berufspädagogische Fortbildungen im Umfang von mindestens 24 Stunden jährlich nachzuweisen.

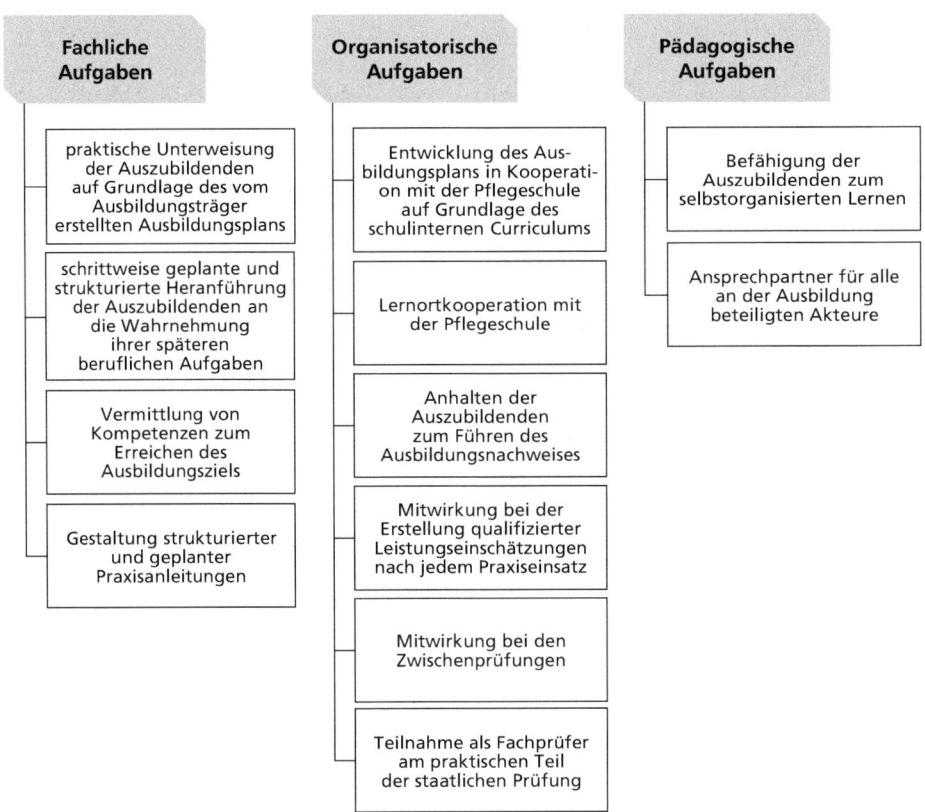

Abb. 11: Aufgaben von Praxisanleitenden in der Pflege (eigene Darstellung nach *Mamerow* 2021, 12 f.)

Tab. 3: Modulübersicht Praxisanleitung nach dem Konzept der DKG

F PA M I Grundlagen der Praxisanleitung anwenden (100 Stunden)		
F PA M I ME 1	Lernen	36 Std.
F PA M I ME 2	Theoriegeleitet pflegen	32 Std.
F PA M I ME 3	Anleitungsprozesse planen und gestalten	16 Std.
F PA M I ME 4	Qualitätsmanagement – Arbeitsabläufe in komplexen Situationen gestalten	16 Std.
F PA M II Im Tätigkeitsfeld der Praxisanleitung professionell handeln (100 Stunden)		
F PA M II ME 1	Die Rolle als Praxisanleiter wahrnehmen	16 Std.
F PA M II ME 2	Anleitungsprozesse planen, gestalten und durchführen	60 Std.
F PA M II ME 3	Beurteilen und bewerten	24 Std.
F PA M III Persönliche Weiterentwicklung fördern (100 Stunden)		
F PA M III ME 1	Die Rolle des Praxisanleiters gestalten	40 Std.
F PA M III ME 2	Handlungskompetenz in der Praxis fördern	36 Std.
F PA M III ME 3	Mit kultureller Vielfalt professionell umgehen	24 Std.

Gestaltung und Inhalt der berufspädagogischen Zusatzqualifikation werden dabei nicht näher definiert; sie unterliegen vielmehr den jeweils spezifischen Vorgaben der einzelnen Bundesländer (vgl. *Arens* 2022, 312 ff). Als Anhaltspunkte kann zunächst der vom *Bundesinstitut für Berufsbildung* erarbeitete *Rahmenstoffplan für die Ausbildung der Ausbilder und Ausbilderinnen* vom 22. November 1994 dienen, der allerdings nicht auf die spezielle Ausbildungssituation in der Pflege eingeht. Treffender ist daher die *Empfehlung für die Weiterbildung zur Praxisanleitung* der *Deutschen Krankenhausgesellschaft* vom 19. März 2019. Danach besteht die Weiterbildung zum Praxisanleiter aus insgesamt drei Modulen mit jeweils 100 Stunden, die in insgesamt zehn Moduleinheiten eingeteilt sind (▶ Tab. 3).

Eine Ausnahme bildet die Anleitung im Rahmen der Praxiseinsätze in der pädiatrischen und der psychiatrischen Versorgung sowie im Rahmen der sogenannten weiteren Einsätze: »Aufgrund der erheblichen Bandbreite der Praxiseinsätze nach § 7 Absatz 2 PflBG ist für diese eine gleichwertige Qualifikation der Praxisanleiterinnen und Praxisanleiter sicher zu stellen. Damit können zum Beispiel auch Personen ohne eine Berufsqualifikation nach dem Pflegeberufegesetz die Praxisanleitung übernehmen« (BT-Drucks. 19/2707, 92).

Inhalt, Dauer und Gliederung der erforderlichen berufspädagogischen Fortbildungsmaßnahmen von mindestens 24 Stunden jährlich richten sich ebenfalls nach landesspezifischen Bestimmungen (hierzu *Arens* 2022, 323 ff.). Sie sollen im Allgemeinen berufspädagogisch ausgerichtet sein, können aber auch berufsfachlicher Natur sein (*Dielmann* 2022, § 4 PflAPrV Rdnr. 9).

In der konkreten Anleitungssituation gehört es zu den Aufgaben der Praxisanleitenden, die Anleitung vorzubereiten, durchzuführen, nachzubereiten und zu kontrollieren sowie das Anleitungsergebnis gegebenenfalls zu verbessern. Das setzt eine gewisse räumliche und soziale Nähe zu dem anzuleitenden Auszubildenden voraus (etwa durch das Aufrechterhalten von Augen- oder Rufkontakt) und bedeutet für den Fall eines aktiven pflegerischen Tätigwerdens des Auszubildenden, dass die anleitende Pflegekraft jederzeit die Möglichkeit haben muss, zu intervenieren und korrigierend eingreifen zu können, um das Leben und die Gesundheit des Patienten unmittelbar schützen zu können (*Kostorz* 2014, 13). Die anleitende Pflegekraft trägt damit eine doppelte (haftungsrechtliche) Verantwortung: die Anordnungsverantwortung und die Durchführungsverantwortung (▸ Kap. 3.9.1).

3.4 Weisungsrecht des Ausbildungsträgers

Aus der Ausbildungspflicht des Ausbildungsträgers ergibt sich rechtssystematisch auch dessen Weisungsrecht. Während sich dies in Ausbildungsberufen, die nach dem Berufsbildungsgesetz geregelt sind, unmittelbar aus dem Gesetz ergibt (→ § 13 Satz 2 Nr. 3 BBiG), ermächtigt das Pflegeberufegesetz den Träger der Ausbildung nur indirekt: Sein Direktionsrecht lässt sich zum einen aus dessen Pflichten nach § 18 PflBG sowie der synallagmatischen Obliegenheit der Auszubildenden nach § 17 Satz 2 Nr. 2 PflBG ableiten, die ihnen »im Rahmen der Ausbildung übertragenen Aufgaben sorgfältig auszuführen« (▸ Kap. 3.6.2). Zum anderen gelten die Bestimmungen zum Direktionsrecht in Arbeitsverhältnissen gemäß § 16 Abs. 4 PflBG auch analog für das Ausbildungsverhältnis zwischen Ausbildungsträger und Auszubildenden; zu den entsprechenden maßgeblichen Bestimmungen gehören neben denen des → § 315 BGB und des → § 611a Abs. 1 BGB in erster Linie diejenigen des → § 106 GewO.

§ 13 BBiG

Auszubildende haben sich zu bemühen, die berufliche Handlungsfähigkeit zu erwerben, die zum Erreichen des Ausbildungsziels erforderlich ist. Sie sind insbesondere verpflichtet,

1. die ihnen im Rahmen ihrer Berufsausbildung aufgetragenen Aufgaben sorgfältig auszuführen,
2. an Ausbildungsmaßnahmen teilzunehmen, für die sie nach § 15 freigestellt werden,
3. den Weisungen zu folgen, die ihnen im Rahmen der Berufsausbildung von Ausbildenden, von Ausbildern oder Ausbilderinnen oder von anderen weisungsberechtigten Personen erteilt werden,
4. die für die Ausbildungsstätte geltende Ordnung zu beachten,
5. Werkzeug, Maschinen und sonstige Einrichtungen pfleglich zu behandeln,
6. über Betriebs- und Geschäftsgeheimnisse Stillschweigen zu wahren,
7. einen schriftlichen oder elektronischen Ausbildungsnachweis zu führen.

§ 315 BGB

(1) Soll die Leistung durch einen der Vertragschließenden bestimmt werden, so ist im Zweifel anzunehmen, dass die Bestimmung nach billigem Ermessen zu treffen ist.
(2) Die Bestimmung erfolgt durch Erklärung gegenüber dem anderen Teil.

(3) Soll die Bestimmung nach billigem Ermessen erfolgen, so ist die getroffene Bestimmung für den anderen Teil nur verbindlich, wenn sie der Billigkeit entspricht. Entspricht sie nicht der Billigkeit, so wird die Bestimmung durch Urteil getroffen; das Gleiche gilt, wenn die Bestimmung verzögert wird.

§ 611a Abs. 1 BGB

Durch den Arbeitsvertrag wird der Arbeitnehmer im Dienste eines anderen zur Leistung weisungsgebundener, fremdbestimmter Arbeit in persönlicher Abhängigkeit verpflichtet. Das Weisungsrecht kann Inhalt, Durchführung, Zeit und Ort der Tätigkeit betreffen. Weisungsgebunden ist, wer nicht im Wesentlichen frei seine Tätigkeit gestalten und seine Arbeitszeit bestimmen kann. Der Grad der persönlichen Abhängigkeit hängt dabei auch von der Eigenart der jeweiligen Tätigkeit ab. Für die Feststellung, ob ein Arbeitsvertrag vorliegt, ist eine Gesamtbetrachtung aller Umstände vorzunehmen. Zeigt die tatsächliche Durchführung des Vertragsverhältnisses, dass es sich um ein Arbeitsverhältnis handelt, kommt es auf die Bezeichnung im Vertrag nicht an.

§ 106 GewO

Der Arbeitgeber kann Inhalt, Ort und Zeit der Arbeitsleistung nach billigem Ermessen näher bestimmen, soweit diese Arbeitsbedingungen nicht durch den Arbeitsvertrag, Bestimmungen einer Betriebsvereinbarung, eines anwendbaren Tarifvertrages oder gesetzliche Vorschriften festgelegt sind. Dies gilt auch hinsichtlich der Ordnung und des Verhaltens der Arbeitnehmer im Betrieb. Bei der Ausübung des Ermessens hat der Arbeitgeber auch auf Behinderungen des Arbeitnehmers Rücksicht zu nehmen.

Danach ist der Ausbildungsträger insbesondere nach → § 106 GewO berechtigt, Auszubildenden Weisungen hinsichtlich der Art, des Ortes und der Zeit der von ihnen auszuführenden Tätigkeiten zu erteilen (▶ Abb. 12). Weisungsbefugt sind neben dem Ausbildungsträger dabei sämtliche von ihm hierzu beauftragte Personen; die Grenzen des Direktionsrecht ergeben sich vor dem Hintergrund des im Ausbildungsrecht vorherrschenden Rangordnungsprinzips in erster Linie aus höherrangigem Recht, also vor allem aus den Vorgaben des Pflegeberufegesetzes und der Ausbildungs- und Prüfungsverordnung sowie aus dem allgemeinen Arbeitsrecht (hierzu ▶ Kap. 3.8).

3.4.1 Weisungsbefugnis

Das Weisungsrecht gegenüber den Auszubildenden steht nach § 106 GewO zunächst dem Ausbildungsträger zu, mit dem der Ausbildungsvertrag geschlossen worden ist. Stellvertretend für ihn kann es in Anlehnung an § 13 Satz 2 Nr. 2 BBiG von der Pflegedirektion, der Pflegedienstleitung, der Stations- bzw. der Bereichsleitung und den anleitenden bzw. ausbildenden Pflegefachkräften ausgeübt werden (zu deren Weisungsbefugnis *Kostorz* 2019d) (so auch *Sträßner* 2004, 121 und *Kienzle* 2004, 12). Ferner kommen alle weiteren Betriebsangehörigen der Ausbildungsstätte in Betracht, denen ein Auszubildender zu Ausbildungszwecken vom Ausbildungsträger oder den hierzu von ihm berechtigten Personen zugewiesen worden ist; abgesehen von der institutionalisierten Praxisanleitung (▶ Kap. 3.3.3) setzt die Ausführung der Weisungsbefugnis also nicht in allen Fällen voraus, dass die betreffende Person die fachliche und/oder persönliche Eignung zur Ausbildung besitzt (*Taubert* 2021, § 13 BBiG Rdnr. 17).

Dem grundsätzlich generalistischen Ansatz der Pflegeausbildung ist es geschuldet, dass die praktische Ausbildung regelmäßig nicht

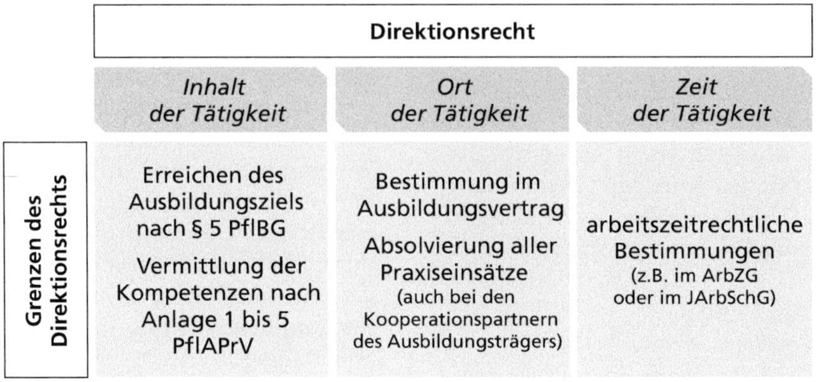

```
                        Direktionsrecht
        ┌──────────────┬──────────────┬──────────────┐
         Inhalt          Ort            Zeit
         der Tätigkeit   der Tätigkeit  der Tätigkeit
```

| Grenzen des Direktionsrechts | Erreichen des Ausbildungsziels nach § 5 PflBG
Vermittlung der Kompetenzen nach Anlage 1 bis 5 PflAPrV | Bestimmung im Ausbildungsvertrag
Absolvierung aller Praxiseinsätze (auch bei den Kooperationspartnern des Ausbildungsträgers) | arbeitszeitrechtliche Bestimmungen (z.B. im ArbZG oder im JArbSchG) |

Abb. 12: Direktionsrecht des Ausbildungsträgers (eigene Darstellung)

ausschließlich beim Ausbildungsträger erfolgen kann, sondern auch bei sogenannten weiteren an der praktischen Ausbildung beteiligten Akteuren durchgeführt werden muss (▶ Kap. 3.3.2). Da das Weisungsrecht nach § 106 GewO bzw. § 611a Abs. 1 BGB gemäß § 613 Satz 2 BGB in dem Umfang übertragen werden kann, in dem auch die Pflicht zur Ausbildung übertragen werden darf, ist der Ausbildungsträger befugt, sein Direktionsrecht an die Kooperationspartner zu delegieren (vgl. *Boecken/Pils*, in: *Boecken* et al. 2016, § 106 GewO Rdnr. 16). Während eines bei einem Kooperationspartner des Ausbildungsträgers durchgeführten Praxiseinsatzes wird das Weisungsrecht gegenüber dem Auszubildenden folglich von dieser Einrichtung und deren hierzu befugten Angehörigen bzw. Mitarbeitenden wahrgenommen; der Umfang des Weisungsrechts unterscheidet sich in diesem Fall grundsätzlich nicht von demjenigen des Ausbildungsträgers.

Vor diesem Hintergrund sind auch die Pflegeschule und die bei ihr tätigen Lehrkräfte den ihnen anvertrauten Schülerinnen und Schülern gegenüber anordnungs- und weisungsbefugt (▶ Kap. 4.3.2). Dies ergibt sich zum einen aus der eben dargestellten Übertragbarkeit des Weisungsrechts des Ausbildungsträgers auf andere Ausbildungsakteure, zum anderen aber auch aus der Pflicht der Auszubildenden nach § 17 Satz 2 Nr. 2 PflBG, sämtliche »im Rahmen der Ausbildung übertragenen Aufgaben sorgfältig auszuführen«, wozu auch die Aufgaben gehören, die ihnen im Zusammenhang mit dem (theoretischen und praktischen) Unterricht auferlegt werden. Die Weisungsgebundenheit der Auszubildenden erstreckt sich mithin nicht nur auf das Ausbildungsverhältnis zum Ausbildungsträger, sondern auch auf das Schulverhältnis zur Pflegeschule (▶ Kap. 3.6.2).

3.4.2 Inhalt der Aufgabenerfüllung

Das Weisungsrecht erstreckt sich zunächst auf den Inhalt der von den Auszubildenden zu erfüllenden Aufgaben, also auf die Art (das *Was*) und Weise (das *Wie*) der zu leistenden Tätigkeiten (*Boecken/Pils*, in: *Boecken* et al. 2016, § 106 GewO Rdnr. 23). Dabei ist das Weisungsrecht im Ausbildungsverhältnis enger ausgestaltet als in einem Arbeitsverhältnis mit einer examinierten Pflegefachkraft. Es erstreckt sich nur auf diejenigen Anordnungen, die einen deutlichen Bezug zur Ausbildung bzw. zum Ausbildungsziel, also zu den nach § 5 PflBG zu vermittelnden

Kenntnissen, Fähigkeiten und Fertigkeiten haben (▶ Kap. 2.4).

Dies gilt insbesondere vor dem Hintergrund, dass es sich bei der Beziehung zwischen dem (weisungsberechtigten) Ausbildungsträger und dem (weisungsgebundenen) Auszubildenden um ein Ausbildungs- und eben nicht um ein Arbeitsverhältnis handelt; Auszubildende sollen dementsprechend also nicht als (»billige«) Arbeitskräfte eingesetzt und missbraucht werden (*Igl* 2021, § 18 PflBG Rdnr. 8 sowie *Weiß* et al. 2018, 177) (→ OLG Karlsruhe vom 5. September 1988 [Az. 1 Ss 134/88]).

OLG Karlsruhe zur Übertragung von Aufgaben an Auszubildende
Eine dem Ausbildungszweck dienende Aufgabe liegt vor, wenn diese geeignet ist, den Ausbildungszweck unmittelbar oder mittelbar zu fördern. Unter Ausbildungszweck ist dabei die systematische Vermittlung der beruflichen Fertigkeiten und Kenntnisse sowie der charakterlichen Bildung zu verstehen. Die Vorschrift [hier: § 14 Abs. 2 BBiG] will die ausschließliche Verwendung der Ausbildungszeit für die Berufsausbildung und Erziehung sicherstellen. Die Grenze zwischen den zulässigen und unzulässigen Aufgaben ist im Einzelfall nach dem jeweiligen Berufsbild und seiner berufspädagogischen Zielsetzung festzusetzen, wobei der Kreis der zulässigen Verrichtungen nicht zu eng gezogen werden darf. Grundsätzlich ist danach die Übertragung aller berufsfremden Arbeiten, insbesondere von Hilfs- und Nebenarbeiten unzulässig. Eine an sich zulässige Verrichtung kann durch Wiederholung von dem Zeitpunkt ab unzulässig werden, von dem ab sie keine weiteren beruflichen Fertigkeiten oder Kenntnisse mehr vermittelt. Deshalb dürfen grundsätzlich auch keine Routinearbeiten verlangt werden. Die der Art nach zulässige Arbeit kann somit durch ihren zeitlichen Umfang unzulässig werden. Die Grenze zwischen erlaubt und unerlaubt liegt dort, wo die berufsnotwendigen Fertigkeiten bereits hinreichend gegeben sind und der Einsatz bei bestimmten Verrichtungen dem Mangel entsprechender Arbeitnehmer abhelfen soll.

Fallbeispiel

Die Auszubildende Katharina L. befindet sich in ihrem zweiten Ausbildungsjahr und leistet in der stationären Langzeitpflege ihren letzten Pflichteinsatz ab. Während ihre examinierten Kolleginnen und Kollegen in der sogenannten Morgenrunde unter anderem auch für die Pflege und Versorgung von Enterostomata zuständig sind, soll sie – wie in ihren vorangegangenen Pflichteinsätzen in der stationären und der ambulanten Kurzzeitpflege – ausschließlich die transurethralen Blasenkatheder kontrollieren und wechseln. Zu Recht bittet sie die Stationsleitung und den zuständigen Praxisanleiter darum, auch im Bereich der Stomaversorgung angeleitet zu werden, da sie – was der Praxisanleiter auch bestätigt – die Technik der Katheterpflege bereits sicher beherrsche, das Thema der Stomaversorgung bereits umfassend im theoretischen und praktischen Unterricht behandelt worden sei und auch der Ausbildungsplan das Erlernen entsprechender pflegerischer Interventionen im zweiten Ausbildungsjahr vorsehe.

Haben Auszubildende also bei bestimmten Tätigkeiten bereits eine gewisse Berufsroutine erlangt, dürfen ihnen entsprechende Aufgaben dem Grunde nach nicht mehr zugewiesen werden (*Kostorz* 2022f, 213). Schwierig ist in diesem Zusammenhang häufig die Beurteilung sogenannter selbständiger Arbeitseinsätze, in denen Auszubildende nach erfolgreicher Praxisanleitung bereits unter Aufsicht erlernte und erprobte pflegerische Maßnahmen eigenverantwortlich durchführen sollen: Dienen diese in erster Linie der Festigung bereits erworbener Berufsqualifikationen, sind sie als zulässig zu erachten; geht es bei ihnen vorrangig um die Sicherstellung der pflegerischen Versorgung der Patienten oder der Kompensation einer unzureichenden Personalausstattung in bestimmten Arbeitsbereichen, müssen sie als unzulässig gelten (*Kostorz* 2022f, 214). Das betriebswirtschaftliche Interesse an der Arbeitsleistung der Auszubildenden muss folglich der Ausbildungspflicht der Praxiseinrichtung untergeordnet werden, so dass bei der Einsatzplanung der Zweck der Ausbildungsplanung den der Dienstplanung insgesamt überwiegen muss (ähnlich *Weiß* et al. 2018, 177).

Zu beachten sind zudem die Einschränkungen, die sich aus § 18 Abs. 2 PflBG ergeben; ausgeschlossen sind damit Weisungen zu Tätigkeiten, die entweder nicht dem Ausbildungsstand des Auszubildenden entsprechen oder dessen physische bzw. psychische Kräfte übersteigen. Der jeweilige »Soll-Ausbildungsstand« eines Auszubildenden ergibt sich dabei im Wesentlichen aus dem Ausbildungsplan, den der Träger der praktischen Ausbildung unter Berücksichtigung der Vorgaben des schulinternen Curriculums zu erstellen hat (▶ Kap. 3.3.1); er ist im Einzelfall mit dem »Ist-Ausbildungsstand« des Auszubildenden abzugleichen. Ob eine angeordnete Tätigkeit den physischen und psychischen Kräften eines Auszubildenden entspricht, bemisst sich ebenfalls in erster Linie nach dessen individueller Belastungs- und Leistungsfähigkeit; in diesem Zusammenhang sind auch die Maßgaben des Jugendarbeitsschutzgesetzes zu berücksichtigen, das in § 22 Abs. 1 Nr. 1 JArbSchG ein ähnlich lautendes Beschäftigungsverbot enthält (▶ Kap. 3.8.5).

Fallbeispiel

Die 18-jährige Auszubildende Lisa G. soll ihren Orientierungseinsatz direkt zu Beginn ihrer Pflegeausbildung auf der geschlossenen psychiatrischen Station des Krankenhauses ihres Ausbildungsträgers absolvieren, auf der vor allem drogenabhängige Patientinnen und Patienten mit herausforderndem Verhalten behandelt werden. Der Ausbildungsträger begründet dies mit seiner pädagogischen Intention, der Auszubildenden unmittelbar und ungeschönt die gesamte Härte des pflegerischen Tätigkeitsspektrums vor Augen führen zu wollen. Da der Orientierungseinsatz allerdings in erster Linie dazu dient, eine positive Grundhaltung zum Pflegeberuf, zum Ausbildungsträger und zu den Patientinnen und Patienten aufzubauen (*ArbeitGestalten* 2021, 22) und der Pflichteinsatz in der Psychiatrie daher nach Anlage 7 PflAPrV nicht zu Unrecht erst im dritten Ausbildungsjahr verortet ist, dürfte es sich hierbei um eine deutliche Überforderung der psychischen Kräfte von Lisa G. handeln und das unabhängig vom persönlichen Entwicklungsstand und ihrer bisherigen Sozialisation.

3.4.3 Ort der Aufgabenerfüllung

Neben dem Inhalt der zu erfüllenden Aufgaben kann der Ausbildungsträger auch den Ort des Tätigwerdens nach billigem Ermessen bestimmen. Die Grenzen der Weisungsbefugnis ergeben sich dabei in aller Regel aus den Vereinbarungen im Ausbildungsvertrag, auch wenn dieser hierzu gemäß § 16 Abs. 2 PflBG keine zwingenden Angaben enthalten muss. Ist hierin – was in der Praxis üblich ist – dennoch eine konkrete Gesundheitseinrichtung als Ausbildungsstätte genannt, beschränkt sich das entsprechende Weisungsrecht des Ausbildungsträgers auf diese Einrichtung und deren einzelne Abteilungen. Anders verhält es sich, wenn der Ausbildungsvertrag keine entsprechende Regelung enthält. In diesem Fall ist der Ausbildungsträger berechtigt, den Auszubildenden in all seinen Einrichtungen auszubilden, die hierzu nach den Erfordernissen des § 7 PflBG geeignet sind (▶ Kap. 2.2.1) – und das grundsätzlich ohne institutionelle oder geographische Einschränkung (*Boecken/Pils*, in: *Boecken* et al. 2016, § 106 GewO Rdnr. 30).

Fallbeispiel

Kathrin O. schließt mit der Hypochondrie GmbH einen Vertrag über eine Ausbildung zur *Pflegefachfrau* ab. Die Hypochondrie GmbH ist ein großes Gesundheitsunternehmen, das in mehreren Bundesländern zahlreiche Pflegeheime und Krankenhäuser betreibt. Nach dem Ausbildungsvertrag sollen die vom Ausbildungsträger durchzuführenden Praxiseinsätze im *Hospital zum gesunden Binnenschiffer* in Duisburg erfolgen. Frau O. kann vom Ausbildungsträger daher nur in diesem Krankenhaus eingesetzt werden, wenn dort auch in allen seinen Stationen und Abteilungen. Enthielte der Ausbildungsvertrag keinen entsprechenden Passus, käme grundsätzlich eine Ausbildung in allen Häusern der Hypochondrie GmbH in Betracht.

Darüber hinaus erstreckt sich das Weisungsrecht des Ausbildungsträgers hinsichtlich des Ortes des Tätigwerdens seiner Auszubildenden auch auf die Einsätze bei den sogenannten weiteren an der Ausbildung beteiligten Praxiseinrichtungen (▶ Kap. 3.3.2). Sofern der Ausbildungsträger entsprechende Kooperationsvereinbarungen mit derartigen Gesundheitseinrichtungen getroffen hat, kann und muss er – um seiner Ausbildungsverpflichtung nachzukommen – auch einen Einsatz in dieser Einrichtung anordnen; Voraussetzung ist lediglich, dass der Praxiseinsatz zum Erreichen des Ausbildungsziels im Ausbildungsplan, der Bestandteil des Ausbildungsvertrages ist, tatsächlich vorgesehen ist.

3.4.4 Zeitpunkt der Aufgabenerfüllung

Schließlich erstreckt sich das Weisungsrecht des Ausbildungsträgers auf den Zeitpunkt der Aufgabenerfüllung. Hiermit ist vor allem die Lage der abzuleistenden Dienstzeit gemeint; erfasst wird also die Verteilung der vertraglich vereinbarten Ausbildungszeit nach § 16 Abs. 2 Nr. 6 PflBG auf die einzelnen Wochentage, die Festlegung des Beginns und des Endes der täglichen Dienstzeit sowie die Anordnung der Ruhepausen (*Boecken/Pils*, in: *Boecken* et al. 2016, § 106 GewO Rdnr. 34). Der Auszubildende ist insoweit also bei der regulären Dienstplangestaltung durch den Dienstvorgesetzten zu berücksichtigen und mit einzubeziehen (*Sträßner* 2004, 126).

In der Praxis strittig ist häufig die Frage, wann der Dienstplan spätestens zu erstellen und dem Auszubildenden die genaue Lage seiner Dienstzeit bekannt zu geben ist. Liegt hierzu weder eine tarifvertragliche Bestimmung noch eine entsprechende Betriebsvereinbarung vor, kann die Regelung des § 12 Abs. 2 TzBfG analog angewendet werden, nach der die konkrete Lage der Arbeits- bzw. Ausbildungszeit mindestens vier Tage im Voraus mitgeteilt werden muss (*Siefarth* 2020, 371). Bei der Fristberechnung wird dabei weder der Tag der Bekanntgabe des Dienstplans noch der Einsatztag berücksichtigt (§ 187 Abs. 1 bzw. § 188 Abs. 1 BGB); fällt die berechnete Frist auf einen Samstag, einen Sonntag oder einen Feiertag, tritt an dessen Stelle der vorhergehende Werktag (§ 193 BGB). Für die späteste Bekanntgabe des Dienstplans gelten somit die folgenden Mitteilungstage (*Worzalla*, in: *Boecken* et al. 2016, § 12 TzBfG Rdnr. 13):

- Einsatztag *Montag*
  ⇒ Mitteilungstag *Mittwoch*
- Einsatztag *Dienstag*
  ⇒ Mitteilungstag *Donnerstag*
- Einsatztag *Mittwoch*
  ⇒ Mitteilungstag *Freitag*
- Einsatztag *Donnerstag*
  ⇒ Mitteilungstag *Freitag*
- Einsatztag *Freitag*
  ⇒ Mitteilungstag *Freitag*
- Einsatztag *Samstag*
  ⇒ Mitteilungstag *Montag*
- Einsatztag *Sonntag*
  ⇒ Mitteilungstag *Dienstag*

Mit seiner Bekanntgabe wird der Dienstplan rechtlich verbindlich und kann kurzfristig grundsätzlich nur noch in beiderseitigem Einvernehmen geändert werden. Eine Änderung bis zur genannten Ankündigungsfrist bleibt aber weiterhin möglich (*Siefarth* 2020, 371 sowie *Weber* 2007, 240 f.).

Das Recht zur Festlegung der Dienst- bzw. Ausbildungszeit besteht indes nur, soweit diese nicht gesetzlich oder einzel- bzw. kollektivvertraglich durch den Ausbildungs- oder einen Tarifvertrag reglementiert ist (*Boecken/Pils*, in: *Boecken* et al. 2016, § 106 GewO Rdnr. 35). Das Direktionsrecht des Ausbildungsträgers begrenzend zu beachten sind vor allem die Bestimmungen des Arbeitszeit- und des Jugendarbeitsschutzgesetzes (▶ Kap. 3.8.2 und ▶ Kap. 3.8.5), die Maßgabe des § 1 Abs. 6 PflAPrV, nach der ab der zweiten Hälfte der Ausbildungszeit zwischen 80 und 120 Stunden der praktischen Ausbildung im Rahmen des Nachtdienstes abgeleistet werden sollen, sowie die verbindliche Stundenverteilung im Rahmen der praktischen Ausbildung nach Anlage 7 PflAPrV (▶ Kap. 3.3.2).

Nach § 19 Abs. 3 PflBG ist zudem zu beachten, dass eine über die im Ausbildungsvertrag gemäß § 16 Abs. 2 Nr. 6 PflBG vereinbarte regelmäßige tägliche oder wöchentliche Ausbildungszeit hinausgehende Beschäftigung nur ausnahmsweise zulässig und besonders zu vergüten bzw. durch Freizeit auszugleichen ist. Zulässig ist eine angeordnete Mehrarbeit dabei grundsätzlich aber nur dann, wenn sie im Rahmen der Ausbildung erbracht wird; nicht zulässig ist sie zur Erbringung einer Arbeitsleistung, etwa im Zusammenhang mit der Vertretung einer examinierten Pflegekraft (*Weiß* et al. 2018, 179).

3.5 Verletzung der Ausbildungspflicht des Ausbildungsträgers

Auch wenn Lehrjahre sicherlich keine Herrenjahre sind, sind Auszubildende durch die Maßgaben des Pflegeberufegesetzes davor geschützt, zu Lasten der Ausbildungsqualität als »billige Arbeitskräfte« missbraucht und eingesetzt zu werden: So hat der Ausbildungsträger die Ausbildung derart zu gestalten, dass das Ausbildungsziel erreicht und damit letztendlich die staatliche Prüfung bestanden werden kann (▶ Kap. 3.3); er darf den Auszubildenden demzufolge nur Aufgaben übertragen, die dem Ausbildungszweck entsprechen, weshalb die Übertragung von ausbildungsfremden Tätigkeiten grundsätzlich ebenso unzulässig ist, wie die Zuweisung von Routinetätigkeiten zur Kompensation fehlender examinierter Pflegekräfte (▶ Kap. 3.4). Für den Fall, dass ein Träger der praktischen Ausbildung diesen Ausbildungspflichten nicht oder nicht ordnungsgemäß nachkommt, existieren zahlreiche Interventions- bzw. Sanktionsmöglichkeiten, derer sich die Aufsichtsbehörde, die Auszubildenden und die Pflegeschule bedienen können und die sprichwörtlich von *A* wie Apell zur Einhaltung der Ausbildungspflicht bis *Z* wie Zwangsvollstreckung des Anspruchs auf eine ordnungsgemäße Ausbildung reichen (hierzu insgesamt *Kostorz* 2022 f.).

3.5.1 Möglichkeiten der Aufsichtsbehörde

§ 7 Abs. 5 S. 2 PflBG nennt als einzige aufsichtsbehördliche Möglichkeit zur Sanktionierung eines Ausbildungsträgers, der seine Ausbildungspflicht gegenüber den Auszubildenden verletzt, ihm die (weitere) Durchführung der Ausbildung zu untersagen (so auch *Kreutz*, in: *Kreutz/Opolony* 2019, § 18 Rdnr. 20). Eine solche Untersagungsverfügung dürfte vor dem Hintergrund des im Verwaltungsrecht geltenden Verhältnismäßigkeitsprinzips in den meisten Fällen allerdings lediglich als Ultima Ratio in Betracht kommen.

Dementsprechend wird in der amtlichen Begründung zu der Vorschrift ausgeführt, bei »Rechtsverstößen bleib[e] es der zuständigen Behörde unbenommen, [auch bzw. zunächst; d. V.] ein Ordnungswidrigkeitsverfahren einzuleiten« (BT-Drucks. 18/7823, 102). Dies ist vorliegend jedoch insofern problematisch, als ein solches Verfahren gemäß § 1 Abs. 1 OWiG nur dann statthaft ist, wenn das zu sanktionierende Verhalten ausdrücklich als Ordnungswidrigkeit bestimmt ist. So kann zwar beispielsweise eine Verletzung der Ausbildungspflicht nach § 101 Abs. 1 Nr. 3 BBiG mit einer Geldbuße in Höhe von bis zu 5.000,- € belegt werden, doch ist diese Vorschrift nach der ausdrücklichen Bestimmung des § 63 PflBG für die Ausbildung in der Pflege nicht anwendbar; eine Analogiebildung ist vorliegend nach § 3 OWiG und Art. 103 GG ausgeschlossen. Ein Ordnungswidrigkeitsverfahren scheidet damit – anders als in der amtlichen Begründung zum Pflegeberufegesetz angeregt – also generell aus.

In Betracht kommt aber eine zwangsweise Durchsetzung der Ausbildungspflicht des Ausbildungsträgers auf dem Wege der Zwangsvollstreckung nach den jeweils landesspezifischen Verwaltungsvollstreckungsgesetzen, wenn dieser seinen diesbezüglichen Obliegenheiten trotz einer Aufforderung durch die zuständige Landesbehörde in Form eines entsprechenden Verwaltungsaktes nicht nachkommt (*Kostorz* 2022f, 215 f.). So kann nach der exemplarisch zu nennenden Bundesvorschrift des § 6 Abs. 1 i. V. m. § 9 VwVG die Vornahme einer Handlung (hier: die ordnungsgemäße und rechtskonforme Ausbildung) oder die Verpflichtung, eine Handlung zu unterlassen (hier: die Weisung zu ausbildungsfremden oder Routinetätigkeiten), nämlich unter anderem durch die Verhängung eines Zwangsgeldes als »Beugemittel« nach § 11 VwVG durchgesetzt werden. Diese Möglichkeit besteht vor allem dann, wenn es um sogenannte unvertretbare Handlungen geht, die – wie bei den Ausbildungsbemühungen der Praxiseinrichtung – durch einen anderen nicht vorgenommen werden können. Die Höhe des Zwangsgelds ist dabei von der zuständigen Behörde nach pflichtgemäßem Ermessen und dem Grundsatz der Verhältnismäßigkeit festzulegen, wobei die einzelnen Verwaltungsvollstreckungsgesetze unterschiedliche Bemessungsrahmen mit Höchstgrenzen bestimmen (vgl. etwa § 11 Abs. 3 VwVG mit einem Betrag von bis zu 25.000,- €).

Vor der Verhängung einer Ausbildungsuntersagungsverfügung nach § 7 Abs. 5 S. 2 PflBG hat die zuständigen Behörde dem Übermaßverbot entsprechend also zunächst ein appellierendes und mahnendes Gespräch mit dem Ausbildungsträger zu führen. Bleibt dies wirkungslos, ist dem Ausbildungsträger per Verwaltungsakt aufzuerlegen, seinen Ausbildungspflichten nachzukommen; diese Verpflichtung kann durch die Auferlegung eines Zwangsgeldes auch durchgesetzt bzw. zwangsvollstreckt werden. Erst dann kann die zuständige Behörde dem Ausbildungsträger tatsächlich die Durchführung der Ausbildung untersagen (*Kostorz* 2022f, 215 f.).

3.5.2 Möglichkeiten der Auszubildenden

Da der Ausbildungsvertrag als zivilrechtliches Schuldverhältnis zwischen dem Auszubildenden einerseits und dem Ausbildungsträger andererseits abgeschlossen worden ist, müssen Auszubildende ihren Anspruch auf eine ordnungsgemäße Ausbildung vor allem gegenüber dem Träger der praktischen Ausbildung als deren Vertragspartner im Ausbildungsverhältnis geltend machen (so auch *Dielmann* 2022, § 8 PflBG Rdnr. 3). Hierzu können sie zunächst von ihrem Verweigerungs- und Beschwerderecht Gebrauch machen: So haben sie die Möglichkeit, die Ausführung von übertragenen Aufgaben zu verweigern, wenn diese nicht dem Ausbildungszweck dienen, sie also etwa ausbildungsfremd oder den nicht zulässigen Routinetätigkeiten zuzuordnen sind (*Dielmann* 2022, § 18 PflBG Rdnr. 29, *Kreutz*, in: *Kreutz/Opolony* 2019, § 19 Rdnr. 32 oder *Weiß* et al. 2018, 177). Zudem können sie sich auch auf ihr Beschwerderecht nach → § 84 Abs. 1 Satz 1 BetrVG berufen und den Missstand dem Ausbildungsträger (bzw. den Praxisanleitern als dessen Erfüllungsgehilfen) anzeigen, der – sofern auch er die Beschwerde für berechtigt hält – zur Abhilfe verpflichtet ist (→ § 84 Abs. 2 BetrVG).

§ 84 BetrVG

(1) Jeder Arbeitnehmer hat das Recht, sich bei den zuständigen Stellen des Betriebs zu beschweren, wenn er sich vom Arbeitgeber oder von Arbeitnehmern des Betriebs benachteiligt oder ungerecht behandelt oder in sonstiger Weise beeinträchtigt fühlt. Er kann ein Mitglied des Betriebsrats zur Unterstützung oder Vermittlung hinzuziehen.

(2) Der Arbeitgeber hat den Arbeitnehmer über die Behandlung der Beschwerde zu bescheiden und, soweit er die Beschwerde für berechtigt erachtet, ihr abzuhelfen.

(3) Wegen der Erhebung einer Beschwerde dürfen dem Arbeitnehmer keine Nachteile entstehen.

§ 85 BetrVG

(1) Der Betriebsrat hat Beschwerden von Arbeitnehmern entgegenzunehmen und, falls er sie für berechtigt erachtet, beim Arbeitgeber auf Abhilfe hinzuwirken.

(2) Bestehen zwischen Betriebsrat und Arbeitgeber Meinungsverschiedenheiten über die Berechtigung der Beschwerde, so kann der Betriebsrat die Einigungsstelle anrufen. Der Spruch der Einigungsstelle ersetzt die Einigung zwischen Arbeitgeber und Betriebsrat. Dies gilt nicht, soweit Gegenstand der Beschwerde ein Rechtsanspruch ist.

(3) Der Arbeitgeber hat den Betriebsrat über die Behandlung der Beschwerde zu unterrichten. § 84 Abs. 2 bleibt unberührt.

Eine weitere betriebsverfassungsrechtliche Möglichkeit, gegen eine Verletzung der Ausbildungspflicht vorzugehen, ist die Beteiligung des Betriebsrates, dessen Aufgabe es nach § 80 Abs. 1 Nr. 1 BetrVG unter anderem ist, »darüber zu wachen, dass die zugunsten der Arbeitnehmer geltenden Gesetze« (hier vor allem § 18 Abs. 2 PflBG) eingehalten werden. Nach Einleitung dieses sogenannten kollektiven Beschwerdeverfahrens gemäß → § 85 Abs. 1 BetrVG ist der Betriebsrat verpflichtet, die Beschwerde gegenüber dem Ausbildungsträger zu verfolgen und – sofern er die Beschwerde ebenfalls für gerechtfertigt hält – bei ihm auf Abhilfe zu drängen oder gegebenenfalls ein Einigungsstellenverfahren nach § 76 BetrVG einzuleiten (hierzu insgesamt *Uhl/Polloczek* 2008).

Mit dem Pflegeberufegesetz neu eingeführt wurde zudem die Möglichkeit, auf Landesebene eine Ombudsstelle zur außergerichtlichen Beilegung von Streitigkeiten zwischen einem Auszubildenden und dem Träger der praktischen Ausbildung einzurichten (§ 7 Abs. 6 PflBG), welche unter anderem dann tätig werden soll, wenn von Seiten eines Auszubildenden Mängel in der Ausbildung gerügt werden (BT-Drucks. 18/7823, 106 sowie *Haage* 2019a, § 7 Rdnr. 6). Das Ombudsverfahren selbst ist entweder durch landesrechtliche Vorschriften oder eine autonom gesetzte Geschäftsordnung der Ombudsstelle auszugestalten. Ziel des Verfahrens ist es regelmäßig, mit Empfehlungen und Vorschlägen den Versuch zu unternehmen, eine Einigung zwischen den Beteiligten zu erreichen, um nach Möglichkeit eine erfolgreiche Fortsetzung der Ausbildung sicherstellen zu können; dabei sind die Empfehlungen der Ombudsstelle allerdings regelmäßig nicht rechtlich bindend (vgl. exemplarisch §§ 4 und 5 der Geschäftsordnung der Ombudsstelle für die Pflegeausbildung nach dem Pflegeberufegesetz in Nordrhein-Westfalen). Eine solche Ombudsstelle haben bislang nur Nordrhein-Westfalen und Schleswig-Holstein eingerichtet (*Arens* 2022, 335).

Besteht auf Landesebene keine solche Ombudsstelle, bleibt Auszubildenden dem Grunde nach nur der unmittelbare Gang zum Arbeitsgericht (*Dielmann* 2022, § 7 PflBG Rdnr. 13). So kann der Ausbildungsträger klageweise verpflichtet werden, die Ausbildung rechtskonform auszugestalten bzw. fortzuführen, wobei regelmäßig auch die Möglichkeit des einstweiligen Rechtsschutzes nach § 62 Abs. 2 ArbGG i. V. m. § 940 ZPO genutzt werden sollte (vgl. *Kostorz* 2022f, 216 f. m.w. N.). In jedem Fall kann der Anspruch des Auszubildenden auf rechtskonforme Ausbildung ebenso wie ein letztendlich erstrittenes Urteil nach den Maßgaben des § 888 Abs. 1 ZPO vollstreckt werden (*Weiß* et al. 2018, 177 unter Hinweis auf *LAG Berlin* vom 19. Januar 1978 [Az. 9 Ta 1/78]), indem dem Ausbildungsträger bei einer fortwährenden Verletzung seiner Ausbildungspflicht ein Zwangsgeld in Höhe von bis zu 25.000,- € auferlegt wird.

Bestehen Auszubildende wegen der Verletzung der Ausbildungspflicht nach § 18 PflBG die staatliche Prüfung nicht oder muss die Ausbildung wegen einer entsprechenden Pflichtverletzung verlängert werden, kann dies schlussendlich zu einem Schadensersatzanspruch gegen die ausbildenden Akteure führen (*Lakies*, in *Lakies/Malottke* 2020, § 14 BBiG Rdnr. 36). Dabei richtet sich die Haftung nach den allgemeinen zivilrechtlichen Regelungen (*Kreutz*, in: *Kreutz/Opolony* 2019, § 18 Rdnr. 20). In die Pflicht zu nehmen ist daher zunächst der Träger der praktischen Ausbildung, der aufgrund der Verletzung seiner Pflichten aus dem Ausbildungsvertrag nach § 280 Abs. 1 BGB vertraglich haften muss, wobei er gemäß § 276 Abs. 1 BGB sowohl Vorsatz als auch Fahrlässigkeit zu vertreten hat (*Lakies*, in *Lakies/Malottke* 2020, § 14 BBiG Rdnr. 36 sowie *Kreutz*, in: *Kreutz/Opolony* 2019, § 18 Rdnr. 20). Im Rahmen dieser vertraglichen Haftung muss der Ausbildungsträger nach § 278 BGB auch für Fehler seiner Erfüllungsgehilfen, also etwa der Praxisanleiter, der Praxiskoordinatoren oder der Stationsleitungen einstehen (*Taubert* 2021, § 14 Rz. 61). Da es sich bei § 18 PflBG zudem um ein Schutzgesetz i.S.d. § 823 Abs. 2 BGB handelt, haften diese mit der Ausbildung betrauten Erfüllungsgehilfen auch deliktisch, sofern deren Fehlverhalten schuldhaft i.S.d. § 276 Abs. 1 BGB war (*Taubert* 2021, § 14 Rdnr. 61 sowie *Kreutz*, in: *Kreutz/Opolony* 2019, § 18 Rdnr. 20). Der Auszubildende selbst muss sich nach § 254 BGB allerdings mitwirkendes Verschulden zurechnen lassen, sollte er sich nicht selber in ausreichender Weise bemüht haben, das Ausbildungsziel zu erreichen (*Lakies*, in: *Lakies/Malottke* 2020, § 14 BBiG Rdnr. 36 oder *Dielmann* 2022, § 18 PflBG Rdnr. 31).

3.5.3 Möglichkeiten der Pflegeschule

Im Vergleich zur Aufsichtsbehörde und zu den Auszubildenden selbst sind die Interventionsmöglichkeiten der Pflegeschule bei einer Verletzung der Ausbildungspflicht durch den Ausbildungsträger eher begrenzt. Sie fungiert vor allem als Mahnerin und Mittlerin, »falls Schwierigkeiten bei der Durchführung der praktischen Ausbildung entstehen« (BT-Drucks. 18/7823, 72) und sie hiervon im Rahmen der Praxisbegleitgespräche oder über die Kontrolle der Ausbildungsnachweise Kenntnis erlangt (▶ Kap. 5.2 bzw. ▶ Kap. 5.4): »Besteht Trägeridentität mit dem Träger der praktischen Ausbildung, sind innerorganisatorische Maßnahmen zu ergreifen. Hat die Pflegeschule mit dem Träger der praktischen Ausbildung nach § 8 Absatz 2 Nummer 2 [PflBG] einen Vertrag geschlossen, sollte dieser die Konsequenzen im Innenverhältnis regeln« (BT-Drucks. 18/7823, 72; zur Frage der Durchsetzbarkeit dieser Verpflichtung *Haage* 2019a, § 10 Rdnr. 1).

Je nach Konstellation der Zusammenarbeit zwischen dem Ausbildungsträger und der Pflegeschule sind ihr für den Fall, dass die Vorgaben des Ausbildungsplans bzw. die Ausbildungspflichten nach § 18 PflBG nicht eingehalten werden, also nur dann Sanktionsmöglichkeiten gegeben, wenn diese (vertraglich) vereinbart worden sind (*Dielmann* 2022, § 10 PflBG Rdnr. 6). Möglich wäre hier beispielsweise ein Abzug bzw. ein Tausch von Auszubildenden, eine Abberufung von Praxisanleitern, der Entzug der Ausbildungsberechtigung für einzelne Bereiche bzw. Stationen der Praxiseinrichtung, die Erhebung von Konventionalstrafen oder gar die Kündigung des Kooperationsvertrages. In diesem Zusammenhang wäre es zudem denkbar, in Anlehnung an die Ombudsstellen eine paritätisch besetzte Schlichtungsstelle einzurichten, die von allen Akteuren angerufen werden kann und die im Streitfall befugt ist, eine für alle Beteiligten verbindliche Entscheidung zu treffen (ausführlicher *Kostorz* 2022f, 217).

3.6 Mitwirkungspflicht der Auszubildenden

Die ausbildungsvertragliche Pflicht der Ausbildungsträger, die Ausbildung derart zu gestalten, dass das Ausbildungsziel in der vorgesehenen Zeit erreicht und die staatliche Prüfung bestanden werden kann, spiegelt sich in der Verpflichtung der Auszubildenden, sich möglichst aktiv um das Erreichen des Ausbildungsziels zu bemühen – ihnen obliegt im Ausbildungsprozess also eine Mitwirkungspflicht, die im Ausbildungsverhältnis dem Grunde nach ihre Hauptpflicht darstellt (vgl. *Natzel*, in: *Boecken* et al. 2016, §§ 13–16 BBiG Rdnr. 2 oder *Taubert* 2021, § 13 Rdnr. 2): »Auszubildende können sich also nicht darauf ausruhen, dass der Ausbildungsträger seinen Pflichten nachkommt, sondern müssen selbst Lernanstrengungen unternehmen« (*Dielmann* 2022, § 17 PflBG Rdnr. 1). Entscheidend ist dabei das nachweisbare *sich Bemühen* um das Erreichen des Ausbildungsziels; nicht zu vertretende (körperliche, geistige oder seelische) Leistungsdefizite können Auszubildenden dementsprechend nicht vorgehalten werden (*Sträßner* 2004, 108 f.).

Konkretisiert wird diese Pflicht der Auszubildenden in § 17 PflBG, der § 13 BBiG nachgebildet ist. Danach haben Auszubildende neben der allgemeinen Obliegenheit, an der Erweiterung der eigenen Kompetenzen zu arbeiten (§ 17 Satz 1 PflBG), insbesondere die Pflicht, die ihnen übertragenen Aufgaben sorgfältig auszuführen, die Pflegeschule zu besuchen und einen schriftlichen Ausbildungsnachweis zu führen (§ 17 Satz 2 PflBG). Dabei ist dieser Katalog an Verhaltenspflichten nicht abschließend (»insbesondere«), weshalb sich aus der Ausbildung heraus im Einzelfall weitere (Neben)Pflichten ergeben können (vgl. *Weiß* et al. 2018, 174).

Sofern ein Auszubildender eine dieser Mitwirkungspflichten grob verletzt, kann sich daraus das Recht des Ausbildungsträgers ergeben, das Ausbildungsverhältnis nach § 22 Abs. 2 Nr. 1 PflBG außerordentlich zu kündigen (*Igl* 2021, § 17 PflBG Rdnr. 11 sowie *Weiß* et al. 2018, 174) (▶ Kap. 3.10.2).

3.6.1 Kompetenzerwerb

Nach § 17 Satz 1 PflBG haben Auszubildende die Pflicht »sich zu bemühen, die in § 5 [PflBG] genannten Kompetenzen zu erwerben, die erforderlich sind, um das Ausbildungsziel zu erreichen«. Diese sogenannte Lernpflicht erstreckt sich dabei sowohl auf die Einsätze in der praktischen Ausbildung als auch auf den theoretischen und praktischen Unterricht (*Taubert* 2021, § 13 Rdnr. 2 und 5); während dieser Ausbildungsmaßnahmen haben die Auszubildenden »aktiv und interessiert auf das Ausbildungsziel hinzuarbeiten« (*Lakies* 2020, § 13 Rdnr. 3). Da diese Pflicht grundsätzlich auch außerhalb der Ausbildungszeit besteht, kann ein bestimmtes Maß an geistigen Bemühungen (wie etwa die Lektüre von Fachbüchern oder -zeitschriften) auch in der Freizeit verlangt werden (BAG vom 11. Januar 1973 [Az. 5 AZR 467/72] zu § 13 BBiG). Letzteres dürfte insbesondere für leistungsschwächere Auszubildende gelten.

3.6.2 Aufgabenerfüllung

Nach § 17 Satz 2 Nr. 2 PflBG haben Auszubildende die Pflicht, die ihnen im Rahmen der Ausbildung übertragenen Aufgaben sorgfältig auszuführen, wobei sich der Umfang der Weisungsgebundenheit vor allem aus den Grundsätzen des § 106 GewO und des § 315 BGB ergibt (▶ Kap. 3.4). Da diese Pflicht mit § 18 Abs. 2 PflBG korrespondiert, nach dem Ausbildungsträger bzw. die hierzu berechtigten Personen Auszubildenden nur Aufgaben übertragen dürfen, die dem Ausbildungszweck und deren Ausbildungsstand entsprechen, gilt in diesem Zusammenhang, »dass die Auszubildenden nicht ausbildungsrelevante Tätigkeiten nicht ausführen müssen« (*Weiß* et al. 2018, 175).

Zudem ist zu beachten, dass Auszubildende dem Grunde nach keine Arbeitnehmer sind, weshalb sie auch nicht sofort und ohne weiteres mit der selbständigen Wahrnehmung und Verrichtung pflegerischer Tätigkeiten betraut werden dürfen. Vielmehr muss ein Auszubildender im Rahmen der Praxisanleitung zunächst »eingearbeitet, erprobt und überwacht werden, bis ein sicheres Urteil darüber gewonnen werden kann, ob und inwieweit der Schüler zur selbstständigen Erledigung der entsprechenden Tätigkeit in der Lage ist« (*Strässner* 2004, 194) (▶ Kap. 3.3.3). Erst wenn ein Auszubildender (nach erfolgreicher Anleitung, selbstständiger Ausführung und mehrfachen Einübens) eine bestimmte pflegerische Maßnahme erlernt hat, kann und soll er sie auch in seinen selbstständigen Arbeitseinsätzen eigenverantwortlich durchführen. Die Entscheidung hierüber trifft (neben der Stations- und/oder der Pflegedienstleitung) in erster Linie die anleitende Pflegekraft, die insofern auch die Anordnungsverantwortung trägt; der Auszubildende selbst trägt in diesem Fall die Übernahme- und die Durchführungsverantwortung (▶ Kap. 3.9.2).

Darüber hinaus existiert eine Vielzahl weiterer Einschränkungen der Weisungsgebundenheit von Auszubildenden. Nicht auszuführen sind etwa Weisungen, die gegen Straf- oder Arbeitsschutzvorschriften verstoßen, eine Pflichtenkollision verursachen können oder sich nachweisbar nicht mit dem Gewissen des Auszubildenden vereinbaren lassen (*Strässner* 2004, 136 ff.). Dabei spielen durch Gewissensentscheidungen begründete moralische Konflikte insofern eine besondere Rolle, als ihnen stets ein subjektives Moment innewohnt, da es in der Pflege »immer wieder zu unterschiedlichen Lebensauffassungen, gerade im Spannungsfeld der Religionsfreiheit oder der Ethik« kommt (*Müller/Schabbeck* 2018, 18).

Bei der Interessensabwägung zwischen der Gewissensnot eines Auszubildenden einerseits und dem Direktionsrecht des Ausbildungsträgers bzw. der Pflicht zur Mitwirkung an der Ausbildung durch den Auszubildenden andererseits müssen vor allem folgende zwei Punkte beachtet werden:

1. Musste der Auszubildende bei seiner Berufswahl bzw. beim Abschluss des Ausbildungsvertrages damit rechnen, dass ihm derartige Tätigkeiten zugewiesen werden würden?
2. Ist die Tätigkeit zwingend erforderlich, um dem Auszubildenden Kompetenzen zu vermitteln, die für ein Bestehen der staatlichen Prüfung nach der Ausbildungs- und Prüfungsverordnung erforderlich sind?

Zudem muss der Auszubildende im Falle eines Gewissenskonflikts glaubhaft machen, dass er insgesamt einem Wertekanon folgt, der seine Entscheidung nachvollziehbar macht: »›Rosinen picken‹ wäre also nicht zulässig« (*Müller/Schabbeck* 2018, 18). Zu den typischen Problemfeldern gehört in diesem Zusammenhang die Mitwirkung an einem Schwangerschaftsabbruch sowie an Maßnahmen der dem Grunde nach rechtlich zulässigen indirekten bzw. passiven Sterbehilfe (hierzu etwa *Hoyer*, in: *Igl/Welti* 2022, 580 ff. bzw. 593 ff.).

Für die Mitwirkung an Schwangerschaftsabbrüchen gibt es mit → § 12 SchKG eine eindeutige gesetzliche Regelung: Danach kann grundsätzlich niemand verpflichtet werden, an einem Schwangerschaftsabbruch mitzuwirken; eine Ausnahme besteht nur dann, wenn der Eingriff erforderlich ist, um eine schwerwiegende gesundheitliche Gefahr von der schwangeren Frau abzuwenden.

§ 12 SchKG

(1) Niemand ist verpflichtet, an einem Schwangerschaftsabbruch mitzuwirken.
(2) Absatz 1 gilt nicht, wenn die Mitwirkung notwendig ist, um von der Frau eine anders nicht abwendbare Gefahr des Todes oder einer schweren Gesundheitsschädigung abzuwenden.

Im Zusammenhang mit Maßnahmen der passiven Sterbehilfe, die durch den Verzicht gekennzeichnet ist, den Tod eines (tatsächlich oder zumindest mutmaßlich) sterbewilligen Patienten zu verhindern (hierzu *Kostorz* 2020a, 134), stellte der Bundesgerichtshof bereits im Jahre 2005 klar, dass das sich jeweils aus Art. 2 GG ergebende Selbstbestimmungsrecht des Patienten schwerer wiegt als die Gewissens- bzw. allgemeine Handlungsfreiheit einer Pflegekraft, weshalb es ihr nicht gestattet ist, lebensverkürzende Maßnahmen zu verweigern, die dem freien Willen des Patienten und seiner verfassungsrechtlich geschützten Patientenautonomie entsprechen. Anders als bei einem Schwangerschaftsabbruch, bei dem (nur) ein Recht zum Unterlassen besteht, würde die Berufung auf eine subjektive Gewissensentscheidung im Zusammenhang mit einer passiven Sterbehilfe im Ergebnis zu einem Recht auf ein positives Tun in Form von lebensverlängernden Interventionen führen, das in verfassungswidriger Weise in das Recht auf die Autonomie des Patienten und dessen Recht auf eine Abwehr jedweder körperbezogener Maßnahmen eingreifen würde (→ BGH vom 8. Juni 2005 [Az. XII ZR 117/03]).

BGH zu Gewissensentscheidungen im Zusammenhang mit passiver Sterbehilfe
Ein Verstoß gegen Art. 2 GG ist [durch die Weisung, lebensverkürzende Maßnahmen durchzuführen; d. V.] nicht ersichtlich; insbesondere fand das Selbstbestimmungsrecht der Pflegekräfte am entgegenstehenden Willen des Klägers bzw. des für ihn handelnden Betreuers – also an den »Rechten anderer« (Art. 2 Abs. 1 GG) – ihre Grenze. […] Im übrigen verleiht die Gewissensfreiheit dem Pflegepersonal aber kein Recht, sich durch aktives Handeln über das Selbstbestimmungsrecht des durch seinen Betreuer vertretenen Klägers hinwegzusetzen und seinerseits in dessen Recht auf körperliche Unversehrtheit einzugreifen. Darin liegt auch der Unterschied zur Normsituation des § 12 Abs. 1

Schwangerschaftskonfliktgesetz, auf den sich das Oberlandesgericht zu Unrecht beruft: Danach ist zwar niemand verpflichtet, an einem Schwangerschaftsabbruch mitzuwirken. Die Vorschrift berechtigt aber auch niemanden, durch positives Tun in die Rechte Dritter einzugreifen, um Abtreibungen zu verhindern.

3.6.3 Ausbildungsnachweis

Nach § 17 Satz 2 Nr. 3 PflBG sind Auszubildende verpflichtet, einen schriftlichen Ausbildungsnachweis zu führen, der so angelegt sein sollte, »dass sich aus ihm die Ableistung der praktischen Ausbildungsanteile und die Kompetenzentwicklung anhand der Lernangebote der Einsätze mit Blick auf das Ausbildungsziel nachweisen lassen« (*Igl* 2021, § 17 PflBG Rdnr. 8). Derartige sogenannte Berichtshefte sollten wöchentlich geführt und (mindestens) monatlich kontrolliert werden (*Lakies* 2020, § 14 Rdnr. 13 sowie *Wächter* 2012, Stw. Ausbildungsnachweis); anders als nach § 14 Abs. 2 Satz 1 BBiG obliegt die Kontrolle der Berichtshefte in der Pflegeausbildung allerdings nicht den Ausbildungsträgern, sondern den Pflegeschulen (§ 10 Abs. 2 Satz 1 PflBG), die zudem die Aufgabe haben, die Struktur der anzufertigenden Ausbildungsnachweise zu gestalten (§ 3 Abs. 5 PflAPrV) (▶ Kap. 5.4). Dabei kann sie sich an dem Musterentwurf des *Bundesinstituts für Berufsbildung* orientieren (*BiBB* 2019b); zudem bieten einige Verlage entsprechende Vorlagen für derartige Ausbildungsnachweise an (vgl. etwa *Henke* 2020, *Lorenschat/Preuß* 2021 oder *Lunk* 2022).

Da mit diesem Ausbildungsnachweis im Zweifel geklärt werden kann, ob die Ausbildung durch die Praxiseinrichtung tatsächlich nach dem Ausbildungsplan erfolgt, und er zudem der Überwachung der Ausbildung durch die zuständige Aufsichtsbehörde dient (*Dielmann* 2022, § 10 PflBG Rdnr. 5), kommt ihm in strafrechtlicher Hinsicht die Qualität einer Urkunde zu. Ein vom Auszubildenden – gegebenenfalls auch auf Veranlassung der weisungsbefugten Stationsleitung oder des ausbildenden Praxisanleiters – vorsätzlich bzw. bewusst falsch geführtes Berichtsheft kann damit dem Grunde nach den Tatbestand der Urkundenfälschung nach § 267 Abs. 1 StGB erfüllen (hierzu ausführlicher *Kostorz* 2022f, 214).

Ob der Ausbildungsnachweis von den Auszubildenden während oder außerhalb der praktischen Ausbildungszeit anzufertigen ist, ist weder im Pflegeberufegesetz noch in der Ausbildungs- und Prüfungsverordnung näher bestimmt worden. Hierbei dürfte es sich insofern um eine schlichte Nachlässigkeit des Gesetz- bzw. Verordnungsgebers handeln, als diese Tätigkeit in anderen Berufsausbildungen stets während der Ausbildungszeit verrichtet werden darf: So bestimmt → § 14 Abs. 2 Satz 2 BBiG ausdrücklich, dass der Ausbildungsnachweis während der betrieblichen Ausbildungszeit zu führen ist. Analog hierzu ist daher davon auszugehen, dass der Ausbildungsnachweis auch von den Auszubildenden in der Pflege während der Dienstzeit ihrer praktischen Ausbildung angefertigt werden kann.

> **§ 14 Abs. 2 BBiG**
>
> Ausbildende haben Auszubildende zum Führen der Ausbildungsnachweise [...] anzuhalten und diese regelmäßig durchzusehen. Den Auszubildenden ist Gelegenheit zu geben, den Ausbildungsnachweis am Arbeitsplatz zu führen.

3.6.4 Achtung der Patientenrechte

Mit § 17 Satz 2 Nr. 5 PflBG, der Auszubildende verpflichtet, die Rechte der zu pflegenden Menschen zu achten, rekurriert der Gesetzgeber auf die sogenannte → Pflege-Charta des »Runden Tisches Pflege« (*BMFSJ/BMG* 2020), die in insgesamt acht Artikeln die Rechte hilfe- und pflegebedürftiger Menschen mit appellativem Charakter festschreibt (*Kostorz* 2016c,

Anm. 46). Sie ergeben sich aus den Grundrechten des Grundgesetzes sowie (vor allem heimrechtlichen) bundes- und landesrechtlichen Vorgaben, so dass die Charta selbst keinen Rechts-, sondern eher einen Hinweischarakter hat (*Igl* 2021, § 17 PflBG Rdnr. 10).

Rechte hilfe- und pflegebedürftiger Menschen nach der Pflege-Charta

1. Selbstbestimmung und Hilfe zur Selbsthilfe
Jeder hilfe- und pflegebedürftige Mensch hat das Recht auf Hilfe zur Selbsthilfe und auf Unterstützung, um ein möglichst selbstbestimmtes und selbständiges Leben führen zu können.

2. Körperliche und seelische Unversehrtheit, Freiheit und Sicherheit
Jeder hilfe- und pflegebedürftige Mensch hat das Recht, vor Gefahren für Leib und Seele geschützt zu werden.

3. Privatheit
Jeder hilfe- und pflegebedürftige Mensch hat das Recht auf Wahrung und Schutz seiner Privat- und Intimsphäre.

4. Pflege, Betreuung und Behandlung
Jeder hilfe- und pflegebedürftige Mensch hat das Recht auf eine an seinem persönlichen Bedarf ausgerichtete, gesundheitsfördernde und qualifizierte Pflege, Betreuung und Behandlung.

5. Information, Beratung und Aufklärung
Jeder hilfe- und pflegebedürftige Mensch hat das Recht, auf umfassende Informationen über Möglichkeiten und Angebote der Beratung, der Hilfe und Pflege sowie der Behandlung.

6. Kommunikation, Wertschätzung und Teilhabe an der Gesellschaft
Jeder hilfe- und pflegebedürftige Mensch hat das Recht auf Wertschätzung, Austausch mit anderen Menschen und Teilhabe am gesellschaftlichen Leben.

7. Religion, Kultur und Weltanschauung
Jeder hilfe- und pflegebedürftige Mensch hat das Recht, seiner Kultur und Weltanschauung entsprechend zu leben und seine Religion auszuüben.

8. Palliative Begleitung, Sterben und Tod
Jeder hilfe- und pflegebedürftige Mensch hat das Recht, in Würde zu sterben.

3.7 Ausbildungsvergütung und Ausbildungsmittel

Wie in anderen dualen Berufsausbildungen üblich, ist der Ausbildungsträger auch in der Pflegeausbildung verpflichtet, den Auszubildenden eine angemessene Ausbildungsvergütung zu zahlen; § 19 PflBG lehnt sich insofern an die Vorschriften der → §§ 17 bis 19 BBiG an, ohne sie jedoch inhaltlich vollständig zu übernehmen. Ähnliches gilt für die Pflicht des Ausbildungsträgers, den Auszubildenden bestimmte Ausbildungsmittel kostenlos zur Verfügung zu stellen; § 18 Abs. 1 Nr. 4 PflBG orientiert sich dabei an der Regelung des → § 14 Abs. 1 Nr. 3 BBiG.

§ 14 Abs. 1 Nr. 3 BBiG

Ausbildende haben Auszubildenden kostenlos die Ausbildungsmittel, insbesondere Werkzeuge und Werkstoffe zur Verfügung zu stellen, die zur Berufsausbildung und zum Ablegen von Zwischen- und Abschlussprüfungen, auch soweit solche nach Beendigung des Berufsausbildungsverhältnisses stattfinden, erforderlich sind.

§ 17 Abs. 1, 6 und 7 BBiG

(1) Ausbildende haben Auszubildenden eine angemessene Vergütung zu gewähren. Sie ist nach dem Lebensalter

der Auszubildenden so zu bemessen, dass sie mit fortschreitender Berufsausbildung, mindestens jährlich, ansteigt.
(6) Sachleistungen können in Höhe der nach § 17 Absatz 1 Satz 1 Nummer 4 des Vierten Buches Sozialgesetzbuch festgesetzten Sachbezugswerte angerechnet werden, jedoch nicht über 75 Prozent der Bruttovergütung hinaus.
(7) Eine über die vereinbarte regelmäßige tägliche Ausbildungszeit hinausgehende Beschäftigung ist besonders zu vergüten oder durch entsprechende Freizeit auszugleichen.

§ 18 Abs. 1 und 2 BBiG

(1) Die Vergütung bemisst sich nach Monaten. Bei Berechnung der Vergütung für einzelne Tage wird der Monat zu 30 Tagen gerechnet.
(2) Ausbildende haben die Vergütung für den laufenden Kalendermonat spätestens am letzten Arbeitstag des Monats zu zahlen.

§ 19 BBiG

(1) Auszubildenden ist die Vergütung auch zu zahlen
   1. für die Zeit der Freistellung (§ 15),
   2. bis zur Dauer von sechs Wochen, wenn sie
      a) sich für die Berufsausbildung bereithalten, diese aber ausfällt oder
      b) aus einem sonstigen, in ihrer Person liegenden Grund unverschuldet verhindert sind, ihre Pflichten aus dem Berufsausbildungsverhältnis zu erfüllen.
(2) Können Auszubildende während der Zeit, für welche die Vergütung fortzuzahlen ist, aus berechtigtem Grund Sachleistungen nicht abnehmen, so sind diese nach den Sachbezugswerten (§ 17 Absatz 6) abzugelten.

3.7.1 Zahlung einer angemessenen Ausbildungsvergütung

Nach § 19 Abs. 1 PflBG ist der Ausbildungsträger verpflichtet, den Auszubildenden für die gesamte Dauer der Ausbildung eine »angemessene« Ausbildungsvergütung zu zahlen, deren Höhe auch Bestandteil des Ausbildungsvertrages sein muss (§ 16 Abs. 2 Nr. 8 PflBG). Der Maßstab der Angemessenheit ist dabei ein unbestimmter Rechtsbegriff, weshalb die Parteien des Ausbildungsvertrages einen gewissen Spielraum bei der Vereinbarung der Vergütungshöhe haben (BT-Drucks. 18/7823, 75 f.). Zur Erhöhung der Attraktivität der Pflegeausbildung regt der Gesetzgeber zwar eine Vergütung nach dem Tarifrecht des öffentlichen Dienstes an, ein Anspruch auf eine derartige tarifliche Vergütung besteht analog zu → § 612 Abs. 2 BGB allerdings nur in den Fällen, in denen der Ausbildungsvertrag entgegen § 16 Abs. 2 Nr. 8 PflBG keine Angaben zur Höhe der Ausbildungsvergütung enthält (BAG vom 18. Juni 1980 [Az. 4 AZR 545/78]).

§ 612 BGB

(1) Eine Vergütung gilt als stillschweigend vereinbart, wenn die Dienstleistung den Umständen nach nur gegen eine Vergütung zu erwarten ist.
(2) Ist die Höhe der Vergütung nicht bestimmt, so ist bei dem Bestehen einer Taxe die taxmäßige Vergütung, in Ermangelung einer Taxe die übliche Vergütung als vereinbart anzusehen.

Nach ständiger Rechtsprechung des Bundesarbeitsgerichts ist eine vertraglich vereinbarte Vergütung dann nicht mehr angemessen, wenn sie die in einem Tarifvertrag ausgehandelte Vergütung um mehr als 20 % unterschreitet (BAG vom 23. August 2011 [Az. 3

AZR 575/09]); liegt die Ausbildungsvergütung darunter, hat der Ausbildungsträger die volle tarifliche Vergütung zu zahlen (*Dielmann*, in: *Großkopf* 2010, Stw. Ausbildungsverhältnis sowie *Weiß* et al. 2018, 179).

Fallbeispiel

Marco B. hat mit der MedSan-Krankenhaus GmbH einen Vertrag zur Ausbildung zum *Pflegefachmann* abgeschlossen. Im Ausbildungsvertrag werden folgende [alternative] Angaben zur Ausbildungsvergütung gemacht:

a) keine
b) monatliche Ausbildungsvergütung im ersten Ausbildungsjahr: 900,- €
c) monatliche Ausbildungsvergütung im ersten Ausbildungsjahr: 1.000,- €
d) monatliche Ausbildungsvergütung im ersten Ausbildungsjahr: 1.500,- €

Der Tarifvertrag für den öffentlichen Dienst sieht für das erste Ausbildungsjahr in der Pflege eine Vergütung von 1.190,70 € vor. Marco B. ist kein Gewerkschaftsmitglied, so dass er sich nicht unmittelbar auf den Tarifvertrag berufen kann (vgl. *Weber* 2007, 70).

Mangels individueller Angaben im Ausbildungsvertrag hat Herr B. im Fall a) Anspruch auf die tarifvertraglich vereinbarte Ausbildungsvergütung in Höhe von 1.190,70 €. In Fall b) liegt die vereinbarte Vergütung mehr als 20 % unter der tarifvertraglich vereinbarten Ausbildungsvergütung, weshalb Herr B. auch hier Anspruch auf eine Vergütung nach dem Tarifvertrag in Höhe von 1.190,70 € hat. Die Ausbildungsvergütung in Fall c) ist zwar ebenfalls geringer als die tarifvertraglich vereinbarte, doch liegt sie weniger als 20 % unter der Ausbildungsvergütung des Tarifvertrages, weshalb die Vergütungsvereinbarung im Ausbildungsvertrag rechtmäßig ist. Eine höhere Ausbildungsvergütung als im Tarifvertrag kann – so wie in Fall d) – aufgrund des sogenannten Günstigkeitsprinzips selbstverständlich ebenfalls rechtmäßig vereinbart werden.

Sofern es im Ausbildungsvertrag vereinbart worden ist, können auf die Ausbildungsvergütung auch Sachbezüge nach der kalenderjährlich angepassten → Sozialversicherungsentgeltverordnung angerechnet werden (etwa für Unterkunft oder Verpflegung), wobei dem Auszubildenden mindestens 25 % der Vergütung als reguläre Geldleistung verbleiben müssen (§ 19 Abs. 2 PflBG). Von einem Auszubildenden aus berechtigtem Grund nicht abgenommene Sachbezüge sind nach den Sachbezugswerten dieser Rechtsverordnung abzugelten (§ 19 Abs. 2 Satz 2 PflBG); ein solcher berechtigter Grund kann etwa darin bestehen, dass der Auszubildende wegen Urlaub oder Krankheit die ansonsten zur Verfügung gestellte Verpflegung nicht nutzt bzw. nutzen kann.

§ 2 SvEV$_{2023}$

(1) Der Wert der als Sachbezug zur Verfügung gestellten Verpflegung wird auf monatlich 288 Euro festgesetzt. Dieser Wert setzt sich zusammen aus dem Wert für
1. Frühstück von 60 Euro,
2. Mittagessen von 114 Euro und
3. Abendessen von 114 Euro.
(2) Für Verpflegung, die nicht nur dem Beschäftigten, sondern auch seinen nicht bei demselben Arbeitgeber beschäftigten Familienangehörigen zur Verfügung gestellt wird, erhöhen sich die nach Absatz 1 anzusetzenden Werte je Familienangehörigen,
1. der das 18. Lebensjahr vollendet hat, um 100 Prozent,
2. der das 14., aber noch nicht das 18. Lebensjahr vollendet hat, um 80 Prozent,

3. der das 7., aber noch nicht das 14. Lebensjahr vollendet hat, um 40 Prozent und
4. der das 7. Lebensjahr noch nicht vollendet hat, um 30 Prozent.
Bei der Berechnung des Wertes ist das Lebensalter des Familienangehörigen im ersten Entgeltabrechnungszeitraum des Kalenderjahres maßgebend. Sind Ehegatten bei demselben Arbeitgeber beschäftigt, sind die Erhöhungswerte nach Satz 1 für Verpflegung der Kinder beiden Ehegatten je zur Hälfte zuzurechnen.

(3) Der Wert einer als Sachbezug zur Verfügung gestellten Unterkunft wird auf monatlich 265 Euro festgesetzt. Der Wert der Unterkunft nach Satz 1 vermindert sich
1. bei Aufnahme des Beschäftigten in den Haushalt des Arbeitgebers oder bei Unterbringung in einer Gemeinschaftsunterkunft um 15 Prozent,
2. für Jugendliche bis zur Vollendung des 18. Lebensjahres und Auszubildende um 15 Prozent und
3. bei der Belegung
   a) mit zwei Beschäftigten um 40 Prozent,
   b) mit drei Beschäftigten um 50 Prozent und
   c) mit mehr als drei Beschäftigten um 60 Prozent.

Ist es nach Lage des einzelnen Falles unbillig, den Wert einer Unterkunft nach Satz 1 zu bestimmen, kann die Unterkunft mit dem ortsüblichen Mietpreis bewertet werden; Absatz 4 Satz 2 gilt entsprechend.

(4) Für eine als Sachbezug zur Verfügung gestellte Wohnung ist als Wert der ortsübliche Mietpreis unter Berücksichtigung der sich aus der Lage der Wohnung zum Betrieb ergebenden Beeinträchtigungen anzusetzen. Ist im Einzelfall die Feststellung des ortsüblichen Mietpreises mit außergewöhnlichen Schwierigkeiten verbunden, kann die Wohnung mit 4,66 Euro je Quadratmeter monatlich, bei einfacher Ausstattung (ohne Sammelheizung oder ohne Bad oder Dusche) mit 3,81 Euro je Quadratmeter monatlich bewertet werden. Bestehen gesetzliche Mietpreisbeschränkungen, sind die durch diese Beschränkungen festgelegten Mietpreise als Werte anzusetzen. Dies gilt auch für die vertraglichen Mietpreisbeschränkungen im sozialen Wohnungsbau, die nach den jeweiligen Förderrichtlinien des Landes für den betreffenden Förderjahrgang sowie für die mit Wohnungsfürsorgemitteln aus öffentlichen Haushalten geförderten Wohnungen vorgesehen sind. Für Energie, Wasser und sonstige Nebenkosten ist der übliche Preis am Abgabeort anzusetzen.

(5) Werden Verpflegung, Unterkunft oder Wohnung verbilligt als Sachbezug zur Verfügung gestellt, ist der Unterschiedsbetrag zwischen dem vereinbarten Preis und dem Wert, der sich bei freiem Bezug nach den Absätzen 1 bis 4 ergeben würde, dem Arbeitsentgelt zuzurechnen.

(6) Bei der Berechnung des Wertes für kürzere Zeiträume als einen Monat ist für jeden Tag ein Dreißigstel der Werte nach den Absätzen 1 bis 5 zugrunde zu legen. Die Prozentsätze der Absätze 2 und 3 sind auf den Tageswert nach Satz 1 anzuwenden. Die Berechnungen werden jeweils auf 2 Dezimalstellen durchgeführt; die zweite Dezimalstelle wird um 1 erhöht, wenn sich in der dritten Dezimalstelle eine der Zahlen 5 bis 9 ergibt.

Fallbeispiel

In Marco B.s Ausbildungsvertrag mit der MedSan-Krankenhaus GmbH wird hinsichtlich der Ausbildungsvergütung explizit auf den Tarifvertrag für den öffentlichen Dienst verwiesen. Zudem enthält der Vertrag den folgenden Passus: »Auf die Ausbildungsvergütung werden Sachbezüge für drei Mahlzeiten täglich angerechnet, die der Auszubildende in der Kantine des Ausbildungsträgers einnehmen kann. Zudem wird ihm eine Unterkunft im Wohnheim ›Schwestern Florenz Nachtigalls‹ zur Verfügung gestellt.«

Auf die Ausbildungsvergütung in Höhe von 1.190,70 € können nach Maßgabe des § 2 SvEV vom Ausbildungsträger gewährte Sachbezüge angerechnet werden. Für die Verpflegung sind monatlich 288,- € (§ 2 Abs. 1 SvEV) und für die Unterkunft 185,50 € (265,- € abzüglich jeweils 15 % für die Unterbringung in einer Gemeinschaftsunterkunft und für die Unterbringung als Auszubildender) anzusetzen (§ 2 Abs. 3 SvEV). Herrn B. sind für Sachbezüge damit insgesamt 473,50 € anzurechnen; dies ist weniger als 75 % der Bruttovergütung (≙ 893,03 €).

Für die Tage, an denen er gemäß dem Ausbildungsplan in einer anderen Praxiseinrichtung ohne Kantine eingesetzt wird, ist ein nicht zur Verfügung gestelltes Frühstück mit jeweils 2,- € und das Mittag- oder Abendessen mit jeweils 3,80 € abzugelten.

Die Pflicht zur Entgeltfortzahlung (etwa im Falle der Krankheit oder der vorübergehenden Arbeits- bzw. Ausbildungsverhinderung) ergibt sich entweder analog aus § 19 BBiG oder aus den einschlägigen arbeitsrechtlichen Bestimmungen (für den praxisrelevantesten Fall der krankheitsbedingten Ausbildungsunfähigkeit ▶ Kap. 3.8.3).

3.7.2 Zurverfügungstellung von Ausbildungsmitteln

Wie in Berufsausübungsverhältnissen üblich, hat der Ausbildungsträger die Pflicht, den Auszubildenden erforderliche Ausbildungsmittel, wie etwa Fachbücher oder Instrumente kostenlos zur Verfügung zu stellen. § 18 Abs. 1 Nr. 4 PflBG beschränkt diese Pflicht allerdings ausdrücklich auf Ausbildungsmittel, die zur praktischen Ausbildung bzw. für die Abschlussprüfung benötigt werden. Damit ist klargestellt, dass die für den schulischen Teil der Ausbildung erforderlichen Lernmittel, wie etwa Fachbücher oder Fotokopien etc. nicht vom Ausbildungsträger zur Verfügung zu stellen sind, auch wenn in der Vorschrift auf die Notwendigkeit des Ausbildungsmittels für das Ablegen der staatlichen Prüfung Bezug genommen wird (so jedoch *Dielmann* 2022, § 18 PflBG Rdnr. 15). Derartige Lernmittel sind vielmehr von der Pflegeschule zur Verfügung zu stellen (▶ Kap. 4.2).

Da vieles, was in der praktischen Ausbildung benötigt wird, allerdings nicht zu den Ausbildungs-, sondern eher zu den Arbeitsmitteln zu zählen ist, dürfte der Anwendungsbereich dieser Vorschrift in der Ausbildungspraxis – zumindest, wenn Ausbildungsmittel nicht auch als Personalmittel, sondern ausschließlich als Sachmittel für Gebrauchsgegenstände verstanden werden (vgl. *Wächter* 2012, Stw. Ausbildungsmittel) – indes extrem klein sein.

So ist beispielsweise bereits die in diesem Zusammenhang üblicherweise genannte Arbeits- und Schutzkleidung nicht als Ausbildungsmittel zu qualifizieren, auch wenn sie den Auszubildenden – i. d. R. nach anderen Vorschriften, wie etwa dem Arbeitsschutzgesetz, den Unfallverhütungsvorschriften oder der generellen Verpflichtung zum Treffen von Schutzmaßnahmen nach → § 618 Abs. 1 BGB – zur Verfügung zu stellen ist (*Dielmann* 2022, § 18 PflBG Rdnr. 19).

> **§ 618 Abs. 1 BGB**
>
> Der Dienstberechtigte hat Räume, Vorrichtungen oder Gerätschaften, die er zur Verrichtung der Dienste zu beschaffen hat, so einzurichten und zu unterhalten und Dienstleistungen, die unter seiner Anordnung oder seiner Leitung vorzunehmen sind, so zu regeln, dass der Verpflichtete gegen Gefahr für Leben und Gesundheit soweit geschützt ist, als die Natur der Dienstleistung es gestattet.

Dies gilt entsprechend für medizinischen Zwecken dienende oder für die Pflege von Patienten bestimmte Verbrauchsmaterialien, die Auszubildende in ihren Praxiseinsätzen zum Erwerb beruflicher Fähigkeiten und Fertigkeiten nutzen müssen, sowie für Instrumente und Apparate, die in der Einrichtung entweder unabhängig von durchzuführenden Ausbildungsmaßnahmen vorgehalten werden (etwa Blutdruckmessgeräte) oder die auch examinierten Pflegekräften zur Verfügung gestellt werden (etwa Pulsuhren oder Verbandscheren): Hierbei handelt es sich nämlich um sächliche Mittel bzw. Materialien, die entweder primär der Patientenversorgung und damit bestenfalls sekundär der Ausbildung dienen, ohnehin zur Grundausstattung der Einrichtung gehören oder nicht als *Ausbildungs*mittel, sondern eher als *Arbeits*mittel zu qualifizieren und als solche in entsprechender Anwendung des → § 670 BGB zur Verfügung zu stellen sind (BAG vom 12. April 2011 [Az. 9 AZR 14/10] sowie BAG vom 16. Oktober 2007 [Az. 9 AZR 170/07]), der gemäß § 16 Abs. 4 PflBG auch in der Pflegeausbildung gilt. Etwas anderes dürfte sich nur dann ergeben, wenn bestimmte Sachmittel extra und ausschließlich zu Ausbildungszwecken genutzt werden, weil sich Auszubildende etwa unter Anleitung gegenseitig verbinden und hierzu entsprechendes Verbandmaterial nutzen. Diese Ausbildungsmaßnahmen fallen aber regelmäßig in den Bereich des praktischen Unterrichts der Pflegeschule und nicht in den der praktischen Ausbildung durch den Ausbildungsträger, weshalb auch hier für eine Anwendbarkeit des § 18 Abs. 2 Nr. 4 PflBG vielfach kein Raum bleiben dürfte.

> **§ 670 BGB**
>
> Macht der Beauftragte zum Zwecke der Ausführung des Auftrags Aufwendungen, die er den Umständen nach für erforderlich halten darf, so ist der Auftraggeber zum Ersatz verpflichtet.

Ähnliches gilt schließlich für Fachbücher, die vom Ausbildungsträger ebenfalls ausschließlich für die *praktische* Ausbildung zur Verfügung zu stellen sind (so auch *Kreutz*, in: *Kreutz/Opolony* 2019, § 18 Rdnr. 9). In Anlehnung an die vergleichbare Vorschrift in § 14 Abs. 1 Nr. 3 BBiG müssen danach nur diejenigen Bücher kostenlos zur Verfügung gestellt werden, »die für den betrieblichen [hier: praktischen] Teil der Ausbildung benötigt werden. Hierzu zählen nicht die Ausbildungsmittel, die der Auszubildende für den Besuch der Berufsschule benötigt (z. B. Fachbücher). Diese müssten nur dann kostenlos vom Ausbildenden zur Verfügung gestellt werden, wenn sie zugleich der innerbetrieblichen Ausbildung dienen« (*Wächter* 2012, Stw. Ausbildungsmittel; ähnlich *Natzel*, in: *Boecken* et al. 2016, §§ 13–16 BBiG Rdnr. 12), was in der Pflegeausbildung kaum von Bedeutung ist, da Fachliteratur als Ausbildungsmittel hier vor allem für den theoretischen bzw. praktischen Unterricht und – soweit ersichtlich – dem Grunde nach nicht für die praktische Ausbildung erforderlich ist oder benötigt wird. Insofern ist auch hier das Kriterium der *Erforderlichkeit* der Literaturanschaffung zum Erreichen des Ausbildungsziels nach § 5 PflBG von dem ihrer *Nützlichkeit* für die auszuübende praktische Tätigkeit in der pflegerischen Ausbildung zu unterscheiden.

> **Fallbeispiel**
>
> Meike S. absolviert ihre Ausbildung zur *Pflegefachfrau* bei einem ambulanten Pflegedienst. Ihre Kolleginnen und Kollegen empfehlen ihr das »Beifahrersitzbuch – ambulante Pflege« von *Martina Döbele* et al., das sie auf ihren Patientenvisiten stets mit sich führen. Da das Buch zwar ein nützlicher Ratgeber sein kann, für die praktische Ausbildung aber nicht unbedingt erforderlich ist, besteht für den Ausbildungsträger keine Pflicht, es Frau S. zur Verfügung zu stellen.

Zu den Fachbüchern, die der Ausbildungsträger seinen Auszubildenden nach § 18 Abs. 1 Nr. 4 PflBG kostenlos zur Verfügung zu stellen hat, gehören aber klar von Verlagen angebotene, formularmäßig vorgefertigte Berichtshefte (etwa von *Henke* 2020, von *Lorenschat/Preuß* 2021 oder von *Lunk* 2022), wenn die Auszubildenden angehalten sind, ihre regelmäßigen Ausbildungsnachweise mittels eines dieser Bücher zu führen (▶ Kap. 3.6.3).

Dabei ist es insgesamt nicht erforderlich, dass der Ausbildungsträger den Auszubildenden das Eigentum an den erforderlichen Ausbildungs- bzw. Arbeitsmitteln überträgt; eine leihweise Überlassung ist ebenso ausreichend wie eine Zurverfügungstellung in einem Materialschrank oder einer Bibliothek etc., auf den bzw. die alle Beschäftigten bzw. Auszubildenden Zugriff haben (▶ Kap. 4.2).

3.8 Geltung des allgemeinen Arbeitsrechts

Auch wenn Auszubildende dem Grunde nach keine Arbeitnehmer sind, sind auf den Ausbildungsvertrag, »soweit sich aus seinem Wesen und Zweck sowie aus diesem Gesetz [scil. Pflegeberufegesetz] nichts anderes ergibt, die für Arbeitsverträge geltenden Rechtsvorschriften und Rechtsgrundsätze anzuwenden« (§ 16 Abs. 4 PflBG) (vgl. hierzu insgesamt *Siefarth* 2020, *Großkopf/Schanz* 2021 sowie *Weber* 2007). Besondere Bedeutung kommt dabei vor allem den Bestimmungen des Bundesurlaubsgesetzes, des Arbeitszeitgesetzes, des Entgeltfortzahlungsgesetzes, des Mutterschutzgesetzes sowie des Jugendarbeitsschutzgesetzes zu (*Taubert* 2021, § 10 Rdnr. 39 ff. zu § 10 Abs. 2 BBiG, dem § 16 Abs. 4 PflBG nachgebildet ist). Dabei stellt § 8 Abs. 5 PflBG in diesem Zusammenhang klar, »dass die Auszubildenden unabhängig von der Ausgestaltung des Verhältnisses zwischen dem Träger der praktischen Ausbildung, den weiteren an der Ausbildung beteiligten Einrichtungen und der Pflegeschule ihre sich auf die Ausbildung beziehenden Rechte immer bei der Einrichtung ausüben können, bei der auch der überwiegende Teil der praktischen Ausbildung stattfinden soll, nämlich dem Träger der praktischen Ausbildung« (BT-Drucks. 18/12847, 103).

Zu beachten ist dabei stets, dass von den nach den genannten Gesetzen gewährten Rechten unter Umständen in Betriebsvereinbarungen und vor allem in Tarifverträgen abgewichen werden kann. Das gilt zum einen dann, wenn das Gesetz entsprechende Öffnungsklauseln für abweichende Regelungen enthält, zum anderen aber auch stets für den Fall, dass eine untergesetzliche Vorschrift für den Auszubildenden günstiger ist als die gesetzliche (sogenanntes Günstigkeitsprinzip).

Eine Besonderheit besteht in diesem Zusammenhang bei den Maßgaben zur Schweigepflicht und zur Wahrung von Betriebsgeheimnissen: Obwohl diese Obliegenheiten ebenfalls zu den allgemeinen arbeitsrechtlichen Verpflichtungen gehören (*Igl* 2021, § 17 PflBG Rdnr. 9), werden sie – wohl wegen

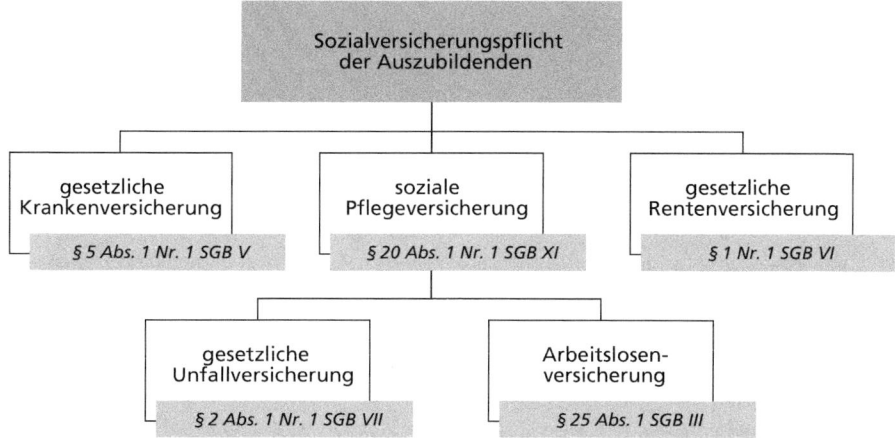

Abb. 13: Sozialversicherungspflicht der Auszubildenden (eigene Darstellung)

ihrer ethischen und rechtlichen Bedeutung für den Patientenschutz – in § 17 Satz 2 Nr. 4 PflBG noch einmal explizit aufgeführt.

Eng verbunden mit der arbeitnehmerähnlichen Stellung der Auszubildenden ist zudem deren sozialversicherungsrechtlicher Status: Nach § 2 Abs. 2 Nr. 1 SGB IV sind sie als zu ihrer Berufsausbildung Beschäftigte nach Maßgabe der besonderen Vorschriften für die einzelnen Versicherungszweige in allen fünf Zweigen der Sozialversicherung versichert (▶ Abb. 13).

3.8.1 Erholungsurlaub

Sofern der Ausbildungs- oder ein geltender Tarifvertrag keinen weitergehenden Urlaubsanspruch gewährt, haben Auszubildende einen Anspruch auf bezahlten Erholungsurlaub von jährlich 24 Werktagen, also vier Wochen im Kalenderjahr (→ § 3 BUrlG). Dieser (volle) Anspruch entsteht erstmalig nach einer Wartezeit von sechs Kalendermonaten (→ § 4 BUrlG). Wird der Auszubildende erst nach dem 30. Juni eines Jahres eingestellt, so kann er die Wartezeit im Kalenderjahr des Ausbildungsbeginns nicht erfüllen; in diesem Fall erwirbt er einen (sofortigen) Urlaubsanspruch von einem Zwölftel des Jahresurlaubs für jeden Monat der Ausbildungszeit in diesem Kalenderjahr (→ § 5 Abs. 1 lit. a BUrlG) (*Weber* 2007, 257 f.).

§ 3 BUrlG

(1) Der Urlaub beträgt jährlich mindestens 24 Werktage.
(2) Als Werktage gelten alle Kalendertage, die nicht Sonn- oder gesetzliche Feiertage sind.

§ 4 BUrlG

Der volle Urlaubsanspruch wird erstmalig nach sechsmonatigem Bestehen des Arbeitsverhältnisses erworben.

§ 5 BUrlG

(1) Anspruch auf ein Zwölftel des Jahresurlaubs für jeden vollen Monat des Bestehens des Arbeitsverhältnisses hat der Arbeitnehmer
 a) für Zeiten eines Kalenderjahrs, für die er wegen Nichterfüllung der Wartezeit in diesem Kalenderjahr keinen vollen Urlaubsanspruch erwirbt;

b) wenn er vor erfüllter Wartezeit aus dem Arbeitsverhältnis ausscheidet;
c) wenn er nach erfüllter Wartezeit in der ersten Hälfte eines Kalenderjahrs aus dem Arbeitsverhältnis ausscheidet.

(2) Bruchteile von Urlaubstagen, die mindestens einen halben Tag ergeben, sind auf volle Urlaubstage aufzurunden.

(3) Hat der Arbeitnehmer im Falle des Absatzes 1 Buchstabe c bereits Urlaub über den ihm zustehenden Umfang hinaus erhalten, so kann das dafür gezahlte Urlaubsentgelt nicht zurückgefordert werden.

§ 6 BUrlG

(1) Der Anspruch auf Urlaub besteht nicht, soweit dem Arbeitnehmer für das laufende Kalenderjahr bereits von einem früheren Arbeitgeber Urlaub gewährt worden ist.

(2) Der Arbeitgeber ist verpflichtet, bei Beendigung des Arbeitsverhältnisses dem Arbeitnehmer eine Bescheinigung über den im laufenden Kalenderjahr gewährten oder abgegoltenen Urlaub auszuhändigen.

Fallbeispiel

Susanne K. beginnt ihre Ausbildung zur *Pflegefachfrau* am 1. April des Jahres. Als Urlaubsanspruch wird im Ausbildungsvertrag der gesetzlich bestimmte Mindestanspruch festgelegt; ein Tarifvertrag gilt nicht. In diesem Fall erwirbt Frau K. ab dem 1. Oktober des Jahres den vollen Urlaubsanspruch von 24 Werktagen, soweit nicht bereits zuvor von einem anderen Ausbildungsträger bzw. Arbeitgeber Erholungsurlaub gewährt worden ist (→ § 6 BUrlG). Hätte sie ihre Ausbildung erst zum 1. Oktober des Jahres begonnen, hätte sie für die drei verbleibenden Monate des Kalenderjahres einen Urlaubsanspruch von 6 Werktagen bzw. einer Woche, den sie unmittelbar geltend machen könnte.

Nach → § 7 Abs. 1 Satz 1 BUrlG sind bei der zeitlichen Festlegung der Urlaubstage die Wünsche der Auszubildenden zu berücksichtigen, sofern ihnen keine ausbildungsrelevanten Belange oder Urlaubswünsche anderer Arbeitnehmer bzw. Auszubildender entgegenstehen, die unter sozialen Gesichtspunkten den Vorrang verdienen (hierzu *Müller/Schabbeck* 2018, 39 f. sowie *Siefarth* 2020, 729). Insbesondere während der praktischen Ausbildungszeit können Auszubildende ihren Erholungsurlaub daher grundsätzlich individuell planen, ansonsten gilt die Maßgabe des § 1 Abs. 4 Satz 2 PflAPrV, nach der Urlaub nur in der unterrichtsfreien Zeit gewährt werden kann. Nach der Begründung zur Ausbildungs- und Prüfungsverordnung soll diese Maßgabe dazu beitragen, »eine kontinuierliche Teilnahme am theoretischen und praktischen Unterricht sicherzustellen« (BT-Drucks. 19/2707, 88). Vor diesem Hintergrund handelt es sich bei der Maßgabe des § 1 Abs. 4 Satz 2 PflAPrV eher um eine Soll-Bestimmung, so dass einem Auszubildenden für besondere Anlässe auch während der Unterrichtszeit Urlaub für einzelne Tage gewährt werden kann (so auch *Igl* 2021, § 1 PflAPrV Rdnr. 7).

Dabei soll der Urlaub grundsätzlich zusammenhängend gewährt werden; ist das nicht möglich, muss einer der Urlaubsteile mindestens zwei Wochen betragen (→ § 7 Abs. 2 BUrlG). Zudem ist der Urlaub im laufenden Kalenderjahr zu gewähren und zu nehmen; nur wenn dringende ausbildungsorganisatorische oder persönliche Gründe des Auszubildenden dies rechtfertigen, ist eine Übertragung des Urlaubs auf das folgende Kalenderjahr statthaft. In diesem Fall muss der Urlaub grundsätzlich bis zum 31. März des Folgejahres gewährt und genommen werden, andernfalls verfällt der Urlaubsanspruch (→ § 7 Abs. 3 BUrlG) (zu weiteren Ausnahmetatbeständen *Müller/ Schabbeck* 2018, 39).

§ 7 BUrlG

(1) Bei der zeitlichen Festlegung des Urlaubs sind die Urlaubswünsche des Arbeitnehmers zu berücksichtigen, es sei denn, daß ihrer Berücksichtigung dringende betriebliche Belange oder Urlaubswünsche anderer Arbeitnehmer, die unter sozialen Gesichtspunkten den Vorrang verdienen, entgegenstehen. Der Urlaub ist zu gewähren, wenn der Arbeitnehmer dies im Anschluß an eine Maßnahme der medizinischen Vorsorge oder Rehabilitation verlangt.

(2) Der Urlaub ist zusammenhängend zu gewähren, es sei denn, daß dringende betriebliche oder in der Person des Arbeitnehmers liegende Gründe eine Teilung des Urlaubs erforderlich machen. Kann der Urlaub aus diesen Gründen nicht zusammenhängend gewährt werden, und hat der Arbeitnehmer Anspruch auf Urlaub von mehr als zwölf Werktagen, so muß einer der Urlaubsteile mindestens zwölf aufeinanderfolgende Werktage umfassen.

(3) Der Urlaub muß im laufenden Kalenderjahr gewährt und genommen werden. Eine Übertragung des Urlaubs auf das nächste Kalenderjahr ist nur statthaft, wenn dringende betriebliche oder in der Person des Arbeitnehmers liegende Gründe dies rechtfertigen. Im Fall der Übertragung muß der Urlaub in den ersten drei Monaten des folgenden Kalenderjahrs gewährt und genommen werden. Auf Verlangen des Arbeitnehmers ist ein nach § 5 Abs. 1 Buchstabe a entstehender Teilurlaub jedoch auf das nächste Kalenderjahr zu übertragen.

(4) Kann der Urlaub wegen Beendigung des Arbeitsverhältnisses ganz oder teilweise nicht mehr gewährt werden, so ist er abzugelten.

Nach → § 8 BUrlG dürfen Auszubildende während des Urlaubs keiner Erwerbstätigkeit nachgehen, die dessen Zweck der Erholung widerspricht. Dies dient zum einen dem Schutz der Auszubildenden, die die Zeit des Urlaubs zur Regeneration nutzen sollen, zum anderen aber auch dem Interesse der Ausbildungsträger, die ihrer Ausbildungspflicht in hinreichender Weise nur gegenüber erholten und aufnahmefähigen Auszubildenden nachkommen können. Dabei sind indes nicht ausnahmslos alle körperlich oder geistig anstrengenden Tätigkeiten während des Urlaubs unzulässig. § 8 BUrlG knüpft diesbezüglich klar an *Erwerbstätigkeiten* an, die dem Urlaubszweck zuwider laufen. Untersagt sind daher grundsätzlich nur selbstständige oder unselbstständige Tätigkeiten zum Zweck der Entgelterzielung, wenn diese geeignet sind, die Aufnahme- und Lernfähigkeit des Auszubildenden derart zu beanspruchen, dass die Ausbildung in der gebotenen Form nicht mehr uneingeschränkt durchgeführt werden kann. Unproblematisch wären danach beispielsweise Renovierungsarbeiten in der eigenen Wohnung oder die Teilnahme an Bildungsmaßnahmen oder Ferienkursen (ausführlicher *Weber* 2007, 269 sowie *Müller/ Schabbeck* 2018, 38 f.).

§ 8 BUrlG

Während des Urlaubs darf der Arbeitnehmer keine dem Urlaubszweck widersprechende Erwerbstätigkeit leisten.

Sofern ein Auszubildender während des Erholungsurlaubs erkrankt, werden die durch ein ärztliches Attest nachgewiesenen Tage der Ausbildungsunfähigkeit nicht auf den Urlaubsanspruch angerechnet (→ § 9 BUrlG). Dennoch ist der Auszubildende – sofern nichts anderes vereinbart worden ist – gehalten, nach dem ursprünglich festgelegten Urlaubsende an die Ausbildungsstätte bzw. die Pflegeschule zurückzukehren (*Bachstein* 2007, 123). Die Dauer des Urlaubs verlängert sich mithin nicht automatisch: Auf keinen Fall ist der Auszubildende berechtigt, die Urlaubstage, die durch die Erkrankung nicht als solche genutzt werden konnten, an den zuvor vom Ausbildungsträger genehmigten Urlaubszeitraum anzuhängen; eine solche sogenannte Selbstbeurlaubung berechtigt den Ausbildungsträger vielmehr zu einer Abmahnung oder nach den Umständen des Einzelfalls gar zu einer Kündigung des Ausbildungsverhältnisses (▶ Kap. 3.10.2) (*Müller/Schabbeck* 2018, 40).

> **§ 9 BUrlG**
>
> Erkrankt ein Arbeitnehmer während des Urlaubs, so werden die durch ärztliches Zeugnis nachgewiesenen Tage der Arbeitsunfähigkeit auf den Jahresurlaub nicht angerechnet.

3.8.2 Ausbildungszeit

Dauer und Lage der Ausbildungszeit werden im Wesentlichen durch die Regelungen des Arbeitszeitgesetzes und eines eventuell geltenden Tarifvertrages bestimmt (hierzu *Sträßner* 2007, 228 ff.). Im Ausbildungsvertrag ist nach § 16 Abs. 2 Nr. 6 PflBG mindestens die Dauer der regelmäßigen täglichen oder wöchentlichen praktischen Ausbildungszeit anzugeben (▶ Kap. 3.1).

Nach → § 3 ArbZG darf die werktägliche Arbeits- bzw. Ausbildungszeit grundsätzlich acht Stunden nicht überschreiten; eine längere Dienstzeit von bis zu zehn Stunden ist nur vorübergehend bei einem entsprechenden Ausgleich möglich. Werden die Tage von Montag bis Samstag als Werktage berücksichtigt, ergibt sich so eine regelmäßige wöchentliche Ausbildungszeit von grundsätzlich maximal 48 Stunden. In den meisten Tarifverträgen wurde indes eine deutlich geringere regelmäßige wöchentliche Arbeits- und entsprechende Ausbildungszeit vereinbart; nach dem TvÖD beträgt sie beispielsweise 39 Stunden pro Woche, nach dem TV-L und den AVR 38,5 Stunden wöchentlich.

Als Ausbildungszeit gilt dabei die Zeit vom Beginn bis zum Ende des Dienstes ohne die Ruhepausen (§ 2 Abs. 1 Satz 1 ArbZG). Nicht zur Ausbildungszeit gehört damit grundsätzlich die Wegezeit, also die Zeit von der Wohnung des Auszubildenden zur Ausbildungsstätte und zurück; Wegezeiten zwischen der Ausbildungsstätte und den außerhalb dieser Stätte liegenden Einsatzstellen gehören hingegen zur Arbeitszeit. Dies betrifft vor allem die Ausbildung im Bereich der ambulanten Pflege (*Sträßner* 2007, 212): Fährt ein Auszubildender von zu Hause zunächst zur Betriebsstätte des Pflegedienstes und dann zum ersten Klienten, zählt erst die Fahrt zum ersten Pflegeeinsatz als Arbeitszeit; fährt er dagegen direkt von seinem Wohnort zum ersten Pflegeeinsatz, beginnt die Arbeitszeit mit dem Eintreffen beim Patienten. Seit einem Urteil des Bundesarbeitsgerichts vom 6. September 2017 (Az. 5 AZR 382/16) gehört darüber hinaus die Umkleidezeit, also das An- und Auskleiden der Dienstkleidung in der Pflegebranche unstreitig zur Arbeitszeit.

> **§ 3 ArbZG**
>
> Die werktägliche Arbeitszeit der Arbeitnehmer darf acht Stunden nicht überschreiten. Sie kann auf bis zu zehn Stunden nur verlängert werden, wenn innerhalb von sechs Kalendermonaten oder innerhalb von 24 Wochen im Durchschnitt acht Stunden werktäglich nicht überschritten werden.

Nach → § 4 ArbZG ist die Ausbildungszeit durch im Voraus feststehende Ruhepausen zu unterbrechen. Das Bundesarbeitsgericht definiert eine Ruhepause dabei als einen Zeitraum, in dem der Auszubildende von jeglicher Arbeitsleistung freigestellt ist und er grundsätzlich frei entscheiden kann, wo und wie er die Zeit verbringen möchte (BAG vom 5. Mai 1988 [Az. 6 AZR 658/85] bzw. BAG vom 27. Februar 1992 [Az. 6 AZR 478/90]). Die Dauer der Ruhepause richtet sich nach der Dauer der werktäglichen Ausbildungszeit: Bei einer Ausbildungszeit von mehr als sechs Stunden muss die Pause mindestens 30 Minuten, bei einer Ausbildungszeit von mehr als neun Stunden mindestens 45 Minuten betragen; länger als sechs Stunden am Stück dürfen Auszubildende mithin nicht ohne Ruhepause beschäftigt werden. Die Pausenzeit darf in Zeitabschnitte von jeweils 15 Minuten aufgeteilt werden; unterbricht ein Auszubildender die Ausbildungszeit (etwa für einen Toilettengang) für weniger als 15 Minuten, handelt es sich nicht um eine Ruhepause, sondern um eine Arbeitsunterbrechung (*Sträßner* 2007, 214 f.).

Aus der gesetzlichen Bestimmung, dass die Ausbildungszeit durch Pausen zu unterbrechen ist, ergibt sich, dass die Ruhepausen nicht an den Anfang oder das Ende der täglichen Ausbildungszeit gelegt werden dürfen. Zudem muss die Lage der Pausen im Voraus feststehen, wobei die Festlegung eines Pausenfensters bzw. Zeitrahmens für die Pause ausreichend ist; zwingend erforderlich ist es aber, dass zu Beginn der Pause deren Dauer feststeht (*Sträßner* 2007, 215).

Im Bereich der Pflege ist es vielfach üblich, dass alle Pflegekräfte und Auszubildenden einer Station gemeinsam Pause machen und eine bzw. einer von ihnen bei Bedarf die Arbeit (vorübergehend) wieder aufnimmt. Dies entspricht nicht dem Erfordernis, dass Auszubildende bzw. Arbeitnehmer während ihrer Pause nicht zur Arbeit herangezogen werden dürfen und sie sich auch nicht im Zustand der Arbeitsbereitschaft halten müssen, weshalb eine derartige Pausengestaltung nicht den Vorgaben des → § 4 ArbZG entspricht (BAG vom 27. Februar 1991 [Az. 6 AZR 478/90]); dies ist dem Grunde nach nur dann gewährleistet, wenn die Mitarbeitenden abwechselnd bzw. nacheinander Pause machen (*Bachstein* 2007, 75). Von der Verpflichtung des Ausbildungsträgers, den Auszubildenden eine unterbrechungslose Ruhepause zu gewähren, kann nach § 14 ArbZG nur in Notfällen abgewichen werden. Ein solcher liegt beispielsweise bei einer größeren Schadenslage mit zahlreichen Verletzten vor, die plötzlich in einem Krankenhaus behandelt werden müssen, nicht jedoch bei einer mangelhaften Dienstplan- bzw. Pausengestaltung (*Sträßner* 2007, 217 und 211).

> **§ 4 ArbZG**
>
> Die Arbeit ist durch im voraus feststehende Ruhepausen von mindestens 30 Minuten bei einer Arbeitszeit von mehr als sechs bis zu neun Stunden und 45 Minuten bei einer Arbeitszeit von mehr als neun Stunden insgesamt zu unterbrechen. Die Ruhepausen nach Satz 1 können in Zeitabschnitte von jeweils mindestens 15 Minuten aufgeteilt werden. Länger als sechs Stunden hintereinander dürfen Arbeitnehmer nicht ohne Ruhepause beschäftigt werden.

Als Ruhezeit wird die Zeit zwischen dem Ende eines Dienstes und dem Wiederbeginn des nächsten Dienstes (am nächsten Arbeitstag) bezeichnet (BAG vom 23. November 1960 [Az. 4 AZR 257/59]), in der die Auszubildenden keinen ausbildungsrechtlichen Verpflichtungen unterliegen, die sie daran hindern, frei und ohne Unterbrechung ihren eigenen Freizeitinteressen nachzugehen (EuGH vom 9. September 2003 [Az. C-151/02]). Grundsätzlich beträgt diese Ruhezeit mindestens elf Stunden; in der Pflege kann sie – bei einem entsprechenden Ausgleich – qua Gesetz auf zehn Stunden (→ § 5 ArbZG) und durch einen Tarifvertrag um bis zu zwei Stunden verkürzt werden (§ 7 Abs. 1 Nr. 3 ArbZG).

§ 5 ArbZG

(1) Die Arbeitnehmer müssen nach Beendigung der täglichen Arbeitszeit eine ununterbrochene Ruhezeit von mindestens elf Stunden haben.
(2) Die Dauer der Ruhezeit des Absatzes 1 kann in Krankenhäusern und anderen Einrichtungen zur Behandlung, Pflege und Betreuung von Personen, in Gaststätten und anderen Einrichtungen zur Bewirtung und Beherbergung, in Verkehrsbetrieben, beim Rundfunk sowie in der Landwirtschaft und in der Tierhaltung um bis zu eine Stunde verkürzt werden, wenn jede Verkürzung der Ruhezeit innerhalb eines Kalendermonats oder innerhalb von vier Wochen durch Verlängerung einer anderen Ruhezeit auf mindestens zwölf Stunden ausgeglichen wird.
(3) Abweichend von Absatz 1 können in Krankenhäusern und anderen Einrichtungen zur Behandlung, Pflege und Betreuung von Personen Kürzungen der Ruhezeit durch Inanspruchnahmen während der Rufbereitschaft, die nicht mehr als die Hälfte der Ruhezeit betragen, zu anderen Zeiten ausgeglichen werden.

Im Kontext der arbeitsrechtlichen Regelungen zu Ruhepausen und Ruhezeiten ist auch die Frage zu beantworten, ob sogenannte geteilte Dienste zulässig sind, die häufig in der ambulanten Pflege angeordnet werden. Hierbei sind Pflegekräfte bzw. Auszubildende gehalten, an einem Tag zunächst eine sogenannte Morgenrunde zu fahren, um dann nach einer mehrstündigen, als Ruhepause deklarierten Arbeitsunterbrechung am Abend erneut mobile pflegerische Einsätze bei Ihren Klientinnen und Klienten zu absolvieren. Die Zulässigkeit derartiger Arbeitszeiten ist in der arbeitsrechtlichen Judikatur umstritten. So ist der Arbeitgeber nach einem Urteil des LAG Köln vom 14. Dezember 2011 (Az. 9 Sa 798/11) kraft seines sich aus § 106 GewO ergebenden Direktionsrechts durchaus berechtigt, »bei schwankendem Arbeitsanfall Arbeitnehmer nur während der arbeitstäglichen Stoßzeiten zu beschäftigen, auch wenn dazwischen mehrere Stunden liegen [...] (geteilte Dienste)«. Dem entgegenzuhalten ist jedoch, dass die dazwischenliegende (mittägliche und zumeist mehrstündige) Pause kaum der Erholung dient und daher schlechterdings als Ruhepause i.S.d. § 4 ArbZG deklariert werden kann – im Gegenteil: Geteilte Dienste werden von Arbeitnehmern und Auszubildenden häufig als sehr belastend empfunden, da mit ihnen doppelte Fahrzeiten und eine Fragmentierung des Tagesablaufs verbunden sind. Es ist daher naheliegender, sie als zwei aufeinanderfolgende Dienste zu deuten, zwischen denen regelmäßig die gebotene Ruhezeit nach § 5 ArbZG nicht eingehalten werden dürfte (im Ergebnis auch *Siefarth* 2020, 716). Dementsprechend urteilte auch das → AG Berlin am 11. Januar 2007 (Az. 63 Ca 8651/05), dass die Zulässigkeit geteilter Dienste von einer konkreten Vereinbarung im Arbeits- bzw. Ausbildungsvertrag abhängt.

AG Berlin zur Zulässigkeit geteilter Dienste
Bei der Vereinbarung einer wöchentlichen Arbeitszeit ist vom Grundsatz her davon auszugehen, dass diese wöchentliche Arbeitszeit so aufgeteilt wird, dass vom Arbeitnehmer pro Arbeitstag nur eine zusammenhängende Anzahl von Stunden geleistet werden muss. Will der Arbeitgeber hiervon abweichen und die wöchentliche Arbeitszeit so aufteilen, dass der Arbeitnehmer an einem Tag mehrere voneinander unabhängige und zeitlich auseinander liegende Einsätze zu leisten hat (geteilter Dienst), so bedarf es hierfür einer vertraglichen Regelung. Weist der Arbeitgeber dem Arbeitnehmer einen geteilten Dienst zu, obwohl eine vertragliche Grundlage hierfür fehlt, beginnt die tägliche Arbeitszeit des Arbeitnehmers mit der Zuweisung des ersten Dienstes und endet mit Abschluss des letzten Dienstes.

Abweichend von dem Grundsatz der Sonn- und Feiertagsruhe (§ 9 ArbZG) dürfen Auszubildende in Krankenhäusern und ambulanten sowie stationären Pflegeeinrichtungen auch an Sonn- und Feiertagen beschäftigt werden (§ 10 Abs. 1 Nr. 3 ArbZG). Zu berücksichtigen sind dabei allerdings die Maßgaben des Freizeitausgleichs nach §§ 11 und 12 ArbZG (hierzu ausführlicher *Sträßner* 2007, 224 f.): So muss beispielsweise Auszubildenden, die an einem Sonntag beschäftigt werden, innerhalb von zwei Wochen ein Ersatzruhetag gewährt werden; werden sie an einem auf einen Werktag fallenden Feiertag beschäftigt, müssen sie einen Ersatzruhetag erhalten, der innerhalb eines den Beschäftigungstag einschließenden Zeitraums von acht Wochen zu gewähren ist. Zudem müssen grundsätzlich mindestens 15 Sonntage im Jahr beschäftigungsfrei bleiben.

3.8.3 Entgeltfortzahlung im Krankheitsfall

Auszubildende haben nach → § 3 EFZG im Fall einer krankheitsbedingten Ausbildungsunfähigkeit einen Anspruch auf Fortzahlung der Ausbildungsvergütung (▶ Kap. 3.7.1) für eine Zeit von insgesamt bis zu sechs Wochen für dieselbe Krankheit; der Anspruch gilt also für das erstmalige Auftreten einer Erkrankung und alle Folgeerkrankungen, die auf dem ursprünglichen, latent weiterbestehenden Grundleiden beruhen (*Sievers*, in: *Boecken* et al. 2016, § 3 EFZG Rdnr. 113 ff.). Ein erneuter voller Anspruch auf weitere sechs Wochen Entgeltfortzahlung auch für Ausbildungsunfähigkeitszeiten wegen derselben Grunderkrankung entsteht dann, wenn entweder zwischen der erneuten Ausbildungsunfähigkeit und einer vorgehenden Ausbildungsunfähigkeit wegen derselben Grunderkrankung mindestens sechs Monate liegen oder seit dem Beginn der erstmaligen Ausbildungsunfähigkeit wegen derselben Krankheit eine Zeit von zwölf Monaten vergangen ist (hierzu ausführlich *Sievers*, in: *Boecken* et al. 2016, § 3 EFZG Rdnr. 119 ff.).

> **§ 3 EFZG**
>
> (1) Wird ein Arbeitnehmer durch Arbeitsunfähigkeit infolge Krankheit an seiner Arbeitsleistung verhindert, ohne daß ihn ein Verschulden trifft, so hat er Anspruch auf Entgeltfortzahlung im Krankheitsfall durch den Arbeitgeber für die Zeit der Arbeitsunfähigkeit bis zur Dauer von sechs Wochen. Wird der Arbeitnehmer infolge derselben Krankheit erneut arbeitsunfähig, so verliert er wegen der erneuten Arbeitsunfähigkeit den Anspruch nach Satz 1 für einen weiteren Zeitraum von höchstens sechs Wochen nicht, wenn
> 1. er vor der erneuten Arbeitsunfähigkeit mindestens sechs Monate nicht infolge derselben Krankheit arbeitsunfähig war oder
> 2. seit Beginn der ersten Arbeitsunfähigkeit infolge derselben Krankheit eine Frist von zwölf Monaten abgelaufen ist.
>
> (2) Als unverschuldete Arbeitsunfähigkeit im Sinne des Absatzes 1 gilt auch eine Arbeitsverhinderung, die infolge einer nicht rechtswidrigen Sterilisation oder eines nicht rechtswidrigen Abbruchs der Schwangerschaft eintritt. Dasselbe gilt für einen Abbruch der Schwangerschaft, wenn die Schwangerschaft innerhalb von zwölf Wochen nach der Empfängnis durch einen Arzt abgebrochen wird, die schwangere Frau den Abbruch verlangt und dem Arzt durch eine Bescheinigung nachgewiesen hat, daß sie sich mindestens drei Tage vor dem Eingriff von einer anerkannten Beratungsstelle hat beraten lassen.
>
> (3) Der Anspruch nach Absatz 1 entsteht nach vierwöchiger ununterbrochener Dauer des Arbeitsverhältnisses.

Fallbeispiel

Die Auszubildende Gisela L. ist wegen eines andauernden Magenleidens innerhalb von 14 Monaten insgesamt vier mal arbeitsunfähig (siehe Abb. unten AU 1 bis AU 4).

Da der Entgeltfortzahlungsanspruch von sechs Wochen bereits mit der Ausbildungsunfähigkeit 1 ausgeschöpft worden ist und zwischen der Ausbildungsunfähigkeit 2 und der Ausbildungsunfähigkeit 1 sowie der Ausbildungsunfähigkeit 3 und der Ausbildungsunfähigkeit 2 jeweils nicht mindestens sechs Monate liegen, ist der Ausbildungsträger nicht verpflichtet, die Ausbildungsvergütung während der Zeit der Ausbildungsunfähigkeiten 2 und 3 fortzuzahlen; hier kann Frau L. vielmehr einen Anspruch auf Krankengeld gegen ihre Krankenkasse nach → §§ 44 ff. SGB V geltend machen. Bei der Beurteilung der Entgeltfortzahlungspflicht während der Zeit der Ausbildungsunfähigkeit 4 ist demgegenüber zu berücksichtigen, dass seit dem erstmaligen Auftreten des Magenleidens mehr als zwölf Monate vergangen sind. Mit der Ausbildungsunfähigkeit 4 entsteht daher ein neuer Anspruch auf weitere sechs Wochen Entgeltfortzahlung, auch wenn zwischen der Ausbildungsunfähigkeit 4 und der Ausbildungsunfähigkeit 3 weniger als sechs Monate liegen.

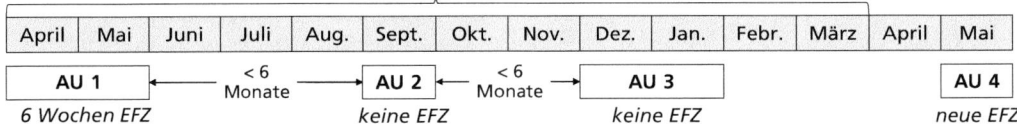

§ 44 Abs. 1 und 3 SGB V

(1) Versicherte haben Anspruch auf Krankengeld, wenn die Krankheit sie arbeitsunfähig macht oder sie auf Kosten der Krankenkasse stationär in einem Krankenhaus, einer Vorsorge- oder Rehabilitationseinrichtung [...] behandelt werden.

(3) Der Anspruch auf Fortzahlung des Arbeitsentgelts bei Arbeitsunfähigkeit richtet sich nach arbeitsrechtlichen Vorschriften.

§ 47 Abs. 1 und 2 SGB V

(1) Das Krankengeld beträgt 70 vom Hundert des erzielten regelmäßigen Arbeitsentgelts und Arbeitseinkommens, soweit es der Beitragsberechnung unterliegt (Regelentgelt). Das aus dem Arbeitsentgelt berechnete Krankengeld darf 90 vom Hundert des bei entsprechender Anwendung des Absatzes 2 berechneten Nettoarbeitsentgelts nicht übersteigen. [...]

(2) Für die Berechnung des Regelentgelts ist das von dem Versicherten im letzten vor Beginn der Arbeitsunfähigkeit abgerechneten Entgeltabrechnungszeitraum, mindestens das während der letzten abgerechneten vier Wochen (Bemessungszeitraum) erzielte und um einmalig gezahltes Arbeitsentgelt verminderte Arbeitsentgelt durch die Zahl der Stunden zu teilen, für die es gezahlt wurde. Das Ergebnis ist mit der Zahl der sich aus dem Inhalt des Arbeitsverhältnisses ergebenden regelmäßigen wöchentlichen Arbeitsstunden zu vervielfachen und durch

sieben zu teilen. Ist das Arbeitsentgelt nach Monaten bemessen oder ist eine Berechnung des Regelentgelts nach den Sätzen 1 und 2 nicht möglich, gilt der dreißigste Teil des im letzten vor Beginn der Arbeitsunfähigkeit abgerechneten Kalendermonat erzielten und um einmalig gezahltes Arbeitsentgelt verminderten Arbeitsentgelts als Regelentgelt. [...]

§ 49 Abs. 1 Nr. 1 SGB V

Der Anspruch auf Krankengeld ruht, soweit und solange Versicherte beitragspflichtiges Arbeitsentgelt oder Arbeitseinkommen erhalten; dies gilt nicht für einmalig gezahltes Arbeitsentgelt.

Voraussetzung für die Entgeltfortzahlung im Krankheitsfall ist neben einer krankheitsbedingten Ausbildungsunfähigkeit, dass diese nicht vom Auszubildenden selbst verschuldet worden ist. Von einem Verschulden des Auszubildenden ist dann auszugehen, wenn er gröblich gegen Verhaltensregeln verstoßen hat, die von einem verständigen Menschen im eigenen Interesse befolgt werden sollten (sogenanntes Verschulden gegen sich selbst) (*Weber* 2007, 245). Dies liegt nicht bereits bei einem leichtsinnigen Verhalten vor (etwa dem Tragen von sommerlicher Kleidung im Winter, was zu einem grippalen Infekt führt), wohl aber bei einem grob fahrlässigem Verhalten (etwa die Nutzung eines Mobiltelefons während der Autofahrt, was einen Unfall verursacht) (zu Einzelfällen *Sievers*, in: *Boecken* et al. 2016, § 3 EFZG Rdnr. 82 ff.). Zudem besteht ein Anspruch auf Entgeltfortzahlung nur dann, wenn das Ausbildungsverhältnis zum Zeitpunkt der Ausbildungsunfähigkeit mindestens vier Wochen ununterbrochen bestanden hat (sogenannte Wartezeit); zuvor kann der Auszubildende gegebenenfalls einen Anspruch auf Krankengeld gegen die versichernde Krankenkasse geltend machen (*Reinhard*, in: *Müller-Glöge* et al. 2022, § 3 EFZG Rdnr. 33).

Dabei sind Zeiten einer krankheitsbedingten Ausbildungsunfähigkeit nach § 13 Abs. 1 Nr. 2 PflBG i. V. m. § 1 Abs. 4 Satz 1 PflAPrV zu jeweils maximal 10 % sowohl auf den theoretischen und praktischen Unterricht der Pflegeschule als auch auf die praktische Ausbildung beim Ausbildungsträger anzurechnen, soweit sie (bezogen auf die praktische Ausbildung) einen Umfang von 25 % der Stunden eines Pflichteinsatzes nicht überschreiten (▶ Kap. 2.3).

In jedem Fall sind Auszubildende verpflichtet, dem Ausbildungsträger die Ausbildungsunfähigkeit und deren voraussichtliche Dauer unverzüglich, das heißt ohne schuldhaftes Zögern mitzuteilen (→ § 5 Abs. 1 EFZG). Da das Gesetz hierzu keine Formvorschrift enthält, ist dies persönlich, mittels eines Telefonanrufs oder in elektronischer Form (etwa per SMS oder E-Mail) möglich (*Sievers*, in: *Boecken* et al. 2016, § 3 EFZG Rdnr. 13). Dauert die Ausbildungsunfähigkeit länger als drei Kalendertage, hat der Auszubildende das Bestehen der Ausbildungsunfähigkeit sowie deren voraussichtliche Dauer spätestens an dem darauffolgenden Arbeitstag ärztlich feststellen und bescheinigen zu lassen, wobei der Ausbildungsträger berechtigt ist, diese ärztliche Feststellung sowohl generell als auch im Einzelfall früher zu verlangen. Dauert die Ausbildungsunfähigkeit länger als in der Bescheinigung angegeben, ist der Auszubildende verpflichtet, den Ausbildungsträger hierüber unverzüglich zu informieren und den Fortbestand der Ausbildungsunfähigkeit ärztlich nachzuweisen. Für den Fall, dass er sich zu Beginn der Ausbildungsunfähigkeit im Ausland aufhält, enthält das Gesetz weitere Melde- und Nachweispflichten (→ § 5 Abs. 2 EFZG).

§ 5 EFZG

(1) Der Arbeitnehmer ist verpflichtet, dem Arbeitgeber die Arbeitsunfähigkeit und deren voraussichtliche Dauer unverzüglich mitzuteilen. Dauert die Arbeitsunfähigkeit länger als drei Kalendertage, hat der Arbeitnehmer eine ärztliche Bescheinigung über das Bestehen der Arbeitsunfähigkeit sowie deren voraussichtliche Dauer spätestens an dem darauffolgenden Arbeitstag vorzulegen. Der Arbeitgeber ist berechtigt, die Vorlage der ärztlichen Bescheinigung früher zu verlangen. Dauert die Arbeitsunfähigkeit länger als in der Bescheinigung angegeben, ist der Arbeitnehmer verpflichtet, eine neue ärztliche Bescheinigung vorzulegen. Ist der Arbeitnehmer Mitglied einer gesetzlichen Krankenkasse, muß die ärztliche Bescheinigung einen Vermerk des behandelnden Arztes darüber enthalten, daß der Krankenkasse unverzüglich eine Bescheinigung über die Arbeitsunfähigkeit mit Angaben über den Befund und die voraussichtliche Dauer der Arbeitsunfähigkeit übersandt wird.

(1a) Absatz 1 Satz 2 bis 5 gilt nicht für Arbeitnehmer, die Versicherte einer gesetzlichen Krankenkasse sind. Diese sind verpflichtet, zu den in Absatz 1 Satz 2 bis 4 genannten Zeitpunkten das Bestehen einer Arbeitsunfähigkeit sowie deren voraussichtliche Dauer feststellen und sich eine ärztliche Bescheinigung nach Absatz 1 Satz 2 oder 4 aushändigen zu lassen. [...]

(2) Hält sich der Arbeitnehmer bei Beginn der Arbeitsunfähigkeit im Ausland auf, so ist er verpflichtet, dem Arbeitgeber die Arbeitsunfähigkeit, deren voraussichtliche Dauer und die Adresse am Aufenthaltsort in der schnellstmöglichen Art der Übermittlung mitzuteilen. Die durch die Mitteilung entstehenden Kosten hat der Arbeitgeber zu tragen. Darüber hinaus ist der Arbeitnehmer, wenn er Mitglied einer gesetzlichen Krankenkasse ist, verpflichtet, auch dieser die Arbeitsunfähigkeit und deren voraussichtliche Dauer unverzüglich anzuzeigen. Dauert die Arbeitsunfähigkeit länger als angezeigt, so ist der Arbeitnehmer verpflichtet, der gesetzlichen Krankenkasse die voraussichtliche Fortdauer der Arbeitsunfähigkeit mitzuteilen. Die gesetzlichen Krankenkassen können festlegen, daß der Arbeitnehmer Anzeige- und Mitteilungspflichten nach den Sätzen 3 und 4 auch gegenüber einem ausländischen Sozialversicherungsträger erfüllen kann. Absatz 1 Satz 5 gilt nicht. Kehrt ein arbeitsunfähig erkrankter Arbeitnehmer in das Inland zurück, so ist er verpflichtet, dem Arbeitgeber und der Krankenkasse seine Rückkehr unverzüglich anzuzeigen.

Sofern der Auszubildende den Meldepflichten nach § 5 EFZG nicht nachkommt, hat der Ausbildungsträger das Recht, die Fortzahlung der Ausbildungsvergütung zu verweigern (→ § 7 EFZG).

§ 7 EFZG

(1) Der Arbeitgeber ist berechtigt, die Fortzahlung des Arbeitsentgelts zu verweigern,
1. solange der Arbeitnehmer die von ihm nach § 5 Abs. 1 vorzulegende ärztliche Bescheinigung nicht vorlegt oder den ihm nach § 5 Abs. 2 obliegenden Verpflichtungen nicht nachkommt;
2. wenn der Arbeitnehmer den Übergang eines Schadensersatzanspruchs

gegen einen Dritten auf den Arbeitgeber (§ 6) verhindert.

(2) Absatz 1 gilt nicht, wenn der Arbeitnehmer die Verletzung dieser ihm obliegenden Verpflichtungen nicht zu vertreten hat.

3.8.4 Mutterschutz

Aus Gründen des Gesundheitsschutzes bestehen für schwangere Frauen und entbundene Mütter zahlreiche Beschäftigungsverbote. Das Mutterschutzgesetz unterscheidet insofern zwischen individuellen und generellen Beschäftigungsverboten; letztere lassen sich noch nach arbeitszeitbezogenen Beschäftigungsverboten und Beschäftigungsverboten während der Schutzfristen unterscheiden. Hinzu kommt das Gebot, die Ausbildung bzw. den Ausbildungsplatz schwangeren- bzw. stillgerecht auszugestalten, sowie das Verbot, die schwangere bzw. entbundene Auszubildende bestimmte Tätigkeiten ausführen zu lassen (▶ Abb. 14).

Die individuellen Beschäftigungsverbote richten sich nach → § 16 MuSchG. Danach dürfen Auszubildende nicht beschäftigt werden, soweit ihre Gesundheit oder die des ungeborenen Kindes nach einem ärztlichen Zeugnis bei Fortdauer der Ausbildungstätigkeit gefährdet ist (Abs. 1). Das Attest kann sich dementsprechend auf die gesamte Ausbildung oder auch nur auf einzelne Tätigkeiten beziehen (*Bachstein* 2007, 132 f.). Frauen, die in den ersten Monaten nach der Entbindung nach ärztlichem Attest nicht voll leistungsfähig sind, dürfen darüber hinaus nicht zu Tätigkeiten herangezogen werden, die ihre Leistungsfähigkeit übersteigen (Abs. 2). Während eines individuellen Beschäftigungsverbotes besteht für den Ausbildungsträger eine Pflicht zur Fortzahlung der Ausbildungsvergütung (▶ Kap. 3.7.1) (sogenannter Mutterschaftslohn nach § 18 MuSchG).

§ 16 MuSchG

(1) Der Arbeitgeber darf eine schwangere Frau nicht beschäftigen, soweit nach einem ärztlichen Zeugnis ihre Gesundheit oder die ihres Kindes bei Fortdauer der Beschäftigung gefährdet ist.

(2) Der Arbeitgeber darf eine Frau, die nach einem ärztlichen Zeugnis in den ersten Monaten nach der Entbindung nicht voll leistungsfähig ist, nicht mit Arbeiten beschäftigen, die ihre Leistungsfähigkeit übersteigen.

Zu den generellen Beschäftigungsverboten zählen vor allem die Beschäftigungsverbote während der Schutzfristen vor und nach der Entbindung gemäß → § 3 MuSchG (hierzu *Siefarth* 2020, 588). Die Schutzfrist vor der Entbindung umfasst dabei die letzten sechs Wochen vor dem voraussichtlichen Entbindungstermin (Abs. 1). Hierbei handelt es sich insofern um ein sogenanntes relatives Beschäftigungsverbot, als sich die schwangere Frau durch eine ausdrückliche Erklärung zur weiteren Ausbildung bereit erklären kann. Nach der Geburt beginnt dann die grundsätzlich achtwöchige Schutzfrist mit einem dem Grunde nach absoluten Beschäftigungsverbot für die entbundene Mutter (Abs. 2). Eine ausbildungsrechtliche Besonderheit ergibt sich dabei aus → § 3 Abs. 3 MuSchG, wonach der Ausbildungsträger eine Auszubildende in der Schutzfrist nach der Entbindung im Rahmen des Unterrichts an der Pflegeschule tätig werden lassen darf, wenn diese dies ausdrücklich wünscht. Während der Schutzfristen nach § 3 MuSchG erhält die Auszubildende Mutterschaftsgeld nach § 19 MuSchG i. V. m. § 24i SGB V, das durch einen Zuschuss des Ausbildungsträgers nach § 20 MuSchG auf die Höhe der Ausbildungsvergütung aufgestockt wird.

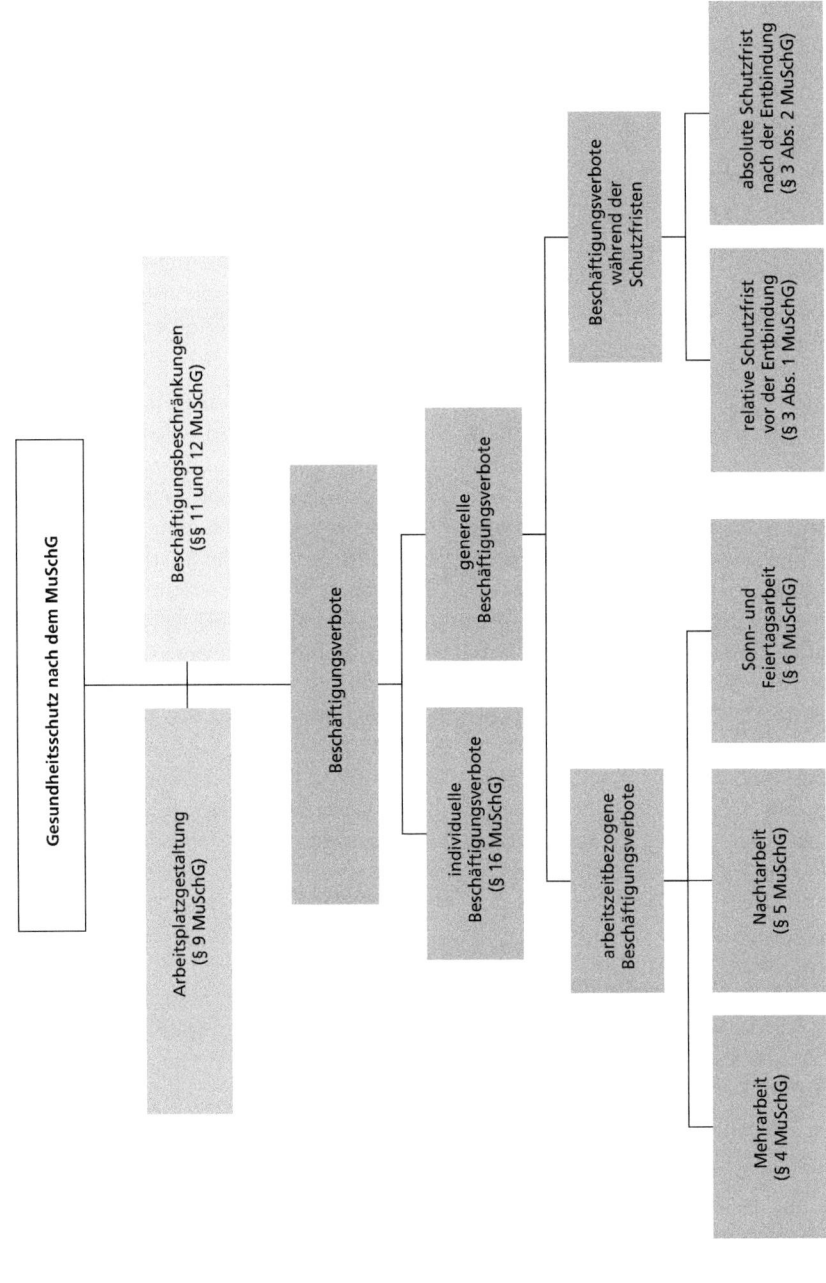

Abb. 14: Gesundheitsschutz nach dem Mutterschutzgesetz (eigene Darstellung)

§ 3 MuSchG

(1) Der Arbeitgeber darf eine schwangere Frau in den letzten sechs Wochen vor der Entbindung nicht beschäftigen (Schutzfrist vor der Entbindung), soweit sie sich nicht zur Arbeitsleistung ausdrücklich bereit erklärt. Sie kann die Erklärung nach Satz 1 jederzeit mit Wirkung für die Zukunft widerrufen. Für die Berechnung der Schutzfrist vor der Entbindung ist der voraussichtliche Tag der Entbindung maßgeblich, wie er sich aus dem ärztlichen Zeugnis oder dem Zeugnis einer Hebamme oder eines Entbindungspflegers ergibt. Entbindet eine Frau nicht am voraussichtlichen Tag, verkürzt oder verlängert sich die Schutzfrist vor der Entbindung entsprechend.

(2) Der Arbeitgeber darf eine Frau bis zum Ablauf von acht Wochen nach der Entbindung nicht beschäftigen (Schutzfrist nach der Entbindung). Die Schutzfrist nach der Entbindung verlängert sich auf zwölf Wochen
1. bei Frühgeburten,
2. bei Mehrlingsgeburten und,
3. wenn vor Ablauf von acht Wochen nach der Entbindung bei dem Kind eine Behinderung im Sinne von § 2 Absatz 1 Satz 1 des Neunten Buches Sozialgesetzbuch ärztlich festgestellt wird.

Bei vorzeitiger Entbindung verlängert sich die Schutzfrist nach der Entbindung nach Satz 1 oder nach Satz 2 um den Zeitraum der Verkürzung der Schutzfrist vor der Entbindung nach Absatz 1 Satz 4. Nach Satz 2 Nummer 3 verlängert sich die Schutzfrist nach der Entbindung nur, wenn die Frau dies beantragt.

(3) Die Ausbildungsstelle darf eine Frau im Sinne von § 1 Absatz 2 Satz 2 Nummer 8 [Schülerinnen und Studentinnen, soweit die Ausbildungsstelle Ort, Zeit und Ablauf der Ausbildungsveranstaltung verpflichtend vorgibt; d. V.] bereits in der Schutzfrist nach der Entbindung im Rahmen der schulischen oder hochschulischen Ausbildung tätig werden lassen, wenn die Frau dies ausdrücklich gegenüber ihrer Ausbildungsstelle verlangt. Die Frau kann ihre Erklärung jederzeit mit Wirkung für die Zukunft widerrufen.

(4) Der Arbeitgeber darf eine Frau nach dem Tod ihres Kindes bereits nach Ablauf der ersten zwei Wochen nach der Entbindung beschäftigen, wenn
1. die Frau dies ausdrücklich verlangt und
2. nach ärztlichem Zeugnis nichts dagegen spricht.

Sie kann ihre Erklärung nach Satz 1 Nummer 1 jederzeit mit Wirkung für die Zukunft widerrufen.

Neben den Schutzfristen vor und nach der Entbindung gibt es weitere generelle Beschäftigungsverbote für schwangere und stillende Auszubildende, die sich auf die zeitliche Lage der Ausbildungszeit beziehen. Es handelt sich dabei um das Verbot der Mehrarbeit, das Verbot der Planung einer zu kurzen Ruhezeit zwischen zwei aufeinanderfolgenden Diensten bzw. Ausbildungsmaßnahmen, das Verbot der Nachtarbeit sowie um das Verbot der Sonn- und Feiertagsarbeit (▶ Kasten 3).

Kasten 3: Beschäftigungsverbote in der Schwangerschaft

Mehrarbeit

Der Ausbildungsträger darf eine schwangere oder stillende Auszubildende, die mindestens 18 Jahre alt ist, nicht mit einer Tätigkeit beschäftigen, die über 8 ½ Stunden täglich oder über 90 Stunden in der

Doppelwoche hinausgeht; bei Auszubildenden unter 18 Jahren liegen die Grenzen bei 8 Stunden täglich bzw. bei 80 Stunden in der Doppelwoche (§ 4 Abs. 1 MuSchG).

Ruhezeit

Der Ausbildungsträger muss der schwangeren oder stillenden Auszubildenden nach Beendigung der täglichen Ausbildungszeit eine ununterbrochene Ruhezeit von mindestens elf Stunden gewähren (§ 4 Abs. 2 MuSchG).

Nachtarbeit

Der Ausbildungsträger darf eine schwangere oder stillende Auszubildende nicht zwischen 20 Uhr abends und 6 Uhr morgens tätig werden bzw. an Ausbildungsmaßnahmen teilnehmen lassen. An Ausbildungsmaßnahmen der Pflegeschule darf die Auszubildende demgegenüber bis 22 Uhr teilnehmen, wenn sie sich dazu ausdrücklich bereit erklärt, die Teilnahme zu Ausbildungszwecken zu dieser Zeit erforderlich ist und insbesondere eine unverantwortbare Gefährdung für die schwangere Frau oder ihr Kind ausgeschlossen ist (§ 5 MuSchG).

Sonn- und Feiertagsarbeit

Der Ausbildungsträger darf eine schwangere oder stillende Auszubildende an Sonn- und Feiertagen nur dann beschäftigen, wenn sie sich dazu ausdrücklich bereit erklärt. In diesem Fall muss der Auszubildenden in jeder Woche im Anschluss an eine ununterbrochene Nachtruhezeit von mindestens elf Stunden ein Ersatzruhetag gewährt werden; zudem muss insbesondere eine unverantwortbare Gefährdung für die schwangere Auszubildende oder ihr Kind durch Alleinarbeit ausgeschlossen sein (§ 6 MuSchG).

In Form einer Generalklausel enthält § 9 MuSchG das Gebot, die Ausbildung und die Ausbildungsmaßnahmen so zu gestalten, dass eine unverantwortbare Gefährdung der physischen und psychischen Gesundheit der schwangeren bzw. stillenden Auszubildenden oder ihres Kindes nach Möglichkeit vermieden wird. Ziel ist es insofern, der Auszubildenden – soweit es mit dem Zweck des Mutterschutzgesetzes zu vereinbaren ist – auch während der Schwangerschaft, nach der Entbindung und in der Stillzeit die Fortführung ihrer Ausbildung zu ermöglichen. Zudem ist sicherzustellen, dass die schwangere oder stillende Auszubildende ihre jeweilige ausbildungsbezogene Tätigkeit – soweit es für sie erforderlich ist – kurz unterbrechen kann und sie sich insbesondere während der Pausen unter geeigneten Bedingungen hinlegen, hinsetzen und ausruhen kann.

Nach §§ 11 und 12 MuSchG gelten bestimmte Tätigkeiten für schwangere bzw. stillende Frauen als derart gefährlich, dass sie von ihnen (ohne jede Ausnahme) nicht ausgeführt werden dürfen. Es handelt sich hierbei vor allen Dingen um den Umgang mit unterschiedlichsten Gefahr- und Biostoffen und um Tätigkeiten, bei denen die Auszubildende erheblichen physikalischen Einwirkungen, belastenden Arbeitsbedingungen oder körperlichen Belastungen bzw. mechanischen Einwirkungen ausgesetzt ist (hierzu vor allem *Ochmann/Wicker* 2013).

Im Alltag der Pflege bzw. der Pflegeausbildung führen das Gebot der schwangerschaftsgerechten Ausgestaltung der Ausbildungsbedingungen und das Verbot der Ausführung bestimmter, gesundheitsgefährdungsgeneigter Tätigkeiten dazu, dass schwangere Auszubildende eine ganze Reihe an Aufgaben nicht mehr übernehmen dürfen. Hierzu gehören insbesondere folgende Tätigkeiten (nach *Ebbers* 2018, 48):

- regelmäßiges Lagern, Heben und Bewegen von mehr als 5 kg schweren Lasten (etwa von Patienten, Betten oder Gerätschaften) ohne Hilfe

- Umgang mit infektiösen oder möglicherweise infektiösen Patienten und deren Ausscheidungen (zum Beispiel Dialysepatienten mit dem Risiko einer Hepatitisinfektion) sowie entsprechenden Materialien
- Tätigkeiten mit stechenden oder schneidenden Instrumenten, wie etwa Kanülen oder Skalpellen (zum Beispiel Injektionen oder Punktionen)
- Tätigkeiten mit erhöhter Unfallgefahr, zum Beispiel Rutschgefahr (Bäderabteilung, Spülraum, Patientendusche) oder Sturzgefahr (Begleitung gangunsicherer Patienten), sowie der Umgang mit aggressiven bzw. herausfordernden Patienten
- Umgang mit krebserzeugenden oder fruchtschädigenden bzw. erbgutverändernden Substanzen (zum Beispiel Virustatika oder Zytostatika)
- Umgang mit Strahlen oder der Aufenthalt in Strahlenbereichen (zum Beispiel Röntgenabteilung)
- Notfalltätigkeiten (zum Beispiel im OP, auf der Intensivstation oder in Ambulanzen)

Bei den Tätigkeiten, die trotz einer Schwangerschaft weiterhin ausgeführt werden können, handelt es sich beispielhaft um die folgenden (nach *Ebbers* 2018, 48):

- administrative Tätigkeiten
- Vorbereitung und Verwaltung der Medikamente (mit Ausnahme von Zytostatika und anderen kritischen Substanzen)
- Mahlzeiten vorbereiten, austeilen und einsammeln
- Anamnese- und Aufklärungsgespräche bei nicht infektiösen Patienten (nicht jedoch auf der Aufnahmestation oder einer Ambulanz)
- Sonographie
- Grundpflege unter Einhaltung der Hygienevorschriften (zum Beispiel Schutzhandschuhe, Schutzbrille, Mundschutz) und Vermeidung körperlicher Anstrengung

Damit eine schwangere Auszubildende ihre Rechte nach dem Mutterschutzgesetz geltend machen und der Ausbildungsträger diese entsprechend gewähren kann, ist sie nach § 15 Abs. 1 MuSchG gehalten, dem Ausbildungsträger die Schwangerschaft und den voraussichtlichen Entbindungstag mitzuteilen, sobald ihr bekannt ist, dass eine Schwangerschaft besteht; eine stillende Auszubildende soll so früh wie möglich mitteilen, dass sie stillt. Bei dieser Obliegenheit handelt es sich hinsichtlich ihres Rechtscharakters um eine nachdrückliche Empfehlung, von der in begründeten Ausnahmefällen mit Rücksicht auf das Persönlichkeitsrecht der schwangeren bzw. stillenden Auszubildenden abgewichen werden darf (*Jacobsen*, in: *Boecken* et al. 2016, § 5 MuSchG Rdnr. 3). Denkbar ist daher etwa eine Anzeige der Schwangerschaft erst nach Ablauf von zwölf Wochen, wenn das Risiko einer Fehgeburt signifikant gesunken ist (*Ebbers* 2018, 47). Auf Verlangen des Ausbildungsträgers soll eine schwangere Auszubildende als Nachweis über ihre Schwangerschaft ein ärztliches Zeugnis oder das Zeugnis einer Hebamme bzw. eines Entbindungspflegers vorlegen, das auch den voraussichtlichen Tag der Entbindung angeben soll (§ 15 Abs. 2 MuSchG). Legt die Auszubildende trotz der Aufforderung des Ausbildungsträgers kein Attest vor, so muss dieser auch nicht von einer Schwangerschaft ausgehen (*Müller/Schabbeck* 2018, 42).

Nach § 13 Abs. 1 Nr. 3 PflBG werden Fehlzeiten aufgrund mutterschutzrechtlicher Beschäftigungsverbote (§§ 3 und 16 MuSchG) auf die Dauer der Ausbildung angerechnet; sie dürfen einschließlich der vor allem krankheitsbedingten Fehlzeiten eine Gesamtdauer von 14 Wochen nicht überschreiten. Konkret bedeutet das, dass Auszubildende im Falle einer Schwangerschaft die Ausbildung grundsätzlich nur für die Schutzfristen vor und nach der Entbindung (§ 3 MuSchG) unterbrechen können; kommen vor allem Zeiten krankheitsbedingter Ausbildungsunfähigkeiten oder gar weitere individuelle Beschäftigungsverbote nach § 16 MuSchG hinzu, müssen sie die Ausbildung entweder verlängern, einen Härtefallantrag nach § 13 Abs. 2 PflBG stellen oder ausdrücklich auf das generelle, aber relative Beschäftigungsverbot vor der Entbindung verzichten bzw. sich freiwillig bereit erklären, während der Schutzfrist nach der Entbindung zumindest den Unterricht an der Pflegeschule zu besuchen (▶ Kap. 2.3).

3.8.5 Jugendarbeitsschutz

Da es die Zugangsvoraussetzungen zur Pflegeausbildung nach § 2 PflBG (▶ Kap. 2.2.3) jungen Menschen ermöglichen, die Ausbildung bereits vor dem Eintritt der Volljährigkeit zu beginnen, kommt den Bestimmungen des Jugendarbeitsschutzgesetzes besondere Bedeutung zu. Sie modifizieren vielfach die Regelungen des generellen Arbeitsschutzrechts und privilegieren aus Gründen des Gesundheitsschutzes jugendliche Auszubildende im Vergleich zu deren volljährigen Kolleginnen und Kollegen (▶ Tab. 4).

Von diesen Schutzvorschriften kann nach → § 21 JArbSchG (nur) in Notfällen abgewichen werden (hierzu *Weber* 2007, 287 f.). Der Begriff des Notfalls ist dabei eng auszulegen; es handelt sich bei ihm um ein ungewöhnliches, nicht vorsehbares und plötzlich auftretendes Ereignis, das unabhängig vom Willen des Betroffenen eintritt und eine Gefahr für das Leben oder die Gesundheit von Menschen oder für erhebliche Sachwerte unmittelbar hervorruft, so dass ein sofortiges Eingreifen zur Abwehr dieser Gefahr erforderlich ist (*Taubert*, in: *Boecken* et al. 2016, § 21 JArbSchG Rdnr. 2). Hierunter fallen beispielsweise die plötzliche und rapide Verschlechterung des Gesundheitszustandes eines Patienten oder das Auftreten eines größeren Schadensereignisses, das im Krankenhaus zu einem unvorhergesehen hohen Aufkommen von Patientinnen und Patienten mit schweren Verletzungen führt, nicht jedoch (vermeidbare) Planungs- bzw. Organisationsfehler, wie etwa eine mangelhafte Dienstplangestaltung. In diesen Fällen können jugendliche Auszubildende entgegen der Schutzvorschriften des Jugendarbeitsschutzrechts mit vorübergehenden und unaufschiebbaren Tätigkeiten betraut werden, soweit erwachsene Beschäftigte nicht zur Verfügung stehen. Vorübergehend sind die Arbeiten dabei dann, wenn sie in relativ kurzer Zeit (maximal ein Tag) ausgeführt werden können, unaufschiebbar, wenn sie sofort ausgeführt werden müssen, um Gefahren oder Schäden für Patientinnen und Patienten oder den Ausbildungsbetrieb abzuwenden (*Weber* 2007, 288).

Tab. 4: Jugendarbeitsschutz in der Pflegeausbildung (eigene Zusammenstellung)

Maßnahme des Arbeitsschutzes	Regelung des allgemeinen Arbeitsschutzes	Regelung des Jugendarbeitsschutzes
Dauer der täglichen Arbeitszeit	max. 10 Std.	max. 8,5 Std.
Lage der täglichen Arbeitszeit	Nacht- und Schichtarbeit möglich	keine Nachtarbeit zulässig
Dauer der wöchentlichen Arbeitszeit	max. 48 Std.	max. 40 Std.
Lage der wöchentlichen Arbeitszeit	grundsätzlich an den Werktagen von Montag bis Samstag	Beschäftigung an nur fünf Tagen in der Woche mit zwei aufeinanderfolgenden Ruhetagen

Tab. 4: Jugendarbeitsschutz in der Pflegeausbildung (eigene Zusammenstellung) – Fortsetzung

Maßnahme des Arbeitsschutzes	Regelung des allgemeinen Arbeitsschutzes	Regelung des Jugendarbeitsschutzes
Nachtruhe	keine Regelung	• keine Beschäftigung zwischen 23 Uhr und 6 Uhr • keine Beschäftigung nach 20 Uhr, wenn am nächsten Tag der Unterricht der Pflegeschule vor 9 Uhr beginnt
Ruhepausen	• min. 30 Minuten bei einer Arbeitszeit von mehr als 6 Std. • min. 45 Minuten bei einer Arbeitszeit von mehr als 9 Std.	• min. 30 Minuten bei einer Arbeitszeit von mehr als 4 ½ Std. • min. 60 Minuten bei einer Arbeitszeit von mehr als 6 Std.
Dauer der Ruhepausen	min. 15 Minuten	
Lage der Ruhepausen	nicht direkt zu Beginn oder unmittelbar zum Ende der Arbeitszeit	angemessene zeitliche Lage: • frühestens eine Stunde nach Beginn und spätestens eine Stunde vor Ende der Arbeitszeit • keine Beschäftigung von mehr als 4 ½ Stunden ohne Pause
Dauer der Schichtzeit	keine Regelung	max. 10 Std.
Dauer der Ruhezeit	min. 10 Std.	min. 12 Std.
Beschäftigung an Samstagen	keine Einschränkung	• Ersatzruhetag an einem anderen Arbeitstag derselben Woche • min. zwei Samstage im Monat sollen beschäftigungsfrei sein
Beschäftigung an Sonntagen	• Ersatzruhetag innerhalb von zwei Wochen • min. 15 Sonntage im Jahr müssen beschäftigungsfrei sein	• Ersatzruhetag an einem anderen Arbeitstag derselben Woche • jeder zweite Sonntag soll beschäftigungsfrei bleiben • min. zwei Sonntage im Monat müssen beschäftigungsfrei sein
Beschäftigung an Feiertagen	Ersatzruhetag innerhalb von acht Wochen, wenn Beschäftigung am Feiertag auf einen Werktag fällt	• Ersatzruhetag in derselben oder der darauffolgenden Woche, wenn Beschäftigung am Feiertag auf einen Werktag fällt • keine Beschäftigung am 24. und 31. Dezember nach 14 Uhr, am 25. Dezember, am 1. Januar, am ersten Osterfeiertag und am 1. Mai

> **§ 21 JArbSchG**
>
> (1) Die §§ 8 und 11 bis 18 finden keine Anwendung auf die Beschäftigung Jugendlicher mit vorübergehenden und unaufschiebbaren Arbeiten in Notfällen, soweit erwachsene Beschäftigte nicht zur Verfügung stehen.
> (2) Wird in den Fällen des Absatzes 1 über die Arbeitszeit des § 8 hinaus Mehrarbeit geleistet, so ist sie durch entsprechende Verkürzung der Arbeitszeit innerhalb der folgenden drei Wochen auszugleichen.

Besondere Maßgaben zur Dauer des Erholungsurlaubs enthält § 19 JArbSchG. Danach ist der zu gewährende Mindesturlaub abhängig vom Alter der noch minderjährigen Auszubildenden. Er beträgt abweichend von § 3 BUrlG jährlich

- mindestens 30 Werktage, wenn der Auszubildende zu Beginn des Kalenderjahrs noch nicht 16 Jahre alt ist,
- mindestens 27 Werktage, wenn der Auszubildende zu Beginn des Kalenderjahrs noch nicht 17 Jahre alt ist und
- mindestens 25 Werktage, wenn der Auszubildende zu Beginn des Kalenderjahrs noch nicht 18 Jahre alt ist.

Nach § 18 Abs. 1 Nr. 5 PflBG hat der Ausbildungsträger die Pflicht, die Auszubildenden für die Teilnahme am Unterricht der Pflegeschule freizustellen (▶ Kap. 4.3.3). § 9 Abs. 1 Satz 2 JArbSchG enthält darüber hinaus bestimmte Beschäftigungsverbote im Zusammenhang mit der zeitlichen Lage und der Dauer des Schulunterrichts (hierzu *Taubert*, in: *Boecken* et al. 2016, § 9 JArbSchG Rdnr. 4 bis 6). So dürfen jugendliche Auszubildende – unabhängig davon, wie viele Unterrichtsstunden abgehalten werden – vor einem vor 9 Uhr beginnenden Unterricht nicht im Ausbildungsbetrieb beschäftigt werden. Entscheidend ist dabei der tatsächliche und nicht der planmäßige Unterrichtsbeginn; beginnt der Unterricht daher wegen der Erkrankung einer Lehrkraft beispielsweise außerplanmäßig bzw. ausnahmsweise erst um 10 Uhr und ist dies rechtzeitig bekannt gegeben worden, kann der Auszubildende vor dem Unterricht beschäftigt werden. Diese Regelung gilt – obwohl sie im Jugendarbeitsschutzgesetz verortet ist – auch für volljährige Auszubildende (§ 9 Abs. 1 Satz 2 Nr. 1 JArbSchG). Dauert der tatsächliche Unterricht länger als fünf Unterrichtsstunden (von jeweils 45-minütiger Dauer), darf der jugendliche Auszubildende an diesem Tag grundsätzlich überhaupt nicht, also auch nicht nach Schulende beschäftigt werden; dies gilt indes nur für einen Schultag pro Woche, auch wenn an mehreren Tagen Unterricht stattfindet (§ 9 Abs. 1 Satz 2 Nr. 2 JArbSchG). Schließlich dürfen jugendliche Auszubildende bei planmäßigem Blockunterricht von mindestens 25 Unterrichtsstunden an mindestens fünf Tagen während dieser Unterrichtswoche nicht in einer Praxiseinrichtung beschäftigt werden, wobei zusätzliche betriebliche Ausbildungsveranstaltungen bis zu zwei Stunden wöchentlich zulässig sind (§ 9 Abs. 1 Satz 2 Nr. 3 JArbSchG). Maßgebend ist hier die planmäßige Unterrichtsdauer, weshalb es beim Ausfall einiger weniger im Stundenplan vorgesehener Unterrichtsstunden bei dem Beschäftigungsverbot durch den Ausbildungsträger bleibt; fällt der Blockunterricht hingegen die gesamte Woche oder an einem oder mehreren Tagen komplett aus, besteht für die Auszubildenden die Pflicht, sich in einer Praxiseinrichtung praktisch ausbilden zu lassen.

Weitere Beschäftigungsverbote betreffen Tätigkeiten, die hinsichtlich ihrer Art mit Gefahren für die Entwicklung minderjähriger Auszubildender verbunden sein können. Hierzu gehören nach → § 22 JArbSchG vor allem Arbeiten,

- die ihre physische oder psychische Leistungsfähigkeit übersteigen (zum Beispiel

Betten von adipösen Patienten ohne Hilfsmittel oder ein Einsatz auf einer psychiatrischen Station direkt zu Beginn der Ausbildung),
- Arbeiten, bei denen sie sittlichen Gefahren ausgesetzt sind (zum Beispiel Einsatz auf einer gynäkologischen Station, auf der Schwangerschaftsabbrüche nach Sexualdelikten vorgenommen werden), sowie
- Arbeiten in gefährlichen Arbeitssituationen, mit gefährlichen Betriebsmitteln oder mit Gefahrstoffen (zum Beispiel Versorgung von aggressiven bzw. alkoholisierten Patienten oder Umgang mit salzsäurehaltigen Reinigungsmitteln).

Entsprechende Tätigkeiten dürfen auch mit Zustimmung der Auszubildenden nicht von ihnen verrichtet werden (*Weber* 2007, 291 f.).

> **§ 22 JArbSchG**
>
> (1) Jugendliche dürfen nicht beschäftigt werden
>   1. mit Arbeiten, die ihre physische oder psychische Leistungsfähigkeit übersteigen,
>   2. mit Arbeiten, bei denen sie sittlichen Gefahren ausgesetzt sind,
>   3. mit Arbeiten, die mit Unfallgefahren verbunden sind, von denen anzunehmen ist, daß Jugendliche sie wegen mangelnden Sicherheitsbewußtseins oder mangelnder Erfahrung nicht erkennen oder nicht abwenden können,
>   4. mit Arbeiten, bei denen ihre Gesundheit durch außergewöhnliche Hitze oder Kälte oder starke Nässe gefährdet wird,
>   5. mit Arbeiten, bei denen sie schädlichen Einwirkungen von Lärm, Erschütterungen oder Strahlen ausgesetzt sind,
>   6. mit Arbeiten, bei denen sie schädlichen Einwirkungen von Gefahrstoffen im Sinne der Gefahrstoffverordnung ausgesetzt sind,
>   7. mit Arbeiten, bei denen sie schädlichen Einwirkungen von biologischen Arbeitsstoffen im Sinne der Biostoffverordnung ausgesetzt sind.
>
> (2) Absatz 1 Nr. 3 bis 7 gilt nicht für die Beschäftigung Jugendlicher, soweit
>   1. dies zur Erreichung ihres Ausbildungszieles erforderlich ist,
>   2. ihr Schutz durch die Aufsicht eines Fachkundigen gewährleistet ist und
>   3. der Luftgrenzwert bei gefährlichen Stoffen (Absatz 1 Nr. 6) unterschritten wird.
>
> Satz 1 findet keine Anwendung auf gezielte Tätigkeiten mit biologischen Arbeitsstoffen der Risikogruppen 3 und 4 im Sinne der Biostoffverordnung sowie auf nicht gezielte Tätigkeiten, die nach der Biostoffverordnung der Schutzstufe 3 oder 4 zuzuordnen sind.
>
> (3) Werden Jugendliche in einem Betrieb beschäftigt, für den ein Betriebsarzt oder eine Fachkraft für Arbeitssicherheit verpflichtet ist, muß ihre betriebsärztliche oder sicherheitstechnische Betreuung sichergestellt sein.

Insbesondere das Verbot, Jugendliche mit Tätigkeiten zu betrauen, die deren psychische oder physische Leistungsfähigkeit übersteigen, knüpft an die individuelle Leistungsfähigkeit der Auszubildenden an und ist nicht an der durchschnittlichen Leistungsfähigkeit einer Person im Alter der betreffenden Auszubildenden zu messen (*Weber* 2007, 289 f.). Die §§ 32 ff. JArbSchG sehen daher unter der Überschrift »Gesundheitliche Betreuung« bestimmte verpflichtende Gesundheitsuntersuchungen für minderjährige Auszubildende vor. So darf ein Jugendlicher die Ausbildung nach § 32 JArbSchG nur dann beginnen, wenn er innerhalb der letzten 14 Monate von einem Arzt untersucht worden ist (sogenannte Erstuntersuchung nach den Maßgaben des → § 37 JArbSchG) und dem Ausbildungsträger eine von diesem Arzt ausgestellte Bescheinigung vorliegt, aus der hervorgeht, welche Tätigkeiten die Gesundheit oder die Entwicklung des Auszubildenden gefährden könnten. Ohne Vorlage einer solchen Bescheinigung darf zwar der Ausbildungsvertrag abgeschlossen, die Ausbildung jedoch noch nicht begonnen werden (*Schlachter*, in: *Müller-Glöge* et al. 2022, § 32 JArbSchG Rdnr. 2).

§ 37 JArbSchG

(1) Die ärztlichen Untersuchungen haben sich auf den Gesundheits- und Entwicklungsstand und die körperliche Beschaffenheit, die Nachuntersuchungen außerdem auf die Auswirkungen der Beschäftigung auf Gesundheit und Entwicklung des Jugendlichen zu erstrecken.

(2) Der Arzt hat unter Berücksichtigung der Krankheitsvorgeschichte des Jugendlichen auf Grund der Untersuchungen zu beurteilen,
 1. ob die Gesundheit oder die Entwicklung des Jugendlichen durch die Ausführung bestimmter Arbeiten oder durch die Beschäftigung während bestimmter Zeiten gefährdet wird,
 2. ob besondere der Gesundheit dienende Maßnahmen einschließlich Maßnahmen zur Verbesserung des Impfstatus erforderlich sind,
 3. ob eine außerordentliche Nachuntersuchung (§ 35 Abs. 1) erforderlich ist.

(3) Der Arzt hat schriftlich festzuhalten:
 1. den Untersuchungsbefund,
 2. die Arbeiten, durch deren Ausführung er die Gesundheit oder die Entwicklung des Jugendlichen für gefährdet hält,
 3. die besonderen der Gesundheit dienenden Maßnahmen einschließlich Maßnahmen zur Verbesserung des Impfstatus,
 4. die Anordnung einer außerordentlichen Nachuntersuchung (§ 35 Abs. 1).

Den untersuchenden Arzt dürfen die minderjährigen Auszubildenden frei wählen. Sofern der Ausbildungsträger auch eine Untersuchung zur Feststellung der gesundheitlichen Eignung für den Pflegeberuf nach § 11 Abs. 2 i. V. m. § 2 Nr. 3 PflBG verlangt (▶ Kap. 2.2.3), muss diese unabhängig von der Untersuchung nach dem Jugendarbeitsschutzgesetz durchgeführt werden (*Weber* 2007, 293).

Ein Jahr nach Ausbildungsbeginn muss sich der Auszubildende einer ersten Nachuntersuchung unterziehen (§ 33 JArbSchG), die nicht länger als drei Monate zurückliegen darf. Der Ausbildungsträger soll den Jugendlichen hierzu neun Monate nach Ausbildungsbeginn nachdrücklich auf den Zeitpunkt, bis zu dem ihm eine entsprechende ärztliche Bescheinigung vorzulegen ist, hinweisen und ihn auffordern, die Nachuntersuchung bis dahin durchführen zu lassen. Sie ist nicht erforderlich, wenn die Auszubildende im Verlauf des ersten Beschäftigungsjahrs volljährig wird.

3.8.6 Schweigepflicht

Auch wenn die Schweigepflicht – ebenso wie die Obliegenheit zur Wahrung von Betriebsgeheimnissen – dem Grunde nach ebenfalls zu den nach § 16 Abs. 4 PflBG anzuwendenden allgemeinen Vorschriften des Arbeitsrechts gehört (hierzu insgesamt *Siefarth* 2018), werden sie in § 17 Satz 2 Nr. 4 PflBG wegen ihrer ethischen und rechtlichen Bedeutung für den Patientenschutz noch einmal explizit aufgeführt.

3.8 Geltung des allgemeinen Arbeitsrechts

> **§ 203 Abs. 1 Nr. 1, Abs. 3, 5 und 6 StGB**
>
> (1) Wer unbefugt ein fremdes Geheimnis, namentlich ein zum persönlichen Lebensbereich gehörendes Geheimnis oder ein Betriebs- oder Geschäftsgeheimnis, offenbart, das ihm als
> 1. Arzt, Zahnarzt, Tierarzt, Apotheker oder Angehörigen eines anderen Heilberufs, der für die Berufsausübung oder die Führung der Berufsbezeichnung eine staatlich geregelte Ausbildung erfordert [...]
>
> anvertraut worden oder sonst bekanntgeworden ist, wird mit Freiheitsstrafe bis zu einem Jahr oder mit Geldstrafe bestraft.
>
> (3) Kein Offenbaren im Sinne dieser Vorschrift liegt vor, wenn die in den Absätzen 1 und 2 genannten Personen Geheimnisse den bei ihnen berufsmäßig tätigen Gehilfen oder den bei ihnen zur Vorbereitung auf den Beruf tätigen Personen zugänglich machen. Die in den Absätzen 1 und 2 Genannten dürfen fremde Geheimnisse gegenüber sonstigen Personen offenbaren, die an ihrer beruflichen oder dienstlichen Tätigkeit mitwirken, soweit dies für die Inanspruchnahme der Tätigkeit der sonstigen mitwirkenden Personen erforderlich ist; das Gleiche gilt für sonstige mitwirkende Personen, wenn diese sich weiterer Personen bedienen, die an der beruflichen oder dienstlichen Tätigkeit der in den Absätzen 1 und 2 Genannten mitwirken. [...]
>
> (5) Die Absätze 1 bis 4 sind auch anzuwenden, wenn der Täter das fremde Geheimnis nach dem Tod des Betroffenen unbefugt offenbart.
>
> (6) Handelt der Täter gegen Entgelt oder in der Absicht, sich oder einen anderen zu bereichern oder einen anderen zu schädigen, so ist die Strafe Freiheitsstrafe bis zu zwei Jahren oder Geldstrafe.

Die dortige Formulierung rekurriert dabei vor allem auf → § 203 StGB, der die Verletzung von Privatgeheimnissen unter Strafe stellt. Zentrales Tatbestandsmerkmal dieser Strafvorschrift ist die unbefugte Offenbarung eines fremden Geheimnisses, das dem Auszubildenden im Zusammenhang mit seiner Tätigkeit als angehender Pflegefachfachkraft anvertraut oder sonst wie bekannt geworden ist (*Howald* 2018, 467 ff.). Ein Geheimnis sind dabei »Tatsachen, die sich auf die Person des Betreffenden beziehen und geheim, also nur einem bestimmten Personenkreis zugänglich sind, und an dessen Geheimhaltung ein schutzwürdiges Interesse besteht« (*Howald* 2018, 467). Hierzu gehören in erster Linie sämtliche patientenbezogene Daten und Tatsachen, die sich auf die Behandlung als solche, auf die medizinische und pflegerische Diagnostik, die medizinische Prognose und die Entscheidungen zur Therapie und zu pflegerischen Interventionen beziehen (*Großkopf*, in: *Großkopf* 2010, Stw. Schweigepflicht), darüber hinaus aber auch persönliche Informationen, wie etwa Angaben zum Familienstand oder zum familiären Umfeld (*Howald* 2018, 468).

Derartige Privatgeheimnisse dürfen von Auszubildenden grundsätzlich nur dann an Dritte weitergegeben, also offenbart werden, wenn der Patient bzw. Bewohner hierin einwilligt oder eine gesetzlich bestimmte Offenbarungsplicht existiert. In Betracht kommt insofern eine Meldepflicht im Rahmen des Infektionsschutzes (§§ 6 und 7 IfSG), die Pflicht zur Anzeige einer Geburt oder eines Todesfalls (§§ 18 und 28 PStG), die Pflicht zur Anzeige geplanter Straftaten (§ 138 StGB) oder die Offenbarung von Geheimnissen zum Schutz höherwertiger Rechtsgüter im Rahmen des sogenannten rechtfertigenden Notstandes (§ 34 StGB) (*Großkopf*, in: *Großkopf* 2010, Stw. Schweigepflicht).

Fallbeispiel

Die Patientin Rita T. stellt sich in der Zentralen Notaufnahme des Heilig-Geist-Spitals wegen akuter Magenschmerzen vor, woraufhin sie mit Butylscopolaminiumbromid (i. v.) behandelt wird. Nachdem sich ihr Zustand rasch bessert, möchte sie – obwohl sie nun nebenwirkungsbedingt über eine Verminderung der Sehfähigkeit klagt – die Klinik rasch wieder verlassen. Der Auszubildende Reiner K. bemerkt dabei, wie die Patientin trotz ihrer offensichtlich eingeschränkten Fahrtüchtigkeit in ihr Auto steigen und losfahren will. Er ruft daraufhin den behandelnden Arzt, der Rita T. zum Unterlassen ihres Vorhabens bewegen möchte. Als ihm dies nicht gelingt, ruft Herr K. auf Bitten des Arztes die Polizei, die die Patientin letztlich an der Nachhausefahrt hindert. Frau T. ist derart erbost, dass sie den beiden mit einer Strafanzeige wegen der Verletzung der Schweigepflicht droht.

Hier ergeben die Abwägung verschiedener Interessen und der Schutz unterschiedlicher Rechtsgüter, dass der Fall eines rechtfertigenden Notstandes vorliegt: Zwar kann sich die Patientin auf die durch § 203 StGB geschützte Schweigepflicht und sein sogenanntes informationelles Selbstbestimmungsrecht berufen, doch gebietet es der Schutz höherrangiger Rechtsgüter, wie die Gesundheit der Patienten sowie die der weiteren Verkehrsteilnehmer, dass die Schweigepflicht hier ausnahmsweise gebrochen werden darf (Beispiel in Anlehnung an *Howald* 2018, 430 und *Müller/Schabbeck* 2018, 230).

Keine Offenbarung i.S.d. → § 203 StGB liegt hingegen vor, wenn die als Täter in Frage kommende Person Geheimnisse an weitere an der Behandlung beteiligten Personen weitergibt, soweit dies aus medizinisch-fachlicher Sicht erforderlich ist (*Howald* 2018, 468). Denkbar und üblich ist daher die Weitergabe von medizinisch-pflegerischen Informationen an Angehörige weiterer Medizinalfachberufe.

§ 17 Satz 2 Nr. 4 PflBG schützt zudem Betriebs- und Geschäftsgeheimnisse der ausbildenden Gesundheitseinrichtung (*Igl* 2021, § 17 PflBG Rdnr. 9). Hierzu gehören Tatsachen, die im Zusammenhang mit dem Betrieb des Ausbildungsträgers stehen, nur einem eng begrenzten Personenkreis, wie etwa den Mitarbeitern bekannt sind, nicht offenkundig sind, nach dem ausdrücklichen oder stillschweigend bekundeten Willen des Betriebsinhabers geheim gehalten werden sollen und an deren Geheimhaltung dieser Inhaber ein berechtigtes wirtschaftliches Interesse hat (*Weber* 2007, 187).

3.9 Haftung für Pflegefehler

Dem Grunde nach gehört die eigenverantwortliche Ausübung pflegerischer Tätigkeiten nicht zu den ausbildungsvertraglichen Hauptpflichten der Auszubildenden; im Vordergrund des Ausbildungsverhältnisses steht vielmehr die Pflicht des Ausbildungsträgers, sie – vor allem im Rahmen der Praxisanleitung – zur selbstständigen Ausführung pflegerischer Tätigkeiten i.S.d. §§ 4 und 5 PflBG zu befähigen (▶ Kap. 3.3). Gleichwohl sind Auszubildende zum einen gehalten, die ihnen übertragenen Aufgaben mit einer gewissen Sorgfalt auszuüben (§ 17 Satz 2 Nr. 2 PflBG); zum anderen unterliegen sie gemäß § 16 Abs. 4 PflBG – wie ihre examinierten Kolleginnen und Kollegen auch – in gewissem Maße den sich aus dem bürgerlichen Recht ergebenden allgemeinen bzw. arbeitsrechtlichen Haf-

3.9 Haftung für Pflegefehler

tungsverpflichtungen. Auch bei Auszubildenden stellt sich daher die Frage, inwieweit sie für Schäden einstehen müssen, die sie (vor allem) an Patienten bzw. Bewohnern verursacht haben (hierzu vor allem *Sträßner* 2004, 205 ff. sowie *Howald* 2018, 346). Zu unterscheiden sind insoweit Haftungsfragen im Zusammenhang mit Anleitungssituationen einerseits (hierzu insgesamt *Kostorz* 2014) und selbständigen Arbeitseinsätzen der Auszubildenden andererseits (hierzu insgesamt *Kostorz* 2016d); eine Besonderheit bildet die Ausbildung auf sogenannten Lern- oder Schulstationen.

3.9.1 Haftung in Anleitungssituationen

In der Anleitungssituation gehört es zu den Aufgaben des Praxisanleiters, die Anleitung vorzubereiten, durchzuführen, nachzubereiten und zu kontrollieren sowie das Anleitungsergebnis gegebenenfalls zu korrigieren. Das setzt eine gewisse räumliche und soziale Nähe zu dem anzuleitenden Auszubildenden voraus (etwa durch das Aufrechterhalten von Sicht- oder Rufkontakt) und bedeutet für den Fall eines aktiven pflegerischen Tätigwerdens des Auszubildenden, dass die anleitende Pflegekraft jederzeit die Möglichkeit haben muss zu intervenieren und korrigierend einzugreifen, um das Leben und die Gesundheit der zu pflegenden Person unmittelbar schützen zu können. Sie trägt damit in der Anleitungssituation eine doppelte Verantwortung: sowohl die Anordnungsverantwortung als auch die Durchführungsverantwortung (▶ Abb. 15) (*Sträßner* 2004, 210 f.). Wird sie ihr nicht gerecht, muss sie für den daraus entstehenden Schaden einstehen; der Auszubildende trägt in diesem Fall grundsätzlich keine Verantwortung.

Bei der Anordnungsverantwortung geht es um die (zivil- und strafrechtliche) Haftung für die Entscheidung, die Durchführung der pflegerischen Maßnahme auf den Auszubildenden zu übertragen (*Höfert* 2017, Stw. Verantwortung). In diesem Zusammenhang ist § 18 Abs. 2 PflBG zu beachten, nach dem Auszubildenden nur Verrichtungen übertragen werden dürfen, die ihrem Ausbildungsstand und ihrer persönlichen Qualifikation entsprechen (▶ Kap. 3.4.2). Da die Auszubildenden schrittweise an die Wahrnehmung ihrer späteren beruflichen Aufgaben herangeführt werden müssen, obliegt es also den Praxisanleitern zu prüfen, ob der anzuleitende Auszubildende bereits ausreichend fachlich qualifiziert ist, die betreffende pflegerische Tätigkeit vorzunehmen.

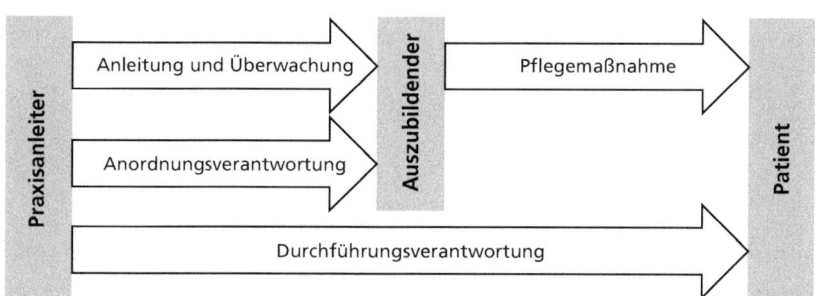

Abb. 15: Verantwortungsbeziehungen in der Anleitungssituation (eigene Darstellung)

Fallbeispiel

Ein Auszubildender darf zu einer intramuskulären Injektion erst dann angeleitet werden, wenn er die Technik der subkutanen Injektion sicher beherrscht und er im theoretischen Unterricht über die Risiken einer entsprechenden Pflege- bzw. Behandlungsmaßnahme unterwiesen worden ist (zum Beispiel Schädigung des Ischiasnervs bei einer intramuskulären Injektion in das Gesäß). Andernfalls wird der Praxisanleiter seiner Anordnungsverantwortung nicht gerecht, die es gebietet, den Auszubildenden langsam und beständig auf seine beruflichen Aufgaben vorzubereiten.

Unter der Durchführungsverantwortung ist das Einstehen für die sach- und fachgerechte Durchführung der pflegerischen Tätigkeit zu verstehen (*Höfert* 2017, Stw. Verantwortung). Obwohl diese Tätigkeit in einer Anleitungssituation de facto regelmäßig von dem Auszubildenden ausgeübt wird, ist sie de jure der anleitenden Pflegekraft zuzuordnen: Sie muss die Durchführung der Maßnahme überwachen und durch ein eventuell sofortiges, korrigierendes Eingreifen die Gewähr dafür leisten, dass der Patient, an dem die Anleitung durchgeführt wird, nicht zu Schaden kommt.

Fallbeispiel

In einer Anleitungssituation bittet die Praxisanleiterin Daniela S. den Auszubildenden Sebastian T., bei einem Patienten eine intramuskuläre Injektion zu setzen. Während Sebastian T. die Injektion durchführt, ruft Daniela S. mit ihrem Mobiltelefon Kurznachrichten ab. Nach der Injektion verspürt der Patient starke Schmerzen im Gesäß, die in ein Bein ausstrahlen. Die medizinische Diagnose lautet: Schädigung des Ischiasnervs. In dieser Situation hat es Frau S. versäumt, die Durchführung der Maßnahme so zu überwachen, dass sie bei einer Gefährdung des Wohls des Patienten sofort hätte eingreifen können. Sie hat damit sorgfaltspflichtwidrig gehandelt und muss für den aufgetretenen Schaden aufgrund der von ihr zu tragenden Durchführungs- bzw. Überwachungsverantwortung haften.

3.9.2 Haftung in selbstständigen Arbeitseinsätzen

Haben Auszubildende (nach erfolgreicher Anleitung, selbstständiger Ausführung und mehrfachen Einübens) eine bestimmte Pflegetechnik erlernt, können und sollen sie sie auch in Arbeitseinsätzen grundsätzlich eigenverantwortlich durchführen. Die Entscheidung hierüber treffen (neben der Stations- und/oder der Pflegedienstleitung) die praxisanleitenden Pflegekräfte, die insofern auch die Anordnungsverantwortung tragen. Sie sind daher auch hier »in der Pflicht, auf den Ausbildungsstand zu achten und die individuelle Belastbarkeit des/der Auszubildenden zu berücksichtigen« (*Dielmann* 2022, § 18 PflBG Rdnr. 28): Nur wenn der Auszubildende fachlich ausreichend qualifiziert ist, dürfen ihm in selbstständigen Arbeitseinsätzen entsprechende Aufgaben übertragen werden. Kriterien für diese Entscheidung sind im Allgemeinen die Aspekte der *5 R*, der *4 Ü* und der *4 M* (▶ Abb. 16).

Werden diese Kriterien nicht ausreichend berücksichtigt und erleidet ein Patient infolgedessen eine gesundheitliche Schädigung, kann das zu einer Haftung der praxisanleitenden Pflegekraft in Anlehnung an → § 831 Abs. 1 BGB führen, wenn diese sorgfaltspflichtwidrig den selbstständigen Arbeitseinsatz des Auszubildenden empfohlen oder angeregt haben sollte (*Kostorz* 2014, 14). Die Auszubildenden selbst tragen im selbstständigen Arbeitseinsatz die Übernahmeverantwortung und gegebenenfalls eine Durchführungsverantwortung (▶ Abb. 17).

3.9 Haftung für Pflegefehler

Abb. 16: Kriterien für selbständige Arbeitseinsätze von Auszubildenden (nach *Sträßner* 2004, 102 und 125)

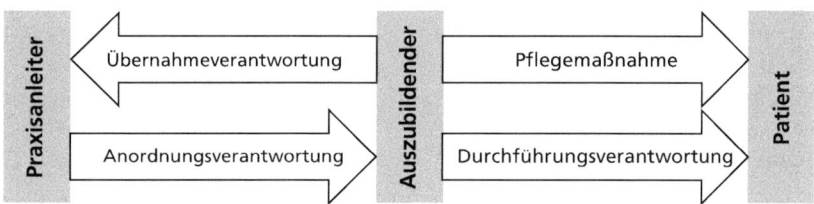

Abb. 17: Verantwortungsbeziehungen im selbständigen Arbeitseinsatz (eigene Darstellung)

§ 831 Abs. 1 BGB

Wer einen anderen zu einer Verrichtung bestellt, ist zum Ersatz des Schadens verpflichtet, den der andere in Ausführung der Verrichtung einem Dritten widerrechtlich zufügt. Die Ersatzpflicht tritt nicht ein, wenn der Geschäftsherr bei der Auswahl der bestellten Person und, sofern er Vorrichtungen oder Gerätschaften zu beschaffen oder die Ausführung der Verrichtung zu leiten hat, bei der Beschaffung oder der Leitung die im Verkehr erforderliche Sorgfalt beobachtet oder wenn der Schaden auch bei Anwendung dieser Sorgfalt entstanden sein würde.

Auszubildende sollten ihre eigenen Fähigkeiten und Fertigkeiten einschätzen können (*Sträßner* 2004, 207 f.). Werden ihnen im Arbeitseinsatz daher pflegerische Tätigkeiten übertragen, die sie nach eigener Auffassung (noch) nicht durchführen können (sei es aus Gründen einer [noch] nicht ausreichenden eigenen Qualifikation oder weil sie sich unsicher oder überfordert fühlen), müssen sie die Übernahme der Tätigkeit im Rahmen einer pflichtgemäßen Selbstprüfung und als Ausdruck ihres Remonstrationsrechts ablehnen. Tun sie dies nicht, führen sie eine Maßnahme also trotz begründeter (eigener) Bedenken gegen die Anordnung durch, trifft sie ein sogenanntes Übernahmeverschulden, so dass sie im Haftungsfall gegebenenfalls für den entstandenen Schaden eintreten müssen (*Sträßner* 2004, 207 f.).

Zudem trifft einen Auszubildenden stets dann ein rechtlich vorwerfbares Verschulden, wenn die Übertragung einer pflegerischen Intervention im praktischen Arbeitseinsatz nicht zu beanstanden war und insofern auch keinerlei berechtigte Bedenken gegen die Übernahme der Tätigkeit geäußert werden mussten, er die Maßnahme dann aber letztendlich fehlerhaft durchgeführt und dadurch einen gesundheitlichen Schaden bei dem Patienten bzw. einem Bewohner verursacht hat. In diesen Fällen haftet der Auszubildende – wie auch bereits ausgebildete Pflegekräfte – im Rahmen seiner Durchführungsverantwortung, wobei aufgrund seiner besonderen Stellung als Lernender grundsätzlich ein geringerer Haftungsmaßstab anzuwenden ist als bei seinen examinierten Kolleginnen und Kollegen (*Sträßner* 2004, 214 sowie *Howald* 2018, 246). Insofern ist die Haftung von Auszubildenden damit zwar eingeschränkt, aber nicht aufgehoben.

Fallbeispiel

Der Auszubildende Henry L. ist im theoretischen und praktischen Unterricht darin geschult worden, in der Mobilität eingeschränkte Patienten Hilfeleistung beim Umsetzen bzw. bei der Nutzung des Toilettenstuhls zu bieten. Da er diese Pflegemaßnahme auch unter Anleitung mehrmals souverän und fehlerfrei durchgeführt hat und er sich zudem selber bei der Ausübung der entsprechenden Pflegetätigkeit sicher fühlt, wird ihm diese Aufgabe auch in einem selbständigen Arbeitseinsatz übertragen. Eines Morgens versäumt er es jedoch, die Räder an dem Stuhl festzustellen, was zu einem Sturz des Patienten und einer Fraktur dessen Schenkelhalses führt. In diesem Fall ist sowohl die Anordnungsverantwortung des Praxisanleiters, als auch die Übernahmeverantwortung von Henry L. als Auszubildendem korrekt ausgeübt worden. Herr L. trägt darüber hinaus aber auch die Durchführungsverantwortung für die pflegerische Maßnahme. Da er vorliegend fahrlässig gehandelt hat, muss er grundsätzlich selber für den eingetretenen Schaden aufkommen und dafür haften.

3.9.3 Besonderheit Ausbildungsstation

Bei der Tätigkeit von Auszubildenden auf einer sogenannten Ausbildungsstation, die zum Teil auch als Lern- oder Schulstation bezeichnet wird, gelten dem Grunde nach die gleichen haftungsrechtlichen Prinzipien wie bei einem selbständigen Arbeitseinsatz (▶ Kap. 3.9.2). Kennzeichnendes Merkmal einer solchen Abteilung bzw. eines derartigen Bereichs eines Krankenhauses oder eines Pflegeheimes ist, dass die Auszubildenden die Station selbständig, aber unter Aufsicht von pädagogisch geschulten Anleiterinnen und Anleitern führen: »Auf einer Schulstation werden sämtliche anfallenden Tätigkeiten, von der Pflege und Behandlung im interdisziplinären Team über die Dienstplangestaltung bis zur Dokumentation, von den Lernenden organisiert und durchgeführt« (*Schmal* 2017, 183).

In einem solchen Ausbildungskonzept tragen die anleitenden bzw. dienstvorgesetzen Pflegekräfte zunächst die Anordnungsverantwortung dafür, dass auf der Lernstation nur Auszubildende eingesetzt werden, die den dort anfallenden Aufgaben aufgrund ihres Ausbildungsstandes auch tatsächlich gewachsen sind, bzw. dafür, dass die einzelnen Auszubildenden hier nur Tätigkeiten selbständig verrichten, zu denen sie zuvor jeweils erfolgreich angeleitet und für deren Durchführung sie daher bereits ausreichend fachlich qualifiziert worden sind. Die Auszubildenden selbst tragen – wie in einem selbständigen Arbeitseinsatz – sowohl die Übernahme- als auch die Durchführungsverantwortung für die auszuführenden Pflegemaßnahmen: In diesem Zusammenhang haben sie eine Remonstrationspflicht für den Fall, dass sie sich mit der Durchführung einer bestimmten Maßnahme überfordert fühlen; wird sie von ihnen übernommen, tragen sie die Verantwortung für deren fehlerfreie Durchführung.

Eine besondere Bedeutung kommt auf Ausbildungsstationen dabei der Lernbegleitung durch die betreuenden bzw. praxisanleitenden Pflegekräfte zu. Diese muss so ausgestaltet sein, dass die Auszubildenden jederzeit überwacht und deren durchgeführte Pflegemaßnahmen in ausreichendem Maße kontrolliert werden, um eine mögliche Patientengefährdung weitestgehend auszuschließen. Den begleitenden Pflegefachkräften kommt also der didaktische und letztendlich auch haftungsrechtliche Spagat zwischen »laufen lassen« und »einschreiten« zu.

3.9.4 Schadensausgleich

Nach den soeben dargestellten Prinzipien haften (anleitende) Pflegekräfte und Auszubildende grundsätzlich deliktisch gemäß → § 823 Abs. 1 BGB; in Betracht kommt darüber hinaus eine vertragliche Haftung des Ausbildungsträgers nach → § 280 Abs. 1 BGB. In beiden Fällen kann der zu ersetzende Schaden aus dem Schadensersatz für die Wiederherstellung der Gesundheit oder die Folgen einer verbleibenden Gesundheitsbeeinträchtigung (→ § 249 Abs. 2 BGB), aus dem Ersatz des Verdienstausfalls (→ § 252 BGB) und einem eventuell zu entrichtenden Schmerzensgeld bestehen (→ § 253 BGB).

§ 249 BGB

(1) Wer zum Schadensersatz verpflichtet ist, hat den Zustand herzustellen, der bestehen würde, wenn der zum Ersatz verpflichtende Umstand nicht eingetreten wäre.

(2) Ist wegen Verletzung einer Person oder wegen Beschädigung einer Sache Schadensersatz zu leisten, so kann der Gläubiger statt der Herstellung den dazu erforderlichen Geldbetrag verlangen. Bei der Beschädigung einer Sache schließt der nach Satz 1 erforderliche Geldbetrag die Umsatzsteuer nur mit ein, wenn und soweit sie tatsächlich angefallen ist.

§ 252 BGB

Der zu ersetzende Schaden umfasst auch den entgangenen Gewinn. Als entgangen gilt der Gewinn, welcher nach dem gewöhnlichen Lauf der Dinge oder nach den besonderen Umständen, insbesondere nach den getroffenen Anstalten und Vorkehrungen, mit Wahrscheinlichkeit erwartet werden konnte.

§ 253 BGB

(1) Wegen eines Schadens, der nicht Vermögensschaden ist, kann Entschädigung in Geld nur in den durch das Gesetz bestimmten Fällen gefordert werden.

(2) Ist wegen einer Verletzung des Körpers, der Gesundheit, der Freiheit oder der sexuellen Selbstbestimmung Schadensersatz zu leisten, kann auch wegen des Schadens, der nicht Vermögensschaden ist, eine billige Entschädigung in Geld gefordert werden.

Im Rahmen der deliktischen Haftung nach → § 823 Abs. 1 BGB ist zum Ausgleich eines eingetretenen Schadens verpflichtet, wer durch einen Anleitungs- bzw. Pflegefehler widerrechtlich und schuldhaft den Tatbestand der Verletzung des Lebens, des Körpers oder der Gesundheit eines Patienten bzw. eines Bewohners durch ein Tun oder Unterlassen erfüllt hat (sogenannte unerlaubte Handlung)

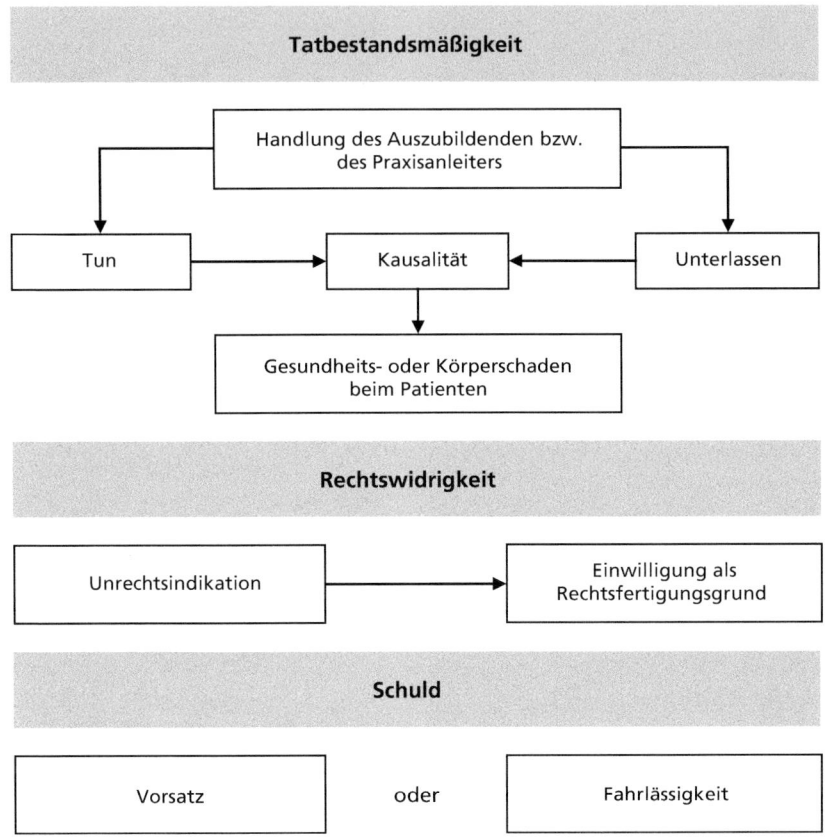

Abb. 18: Deliktische Haftung für Pflegefehler nach § 823 BGB (eigene Darstellung)

(▶ Abb. 18). Die schädigende Handlung muss also zunächst rechtswidrig sein, was durch die Erfüllung des Tatbestandes dem Grunde nach indiziert ist; nur im Ausnahmefall – etwa bei einer Einwilligung des Patienten – entfällt die formell indizierte Rechtswidrigkeit. In diesem Zusammenhang ist indes zu betonen, dass mit einer vorherigen Zustimmung eines Patienten zu einer bestimmten pflegerischen Intervention noch keine (generelle) Einwilligung in alle (unter Umständen auch fehlerhaften) Maßnahmen verbunden ist, sondern nur diejenige in ein sorgfältiges und potenziell fehlerfreies Tätigwerden der praxisanleitenden Pflegekraft bzw. des Auszubildenden. Die erteilte Erlaubnis, eine Pflegemaßnahme durch einen Auszubildenden durchführen zu lassen, wirkt bei einem Anleitungs- bzw. Pflegefehler also grundsätzlich nicht haftungsbefreiend (*Kostorz* 2020a, 138 f.).

Zudem muss der Tatbestand schuldhaft, also durch ein vorsätzliches oder fahrlässiges Tun oder Unterlassen erfüllt worden sein. Vorsatz liegt dabei vor, wenn die Rechtsgutverletzung bewusst, also wissentlich und willentlich herbeigeführt worden ist; fahrlässig hat nach § 276 Abs. 2 BGB derjenige gehandelt, der die in der Pflege bzw. der Pflegeausbildung erforderliche Sorgfalt außer Acht gelassen, sich also grundsätzlich nicht an bestehende Pflege- bzw. Ausbildungsstandards gehalten hat. Letzteres kommt in vorliegendem Zusammenhang insbesondere dann in Betracht, wenn

- die anleitende Pflegekraft
  - die Durchführung einer pflegerischen Intervention in einer Anleitungssituation in fehlerhafter Weise einem Auszubildenden überlassen hat (Anordnungsverschulden),
  - die Durchführung einer pflegerischen Intervention in einer Anleitungssituation nicht ordnungsgemäß überwacht oder bei ihrer fehlerhaften Durchführung nicht ordnungsgemäß interveniert hat (Überwachungsverschulden),
  - die pflegerische Intervention in einer Anleitungssituation selber fehlerhaft durchgeführt hat (Durchführungsverschulden) oder
  - eine pflegerische Intervention auf einen Auszubildenden im selbstständigen Arbeitseinsatz fehlerhaft übertragen hat (Anordnungsverschulden) oder
- der Auszubildende
  - im selbstständigen Arbeitseinsatz gegen eine angeordnete Maßnahme trotz berechtigter Bedenken nicht remonstriert hat (Übernahmeverschulden) oder
  - im selbstständigen Arbeitseinsatz eine korrekt angeordnete Maßnahme fehlerhaft ausgeführt hat (Durchführungsverschulden).

§ 823 Abs. 1 BGB

Wer vorsätzlich oder fahrlässig das Leben, den Körper, die Gesundheit, die Freiheit, das Eigentum oder ein sonstiges Recht eines anderen widerrechtlich verletzt, ist dem anderen zum Ersatz des daraus entstehenden Schadens verpflichtet.

Die pflegerische Versorgung eines Patienten durch (examinierte bzw. auszubildende) Pflege(fach)kräfte erfolgt regelmäßig auf der Grundlage eines Heim- bzw. eines Pflegevertrages mit einer stationären bzw. ambulanten Pflegeeinrichtung oder auf der Basis eines Krankenhausaufnahmevertrages (*Kostorz* 2019c, 773 f. sowie *Kostorz* 2020a, 105 ff.). Mit dem entsprechenden Vertrag verpflichtet sich die Gesundheitseinrichtung, ihre Klienten den aktuellen pflegewissenschaftlichen Erkenntnissen entsprechend zu versorgen. Bei einem Pflegefehler hat die Einrichtung diese vertragliche Pflicht insofern verletzt, als sie die Pflege eben nicht ordnungsgemäß und nach den bestehenden medizinisch-pflegerischen Standards und Leitlinien lege artis erbracht hat. Sie ist daher als Vertragspartnerin des Patienten nach → § 280 BGB ebenfalls verpflichtet, einen aus einem Anleitungs- oder Pflegefehler resultierenden Schaden zu ersetzen. Dass die Gesundheitseinrichtung dabei als juristische Person – anders als von → § 823 BGB intendiert – nicht unmittelbar selber gehandelt hat, spielt insofern keine Rolle, als sie nach → § 278 BGB auch für Fehlleistungen ihrer Erfüllungsgehilfen, also der bei ihr angestellten Pflegekräfte und der von ihnen beschäftigten Auszubildenden haften muss.

§ 278 BGB

Der Schuldner hat ein Verschulden seines gesetzlichen Vertreters und der Personen, deren er sich zur Erfüllung seiner Verbindlichkeit bedient, in gleichem Umfang zu vertreten wie eigenes Verschulden. [...]

§ 280 Abs. 1 BGB

Verletzt der Schuldner eine Pflicht aus dem Schuldverhältnis, so kann der Gläubiger Ersatz des hierdurch entstehenden Schadens verlangen. Dies gilt nicht, wenn der Schuldner die Pflichtverletzung nicht zu vertreten hat.

Bei einem Pflegefehler haben geschädigte Patienten bzw. Bewohner also einen doppelten Anspruch: Sie können zur Durchsetzung von Ersatzansprüchen sowohl gegen die (anleitende bzw. auszubildende) Pflegekraft vorgehen (deliktische Haftung nach § 823 BGB) als auch gegen die Einrichtung, die die Pflicht zur ordnungsgemäßen Versorgung aus dem Krankenhaus- bzw. dem Heim- oder dem Pflegevertrag verletzt hat (vertragliche Haftung nach § 280 BGB) (*Großkopf/Schanz* 2021, 231). Der Schadensersatzanspruch des Patienten kann dabei selbstverständlich nicht doppelt geltend gemacht werden; vielmehr haften die Pflegekraft und die Gesundheitseinrichtung gesamtschuldnerisch im Sinne des → § 421 BGB (vgl. *Howald* 2018, 336 ff.)

§ 421 BGB

Schulden mehrere eine Leistung in der Weise, dass jeder die ganze Leistung zu bewirken verpflichtet, der Gläubiger aber die Leistung nur einmal zu fordern berechtigt ist (Gesamtschuldner), so kann der Gläubiger die Leistung nach seinem Belieben von jedem der Schuldner ganz oder zu einem Teil fordern. Bis zur Bewirkung der ganzen Leistung bleiben sämtliche Schuldner verpflichtet.

Nach → § 421 BGB kann die geschädigte Person den ihr zustehenden Schadensausgleich mithin entweder von der Gesundheitseinrichtung als seiner Vertragspartnerin oder der unmittelbar handelnden (anleitenden bzw. auszubildenden) Pflegekraft oder in Teilen von beiden gleichzeitig verlangen. Im arbeits- bzw. ausbildungsrechtlichen Innenverhältnis zwischen der Einrichtung (in diesem Sinne Arbeitgeber bzw. Ausbildungsträger) und der Pflegekraft (in diesem Sinne Arbeitnehmer bzw. Auszubildender) stellt sich daraus resultierend die Frage, wer von beiden Akteuren schlussendlich für die finanziellen Folgen des Pflegefehlers aufzukommen hat. Die Arbeitsgerichtsbarkeit hat hierzu die Grundsätze des sogenannten innerbetrieblichen Schadensausgleichs entwickelt (*Howald* 2018, 346 ff.), der auf der Ausgleichspflicht nach → § 426 BGB und dem Rechtsgedanken des → § 254 BGB fußt: Verursacht ein Arbeitnehmer bzw. Auszubildender bei der Ausübung einer vom Arbeitgeber bzw. vom Ausbildungsträger veranlassten Tätigkeit einen Schaden, hängt die Frage der letztendlichen Haftung hierfür vom Grad des Verschuldens des Arbeitnehmers bzw. Auszubildenden ab (▶ Abb. 19 und ▶ Abb. 20).

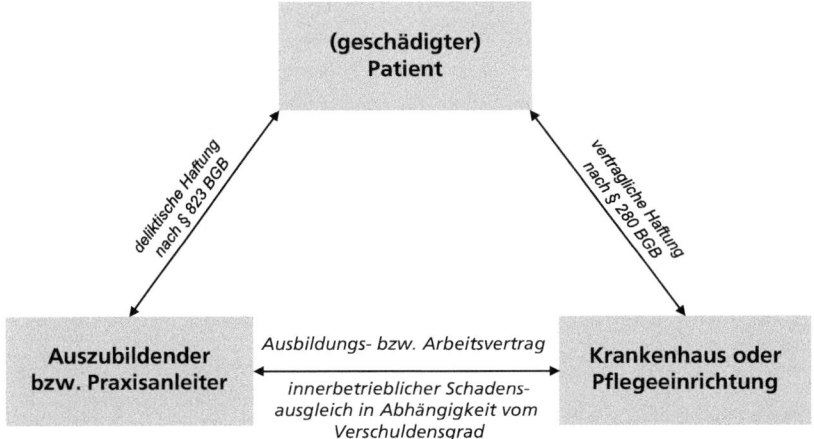

Abb. 19: Innerbetrieblicher Schadensausgleich (eigene Darstellung)

3.9 Haftung für Pflegefehler

Abb. 20: Verschuldensgrade und innerbetrieblicher Schadensausgleich (eigene Darstellung)

§ 254 BGB

(1) Hat bei der Entstehung des Schadens ein Verschulden des Beschädigten mitgewirkt, so hängt die Verpflichtung zum Ersatz sowie der Umfang des zu leistenden Ersatzes von den Umständen, insbesondere davon ab, inwieweit der Schaden vorwiegend von dem einen oder dem anderen Teil verursacht worden ist.

(2) Dies gilt auch dann, wenn sich das Verschulden des Beschädigten darauf beschränkt, dass er unterlassen hat, den Schuldner auf die Gefahr eines ungewöhnlich hohen Schadens aufmerksam zu machen, die der Schuldner weder kannte noch kennen musste, oder dass er unterlassen hat, den Schaden abzuwenden oder zu mindern. Die Vorschrift des § 278 findet entsprechende Anwendung.

§ 426 BGB

(1) Die Gesamtschuldner sind im Verhältnis zueinander zu gleichen Anteilen verpflichtet, soweit nicht ein anderes bestimmt ist. Kann von einem Gesamtschuldner der auf ihn entfallende Beitrag nicht erlangt werden, so ist der Ausfall von den übrigen zur Ausgleichung verpflichteten Schuldnern zu tragen.

(2) Soweit ein Gesamtschuldner den Gläubiger befriedigt und von den übrigen Schuldnern Ausgleichung verlangen kann, geht die Forderung des Gläubigers gegen die übrigen Schuldner auf ihn über. Der Übergang kann nicht zum Nachteil des Gläubigers geltend gemacht werden.

Bei *Vorsatz* (wissentliche und willentliche Schädigung eines Patienten bzw. Bewohners) und *grober Fahrlässigkeit* (Pflegefehler, die *nicht passieren dürfen*, wie etwa die Missachtung elementarer Hygienestandards), hat die Pflegekraft den Schaden in aller Regel alleine zu tragen. Geht der Patient also nach → § 280 BGB gegen die Gesundheitseinrichtung vor, kann diese die Pflegekraft in Regress nehmen. Handelt die Pflegekraft hingegen *leicht fahrlässig* (Pflegefehler, die *passieren können*, beispielsweise das versehentliche Umstoßen eines Heißgetränks, was zu Verbrennungen bei einem Patienten führt), muss allein der Arbeitgeber bzw. Ausbildungsträger für den eingetretenen Schaden aufkommen; hat die Pflegekraft der geschädigten Person den Schaden gegebenenfalls bereits direkt ersetzt, hat sie einen vollen Erstattungsanspruch gegen die Einrichtung als ihrem Arbeitgeber bzw. Ausbildungsträger. Im Falle *mittlerer Fahrlässigkeit* (Pflegefehler, bei denen zwar die bei der Pflege erforderliche Sorgfalt nicht beachtet wurde, daraus aber kein besonders schwerer Vorwurf abgeleitet werden kann, also Pflegefehler, die *nicht passieren sollen*), ist der Schaden zwischen der Pflegeeinrichtung bzw. dem Krankenhaus und der Pflegekraft aufzuteilen. Hierbei spielt unter anderem die Gefahrengeneigtheit der Pflegemaßnahme, die Höhe des Schadens und ein eventuelles (organisatorisches) Mitverschulden der Gesundheitseinrichtung eine Rolle. Verlangt die geschädigte Person also Schadensersatz nach → § 280 BGB, hat die Gesundheitseinrichtung einen zumindest anteiligen Rückgriffsanspruch gegen ihren Arbeitnehmer bzw. den Auszubildenden (hierzu insgesamt *Howald* 2018, 346 ff.; zu den Definitionen der Verschuldensgrade *Großkop/Schanz* 2021, 226).

3.10 Beendigung des Ausbildungsverhältnisses

Da der Ausbildungsvertrag ein zeitlich befristetes Ausbildungs- bzw. Vertragsverhältnis zwischen dem Auszubildenden und dem Ausbildungsträger begründet, enden die Rechtsbeziehungen der beiden Akteure grundsätzlich mit dem Ablauf der vereinbarten Ausbildungszeit, die in bestimmten Fallkonstellationen – etwa bei einem Nichtbestehen der staatlichen Prüfung – indes verlängert werden kann. Darüber hinaus haben sowohl der Auszubildende als auch der Ausbildungsträger die Möglichkeit, das Ausbildungsverhältnis unter zum Teil unterschiedlichen Voraussetzungen durch eine Kündigung vorzeitig zu beenden (▶ Abb. 21). Arbeits- bzw. ausbildungsrechtliche Besonderheiten ergeben sich dann, wenn der Auszubildende im Anschluss an das Ausbildungsverhältnis ohne ausdrückliche Vereinbarung weiterbeschäftigt wird.

3.10.1 Ende durch Fristablauf und Möglichkeiten der Ausbildungsverlängerung

Grundsätzlich endet das Ausbildungsverhältnis unabhängig vom Zeitpunkt der staatlichen Abschlussprüfung mit Ablauf der ausbildungsvertraglich vereinbarten Ausbildungszeit, also in der Regel nach dem Ablauf von drei Jahren (§ 21 Abs. 1 PflBG i. V. m. § 16 Abs. 2 Nr. 2 und § 6 Abs. 1 PflBG). Dies gilt entsprechend dem eindeutigen Gesetzeswortlaut auch dann, wenn die staatliche Prüfung vor dem Ende der Ausbildungszeit abgelegt wird; der Ausbildungsträger ist damit auch nicht verpflichtet, den Auszubildenden nach einer vor dem Ende der Ausbildungszeit bestandenen Prüfung als examinierte Pflegefachkraft zu vergüten (*Igl* 2021, § 21 PflBG Rdnr. 4).

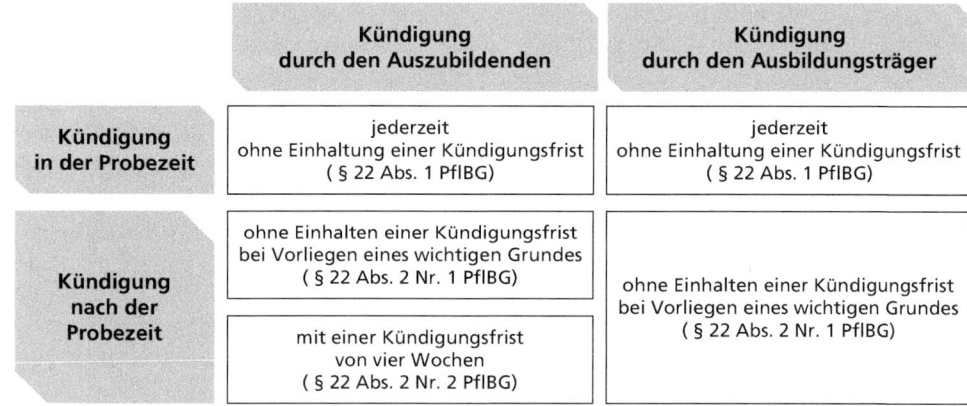

Abb. 21: Möglichkeiten der Kündigung des Ausbildungsverhältnisses (eigene Darstellung)

Nach § 21 Abs. 2 PflBG kann das Ausbildungsverhältnis jedoch für Auszubildende, die die staatliche Prüfung gemäß den Bestimmungen der §§ 14 ff. PflAPrV nicht bestanden haben (Alt. 1) (▶ Kap. 6.5.2) oder die Prüfung ohne eigenes Verschulden nicht vor Ablauf der Ausbildungszeit ablegen konnten (Alt. 2), durch eine einseitige Erklärung des Auszubildenden verlängert werden. Bezogen auf § 21 Abs. 2 Alt. 2 PflBG kommen in der Praxis vor allem eine unverschuldete Nichtteilnahme an der Prüfung noch während des Ausbildungsverhältnisses und ein Überschreiten der Fehlzeiten wegen Krankheit bzw. Mutterschaft nach § 13 Abs. 1 Nr. 2 und 3 PflBG (▶ Kap. 2.3) als Verlängerungsgründe in Betracht.

Eine unverschuldete Nichtteilnahme an der Prüfung kann dabei beispielsweise darin begründet liegen, dass der Prüfling am (rechtzeitig angesetzten) Prüfungstag erkrankt oder sonstwie (entschuldigt) verhindert ist oder die Prüfung aus organisatorischen Gründen nicht innerhalb der Ausbildungsdauer stattfinden bzw. abgeschlossen werden kann (*Dielmann* 2022, § 21 PflBG Rdnr. 11 und 13). Bei einer Überschreitung der Fehlzeiten wegen entschuldigter Krankheit und/oder Mutterschaft ist neben § 21 Abs. 2 Alt. 2 PflBG noch § 13 Abs. 2 Satz 2 PflBG zu beachten, der es als *lex specialis* ebenfalls ermöglicht, die Ausbildung um die Zeit nicht anrechnungsfähiger Fehlzeiten zu verlängern. Dies setzt – neben der besagten einseitigen Erklärung des Auszubildenden gegenüber dem Ausbildungsträger – allerdings die Genehmigung der zuständigen Behörde auf Grundlage eines entsprechenden Antrags des Auszubildenden voraus (*Dielmann* 2022, § 13 PflBG Rdnr. 21 und § 21 PflBG Rdnr. 8 sowie *Opolony*, in: *Kreutz/Opolony* 2019, § 13 Rdnr. 15).

Von diesem Genehmigungsvorbehalt abgesehen muss die Verlängerung des Ausbildungsverhältnisses von dem Auszubildenden (lediglich) schriftlich verlangt werden (einseitiges Gestaltungsrecht des Auszubildenden); der Träger der praktischen Ausbildung hat insofern grundsätzlich kein Mitspracherecht und keinen Entscheidungsspielraum. Dabei handelt es sich bei der Möglichkeit, von einer Verlängerung der Ausbildungsdauer Gebrauch zu machen, um ein Recht und keinesfalls eine Pflicht des Auszubildenden handelt: Da die Abschlussprüfung – sofern gewünscht – auch ohne bestehendes Ausbildungsverhältnis abgelegt werden kann, kann eine Vorbereitung auf die (Wiederholungs-)Prüfung außerhalb bzw. nach dem Ende des Ausbildungsverhältnisses im Einzelfall durchaus im Interesse des Auszubildenden liegen (*Dielmann* 2022, § 21 PflBG Rdnr. 13).

Zumindest im Falle des § 21 Abs. 2 Alt. 2 PflBG wird der Auszubildende im Zweifel auch auf die Gründe eingehen müssen, weshalb er eine Verlängerung des Ausbildungsverhältnisses verlangt; ist der Ausbildungsträger danach der Ansicht, dass die Prüfung schuldhaft nicht während der Ausbildungszeit abgelegt werden konnte, trägt er die Beweislast für den Nachweis des Verschuldens (*Igl* 2021, § 21 PflBG Rdnr. 6). Können sich der Ausbildungsträger und der Auszubildende nicht darauf verständigen, ob ein Fall vorliegt, bei der es dem Auszubildenden ohne eigenes Verschulden nicht möglich war, die staatliche Prüfung vor Ablauf der Ausbildung abzulegen, ist dies vom Arbeitsgericht im Rahmen einer Beschäftigungsklage festzustellen: »Der unbestimmte Rechtsbegriff ›ohne eigenes Verschulden‹ ist gerichtlich voll überprüfbar« (*Kreutz*, in: *Kreutz/Opolony* 2019, § 21 Rdnr. 19).

Mit dem Verlangen der Verlängerung des Ausbildungsverhältnisses als einseitigem Gestaltungsrecht des hiervon betroffenen Auszubildenden verlängert sich das Ausbildungsverhältnis unmittelbar; alle anderen ausbildungsvertraglichen Vereinbarungen bleiben unberührt. Wird das Begehr nicht oder nicht formgerecht zum Ausdruck gebracht, bleibt es bei der Beendigung des Ausbildungsverhältnisses durch Fristablauf. Eine Frist für das Verlangen ist dabei gesetzlich nicht vorgegeben, gleichwohl sollte es möglichst unverzüglich erfolgen, wobei dem Auszubildenden eine angemessene Überlegungszeit eingeräumt werden kann (hierzu ausdifferenziert *Kreutz*, in: *Kreutz/Opolony* 2019, § 21 Rdnr. 18).

Leider schweigt sich das Gesetz darüber aus, wie zu verfahren ist, wenn die Prüfung vom Auszubildenden verschuldet nicht während des Ausbildungsverhältnisses abgelegt werden kann. Ein solches Vertretenmüssen läge etwa bei einer (vorsätzlichen oder auch fahrlässigen) Vernachlässigung der Pflicht zur regelmäßigen Teilnahme an den Ausbildungsveranstaltungen vor, die dazu geführt hat, dass der Auszubildende wegen zu hoher (unentschuldigter) Fehlzeiten nicht zur Prüfung zugelassen worden ist (*Igl* 2021, § 21 PflBG Rdnr. 5). *Argumentum e silentio* könnte davon ausgegangen werden, dass entsprechende Verfehlungen eine Verlängerung der Ausbildungszeit generell ausschließen, zumal auch § 6 Abs. 1 Satz 1 PflBG davon ausgeht, dass die Ausbildung in Vollzeitform ohne die Erfüllung eines expliziten Ausnahmetatbestands im Regelfall drei Jahre dauert. In anderen dualen Ausbildungsberufen ist eine Verlängerung der Ausbildungszeit neben den in § 21 Abs. 2 PflBG genannten Konstellationen indes durchaus zulässig.

> **§ 8 Abs. 2 BBiG**
>
> In Ausnahmefällen kann die zuständige Stelle auf Antrag Auszubildender die Ausbildungsdauer verlängern, wenn die Verlängerung erforderlich ist, um das Ausbildungsziel zu erreichen. Vor der Entscheidung über die Verlängerung sind die Ausbildenden zu hören.
>
> **§ 311 Abs. 1 BGB**
>
> Zur Begründung eines Schuldverhältnisses durch Rechtsgeschäft sowie zur Änderung des Inhalts eines Schuldverhältnisses ist ein Vertrag zwischen den Beteiligten erforderlich, soweit nicht das Gesetz ein anderes vorschreibt.

So kann eine nach dem Berufsbildungsgesetz geregelte Ausbildung von der zuständigen Behörde auf Antrag eines Auszubildenden verlängert werden, wenn die Verlängerung für das Erreichen des Ausbildungsziels erforderlich ist (→ § 8 Abs. 2 BBiG) – und das unabhängig davon, »ob der Ausbildende oder der Auszubildende die Verzögerung der Ausbildung zu vertreten hat« (*Malottke*, in: *Lakies/Malottke* 2020, § 8 Rdnr. 9). In diesem Fall wirkt die Entscheidung der Behörde als privatrechtsgestaltender Verwaltungsakt, der zu einer unmittelbaren Vertragsverlängerung führt, »ohne dass die Vertragsparteien, auch nicht die Ausbildenden, zustimmen müssen« (*Lakies* 2020, § 8 Rdnr. 20).

Vor diesem Hintergrund ist davon auszugehen, dass es sich um ein unplanmäßiges Versäumnis des Gesetzgebers gehandelt hat nicht zu regeln, welche Rechtsfolgen eintreten sollen, wenn ein Auszubildender die staatliche Prüfung durch eigenes Verschulden nicht vor Ablauf der Ausbildungszeit ablegen kann. → § 8 Abs. 2 BBiG ist damit zwar nicht vollständig analog, so doch aber von seinem Rechtsgedanken her entsprechend anzuwenden, so dass auch im Falle einer selbst zu verantwortenden Prüfungsverzögerung eine Verlängerung des Ausbildungsverhältnisses möglich ist (im Ergebnis auch *Dielmann* 2022, § 21 PflBG Rdnr. 15 sowie *Haage* 2019b, § 21 Rdnr. 4). Können also beispielsweise nicht entschuldigte Fehlzeiten nur im Rahmen einer Verlängerung des Ausbildungsverhältnisses nachgeholt werden, darf der Ausbildungsvertrag – trotz § 6 Abs. 1 Satz 1 und § 21 Abs. 2 PflBG – durchaus verlängert werden.

Hierfür ist gemäß → § 311 Abs. 1 BGB eine einvernehmliche Vereinbarung über die Vertragsänderung bzw. -verlängerung zwischen dem Ausbildungsträger und dem Auszubildenden erforderlich. Eines privatrechtsgestaltenden Verwaltungsaktes der nach Landesrecht für die Pflegeausbildung zuständigen Behörde bedarf es – anders als bei einer Vertragsverlängerung nach → § 8 Abs. 2 BBiG – in diesem Fall nicht – im Gegenteil: Mangels einer entsprechenden ausdrücklichen gesetzlichen Ermächtigung hierzu wäre ein solcher Bescheid sogar unzulässig (verwaltungsrechtlicher Grundsatz des Vorbehalts des Gesetzes: »Kein Handeln ohne ein Gesetz!«; vgl. *Röhl/Röhl* 2008, 547 ff.). Gleichwohl ist davon auszugehen, dass die Aufsichtsbehörde der Verlängerung des Ausbildungsverhältnisses zustimmen muss (in analoger Anwendung des § 13 Abs. 2 und des § 21 Abs. 2 PflBG sowie des § 19 Abs. 4 PflAPrV); dies kann etwa im Rahmen des formellen Versagens der Zulassung zur Abschlussprüfung nach § 11 PflAPrV erfolgen (▶ Kap. 6.1).

Fallbeispiel

Justus K., Laiska F. und Linda O. haben am 1. Juli 2020 zusammen ihre Ausbildung zum *Pflegefachmann* bzw. zur *Pflegefachfrau* begonnen. Anfang März 2023 beantragen alle drei die Zulassung zur staatlichen Prüfung, die gemäß § 11 Abs. 1 Satz 2 PflAPrV und § 21 Abs. 2 PflBG in den letzten drei Monaten Ihres Ausbildungsverhältnisses, also von April bis Juni 2023 abgenommen werden soll. Während Justus K. nach den Maßgaben des § 11 PflAPrV problemlos zur Prüfung zugelassen wird, wird der Antrag von Laiska F. mit der zutreffenden Begründung abgelehnt, sie habe aufgrund einer sehr hohen Anzahl an unentschuldigten Fehltagen nicht das Mindestmaß an erforderlichen Unterrichtsstunden in der Pflegeschule absolviert; ihr wird geraten bzw. auferlegt, die »geschwänzten« Stunden vor einer erneuten Prüfungsanmeldung nachzuholen. Auch Linda O. wird die Zulassung zur Prüfung verwehrt, da sie aufgrund einer länger andauernden Erkrankung im zweiten Ausbildungsjahr die Fehlzeiten nach § 13 Abs. 1 Nr. 2 PflBG i. V. m. § 1 Abs. 4 PflAPrV überschritten hat; einen Härtefallantrag hat die zuständige Behörde ermessensfehlerfrei abgelehnt. Justus K. tritt die Prüfung daher alleine an, muss dann aber von der mündlichen Prüfung, die als letzter Prüfungsteil für Mitte Juni 2023 terminiert war, krankheitsbedingt zurücktreten. Die nächstmögliche mündliche Prüfung, an der er teilnehmen kann, findet erst nach dem Ende der dreijährigen Ausbildungszeit im September 2023 statt.

Da Justus K. die staatliche Prüfung wegen einer Erkrankung (und damit ohne eigenes Verschulden) nicht vor Ablauf der Ausbildung ablegen konnte, ist es seine Entscheidung, ob er die Ausbildung bis zur Ersatzprüfung verlängern oder er den letzten Teil der Prüfung außerhalb eines bestehenden Ausbildungsverhältnisses ablegen möchte. Entschließt er sich zu einer Verlängerung des Ausbildungsverhältnisses, so genügt hierfür seine einseitige schriftliche Erklärung gegenüber dem Ausbildungsträger, der sodann verpflichtet ist, den Ausbildungsvertrag entsprechend zu verlängern.

Bei Linda O. ist zur Verlängerung des Ausbildungsverhältnisses zum Zweck des Nachholens der (unverschuldet) versäumten Ausbildungsinhalte neben ihrem schriftlichen Verlangen gegenüber dem Ausbildungsträger eine entsprechende Genehmigung der Aufsichtsbehörde erforderlich. Wird diese auf ihren Antrag hin erteilt, ist auch ihr Ausbildungsvertrag – ohne Mitsprache- bzw. Vetorecht des Ausbildungsträgers – entsprechend zu verlängern.

Demgegenüber ist Laiska F. aufgrund eigenen Verschuldens nicht zur Prüfung zugelassen worden. Soll ihre Ausbildungszeit zum Zweck der Nachholung der (unentschuldigt) versäumten Unterrichtsstunden verlängert werden, ist sie auf das Entgegenkommen des Ausbildungsträgers angewiesen. Dieser ist mit Ablauf der vereinbarten Ausbildungszeit seiner vertraglichen Ausbildungspflicht nachgekommen und dementsprechend dem Grunde nach nicht gesetzlich verpflichtet, den Ausbildungsvertrag mit ihr zu verlängern; gleichwohl kann er sich vor dem Hintergrund der verfassungsrechtlich gewährten Vertragsfreiheit dazu entscheiden, die Ausbildung zeitlich begrenzt fortzusetzen. Voraussetzung dafür, dass sich Laiska F. auf diese Weise nachträglich für eine Zulassung zur staatlichen Prüfung zur Pflegefachfrau qualifizieren und diese letztendlich auch ausgesprochen werden kann, ist indes eine entsprechende Genehmigung der zuständigen Aufsichtsbehörde.

Eine Verlängerung des Ausbildungsverhältnisses ist dabei (nur) bis zur »nächstmöglichen« Wiederholungsprüfung möglich, längstens jedoch für ein Jahr. Die in diesem Sinne nächstmögliche staatliche Prüfung ist dabei allerdings nicht automatisch die zeitlich nächste; dies gilt vor allem im Fall des § 21 Abs. 2 Alt. 1 PflBG, da dem Auszubildenden hier zum einen eine angemessene Vorbereitung auf die Wiederholungsprüfung ermöglicht werden muss und ihm zum anderen in bestimmten Konstellationen auferlegt werden kann, bei einem Nichtbestehen der Prüfung eine zusätzliche Ausbildung zu absolvieren (*Weiß* et al. 2018, 182). So kann ein Auszubildender, der alle schriftlichen Aufsichtsarbeiten, den praktischen Teil der Prüfung oder alle Teile der Prüfung zu wiederholen hat, nach § 19 Abs. 4 PflAPrV zur Wiederholungsprüfung nur dann zugelassen werden, wenn er an einer entsprechenden zusätzlichen Ausbildung teilgenommen hat. Dauer und Inhalt dieser zusätzlichen Ausbildung, die eine Zeit von einem Jahr nicht überschreiten darf, bestimmt dabei der Vorsitzende des Prüfungsausschusses (▶ Kap. 6.5.2).

Unklar ist in diesem Zusammenhang, ob das Ausbildungsverhältnis bis zum Termin der (in diesem Sinne nächstmöglichen) Wiederholungsprüfung zu verlängern ist oder – wie es → § 21 Abs. 2 BBiG nahelegt – bis zu dem Tag, an dem die Bekanntgabe des Prüfungsergebnisses erfolgt. Zwar hat der Gesetzgeber darauf verzichtet, die unmissverständliche Regelung aus → § 21 Abs. 2 BBiG in das Pflegeberufegesetz zu übernehmen, weshalb davon ausgegangen werden könnte, »dass der Tag des Beginns der Wiederholungsprüfung gemeint ist« (so *Igl* 2021, § 21 PflBG Rdnr. 7), doch ist zu berücksichtigen, dass die zusätzliche Ausbildungszeit nach § 19 Abs. 4 Satz 4 PflAPrV im Falle des Nichtbestehens der staatlichen Prüfung maximal ein Jahr »einschließlich der für die Prüfung erforderlichen Zeit« betragen kann; aus rechtssystematischen Gründen ist damit davon auszugehen, dass das Ausbildungsverhältnis mindestens bis zum Tag des letzten Teils der staatlichen

Prüfung zu verlängern ist (so wohl auch *Dielmann* 2022, § 21 PflBG Rdnr. 15). Um entsprechende Unklarheiten zu vermeiden, sollte hierzu im Ausbildungsvertrag Näheres bestimmt werden (so auch *Igl* 2021, § 21 PflBG Rdnr. 7).

> **§ 21 Abs. 2 BBiG**
>
> Bestehen Auszubildende vor Ablauf der Ausbildungszeit die Abschlussprüfung, so endet das Berufsausbildungsverhältnis mit Bekanntgabe des Ergebnisses durch den Prüfungsausschuss.

3.10.2 Kündigung durch den Ausbildungsträger

Die Ausbildungszeit beginnt mit einer i. d. R. sechsmonatigen obligatorischen Probezeit, die durch eine tarifvertragliche Bestimmung lediglich verlängert bzw. verkürzt werden kann (*Igl* 2021, § 20 PflBG Rdnr. 2 f.). Während dieser Zeit kann das Ausbildungsverhältnis von beiden Vertragsparteien, also auch vom Ausbildungsträger, jederzeit und ohne Einhaltung einer Kündigungsfrist beendet werden (§ 22 Abs. 1 PflBG).

Nach Ablauf der Probezeit kann das Ausbildungsverhältnis beim Vorliegen eines wichtigen Grundes außerordentlich, also ohne Einhalten einer Kündigungsfrist beendet werden (§ 22 Abs. 2 Nr. 1 PflBG); hieran sind insgesamt strenge Maßstäbe anzulegen. Ein solcher wichtiger Grund liegt daher nur dann vor, wenn dem Kündigenden gemäß → § 314 BGB eine Fortsetzung des Ausbildungsverhältnisses bis zum Ablauf der Ausbildungszeit nicht zugemutet werden kann (*Igl* 2021, § 22 PflBG Rdnr. 9). Dies ist – im Unterschied zu einem frühen Ausbildungsstadium – insbesondere kurz vor dem Ausbildungsende bzw. dem Ablegen der staatlichen Prüfung kaum noch zu begründen; hier ist eine Kündigung (vor allem wegen Verhaltens- oder Leistungsdefiziten) daher kaum noch möglich (*Dielmann* 2022, § 22 PflBG Rdnr. 9).

> **§ 314 Abs. 1 und 2 BGB**
>
> (1) Dauerschuldverhältnisse kann jeder Vertragsteil aus wichtigem Grund ohne Einhaltung einer Kündigungsfrist kündigen. Ein wichtiger Grund liegt vor, wenn dem kündigenden Teil unter Berücksichtigung aller Umstände des Einzelfalls und unter Abwägung der beiderseitigen Interessen die Fortsetzung des Vertragsverhältnisses bis zur vereinbarten Beendigung oder bis zum Ablauf einer Kündigungsfrist nicht zugemutet werden kann.
> (2) Besteht der wichtige Grund in der Verletzung einer Pflicht aus dem Vertrag, ist die Kündigung erst nach erfolglosem Ablauf einer zur Abhilfe bestimmten Frist oder nach erfolgloser Abmahnung zulässig. Für die Entbehrlichkeit der Bestimmung einer Frist zur Abhilfe und für die Entbehrlichkeit einer Abmahnung findet § 323 Absatz 2 Nummer 1 und 2 entsprechende Anwendung. Die Bestimmung einer Frist zur Abhilfe und eine Abmahnung sind auch entbehrlich, wenn besondere Umstände vorliegen, die unter Abwägung der beiderseitigen Interessen die sofortige Kündigung rechtfertigen.

> **§ 323 Abs. 2 Nr. 1 BGB**
>
> Die Fristsetzung ist entbehrlich, wenn der Schuldner die Leistung ernsthaft und endgültig verweigert […].

Aus Sicht des Ausbildungsträgers ist diese Voraussetzung nur bei einer schwerwiegenden Pflichtverletzung durch den Auszubildenden gegeben, etwa bei einer nachhaltigen bzw. dauerhaften Verletzung seiner Pflicht, aktiv am Erreichen des Ausbildungsziels mitzuwirken, bei einer Verletzung der Schweigepflicht, Tätlichkeiten gegenüber Patienten bzw. Bewohnern oder bei beleidigenden bzw. rassistischen Äußerungen (hierzu *Lakies* 2020, § 22 Rdnr. 34 ff.; weitere Beispiele bei *Kreutz*, in: *Kreutz/Opolony* 2019, § 22 Rdnr. 30 ff.). Mangelhafte Leistungen eines Auszubildenden berechtigen demgegenüber grundsätzlich nicht zu einer Kündigung, »weil [erst] die Abschlussprüfung erweisen wird, ob der Auszubildende über die erforderlichen Kenntnisse und Fähigkeiten verfügt« (*Lakies* 2020, § 22 Rdnr. 39). Schlechte Leistungen stellen mithin nur dann einen wichtigen Grund für eine Kündigung dar, wenn die Leistungen insgesamt nicht mehr ausreichend sind (Notendurchschnitt unter 4,5) und zusätzlich das Nichtbestehen der staatlichen Abschlussprüfung mit an Sicherheit grenzender Wahrscheinlichkeit zu erwarten ist (*Kienzle* 2004, 17).

Ein wichtiger Grund kann darüber hinaus auch darin bestehen, dass sich während der Ausbildungszeit eine Unzuverlässigkeit zur Berufsausübung ergibt oder sich eine gesundheitliche Einschränkung herausstellt, die eine Fortsetzung des Ausbildungsverhältnisses ausschließt (▶ Kap. 2.2.3 sowie ▶ Kap. 8.1) (*Kreutz*, in: *Kreutz/Opolony* 2019, § 22 Rdnr. 35 f. sowie *Dielmann*, in: *Großkopf* 2010, Stw. Ausbildungsverhältnis).

Da eine fristlose Kündigung stets nur als Ultima Ratio möglich ist, ist der Ausbildungsträger verpflichtet, zuvor geeignete Maßnahmen zu ergreifen, die gegebenenfalls zu einer Besserung des Verhaltens des Auszubildenden führen können, wie etwa mündliche Ermahnungen oder eine schriftliche Abmahnung (→ § 314 Abs. 2 BGB) (*Dielmann* 2022, § 22 PflBG Rdnr. 10 sowie *Sträßner* 2004, 165). Eine Abmahnung muss dabei stets auf das konkrete Fehlverhalten des Auszubildenden hinweisen (Hinweisfunktion), ihn zu einer Verhaltensbesserung auffordern (Ermahnungsfunktion) und die Konsequenzen benennen, die dem Auszubildenden in dem Falle drohen, dass er sein Verhalten nicht ändert (Warnfunktion) (*Müller/Schabbeck* 2018, 124). Zu beachten ist zudem, dass eine Kündigung nach einer ausgesprochenen Abmahnung grundsätzlich nur wegen einer weiteren gleichartigen Pflichtverletzung ausgesprochen werden kann; ist ein Auszubildender also beispielsweise wegen der Beleidigung einer Praxisanleiterin abgemahnt worden, kann ihm im Falle einer verspäteten Vorlage eines ärztlichen Attests nicht unmittelbar (fristlos) gekündigt werden, vielmehr ist er wegen der Verletzung der Meldepflicht zunächst ebenfalls abzumahnen (vgl. *Müller/ Schabbeck* 2018, 125 f.).

Insgesamt ist bei einer entsprechenden fristlosen Kündigung zudem ein höherer Maßstab anzulegen als im allgemeinen Arbeitsrecht, da sich Auszubildende zum einen häufig noch durch eine unreife »spezielle Jugendtümlichkeit« auszeichnen und die Ausbildung zum anderen »wegen ihres das Berufsleben steuernden Aspekts in ihrer Beendigung so gravierend für den weiteren Lebensweg« ist, dass zunächst sämtliche mildere Mittel der Disziplinierung anzuwenden sind (*Sträßner* 2004, 165). Erforderlich ist darüber hinaus »eine Abwägung der Chancen und Risiken eines Abbruchs der Ausbildung für den Auszubildenden. Dabei sind das Stadium der Ausbildung sowie damit verbunden die Nähe zum Prüfungstermin, der Entwicklungsstand des Auszubildenden ebenso in die Abwägung mit einzubeziehen wie die besondere Fürsorgepflicht auch im Hinblick auf die charakterliche Förderung« (*Natzel*, in: *Boecken* et al. 2016, §§ 20–23 BBiG Rdnr. 27).

Fallbeispiel

Klara K. befindet sich in der zweiten Hälfte ihres ersten Ausbildungsjahres zur *Pflegefachfrau*. In den letzten Wochen ist sie öfters unentschuldigt verspätet zum Dienst erschienen und hat bei ihren immer häufiger auftretenden Erkrankungen mehrfach ihre Meldepflichten nach dem

Entgeltfortzahlungsgesetz verletzt. Die Pflegedienstleitung hat sie bereits mehrmals mündlich ermahnt und sie stellvertretend für den Ausbildungsträger insgesamt viermal schriftlich auf ihr Fehlverhalten hingewiesen, um Besserung gebeten und ihr im Wiederholungsfall mit einer Kündigung des Ausbildungsvertrages nach § 22 Abs. 2 Nr. 1 PflBG gedroht.

Da auf Klara K. bereits mehrfach disziplinarisch eingewirkt und sie wegen der unentschuldigten Verletzung ihrer Ausbildungszeit zum wiederholten Male rechtswirksam abgemahnt worden ist, kann das Ausbildungsverhältnis von Seiten des Ausbildungsträgers wegen der fehlenden Mitwirkung am Erreichen des Ausbildungserfolges aus einem wichtigen Grund beendet werden. Anders verhielte es sich, wenn Frau K. bereits im dritten Ausbildungsjahr wäre und sie unmittelbar vor der staatlichen Prüfung stünde. In diesem Fall würde eine Abwägung der Interessen von Frau K. einerseits und ihres Ausbildungsträger andererseits dazu führen, dass die Ausbildung trotz der Verstöße im Verhaltensbereich der Auszubildenden bis zur Prüfung fortgesetzt werden müsste.

Eine fristlose Kündigung aus wichtigem Grund ist dabei stets schriftlich, unter Angabe des Kündigungsgrundes und unter Einhaltung einer Kündigungserklärungsfrist auszusprechen (§ 22 Abs. 3 bzw. Abs. 4 Satz 1 PflBG). Die Kündigungserklärungsfrist, die → § 626 Abs. 2 BGB nachgebildet ist, beträgt dabei 14 Tage und beginnt mit der Kenntnisnahme der kündigungsberechtigten Person von den die Kündigung rechtfertigenden Umständen; die Berechnung der Frist erfolgt nach → § 187 Abs. 1 BGB und → § 188 Abs. 1 BGB.

§ 626 BGB

(1) Das Dienstverhältnis kann von jedem Vertragsteil aus wichtigem Grund ohne Einhaltung einer Kündigungsfrist gekündigt werden, wenn Tatsachen vorliegen, auf Grund derer dem Kündigenden unter Berücksichtigung aller Umstände des Einzelfalles und unter Abwägung der Interessen beider Vertragsteile die Fortsetzung des Dienstverhältnisses bis zum Ablauf der Kündigungsfrist oder bis zu der vereinbarten Beendigung des Dienstverhältnisses nicht zugemutet werden kann.

(2) Die Kündigung kann nur innerhalb von zwei Wochen erfolgen. Die Frist beginnt mit dem Zeitpunkt, in dem der Kündigungsberechtigte von den für die Kündigung maßgebenden Tatsachen Kenntnis erlangt. Der Kündigende muss dem anderen Teil auf Verlangen den Kündigungsgrund unverzüglich schriftlich mitteilen.

§ 187 Abs. 1 BGB

Ist für den Anfang einer Frist ein Ereignis oder ein in den Lauf eines Tages fallender Zeitpunkt maßgebend, so wird bei der Berechnung der Frist der Tag nicht mitgerechnet, in welchen das Ereignis oder der Zeitpunkt fällt.

§ 188 Abs. 1 BGB

Eine nach Tagen bestimmte Frist endigt mit dem Ablauf des letzten Tages der Frist.

Fallbeispiel

Die Auszubildende Marie H. hat unter Drogeneinfluss in einem selbständigen Arbeitseinsatz am 3. März die Medikamente zweier Patienten verwechselt und dadurch eine erhebliche Gesundheitsschädigung bei einem der beiden verursacht. Die Pflegedienstleitung erfährt hiervon am 10. März und lässt sich am selben Tag von Frau H.s Mitauszubildenden berichten, dass diese mehr oder weniger regelmäßig Cannabis konsumiere. Wegen dieser Vorkommnisse hat der Ausbildungsträger das Recht, das Ausbildungsverhältnis aus einem wichtigen Grund fristlos zu beenden. Da die Kenntnisnahme der die Kündigung rechtfertigenden Umstände in den Verlauf des 10. März fällt, beginnt die Kündigungserklärungsfrist am 11. März und nach 14 Tagen am 24. März. Erfolgt die Kündigung erst danach, ist sie unwirksam; wird sie bis zum Ende der Frist ausgesprochen, wird sie ohne das Erfordernis, eine weitere Frist einhalten zu müssen, sofort wirksam.

Soll eine außerordentliche Kündigung durch den Ausbildungsträger ausgesprochen werden, ist hierzu das Benehmen mit der Pflegeschule herzustellen (§ 22 Abs. 3 Satz 2 PflBG). Hierdurch soll sichergestellt werden, dass die Pflegeschule im Falle einer fristlosen Kündigung durch den Ausbildungsträger beteiligt wird und gegebenenfalls vermittelnd zum Weiterbestehen des Ausbildungsverhältnisses beitragen kann. Da das Benehmen mit der Pflegeschule nicht deren Einvernehmen bedeutet, trifft die Entscheidung über die Kündigung aber letztendlich der Ausbildungsträger (*Igl* 2021, § 22 PflBG Rdnr. 14). Eine Kündigung durch die Schule ist damit gesetzlich nicht vorgesehen, was nicht zuletzt darin begründet ist, dass sie auch keine Vertragspartnerin des Ausbildungsvertrages ist. Soll die Kündigung daher mit Verfehlungen des Auszubildenden im Schulverhältnis begründet werden, muss sie zunächst entsprechende Disziplinar- und Ordnungsmaßnahmen ergreifen (▶ Kap. 4.5); erst bei deren Erfolglosigkeit »kann sie im Rahmen der Kooperation mit dem Träger der praktischen Ausbildung analog dem Grundsatz der Gesamtverantwortung (vgl. § 10 PflBG) darauf hinwirken, dass der Träger das Ausbildungsverhältnis kündigt« (*Igl* 2021, § 22 PflBG Rdnr. 15).

3.10.3 Kündigung durch den Auszubildenden

Auch Auszubildende haben das Recht, das Ausbildungsverhältnis während der Probezeit jederzeit ohne Einhaltung einer Kündigungsfrist zu beenden (§ 22 Abs. 1 PflBG); anschließend ist dies mit einer Kündigungsfrist von vier Wochen möglich, wobei sich die Berechnung der Frist ebenfalls nach → § 187 Abs. 1 und § 188 Abs. 1 BGB richtet.

Fallbeispiel

Ben E. möchte seine Ausbildung zum *Pflegefachmann* zum 30. Juni beenden, um ab dem 1. Juli eine alternative Ausbildung zum Kaufmann im Gesundheitswesen zu beginnen. Um fristgerecht kündigen zu können, muss die Kündigung spätestens am 2. Juni erfolgen (Kündigungsfrist von 3. Juni bis 30. Juni [≙ vier Wochen bzw. 28 Tage]).

Darüber hinaus ist auch Auszubildenden eine fristlose Kündigung aus wichtigem Grund möglich (§ 22 Abs. 2 Nr. 1 PflBG). Wichtige Gründe für eine solche außerordentliche Kündigung des Ausbildungsverhältnisses durch einen Auszubildenden können schwerwiegende Verstöße gegen das Jugendarbeitsschutzrecht, eine Weigerung des Ausbildungsträgers zur ordnungsgemäßen Berufsausbildung (▶ Kap. 3.5.2), schlechte Behandlung des Auszubildenden durch den Ausbildenden bzw. die zuständigen Ausbilder oder ein Wegfall der Ausbildungsberechtigung des Ausbildungsträgers sein (*Igl* 2021, § 22 PflBG Rdnr. 12).

Fallbeispiel

Der Praxisanleiter Niels P. macht gegenüber der Auszubildenden Luisa W. permanent sexuelle Äußerungen über ihr Aussehen und sucht mehrfach eindeutig nicht anleitungsbezogenen Körperkontakt zu ihr. Sie beschwert sich daraufhin bei dem Pflegedirektor Ernst D. und bittet darum, versetzt zu werden oder ein derartiges Verhalten zu unterbinden. Herr D. hat wenig Verständnis für das Anliegen von Luisa W. und meint, bei ihrer Attraktivität müsse sie das doch gewohnt sein und als angehende »Krankenschwester« mit solchen Situationen umgehen können. Frau W. reicht daraufhin eine außerordentliche Kündigung ein und teilt darin mit, die Ausbildung wegen der nicht unterbundenen sexuellen Übergriffe mit sofortiger Wirkung zu beenden; zu Recht beruft sie sich dabei auf die Möglichkeiten des § 22 Abs. 2 Nr. 1 PflBG.

> **§ 24 BBiG**
>
> Werden Auszubildende im Anschluss an das Berufsausbildungsverhältnis beschäftigt, ohne dass hierüber ausdrücklich etwas vereinbart worden ist, so gilt ein Arbeitsverhältnis auf unbestimmte Zeit als begründet.
>
> **§ 625 BGB**
>
> Wird das Dienstverhältnis nach dem Ablauf der Dienstzeit von dem Verpflichteten mit Wissen des anderen Teiles fortgesetzt, so gilt es als auf unbestimmte Zeit verlängert, sofern nicht der andere Teil unverzüglich widerspricht.

Auch eine Kündigung durch einen Auszubildenden muss schriftlich erfolgen (§ 22 Abs. 3 Satz 1 PflBG). Handelt es sich um eine außerordentliche Kündigung aus wichtigem Grund, muss außerdem die Kündigungserklärungsfrist von 14 Tagen eingehalten werden (§ 22 Abs. 2 PflBG); zudem sind in diesem Fall die Kündigungsgründe anzugeben (§ 22 Abs. 3 Satz 3 PflBG).

3.10.4 Beschäftigung im Anschluss an das Ausbildungsverhältnis

Nach § 23 PflBG gilt ein Arbeitsverhältnis als auf unbestimmte Zeit begründet, wenn ein Auszubildender im Anschluss an das Ausbildungsverhältnis vom ehemaligen Ausbildungsträger beschäftigt wird, ohne dass hierüber ausdrücklich etwas vereinbart worden ist. Es handelt sich hierbei um eine Schutzvorschrift, die → § 24 BBiG nachgebildet ist und dem Rechtsgedanken des → § 625 BGB entspricht (BT-Drucks. 18/7823, 76).

Voraussetzung ist dabei zunächst, dass die Beschäftigung ohne zeitliche Unterbrechung erfolgt; der Auszubildende muss also am Tag unmittelbar nach Ablauf der Ausbildungszeit im Sinne des § 21 PflBG oder nach einer wirksam gewordenen Kündigung des Ausbildungsverhältnisses nach § 22 PflBG weiterbeschäftigt worden sein. Dies gilt auch unabhängig vom Termin der staatlichen Prüfung: Findet die Abschlussprüfung ausnahmsweise erst nach dem Ablauf der Ausbildungszeit von regelmäßig drei Jahren statt, ohne dass diese verlängert wird, und wird der Auszubildende (dennoch) am Tag nach der Beendigung dieser vertraglich vereinbarten Ausbildungszeit für den Ausbildungsträger tätig, kommt dadurch ein Beschäftigungsverhältnis zustande (*Lakies* 2020, § 24 Rdnr. 7). Die Weiterbeschäftigung erfolgt in diesem Fall als Pflegekraft ohne Erlaubnis, die Berufsbezeichnung nach § 1 PflBG führen zu dürfen (so wohl auch *Kreutz*, in: *Kreutz/Opolony* 2019, § 23 Rdnr. 10).

Zudem muss der (anfänglich) Auszubildende tatsächlich eine Arbeitsleistung für den ehemaligen Ausbildungsträger erbringen. Dieser muss als Arbeitgeber Kenntnis von der Arbeitsleistung erlangt und ihr nicht unverzüglich widersprochen haben (*Boecken*, in: *Boecken* et al. 2016, § 625 BGB Rdnr. 4 ff.).

Liegen diese Voraussetzungen vor, so gilt ein Arbeitsverhältnis auf unbestimmte Zeit als begründet. Es kommt also ein grundsätzlich unbefristetes Beschäftigungsverhältnis in Vollzeit zustande und das zu den in der Pflegebranche üblichen Bedingungen. Hinsichtlich der Höhe der Vergütung bedeutet das, dass der Arbeitnehmer nach § 612 BGB Anspruch auf das tarifliche Gehalt hat, selbst wenn der Arbeitgeber nicht tarifgebunden sein sollte (BAG vom 16. Juni 2005 Az. 6 AZR 411/04); einige Tarifverträge sehen sogar spezielle Regelungen zum Arbeitsentgelt in diesen Fällen vor (*Igl* 2021, § 23 PflBG Rdnr. 5).

Sofern der Arbeitnehmer – was die Regel sein dürfte – aufgrund seiner Ausbildung bereits länger als sechs Monate bei dem Arbeitgeber (zur Berufsausbildung) beschäftigt worden ist, besteht zudem Kündigungsschutz nach § 1 KSchG, wenn hierfür auch die entsprechenden betrieblichen Voraussetzungen nach § 23 Abs. 1 KSchG erfüllt sind (Betriebsgröße von regelmäßig mehr als zehn vollzeitäquivalent Beschäftigten) (*Lakies* 2020, § 24 Rdnr. 17). Eine Kündigung wäre in diesem Fall also nur dann möglich, wenn sie sozial gerechtfertigt, mithin verhaltens-, personen- oder betriebsbedingt erforderlich wäre (hierzu etwa *Großkopf/Schanz* 2021, 181 ff. oder *Siefarth* 2020, 611 ff.).

4 Schulverhältnis zwischen Pflegeschule und Auszubildenden

Auch das Schulverhältnis zwischen der Pflegeschule und dem Auszubildenden ist dem Grunde nach ein synallagmatisches, auch wenn zwischen diesen beiden Akteuren der Pflegeausbildung kein direktes Vertragsverhältnis besteht und sich die in ihm bestehenden Rechte und Pflichten in erster Linie aus dem Ausbildungsverhältnis zwischen Ausbildungsträger und Auszubildenden bzw. aus dem Kooperationsverhältnis zwischen der Pflegeschule und dem Ausbildungsträger oder direkt aus dem Pflegeberufegesetz ergeben (▶ Abb. 22). So ist die Pflegeschule zunächst zur Erteilung des theoretischen und praktischen Unterrichts verpflichtet; zudem muss sie dem Auszubildenden die hierfür erforderlichen Lehr- und Lernmittel zur Verfügung stellen und seinen Leistungsfortschritt überprüfen sowie bewerten. Der Auszubildende wiederum ist verpflichtet, die Schule zu besuchen und aktiv am Unterricht teilzunehmen, um am Erreichen des Ausbildungsziels mitzuwirken; im Falle von Verfehlungen und Disziplinschwierigkeiten drohen ihm schul- und ausbildungsrechtliche Konsequenzen bzw. Sanktionen. In einigen Bundesländern gilt zudem das das Schulverhältnis weiter regulierende (allgemeine) Schulrecht, in jedem Fall aber eine von der Pflegeschule gegebenenfalls erlassene Schulordnung.

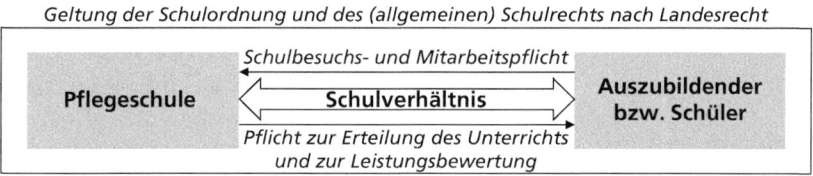

Abb. 22: Rechte und Pflichten aus dem Schulverhältnis (eigene Darstellung)

4.1 Erteilung des Unterrichts

Die Pflicht zur Erteilung des Unterrichts ergibt sich für die Pflegeschulen vor allem aus § 6 Abs. 2 PflBG. Danach wird zwischen dem theoretischen und dem praktischen Unterricht unterschieden, der in einem Umfang von insgesamt mindestens 2.100 (Unterrichts) Stunden zu erteilen ist (§ 1 Abs. 2 Nr. 1 PflAPrV), wobei eine Stunde Unterricht »wegen des schulrechtlichen Charakters mit 45 Minuten [...] veranschlagt« wird (*Sträßner* 2004, 114). Die Verteilung der Unterrichtsstunden auf die unterschiedlichen Kompetenzbereiche ergibt sich aus Anlage 6 PflAPrV, in der indes nicht zwischen dem theoretischen

Tab. 5: Stundenverteilung im Rahmen des Unterrichts nach Anlage 6 PflAPrV

Kompetenzbereich	erstes und zweites Ausbildungsdrittel	letztes Ausbildungsdrittel	gesamt
I. Pflegeprozesse und Pflegediagnostik in akuten und dauerhaften Pflegesituationen verantwortlich planen, organisieren, gestalten, durchführen, steuern und evaluieren.	680 Std.	320 Std.	1.000 Std.
II. Kommunikation und Beratung personen- und situationsorientiert gestalten.	200 Std.	80 Std.	280 Std.
III. Intra- und interprofessionelles Handeln in unterschiedlichen systemischen Kontexten verantwortlich gestalten und mitgestalten.	200 Std.	100 Std.	300 Std.
IV. Das eigene Handeln auf der Grundlage von Gesetzen, Verordnungen und ethischen Leitlinien reflektieren und begründen.	80 Std.	80 Std.	160 Std.
V. Das eigene Handeln auf der Grundlage von wissenschaftlichen Erkenntnissen und berufsethischen Werthaltungen und Einstellungen reflektieren und begründen.	100 Std.	60 Std.	160 Std.
Stunden zur freien Verteilung	140 Std.	60 Std.	200 Std.
Gesamtsumme	1.400 Std.	700 Std.	2.100 Std.

und dem praktischen Unterricht differenziert wird (▶ Tab. 5). Darin ist auch festgelegt, dass »über die Gesamtdauer der Ausbildung im Rahmen des Unterrichts zur Vermittlung von Kompetenzen zur Pflege von Menschen aller Altersstufen jeweils mindestens 500 und höchstens 700 Stunden auf die Kompetenzvermittlung anhand der besonderen Pflegesituationen von Kindern und Jugendlichen sowie von alten Menschen« entfallen müssen.

Die zu vermittelnden Inhalte ergeben sich im Wesentlichen aus den Maßgaben der Ausbildungs- und Prüfungsordnung sowie des von einer Fachkommission entwickelten, bundeseinheitlichen Rahmenlehrplans (*Fachkommission* 2020 nebst *BiBB* 2020).

4.1.1 Theoretischer und praktischer Unterricht

Gemeinsamkeit des theoretischen und praktischen Unterrichts ist das angestrebte Unterrichtsziel: Zu vermitteln sind in erster Linie die Kompetenzen, »die zur Erreichung des Ausbildungszieles nach § 5 des Pflegeberufegesetzes erforderlich sind« (§ 2 Abs. 1 S. 1 PflAPrV) (▶ Kap. 2.4.1). Etwas ausdifferenzierter geht es nach § 2 Abs. 1 Satz 2 und 3 PflAPrV im theoretischen und praktischen Unterricht darum, die Auszubildenden zu befähigen, »auf der Grundlage fachlichen Wissens und Könnens sowie auf der Grundlage des allgemein anerkannten Standes pflegewissenschaftlicher, medizinischer und weiterer bezugswissenschaftlicher Erkenntnisse die beruflichen Aufgaben zielorientiert, sachgerecht, methodengeleitet und selbständig zu

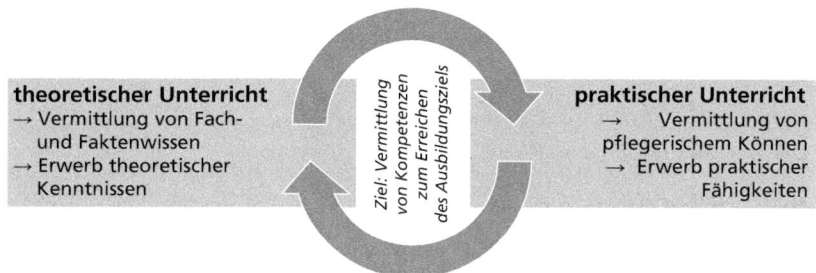

Abb. 23: Theoretischer und praktischer Unterricht (eigene Darstellung)

lösen sowie das Ergebnis zu beurteilen. Während des Unterrichts ist die Entwicklung der zur Ausübung des Pflegeberufs erforderlichen personalen Kompetenz einschließlich der Sozialkompetenz und der Selbständigkeit zu fördern.«

Dabei geht es im theoretischen Unterricht primär um die Vermittlung fachlichen *Wissens*, also um den Erwerb von *Kenntnissen* über die Pflege, Betreuung und Versorgung von Patientinnen und Patienten bzw. Bewohnerinnen und Bewohnern im Sinne pflegetheoretischen Fakten- und Arbeitsprozesswissens (vgl. *Schneider* 2005, 25): »Pflegeauszubildende setzen sich [hier] mit pflegebezogenen Wissensinhalten aus Konzepten bis hin zu Theorien aus Pflege- und Bezugswissenschaften auseinander« (*Bensch* 2020, 18).

Im Gegensatz dazu steht im praktischen Unterricht vor allem die Erweiterung des pflegefachfachlichen *Könnens* der Schülerinnen und Schüler im Vordergrund. Hier geht es mithin um die theoriegestützte Erweiterung von praktischen *Fertigkeiten*, die für die Durchführung pflegerischer Interventionen bzw. komplexerer Pflegeprozesse unabdingbar sind und die in einem systematisch angelegten Theorie-Praxis-Transfer simulativ-situativ zu vermitteln sind (hierzu etwa *Schmal* 2017, 187 ff.). Insofern bezieht sich der praktische Unterricht auf »Unterrichtssequenzen mit Übungscharakter […], die vielfach in speziellen Übungsräumen (Demonstrationsräumen) durchgeführt werden. Diese Räume sind mit für die Pflege erforderlichen Einrichtungsgegenständen (z. B. Krankenbett, technische Geräte), Instrumenten, Demonstrationsobjekten und Pflegematerialien ausgestattet, um Pflegesituationen zu simulieren und pflegerische Aufgaben einzuüben. Praktischer Unterricht kann auch im Rahmen der vorgeschriebenen Praxisbegleitung durch die Schule als ›klinischer‹ Unterricht in Gestalt von ›bedside teaching‹ oder anderen Formen der Unterweisung organisiert werden« (*Dielmann* 2022, § 6 PflBG Rdnr. 9; ähnlich *Sträßner* 2004, 114 f. [kritisch hierzu ▶ Kap. 5.2]). »Die Vorteile des praktischen Unterrichts liegen im schrittweisen Einüben erlernter Inhalte aus dem theoretischen Unterricht bzw. dem Reflektieren erlebter Situationen der praktischen Ausbildung im geschützten Raum« (*Bensch* 2020, 19).

4.1.2 Distanzunterricht

Der Begriff des Distanzunterrichts geht im Wesentlichen auf die Corona-Schutzbestimmungen der einzelnen Bundesländer zurück, die mit diesem Lehr-Lern-Arrangement ein (zunächst temporäres) Substitut zum klassischen bzw. gewöhnlichen Präsenzunterricht schaffen wollten. Mittlerweile ist er in einigen Landesschulgesetzen allerdings auch als

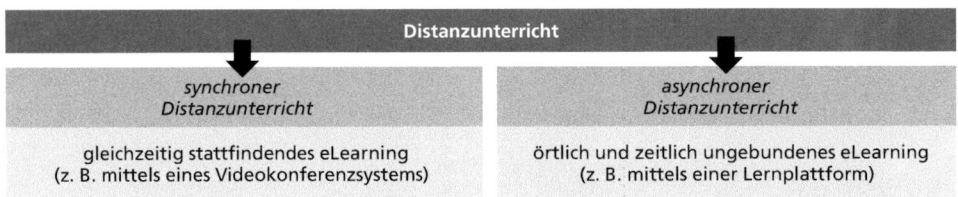

Abb. 24: Formen des Distanzunterrichts (eigene Darstellung)

(neue) reguläre Unterrichtsform etabliert worden. Zu unterscheiden ist insofern vor allem zwischen dem synchronen und dem asynchronen Distanzunterricht (▶ Abb. 24).

Beim sogenannten synchronen Distanzunterricht findet das Lehrereignis der Lehrkräfte gleichzeitig mit dem Lernereignis der Schülerinnen und Schüler statt; es ist also eine direkte Kommunikation und Interaktion zwischen allen Beteiligten des Unterrichtsgeschehens möglich. Im Gegensatz zum Präsenzunterricht befinden sich die Akteure jedoch nicht an demselben physischen Ort (sprich: im Klassenzimmer), sondern in einer gleichen Online-Umgebung, wie etwa dem virtuellen Raum eines Videokonferenzsystems (*Solomon/Verrilli* 2021, 21).

Ein solches Unterrichtsarrangement kann – resümierend vorweggenommen – durchaus auch an Pflegeschulen umgesetzt werden: Zwar ist der Pflegeunterricht nach § 6 Abs. 2 Satz 1 PflBG *an* Pflegeschulen zu erteilen, doch kann dies nicht bedeuten, dass er stets »in den dafür vorgesehenen Unterrichtsräumen organisiert« werden muss (*Dielmann* 2022 § 6 PflBG Rdnr. 9), da ansonsten in unzulässiger Weise in die pädagogische Freiheit der Schulen und deren Lehrkräfte eingegriffen würde (*Kostorz* 2021b, 52), die unter anderem die didaktische Frage zu beantworten haben, *wo* gelernt werden soll (hierzu *Kostorz* 2022e, 103 f.). Wenn also beispielsweise Exkursionen ohne Zweifel als Unterricht an einem außerschulischen Lernort anzusehen sind (*Kostorz/Schlosser* 2014, 106 ff.), ist es grundsätzlich auch möglich, Schülerinnen und Schüler zur Teilnahme an synchronem Distanzunterrichts zu verpflichten (hierzu ausführlicher *Kostorz* 2021b, 53), zumal sie nach § 17 Satz 2 Nr. 1 PflBG auch gehalten sind, »an den vorgeschriebenen Ausbildungsveranstaltungen der Pflegeschule teilzunehmen«. Etwas anderes gilt lediglich beim praktischen Pflegeunterricht (▶ Kap. 4.1.1). Diese Form des Pflegeunterrichts ist wegen ihres speziellen didaktischen Ansatzes kaum in Distanz zu organisieren, weshalb praktischer Distanzunterricht auch rechtlich kaum zu rechtfertigen sein dürfte (ausführlicher *Kostorz* 2021b, 53).

Rechtlich schwieriger zu beantworten ist die Frage, ob die Lernenden dazu verpflichtet werden können, während des Unterrichts die Kamera ihres Computers, Mobiltelefons oder eines ähnlichen Gerätes einzuschalten, so dass sie in dem virtuellen Klassenraum für alle anderen Teilnehmenden sichtbar sind. Dies ist zwar juristisch noch nicht abschließend geklärt, dürfte im Ergebnis aber zu bejahen sein: Zwar können sich die Schülerinnen und Schüler in diesem Zusammenhang auf ihr sich aus Art. 1 und 2 GG ergebendes Persönlichkeitsrecht berufen, das nicht nur das Recht am eigenen Bild umfasst, sondern auch den eigenen Wohn- und Lebensbereich vor einer unerwünschten Einsichtnahme durch andere Personen schützt (hierzu exemplarisch *Trenczek* et al. 2018, 125 ff.), doch bieten (soweit ersichtlich) alle Videokonferenzsysteme die technische Möglichkeit, den Bildhintergrund unkenntlich zu machen, so dass der Schutz der Privat- bzw. Intimsphäre gewahrt bleibt, wenn sich Lernende für die Nutzung dieser Möglichkeit entscheiden. Zudem sind die

Schulen bzw. die für sie tätigen Lehrkräfte – und das ist das entscheidende Argument für eine Obliegenheit der Schülerinnen und Schüler, am Videounterricht mit »offenem Visier« teilzunehmen – zu einer effektiven Kontrolle von Fehlzeiten verpflichtet, die auch auf den Jahreszeugnissen nach § 6 PflAPrV auszuweisen sind, um sicherzustellen, dass während der Ausbildung tatsächlich die geforderte Mindeststundenzahl an (theoretischem und praktischem) Unterricht absolviert worden ist (▶ Kap. 2.3 und ▶ Kap. 4.4.1). Diese Kontrolle kann von den Lehrkräften nur dann ordnungsgemäß durchgeführt werden, wenn sie ihre Schülerinnen und Schüler tatsächlich (wenn auch nur auf dem Bildschirm) vor sich sehen – andernfalls könnten die Lernenden nur vorgeben, am Unterricht teilzunehmen, und sich in letzter Konsequenz ihrer Pflicht zum Schulbesuch nach § 17 Satz 2 Nr. 1 PflBG entziehen, ohne weitere Konsequenzen fürchten zu müssen.

Kommen Schülerinnen und Schüler ihrer Pflicht zur Aktivierung der Kamera und damit zum Beleg ihrer tatsächlichen Teilnahme am Unterricht nicht nach, kann darin eine Verletzung ihrer Mitwirkungspflichten nach § 17 Satz 1 und Satz 2 Nr. 2 PflBG (▶ Kap. 4.3.2) mit der Folge gesehen werden, dass die entsprechende Unterrichtsstunde als Fehlstunde gewertet wird – und das unentschuldigt, da die Pflichtverletzung von der Schülerin bzw. dem Schüler zu vertreten ist (§ 13 Abs. 1 Nr. 2 lit. a PflBG) (vgl. hierzu etwa *Opolony*, in: *Kreutz/Opolony* 2019, § 13 Rdnr. 7).

Im Gegensatz zum synchronen Distanzunterricht ist der asynchrone Distanzunterricht dadurch gekennzeichnet, dass das Lernen der Schülerinnen und Schüler zu anderen Zeiten und an anderen Orten stattfindet als die Lehrbemühungen der Lehrenden (*Solomon/Verrilli* 2021, 21). Dies ist beispielsweise bei der Nutzung von Lernplattformen der Fall, auf der die Lehrperson Unterrichtsmaterial zur Verfügung stellt, welches von den Lernenden zu einem Zeitpunkt und an einem Ort ihrer Wahl bearbeitet und anschließend von der Lehrkraft kontrolliert und gegebenenfalls korrigiert wird.

Hier stellt sich bereits die Frage, ob derartige Lehr-Lern-Arrangements überhaupt »Unterricht« i.S.d. § 6 Abs. 2 PflBG bzw. § 2 i. V. m. § 1 Abs. 2 Nr. 1 PflAPrV sind. Zwar wird der Begriff des Unterrichts weder im Pflegeberufegesetz noch in der Ausbildungs- und Prüfungsverordnung definiert, doch wird er in der Didaktik regelmäßig verstanden als »organisierte *Interaktion* von Lehren und Lernen« (*Schröder* 2002, 75 [Hervorhebung durch d. V.]), wobei »Interaktion bedeutet, dass im Unterricht eine Wechselwirkung des Verhaltens von Lehrer und Schüler besteht, d. h. das Verhalten des einen beeinflusst das Verhalten des anderen und umgekehrt« (*Schröder* 2002, 77), was im asynchronen Distanzunterricht bereits per definitionem ausgeschlossen ist. Insofern ist er trotz seines Begriffes dem Grunde nach also *kein* Unterricht (im Sinne des Pflegeausbildungs- bzw. -schulrechts), so dass er den üblichen Präsenzunterricht nicht ohne weiteres ersetzen kann – ansonsten würde die Ausbildung eben keine gesetzlich geforderten 2.100 Unterrichtsstunden an der Pflegeschule umfassen (§ 1 Abs. 2 Nr. 1 PflAPrV), mit der Folge, dass Auszubildende, die in einem zu hohen Maße derart beschult worden sind, nicht nur nicht zur staatlichen Prüfung zugelassen werden dürften (§ 11 Abs. 3 PflAPrV) (▶ Kap. 6.1), sondern auch zur Geltendmachung von Schadensersatzansprüchen nach § 823 Abs. 2 BGB berechtigt wären, wenn sie wegen des Planungsfehlers bzw. des Organisationsversagens der Pflegeschule die staatliche Prüfung entweder nicht bzw. nur verspätet ablegen könnten oder sie die Prüfung infolge der nur unzureichend vermittelten Lehrinhalte nicht bestehen.

Die an einigen Pflegeschulen geübte Praxis, die Schülerinnen und Schüler mit einem (mittels einer Lernplattform erteilten) Arbeitsauftrag (zum Teil über mehrere Stunden oder gar tageweise) in eine Selbstlernphase zu entlassen und diese Zeit als Unterrichtszeit i.S.d. § 1 Abs. 2 Nr. 1 PflAPrV zu werten, ist daher regelmäßig unzulässig, zumal Auszubildende ohnehin verpflichtet sind, auch außerhalb der eigentlichen Unterrichtszeit am Erreichen des Unterrichtsziels mitzuwirken (ausführlicher *Kostorz* 2021b, 54) (▶ Kap. 4.3.2). Ausnahmen hiervon ergeben sich nur dann, wenn asynchroner Distanzunterricht durch eine entsprechende (landesgesetzliche) Ermächtigung ausdrücklich für zulässig erklärt wird. Diese kann sich zum Beispiel (wie in der Corona-Pandemie) aus infektionsschutzrechtlichen Vorschriften oder (wie etwa in Bayern oder Schleswig-Holstein) aus allgemeinen schulrechtlichen Bestimmungen ergeben (→ § 12 Abs. 4 BFSO Gesundheit BY i. V. m. § 19 Abs. 4 BaySchO sowie → § 4 Abs. 1 und Abs. 2 PflBADVO SH).

§ 12 Abs. 4 BFSO Gesundheit BY

Mit Genehmigung der Schulaufsichtsbehörde kann in organisatorisch oder pädagogisch begründeten Fällen der Unterricht in einzelnen Fächern in begrenztem Umfang als Distanzunterricht nach § 19 Abs. 4 der Bayerischen Schulordnung (BaySchO) abgehalten werden. Die Lehrerkonferenz und das Schulforum sind vorher anzuhören.

§ 19 Abs. 4 BaySchO

Die Durchführung von Distanzunterricht an einer Schule oder in einzelnen Klassen oder Kursen der Schule ist nur zulässig,

1. wenn die zuständigen Behörden zum Schutz von Leben oder Gesundheit
   a) die Schulschließung oder den Ausschluss einzelner Klassen oder Kurse anordnen oder
   b) den Ausschluss einzelner Personen anordnen oder genehmigen,

2. soweit der Präsenzunterricht an Schulen
   a) aufgrund außergewöhnlicher witterungsbedingter Ereignisse ausfällt oder
   b) im Einvernehmen mit der Schulaufsicht wegen sonstiger außergewöhnlicher Ereignisse von vergleichbar schwerem Gewicht ausfällt,
3. sofern einzelne Schulordnungen dies vorsehen.

Bei Distanzunterricht ist sicherzustellen, dass eine gleichwertige Teilnahmemöglichkeit aller Schülerinnen und Schüler besteht. Die Schule legt die im Rahmen des Distanzunterrichts eingesetzten elektronischen Verfahren fest, die nach Zweck, Umfang und Art den in Anlage 2 Abschnitt 4 und 7 geregelten Vorgaben entsprechen müssen.

§ 4 Abs. 1 und Abs. 2 PflBADVO SH

(1) Pflichtunterrichtsstunden sind als Präsenzunterricht zu gestalten. Auf Antrag bei der […] zuständigen Behörde können Unterrichtsstunden des theoretischen Unterrichts im Rahmen eines Angebotes für elektronisch unterstütztes Lernen (E-Learning) auch als Unterrichtsangebot am anderen Ort stattfinden.

(2) Der Antrag auf E-Learning ist zu begründen. In der Begründung ist darzulegen und nachzuweisen, dass sichergestellt ist, dass die folgenden Voraussetzungen erfüllt sind:
1. alle in das Angebot zum E-Learning involvierten Personen erhalten die gleichen technisch notwendigen Voraussetzungen, um E-Learning durchführen zu können;
2. es findet eine wissenschaftlich fundierte Methode des E-Learning Anwendung; wissenschaftlich fundiert ist die Methode des E-Learning, wenn sie wissenschaftlich bereits

> erprobten Untersuchungen und Konzepten entspricht;
> 3. die beabsichtigte Methode des E-Learning passt zu den zu vermittelnden Lehrangeboten.

4.1.3 Unterrichtsinhalte

Grundlegend für die zu erteilenden Unterrichtsinhalte ist zunächst der auf Bundesebene geltende sogenannte Rahmenlehrplan, den eine Fachkommission nach den Vorgaben der Ausbildungs- und Prüfungsverordnung zu den in der Pflegeausbildung zu fördernden Kompetenzen erstellt hat (§ 53 Abs. 1 und 2 PflBG i. V. m. § 51 Abs. 1 PflAPrV) (*Fachkommission* 2020 nebst *BiBB* 2020). Er hat gemäß § 51 Abs. 3 PflAPrV eine empfehlende Wirkung (→ BT-Drucks. 19/2707, 115).

BT-Drucks. 19/2707, 115
Die Rahmenpläne entfalten als Orientierungshilfe zur Umsetzung der Ausbildung nach dem Pflegeberufsgesetz und der Ausbildungs- und Prüfungsverordnung empfehlende Wirkung für die Lehrpläne der Länder und die schulinternen Curricula der Pflegeschulen, ohne in die Durchführungszuständigkeit der Länder einzugreifen. In dieser Form sind die Rahmenpläne wichtige Grundlagen für eine inhaltlich möglichst bundeseinheitliche Umsetzung der neuen Pflegeausbildung. [...] Dabei kann die Fachkommission im Rahmen des theoretischen und praktischen Unterrichts vertiefende Angebote für spezifische Fallsituationen und Zielgruppen vorsehen. Dies kann unterschiedliche Bereiche mit unterschiedlichen Schwerpunkten betreffen, etwa die Sicherung der Lebensqualität und der Autonomie pflegebedürftiger Menschen, die Unterstützung und Förderung einer gesunden Entwicklung von Kindern und Jugendlichen, die Begleitung und Unterstützung dementiell erkrankter Menschen, die Sterbebegleitung, das professionelle Führen von Gesprächen, das Erhalten und Fördern von physischer und psychischer Unversehrtheit von Kindern und Jugendlichen, das Verstehen von und den angemessenen sowie spezifischen Umgang mit Krisen, die Förderung von Familiengesundheit durch Stärkung elterlicher Kompetenzen oder auch die Kompetenz, rechtssicher handeln und informieren zu können.

In diesem Rahmenlehrplan werden insgesamt elf sogenannte Curriculare Einheiten ausgewiesen, deren Konzeption typische und wiederkehrende Pflegesituationen zugrunde liegen (*Fachkommission* 2020, 13). In den Beschreibungen der einzelnen Curricularen Einheiten werden zum einen die mit ihnen korrespondierenden Kompetenzen aus den Anlagen 1 bis 4 PflAPrV im Wortlaut übernommen (▸ Ziffer 1 in Tab. 6), zum anderen werden die zum Kompetenzerwerb erforderlichen konkreten Lehr- und Lerninhalte benannt (▸ Ziffer 2 in Tab. 6). Auf diese Weise wird relativ detailliert umschrieben, welche Inhalte bzw. Themenfelder im Unterricht (kompetenzorientiert) zu behandeln sind.

Daneben haben die Bundesländer die Möglichkeit, unter Beachtung der Vorgaben der Ausbildungs- und Prüfungsverordnung einen für alle Pflegeschulen des Landes verbindlichen Lehrplan zu erlassen (§ 6 Abs. 2 Satz 3 PflBG), wovon sie in unterschiedlichem Maß Gebrauch gemacht haben: Während die Hälfte der Bundesländer keine eigenen Lehrpläne erlassen hat, haben die Länder Baden-Württemberg, Bayern, Bremen, Hamburg, Rheinland-Pfalz, Sachsen, Sachsen-Anhalt und Thüringen entsprechende Vorgaben ausgearbeitet (hierzu ausführlich *Arens* 2022, 172 ff.).

Von den einzelnen Pflegeschulen sind die Maßgaben des Rahmen- bzw. des Landeslehrplans dann in einem sogenannten schulinternen Curriculum nach § 6 Abs. 2 PflBG und § 2 Abs. 3 PflAPrV umzusetzen (hierzu *Saul/Jürgensen* 2021). Dieser schulinterne Lehrplan, der im berufsbildenden Bereich häufig auch als didaktische Jahresplanung bezeichnet wird, kann dabei entweder durch einen Konferenzbeschluss des Lehrkörpers festgelegt oder von der Schulleitung kraft ihres Direktionsrechts nach § 106 GewO vorgegeben werden; in jedem Fall ist er für die unterrichtenden Lehrkräfte verbindlich und muss entsprechend umgesetzt werden (*Kostorz* 2022a, 21).

Tab. 6: Grundstruktur der Curricularen Einheiten des Rahmenlehrplans (*Fachkommission* 2020, 21 ff.)

CE #: Titel	Anlage PflAPrV
Ausbildungsdrittel	Zeitrichtwert in Stunden
Intentionen und Relevanz	
Bildungsziele	
Kompetenzen (gemäß Anlage XY PflAPrV)	1
Inhalte/Situationsmerkmale	2
• Handlungsanlässe • Kontextbedingungen • Ausgewählte Akteure • Erleben/Deuten/Verarbeiten • Handlungsmuster	
Weitere Inhalte/Wissensgrundlagen	
Anregungen für das Lernen in simulativen Lernumgebungen (Beispiele)	
Anregungen für Lern- und Arbeitsaufgaben (Beispiele)	
Didaktischer Kommentar	

Dabei ist im Unterricht bzw. durch das schulinterne Curriculum sicherzustellen, dass »die verschiedenen Versorgungsbereiche und Altersstufen [in der Pflege; d. V.] angemessen berücksichtigt werden« (§ 2 Abs. 2 PflAPrV). Vermittelt werden müssen mithin Kompetenzen, die sich auf die Akut- und Langzeitpflege von Kindern und Jugendlichen, Erwachsene und älteren Menschen in ambulanten und stationären Settings beziehen.

Eine Besonderheit ergibt sich dann, wenn im Ausbildungsvertrag ein Vertiefungseinsatz im speziellen Bereich der pädiatrischen Versorgung oder im Bereich der stationären bzw. ambulanten Langzeitpflege vereinbart wurde und der Auszubildende die Entscheidung getroffen hat, statt einer generalistischen Pflegeausbildung einen Berufsabschluss in der Gesundheits- und Kinderkrankenpflege bzw. in der Altenpflege anzustreben (▶ Kap. 3.2). In diesem Fall ist die Pflegeschule verpflichtet, den theoretischen und praktischen Unterricht des letzten Ausbildungsdrittels an dem speziellen Ausbildungsziel der klientenspezifischen Pflegeausbildung auszurichten (§ 60 Abs. 2 Satz 2 bzw. § 61 Abs. 2 Satz 2 PflBG).

Dabei ist fraglich, wie diese Maßgabe in der Schulpraxis rechtskonform umgesetzt werden kann. Grundsätzlich denkbar ist in diesem Zusammenhang zunächst die Planung und Durchführung lerngruppen- bzw. binnendifferenzierenden Unterrichts, bei dem durch pädagogisch-didaktische Maßnahmen eine individuelle Anpassung des Lehr-/Lernprozesses an die jeweils spezifischen Unterrichtsziele und Ausbildungserfordernisse für diejenigen Mitglieder der Lerngruppe erfolgt, die keinen generalistischen, sondern einen klientenspezifischen Berufsabschluss anstreben (hierzu etwa *Becker* 2012, 180 ff.). Dies dürfte – in Anbetracht der sehr heterogenen für die staatliche Abschlussprüfung zu vermittelnden Kompetenzen für die generalistische Pflegeausbildung einerseits und die klientenspezifische Pflegeausbildung andererseits (vgl. Anlagen 2 bis 4 PflAPrV) – mit rein didaktischen Mitteln der Unterrichtsplanung und -gestaltung jedoch kaum umsetzbar sein. Hinzu kommt, dass nach dem Wortlaut des § 60 Abs. 2 Satz 2 bzw. § 61 Abs. 2 Satz 2 PflBG der (gesamte) Unterricht an den klientenspezifischen Ausbildungszielen *auszurichten* ist und die entsprechenden Unterrichtsziele eben nicht nur (angemessen) *zu berücksichtigen* sind oder das Unterrichtsgeschehen den verschiedenen Inhalten (binnendifferenzierend) *anzupassen* ist (so auch → BT-Drucks. 19/2707, 90).

> **BT-Drucks. 19/2707, 90** (Hervorhebung durch d. V.)
> Wird das Wahlrecht nach § 59 Absatz 2 oder Absatz 3 PflBG ausgeübt, ist der Unterricht im letzten Ausbildungsdrittel nach den gesetzlichen Regelungen in Teil 5 des Pflegeberufegesetzes *vollständig* auf die besonderen Anforderungen an die Pflege von Kindern und Jugendlichen oder die Pflege alter Menschen auszurichten.

Dies spricht dafür, dass Pflegeschulen verpflichtet sind, die geforderte differenzierte Ausrichtung des Unterrichts im letzten Ausbildungsdrittel auch schulorganisatorisch zu bewirken, indem etwa für die Schüler in der Gesundheits- und Kinderkrankenpflege bzw. in der Altenpflege spezielle Differenzierungskurse angeboten werden oder sie im letzten Ausbildungsdrittel in speziellen Fachklassen unterrichtet werden (hierzu auch *Arens* 2022, 227 ff.). Dies entspricht insofern zudem der im dualen System der Berufsausbildung generell üblichen Beschulung, als hier an Berufsschulen regelmäßig spezielle Fachklassen für einzelne Ausbildungsberufe eingerichtet werden (vgl. *KMK* 2021a, 150). Gleichwohl gestatten etwa Niedersachen und Sachsen den Pflegeschulen eine gemeinsame Beschulung aller Auszubildenden im letzten Ausbildungsdrittel (vgl. exemplarisch → § 2 Abs. 3 Anlage 10 BbS-VO NI).

> **§ 2 Abs. 3 Anlage 10 BbS-VO NI**
>
> Entscheidet sich eine Schülerin oder ein Schüler einer Klasse, eine Ausbildung
>
> 1. zur Gesundheits- und Kinderkrankenpflegerin oder zum Gesundheits- und Kinderkrankenpfleger nach Maßgabe des § 59 Abs. 2 PflBG oder
> 2. zur Altenpflegerin oder zum Altenpfleger nach Maßgabe des § 59 Abs. 3 PflBG
>
> durchzuführen, so kann der Unterricht im letzten Ausbildungsdrittel binnendifferenziert innerhalb einer Klasse durchgeführt werden.

Ob die Pflegeschulen dieser Pflicht zur abschlussdifferenzierenden Beschulung der angehenden Altenpflegerinnen und -pfleger bzw. Gesundheits- und Kinderkrankenpflegerinnen und -pfleger auch dadurch nachkommen können, dass Schülerinnen und Schüler unterschiedlicher Pflegeschulen in klientenspezifischen Fachklassen oder Kursen zusammengelegt werden, hat der Gesetz- bzw. Verordnungsgeber unbeantwortet gelassen. Einerseits sehen § 6 Abs. 4 PflBG und § 9 PflAPrV zwar vor, dass die Pflegeschule, der Ausbildungsträger und die weiteren an der Ausbildung beteiligten Einrichtungen zur Gewährleistung der erforderlichen engen Zusammenarbeit Kooperationsverträge schließen können (▶ Kap. 5.1), doch sind danach keine Kooperationsverträge zwischen einzelnen Pflegeschulen vorgesehen, was zunächst gegen eine entsprechende Zusammenarbeit mehrerer Schulen spricht. Anderseits geht § 8 Abs. 2 Nr. 2 PflBG davon aus, dass Ausbildungsträger auch mit mehreren Pflegeschulen einen Vertrag über die Durchführung des theoretischen und praktischen Unterrichts abschließen können. Vor diesem Hintergrund ist es durchaus möglich, dass zumindest diejenigen Schulen, die mit ein und demselben Ausbildungsträger eine entsprechende Vereinbarung getroffen haben, wie beschrieben miteinander kooperieren können, da in diesem Fall auch weiterhin die geforderte Verknüpfung zwischen theoretischer und praktischer Ausbildung sichergestellt ist; entsprechendes gilt, wenn ein Ausbildungsträger gemäß § 8 Abs. 2 Nr. 2 mehrere Pflegeschulen selbst betreibt. Die sogenannte Gesamtverantwortung nach § 10 PflBG (▶ Kap. 5.3) trägt bei einer solchen schulübergreifenden Kooperation zunächst die Pflegeschule, in der der Auszubildende in den beiden ersten Ausbildungsdritteln unterrichtet worden ist, im letzten Ausbildungsdrittel dann diejenige Schule, in der die Ausbildung klientenspezifisch fortgeführt bzw. abgeschlossen wird.

Auch in diesem Zusammenhang ergeben sich für die Ausbildungsträger wieder gewisse Gestaltungsmöglichkeiten: Bietet beispielsweise die mit einem Krankenhaus nach § 8 Abs. 2 PflBG institutionell oder vertraglich verbundene Pflegeschule (noch) keine speziellen Kurse in der Gesundheits- und Kinderkrankenpflege an und möchte der Ausbildungsträger keine Kooperation mit einer weiteren Schule eingehen, kann er auch aus diesem Grund davon absehen, mit seinen Auszubildenden einen Vertiefungseinsatz in der pädiatrischen Versorgung zu vereinbaren. Entsprechendes gilt für ambulante Pflegedienste, deren kooperierende Schule keine Fachklassen für Altenpflege anbieten möchte; sie werden mit ihren Auszubildenden Vertiefungseinsätze in der ambulanten Akut-/Langzeitpflege, nicht jedoch mit Ausrichtung auf die ambulante Langzeitpflege vereinbaren. Stationären Pflegeeinrichtungen bietet sich dieses ausbildungstaktische Vorgehen nicht; da sie de jure gehalten sind, den Vertiefungseinsatz in der das Wahlrecht der Auszubildenden begründenden stationären Langzeitpflege anzubieten, müssen sie de facto derart mit Bildungseinrichtungen kooperieren, dass ihre Auszubildenden sowohl generalistisch als auch klientenspezifisch beschult werden können (*Kostorz* 2019b, 585) (▶ Kap. 3.2).

4.2   Zurverfügungstellung von Lehr- und Lernmitteln

Zu den Pflichten der Pflegeschule gehört es im Rahmen der Unterrichtserteilung auch, den Schülerinnen und Schülern die für die Ausbildung erforderlichen Lehr- und Lernmittel bereit zu stellen (§ 9 Abs. 1 Nr. 3 PflBG). Zwar ist nicht näher bestimmt, welche Mittel genau zur Verfügung zu stellen sind (*Weiß* et al. 2018, 156), doch kann es sich hierbei unter systematischer Berücksichtigung des § 18 Abs. 1 Nr. 4 PflBG, nach dem der Ausbildungsträger kostenlos die Ausbildungsmittel bereitstellen muss, die zur praktischen Ausbildung erforderlich sind (▶ Kap. 3.7.2), nur um Lehr- und Lernmittel handeln, die für den theoretischen und den praktischen Unterricht gebraucht werden.

Dabei ist begrifflich zwischen Lehr- und Lernmitteln zu unterscheiden. Lehrmittel sind dabei Unterrichtsmaterialien, die grundsätzlich zur Ausstattung der Schule gehören (zum Beispiel die von Lernenden und Lehrenden genutzte EDV-Ausstattung oder die Tafel bzw. das [interaktive] Whiteboard) und daher vom Träger der Schule bereitzustellen sind (*Avenarius/Hanschmann* 2019, Tz. 23.2). Bei den Lernmitteln handelt es sich demgegenüber um »die für die Hand des Schülers bestimmten Arbeitsmittel, die er zur erfolgreichen Teilnahme am Unterricht benötigt« (*Avenarius/Hanschmann* 2019, Tz. 23.2); hierzu gehören vor allem zum Verbrauch bestimmte Pflegehilfsmittel oder sonstige Medizinprodukte, die im (praktischen) Unterricht zu Ausbildungs- bzw. Demonstrationszwecken genutzt werden (beispielsweise Verband-, Injektions- oder Inkontinenzmaterial), sowie didaktisch gestaltete bzw. eingesetzte Medien, die im (theoretischen) Unterricht der Vermittlung bestimmter Lehrinhalte dienen und von jeder Schülerin bzw. jedem Schüler verwendet werden (beispielsweise Fachliteratur, Arbeits- bzw. Aufgabenblätter oder Moderationsmaterial).

Die gesetzlich vorgegebene Kosten- bzw. Lernmittelfreiheit bedeutet dabei, dass entsprechende Medien und Materialien von der Schule unentgeltlich und ohne Eigenbeitrag der Auszubildenden zur Verfügung gestellt werden müssen; eine Ausnahme bilden lediglich Lernmittel im Sinne geringwertiger Gegenstände, wie beispielsweise Stifte oder Blöcke, die zudem auch in außerschulischen Kontexten genutzt werden können (*Rux* 2018, Rdnr. 1355). Die der Schule in diesem Zusammenhang entstehenden Kosten sind Bestandteil der über das Schulbudget zu refinanzierenden Sachkosten und können entsprechend über die Ausgleichsfonds der Länder erstattet werden (*Dielmann* 2022, § 9 PflBG Rdnr. 8 sowie *Opolony*, in: *Kreutz/Opolony* 2019, § 9 Rdnr. 13).

Nicht in jedem Fall erforderlich ist allerdings eine Übertragung des Eigentums an dem jeweiligen Lernmittel; eine leihweise Gebrauchsüberlassung nach → § 598 BGB erfüllt das Kriterium der Kostenfreiheit ebenso (*Rux* 2018, Rdnr. 1356 ff. sowie *Avenarius/Hanschmann* 2019, Tz. 23.222). Dabei sind die Schülerinnen und Schüler verpflichtet, leihweise überlassene und nicht zum Verbrauch bestimmte Lernmittel bestimmungsgemäß zu gebrauchen, sie pfleglich zu behandeln und spätestens zum Ausbildungsende zurückzugeben (→ §§ 602 bis 604 BGB). Für Beschädigungen oder den Verlust haften Auszubildende nur bei schuldhaftem Verhalten (§ 276 BGB).

§ 598 BGB

Durch den Leihvertrag wird der Verleiher einer Sache verpflichtet, dem Entleiher den Gebrauch der Sache unentgeltlich zu gestatten.

§ 602 BGB

Veränderungen oder Verschlechterungen der geliehenen Sache, die durch den vertragsmäßigen Gebrauch herbeigeführt werden, hat der Entleiher nicht zu vertreten.

§ 603 BGB

Der Entleiher darf von der geliehenen Sache keinen anderen als den vertragsmäßigen Gebrauch machen. Er ist ohne die Erlaubnis des Verleihers nicht berechtigt, den Gebrauch der Sache einem Dritten zu überlassen.

§ 604 BGB

(1) Der Entleiher ist verpflichtet, die geliehene Sache nach dem Ablauf der für die Leihe bestimmten Zeit zurückzugeben.
(2) Ist eine Zeit nicht bestimmt, so ist die Sache zurückzugeben, nachdem der Entleiher den sich aus dem Zweck der Leihe ergebenden Gebrauch gemacht hat. Der Verleiher kann die Sache schon vorher zurückfordern, wenn so viel Zeit verstrichen ist, dass der Entleiher den Gebrauch hätte machen können.
(3) Ist die Dauer der Leihe weder bestimmt noch aus dem Zweck zu entnehmen, so kann der Verleiher die Sache jederzeit zurückfordern.
(4) Überlässt der Entleiher den Gebrauch der Sache einem Dritten, so kann der Verleiher sie nach der Beendigung der Leihe auch von dem Dritten zurückfordern.

> (5) Die Verjährung des Anspruchs auf Rückgabe der Sache beginnt mit der Beendigung der Leihe.

Eine besondere Rolle spielt in diesem Zusammenhang die Zurverfügungstellung von Lehr- bzw. Fachbüchern: Auch sie können jedem einzelnen Schüler per Eigentumsübertragung oder leihweise überlassen werden; darüber hinaus ist aber auch eine Bereitstellung durch die Möglichkeit einer Einsichtnahme in der Schulbibliothek denkbar. Bei einer leihweisen Überlassung gilt hinsichtlich des bestimmungsgemäßen Gebrauchs (→ § 603 BGB), dass die Schülerinnen und Schüler mit den Büchern arbeiten können müssen, weshalb moderate Unterstreichungen, Hervorhebungen und Randnotizen insoweit grundsätzlich zulässig sind (*Dielmann* 2022, § 18 PflBG Rdnr. 17).

Die Art der Zurverfügungstellung von Fachliteratur richtet sich dabei vor allem nach deren Relevanz für den Unterricht bzw. das Bestehen der staatlichen Prüfung: Wird die Arbeit mit einem bestimmten Buch von den Lehrkräften der Schule vorausgesetzt oder ist eine Befassung mit einem Buch bzw. dessen Inhalten für das Bestehen der staatlichen Prüfung unabdingbar, muss das Werk »in so ausreichender Zahl zur Verfügung stehen, dass jeder/jede Auszubildende über ein persönliches Arbeitsexemplar verfügt. […] Bei der Vielzahl der in der Ausbildungs- und Prüfungsverordnung vorgegebenen Themen und Fachgebiete ist davon auszugehen, dass ein Standardlehrbuch nicht ausreicht. Es müssen alle größeren Themenbereiche und Fachgebiete erfasst werden« (*Dielmann* 2022, § 18 PflBG Rdnr. 16). Dem Sinn dieser Vorschrift würde es mithin kaum entsprechen, wenn lediglich ein pflegerisches Lehrbuch zur Verfügung gestellt und gleichzeitig weitere Fachbücher zur persönlichen Anschaffung empfohlen oder für die Teilnahme am Unterricht gar für obligatorisch erklärt werden würden (*Kostorz* 2022e, 115). Bei Fachbüchern, die eher randständigere Themengebiete abdecken, genügt hingegen eine Anschaffung für die Bibliothek (auch in geringerer Stückzahl). In jedem Fall müssen sie »aktuell sein und dem allgemein anerkannten Stand wissenschaftlicher Erkenntnisse entsprechen« (*Dielmann* 2022, § 18 PflBG Rdnr. 17).

Sofern die Schule in zulässigerweise Distanzunterricht anbietet (▶ Kap. 4.1.2), umfasst deren Pflicht nach § 9 Abs. 1 Nr. 3 PflBG, den Auszubildenden sämtliche erforderlichen Lernmittel kostenlos zur Verfügung zu stellen, auch die für diese Art des Unterrichts erforderliche EDV-Ausstattung. Dies betrifft sowohl die notwendigen technischen Geräte als auch den erforderlichen Internet-Zugang (*Kostorz* 2021b, 55).

Werden die für den Unterricht erforderlichen Lernmittel von der Pflegeschule nicht oder nicht rechtzeitig zur Verfügung gestellt, können die Auszubildenden Schadensersatzansprüche nach → § 280 BGB i. V. m. → §§ 281 bzw. 286 BGB wegen der Verletzung einer Pflicht aus einem gesetzlichen Schuldverhältnis (hier: § 9 Abs. 1 Nr. 3 PflBG) geltend machen. Dies betrifft in der Praxis insbesondere den Fall, in dem die Schule ihrer Pflicht zur kostenlosen Zurverfügungstellung bestimmter erforderlicher Fachbücher nicht nachkommt.

> **§ 280 BGB**
>
> (1) Verletzt der Schuldner eine Pflicht aus dem Schuldverhältnis, so kann der Gläubiger Ersatz des hierdurch entstehenden Schadens verlangen. Dies gilt nicht, wenn der Schuldner die Pflichtverletzung nicht zu vertreten hat.
> (2) Schadensersatz wegen Verzögerung der Leistung kann der Gläubiger nur unter der zusätzlichen Voraussetzung des § 286 verlangen.
> (3) Schadensersatz statt der Leistung kann der Gläubiger nur unter den zusätzli-

chen Voraussetzungen des § 281 [...] verlangen.

§ 281 Abs. 1 und 2 BGB

(1) Soweit der Schuldner die fällige Leistung nicht oder nicht wie geschuldet erbringt, kann der Gläubiger unter den Voraussetzungen des § 280 Abs. 1 Schadensersatz statt der Leistung verlangen, wenn er dem Schuldner erfolglos eine angemessene Frist zur Leistung oder Nacherfüllung bestimmt hat. [...]
(2) Die Fristsetzung ist entbehrlich, wenn der Schuldner die Leistung ernsthaft und endgültig verweigert oder wenn besondere Umstände vorliegen, die unter Abwägung der beiderseitigen Interessen die sofortige Geltendmachung des Schadensersatzanspruchs rechtfertigen.

§ 286 Abs. 1 bis 4 BGB

(1) Leistet der Schuldner auf eine Mahnung des Gläubigers nicht, die nach dem Eintritt der Fälligkeit erfolgt, so kommt er durch die Mahnung in Verzug. Der Mahnung stehen die Erhebung der Klage auf die Leistung sowie die Zustellung eines Mahnbescheids im Mahnverfahren gleich.
(2) Der Mahnung bedarf es nicht, wenn
1. für die Leistung eine Zeit nach dem Kalender bestimmt ist,
2. der Leistung ein Ereignis vorauszugehen hat und eine angemessene Zeit für die Leistung in der Weise bestimmt ist, dass sie sich von dem Ereignis an nach dem Kalender berechnen lässt,
3. der Schuldner die Leistung ernsthaft und endgültig verweigert,
4. aus besonderen Gründen unter Abwägung der beiderseitigen Interessen der sofortige Eintritt des Verzugs gerechtfertigt ist. [...]
(4) Der Schuldner kommt nicht in Verzug, solange die Leistung infolge eines Umstands unterbleibt, den er nicht zu vertreten hat.

Fallbeispiel

Die Pflegeschule der Auszubildenden Barbara G. hat in einem Beschluss der Lehrerkonferenz das Buch »Ausbildungsrecht in der Pflege« von *Peter Kostorz* als verbindliches Lehrwerk für den Unterricht zum Kompetenzschwerpunkt IV.2.a Anlage 2 PflAPrV (Berufsausübung im Rahmen der gesetzlichen Vorgaben sowie unter Berücksichtigung ausbildungs- und berufsbezogener Rechte und Pflichten) eingeführt. Obwohl die entsprechende Fachlehrerin Daniela S. im Unterricht fast ausschließlich mit diesem Buch arbeitet, stellt es ihr die Pflegeschule entgegen § 9 Abs. 1 Nr. 3 PflBG weder durch eine Eigentumsübertragung noch leihweise zur Verfügung; in der Schulbibliothek existiert nur ein Exemplar des Buches, das zudem bereits anderweitig verliehen ist – nämlich an Frau S.

In diesem Fall kann Barbara G. der Pflegeschule eine angemessene Nachfrist zur Zurverfügungstellung des Buches setzen (angemessen wäre hier eine Frist von einer Woche), nach deren Verstreichen sie sich das Buch auf eigene Kosten anschaffen und bei der Schule die Erstattung der angefallenen Kosten geltend machen kann (§ 280 Abs.3 i.V.m. § 281 BGB). Da die Pflegeschule das Buch indes nicht übereignen muss, sondern es auch verleihen kann, könnte in diesem Fall eine Übereignung des Buches auf die Schule verlangt werden; während der erforderlichen Nutzungsdauer müsste sie dann indes eine leihweise Überlassung an Frau G. zum bestimmungsgemäßen Gebrauch sicherstellen.

4.3 Schulbesuchs- und Mitwirkungspflicht der Auszubildenden

Die Pflicht zum Besuch der Pflegeschule ergibt sich für Auszubildende vor allem aus § 17 Satz 2 Nr. 1 PflBG. Dabei beschränkt sich die Obliegenheit zur Teilnahme am theoretischen und praktischen Unterricht nicht auf eine rein physische Anwesenheit während der Unterrichtszeit; vielmehr sind die Schülerinnen und Schüler auch hier gehalten, aktiv am Erreichen des Ausbildungsziels mitzuwirken und daran mitzuarbeiten, dass die Aufgabe der Schule erfüllt und ihr Bildungsziel erreicht werden kann. Die Ausbildungsträger müssen die Auszubildenden hierzu nach § 18 Abs. 1 Nr. 5 PflBG für die Teilnahme an den Ausbildungsveranstaltungen der Pflegeschule freistellen.

4.3.1 Schulbesuchspflicht

Die Pflicht der Auszubildenden nach § 17 Satz 2 Nr. 1 PflBG, »an den vorgeschriebenen Ausbildungsveranstaltungen der Pflegeschule teilzunehmen«, spiegelt sich in der Maßgabe des § 16 Abs. 2 Nr. 5 PflBG, in den Ausbildungsvertrag mit dem Ausbildungsträger einen obligatorischen Passus zur »Verpflichtung der Auszubildenden oder des Auszubildenden zum Besuch der Ausbildungsveranstaltungen der Pflegeschule« aufzunehmen. Die Obliegenheit zur Teilnahme am Unterricht ist daher ein »integraler Bestandteil der Pflichten, die sich aus dem Ausbildungsverhältnis ergeben, da mit der Schule i. d. R. kein gesondertes Vertragsverhältnis besteht« (*Dielmann* 2022, § 17 PflBG Rdnr. 3). Welche Ausbildungsveranstaltungen dabei konkret vorgeschrieben sind, ergibt sich im Wesentlichen aus dem schulinternen Curriculum nach § 6 Abs. 2 PflBG und den sich daraus ergebenden Stunden- und Unterrichtsplanungen der Pflegeschule (vgl. *Igl* 2021, § 17 PflBG Rdnr. 6).

Erhebliche Verletzungen dieser Pflicht, wie etwa ein mehrmaliges Zuspätkommen zum Unterricht oder ein wiederholtes unentschuldigtes Fehlen, können daher nach einer erfolgten Abmahnung einen wichtigen Grund für eine außerordentliche Kündigung durch den Ausbildungsträger nach § 22 Abs. 2 Nr. 1 PflBG darstellen (▶ Kap. 3.10.2 und ▶ Kap. 4.5.3). Unschädlich in diesem Zusammenhang sind entschuldigte Fehlzeiten, die nach § 13 PflBG auf die Dauer der Ausbildung angerechnet werden können (▶ Kap. 2.3). In der Praxis besonders relevant sind in diesem Zusammenhang die Fehlzeiten wegen Krankheit (§ 13 Abs. 1 Nr. 2 PflBG).

In diesem Zusammenhang stellt sich die Frage, welchen Meldepflichten erkrankte Schülerinnen und Schüler nachzukommen haben, um eine krankheitsbedingte Fehlzeit rechtswirksam zu entschuldigen. Da auch für Auszubildende in der Pflege das Entgeltfortzahlungsgesetz gilt (§ 16 Abs. 4 PflBG und § 1 Abs. 2 EFZG) und die Zeit des Schulbesuchs als Arbeits- bzw. Ausbildungszeit zu werten ist (*argumentum e* § 18 Abs. 1 Nr. 5 PflBG), treffen sie zunächst die Obliegenheiten des § 5 EFZG (▶ Kap. 3.8.3). Danach sind sie verpflichtet, dem Ausbildungsträger die Arbeits- bzw. Ausbildungsunfähigkeit sowie deren voraussichtliche Dauer unverzüglich anzuzeigen, auch wenn diese während einer Zeit eintritt, in der der Auszubildende der Pflicht zur Teilnahme am Unterricht der Pflegeschule unterliegt (§ 5 Abs. 1 S. 1 EFZG).

Eine darüber hinausgehende Pflicht zur Krankmeldung (auch) bei der Pflegeschule besteht danach dem Grunde nach nicht. Eine Ausnahme besteht indes dann, wenn dies durch landesrechtliches (allgemeines) Schulrecht bestimmt sein sollte (so beispielsweise in → § 20 Abs. 1 und 2 BaySchO), die Schulordnung eine entsprechende Meldepflicht vorsieht (▶ Kap. 4.6) oder der Ausbildungsträger dies kraft seines Direktionsrechts nach § 106 GewO angeordnet hat (▶ Kap. 3.4.1), welches sich gemäß § 106 Satz 2 GewO auch auf Weisungen hinsichtlich des ausbildungsbezogenen Verhaltens der Auszubildenden erstreckt (hier: Bestimmung des bzw. der Adressaten einer Krankmeldung).

> **§ 20 Abs. 1 und 2 BaySchO**
>
> (1) Ist eine Schülerin oder ein Schüler aus zwingenden Gründen verhindert am Unterricht oder an einer sonstigen verbindlichen Schulveranstaltung teilzunehmen, so ist die Schule unverzüglich unter Angabe des Grundes zu verständigen. Im Fall fernmündlicher Verständigung ist eine schriftliche Mitteilung innerhalb von zwei Tagen nachzureichen. Außerschulische Einrichtungen der praktischen bzw. fachpraktischen Ausbildung sind darüber hinaus in der von der Schule festgelegten Weise zu unterrichten.
> (2) Die Schule kann die Vorlage eines ärztlichen Zeugnisses verlangen
>   1. bei Erkrankung von mehr als drei Unterrichtstagen oder am Tag eines angekündigten Leistungsnachweises oder
>   2. wenn sich krankheitsbedingte Schulversäumnisse einer Schülerin oder eines Schülers häufen oder Zweifel an der Erkrankung bestehen.
>
> In den Fällen von Satz 1 Nr. 2 kann die Schule auch die Vorlage eines schulärztlichen Zeugnisses verlangen. Ein Zeugnis nach den Sätzen 1 und 2 ist der Schule innerhalb von zehn Tagen, nachdem es verlangt wurde, vorzulegen; wird es nicht oder nicht rechtzeitig vorgelegt, gilt das Fernbleiben als unentschuldigt. Ein Zeugnis kann in der Regel nur dann als genügender Nachweis für die geltend gemachte Erkrankung anerkannt werden, wenn es auf Feststellungen beruht, die die Ärztin oder der Arzt während der Zeit der Erkrankung getroffen hat.

4.3.2 Mitwirkungspflicht und Weisungsgebundenheit

Die Verpflichtung zur Teilnahme an den vorgeschriebenen Ausbildungsveranstaltungen der Pflegeschule nach § 17 Satz 2 Nr. 1 PflBG korrespondiert mit der generellen Pflicht der Auszubildenden nach § 17 Satz 1 PflBG, »sich zu bemühen, die in § 5 [PflBG] genannten Kompetenzen zu erwerben, die erforderlich sind, um das Ausbildungsziel zu erreichen«. Aus diesem systematischen Zusammenhang ergibt sich auch, dass sich die Obliegenheit zum Besuch des theoretischen und praktischen Unterrichts nicht auf eine rein physische Anwesenheit während der Unterrichtszeit beschränkt (so auch *Taubert* 2021, § 13 Rdnr. 11), sondern die Schülerinnen und Schüler vielmehr gehalten sind, aktiv »daran mitzuarbeiten, dass die Aufgabe der Schule erfüllt und das Bildungsziel erreicht werden kann«. Sie sind insbesondere verpflichtet, sich auf den Unterricht vorzubereiten, sich aktiv daran zu beteiligen, die erforderlichen Arbeiten anzufertigen und die Hausaufgaben zu erledigen« (so exemplarisch → § 42 Abs. 3 SchulG NRW, der im Schulverhältnis zwischen den Auszubildenden und den nordrhein-westfälischen Pflegeschulen zwar nicht direkt gilt, hinsichtlich seines Regelungsgehalts aber zumindest analog angewendet werden kann; in den Schulgesetzen anderer Länder finden sich vergleichbare Regelungen) (hierzu auch *Kostorz* 2011a).

§ 42 Abs. 3 SchulG NRW

Schülerinnen und Schüler haben die Pflicht daran mitzuarbeiten, dass die Aufgabe der Schule erfüllt und das Bildungsziel erreicht werden kann. Sie sind insbesondere verpflichtet, sich auf den Unterricht vorzubereiten, sich aktiv daran zu beteiligen, die erforderlichen Arbeiten anzufertigen und die Hausaufgaben zu erledigen. Sie haben die Schulordnung einzuhalten und die Anordnungen der Lehrerinnen und Lehrer, der Schulleitung und anderer dazu befugter Personen zu befolgen.

§ 28 Abs. 1 BaySchO

Um den Lehrstoff einzuüben und die Schülerinnen und Schüler zu eigener Tätigkeit anzuregen, werden Hausaufgaben gestellt, die bei durchschnittlichem Leistungsvermögen in angemessener Zeit unter Berücksichtigung der Anforderungen des Nachmittagsunterrichts sowie der Inanspruchnahme durch die praktische Ausbildung an beruflichen Schulen bearbeitet werden können. Die Lehrerkonferenz legt vor Unterrichtsbeginn des Schuljahres die Grundsätze für die Hausaufgaben fest. Sonntage, Feiertage und Ferien sind von Hausaufgaben freizuhalten.

§ 18 BFSO Gesundheit BY

(1) Schulaufgaben und Kurzarbeiten werden spätestens eine Woche vorher angekündigt. An einem Tag soll nicht mehr als eine Schulaufgabe gehalten werden. An Tagen, an denen eine Schulaufgabe gehalten wird, sollen Kurzarbeiten in der Regel nicht gehalten werden.

(2) Schulaufgaben können sich auf den gesamten bisher behandelten Lehrstoff beziehen. Kurzarbeiten erstrecken sich auf höchstens sechs unmittelbar vorhergegangene Unterrichtsstunden und erstrecken sich auch auf Grundkenntnisse, wobei die Bearbeitungszeit nicht mehr als 30 Minuten betragen soll.

(3) Die Schulleitung kann nach Rücksprache mit der Lehrkraft eine Schulaufgabe oder Kurzarbeit für ungültig erklären und die Anfertigung einer neuen anordnen, wenn die Anforderungen nicht angemessen waren oder der Lehrstoff nicht genügend vorbereitet war.

(4) Stegreifaufgaben werden nicht angekündigt. Sie beschränken sich auf den Inhalt der vorangegangenen Unterrichtsstunde einschließlich der Grundkenntnisse des Fachs. Die Bearbeitungszeit soll nicht mehr als 20 Minuten betragen. Stegreifaufgaben können in allen Fächern gehalten werden. Abs. 3 gilt entsprechend

Von besonderer praktischer Bedeutung ist in diesem Zusammenhang die Frage, ob bzw. inwieweit Auszubildende verpflichtet werden können, nach Schulschluss im Unterricht erteilte Hausaufgaben anzufertigen, da die Pflicht zur Anfertigung von Hausarbeiten nur in wenigen Bundesländern, in denen für den schulischen Teil der Pflegeausbildung das (allgemeine) Schulrecht gilt, ausdrücklich gesetzlich bestimmt ist (so etwa in Bayern durch → § 28 BaySchO sowie → § 19 BFSO Gesundheit BY). Zwar besteht einerseits die bereits benannte Pflicht, bestimmte Lernanstrengungen auch nach bzw. außerhalb der Ausbildungs- bzw. Schulzeit im engeren Sinne zu unternehmen (► Kap. 3.6.2), doch sind andererseits (zumindest analog) auch die arbeitszeitrechtlichen Bestimmungen des Arbeitszeitgesetzes, eines unter Umständen geltenden Tarifvertrages und/oder des Ausbildungsvertrages sowie gegebenenfalls des Jugendarbeitsschutzgesetzes zu beachten (vgl. *Dielmann* 2022, § 17 PflBG Rdnr. 9 sowie *Lakies* 2020, § 13 Rdnr. 12). Die Erteilung von Hausaufgaben ist danach jedenfalls dann rechtlich unproblematisch, wenn die Unterrichtszeit zuzüglich der Bearbeitungszeit für die Hausaufgaben die im Ausbildungsvertrag nach § 16 Abs. 2 Nr. 6 PflBG bestimmte regelmäßige tägliche bzw. wöchentliche Ausbildungszeit nicht überschreitet (im Ergebnis wohl auch *Wächter* 2012, Stw. Hausaufgaben), wobei indes zu beachten ist, dass eine Unterrichtsstunde üblicherweise nur mit 45 Minuten angesetzt wird und Ruhepausen während des Schultages nicht als Ausbildungszeit zu berücksichtigen sind.

Fallbeispiel

Bei einem Schultag mit acht Unterrichtsstunden von jeweils 45 Minuten Dauer ergibt sich bei einer werktäglichen Ausbildungszeit von acht Zeitstunden eine Bearbeitungszeit für Hausaufgaben von regelmäßig zwei Zeitstunden (8 Std. – 8 x 0,75 Std. = 2 Std.). An Tagen mit weniger Unterrichtsstunden oder in Unterrichtswochen mit weniger Stunden als der regelmäßigen wöchentlichen Ausbildungszeit kann die Bearbeitungszeit für die Hausaufgaben entsprechend mehr betragen.

Wichtig im Zusammenhang mit der Mitwirkungspflicht der Auszubildenden nach § 17 Satz 1 PflBG ist darüber hinaus, dass sie nach § 17 Satz 2 Nr. 2 PflBG nicht nur verpflichtet sind, die ihnen im Rahmen der *praktischen* Ausbildung übertragenen Aufgaben sorgfältig auszuführen (▶ Kap. 3.6.2), sondern sie diese Obliegenheit grundsätzlich bei *allen* in Zusammenhang mit der Ausbildung stehenden Tätigkeiten trifft. Da der theoretische und praktische Unterricht integraler Bestandteil der Ausbildung ist (§ 6 Abs. 1 Satz 2 PflBG), sind Auszubildende daher auch gehalten, sämtliche Aufgaben (sorgfältig) auszuführen, die ihnen von der Schule bzw. von deren Lehrkräften im Rahmen des Unterrichts übertragen werden, sofern diese zum Erreichen des Unterrichts- bzw. des Bildungsziels der Schule erforderlich sind (etwa im Unterricht erteilte Arbeitsaufträge oder rechtskonform aufgegebene Hausaufgaben) (vgl. hierzu im Einzelnen *Avenarius/Hanschmann* 2019, Tz. 21.1 oder *Hoegg* 2021, 232 f.). Neben dem Träger und den Akteuren der praktischen Ausbildung haben also auch die Schulleitung und die Lehrkräfte der den theoretischen und praktischen Unterricht zu verantwortenden Pflegeschule ein gewisses Anordnungs- bzw. Weisungsrecht gegenüber den Auszubildenden – und das unabhängig davon, ob ihnen dieses Recht gegebenenfalls (auch) durch landesspezifisches (allgemeines) Schulrecht zugebilligt wird (vgl. exemplarisch → § 53 Abs. 2 Satz 2 SchulG M-V).

§ 53 Abs. 2 SchulG M-V

Die Schülerinnen und Schüler sind verpflichtet, regelmäßig am Unterricht und an den pflichtmäßigen Schulveranstaltungen teilzunehmen, die erforderlichen Arbeiten anzufertigen und die Hausaufgaben zu erledigen. Sie haben die Weisungen der Lehrerinnen und Lehrer zu befolgen, die dazu bestimmt sind, den Bildungs- und Erziehungsauftrag der Schule zu erreichen und die Ordnung in der Schule aufrechtzuerhalten. Bei minderjährigen Schülerinnen und Schülern sind neben diesen auch die Erziehungsberechtigten dafür verantwortlich; die Pflichten der Ausbildenden und Arbeitgeber bei Berufsschülerinnen oder Berufsschülern bleiben unberührt.

4.3.3 Freistellungsanspruch

Mit der Pflicht der Auszubildenden zum Besuch der Pflegeschule nach § 17 Abs. 2 Nr. 1 PflBG korrespondiert die Pflicht des Ausbildungsträgers, Auszubildende für die Teilnahme an Ausbildungsveranstaltungen der Pflegeschule freizustellen (§ 18 Abs. 1 Nr. 5 PflBG), wobei mit dem Begriff der Freistellung eher die praktische Vorgehensweise gemeint ist, »denn rechtlich handelt es sich bei Ausbildungsveranstaltungen der Pflegeschule [...] um Bestandteile der Ausbildung, die der Träger der praktischen Ausbildung einzuplanen, also bei der Organisation zu beachten hat (vgl. § 8 Abs. 1 Satz 1 in Verbindung mit § 6 Abs. 3 Sätze 1, 2 [PflBG])« (*Weiß* et al. 2018, 177).

Hierzu gehört unzweifelhaft die Freistellung zur Teilnahme am theoretischen und praktischen Unterricht nebst Exkursionen zu außerschulischen Lernorten, wobei die Freistellung auch eventuelle Reise- und Wegezeiten mit umfassen muss (vgl. *Igl* 2021, § 18 PflBG Rdnr. 6). Die Pflicht zur Freistellung umfasst dabei auch die Pflicht zur Fortzahlung der Ausbildungsvergütung nach § 19 PflBG (▶ Kap. 3.7.1). Zudem bleibt während der Freistellung der sozialversicherungsrechtliche Status der Auszubildenden erhalten (▶ Kap. 3.8), so dass beispielsweise auch Schul- bzw. Wegeunfälle dem Schutz der gesetzlichen Unfallversicherung unterliegen.

In der Praxis strittig ist häufig die Frage, ob sich der Freistellungsanspruch der Auszubildenden auch auf die Teilnahme an (mehrtägigen) Schul- bzw. Klassenfahrten erstreckt. Dies ist im Ergebnis grundsätzlich zu bejahen: Wenn § 18 Abs. 1 Nr. 5 PflBG von einer Freistellung »für die Teilnahme an Ausbildungsveranstaltungen der Schule« spricht, bezieht sich das auf die Pflichten der Auszubildenden nach § 17 Satz 2 Nr. 1 PflBG, in dem vom Gesetzgeber eine Einschränkung der entsprechenden Teilnahmepflicht auf die »*vorgeschriebenen* Ausbildungsveranstaltungen der Pflegeschule« (Hervorhebung durch d. V.) vorgenommen worden ist (so auch *Weiß* et al. 2018, 174). Vorgeschrieben sind dabei in jedem Fall die in dem schulinternen Curriculum nach § 6 Abs. 2 PflBG aufgeführten theoretischen und praktischen Unterrichtseinheiten. Dass darüber hinaus auch weitere (außerunterrichtliche) Schulveranstaltungen eine Teilnahmepflicht begründen, kann aus dem jeweils landesspezifischen Schulrecht abgeleitet werden, das in der Pflegeausbildung in einigen Bundesländern direkt, in anderen zumindest analog bzw. dem Rechtsgedanken nach angewendet werden kann. Danach besteht für Schülerinnen und Schüler im Allgemeinen die Pflicht, an allen »nicht ausdrücklich freiwilligen Veranstaltungen« der Schule teilzunehmen (*Rux* 2018, Rdnr. 277), wozu auch von Seiten der Schule initiierte, geplante und organisierte Klassenfahrten, Schulwanderungen oder Schullandheimaufenthalte gehören (vgl. *Avenarius/Hanschmann* 2019, Tz. 19.244). Vor diesem Hintergrund umfasst die Pflicht des Ausbildungsträgers nach § 18 Abs. 1 Nr. 5 PflBG auch die Pflicht zur Freistellung von Auszubildenden, die an einer entsprechenden, von der Schule vorgeschriebenen bzw. von ihr für verbindlich erklärten und dem Unterrichtszweck des § 2 Abs. 1 PflAPrV entsprechenden Fahrt teilnehmen (müssen) (so auch *Lakies* 2020, § 15 Rdnr. 8 für die Rechtslage nach dem Berufsbildungsgesetz). Ein Anspruch auf Freistellung kann danach *e contrario* indes nicht geltend gemacht werden, wenn die entsprechende Veranstaltung nicht auf die Vermittlung ausbildungsrelevanter Kompetenzen nach § 5 PflBG ausgerichtet ist, sondern rein hedonistischen Zwecken dient, wie es regelmäßig beim Besuch eines Freizeitparks der Fall sein dürfte, da entsprechende Ausflüge kaum geeignet sein dürften, »die Entwicklung der zur Ausübung des Pflegeberufs erforderlichen personalen Kompetenz einschließlich der Sozialkompetenz und der Selbständigkeit zu fördern« (§ 2 Abs. 1 Satz 3 PflAPrV).

Unabhängig von der Pflicht zur Freistellung für Ausbildungsveranstaltungen der Pflegeschule hat der Ausbildungsträger darüber hinaus »bei der Gestaltung der Ausbildung auf die erforderlichen Lern- und Vorbereitungszeiten [der Auszubildenden; d. V.] Rücksicht zu nehmen« (§ 18 Abs. 1 Nr. 5 a.E. PflBG). Diese Pflicht ist verhältnismäßig unbestimmt und findet – entgegen vieler anderer Vorschriften des Pflegeberufegesetzes – auch keine Entsprechung im Berufsbildungsgesetz. Sinn und Zweck der Regelung dürfte aber insgesamt dem Rechtsgedanken des § 9 Abs. 1 Satz 2 JArbSchG entsprechen, nach dem Ausbildungsträger (jugendliche) Auszubildende in unterschiedlichen Fallgestaltungen nicht zusätzlich zum Besuch der Schule am Lernort Praxis einsetzen dürfen (▶ Kap. 3.8.5); dies gilt etwa vor einem vor 9 Uhr beginnenden Unterricht, einmal in der Woche an Schultagen mit mehr als fünf Unterrichtsstunden von mindestens 45-minütiger Dauer oder in Schulwochen mit planmäßigem Blockunterricht von mindestens 25 Stunden an mindestens fünf Tagen (hierzu *Taubert*, in: *Boecken* et al. 2016, § 9 JArbSchG Rdnr. 3 ff.).

4.4 Leistungsbewertung

In der Ausbildung angehender Pflegefachkräfte nehmen die Pflegeschulen und deren Lehrpersonen eine Doppelrolle ein: Als Vermittler von Wissen und Können im theoretischen und praktischen Unterricht fungieren Sie als Lernbegleiter; gleichzeitig müssen sie die Leistungen der Schülerinnen und Schüler in einer Art richterlicher Urteilsfindung feststellen und bewerten. Letzteres geschieht im Verlaufe der Ausbildung vor allem in Form der Erteilung von Jahreszeugnissen und bei der Abnahme der Zwischenprüfung, wobei bestimmte (pädagogische und rechtliche) Kriterien der Leistungsbewertung zu berücksichtigen sind.

4.4.1 Jahreszeugnisse

Nach § 6 Abs. 1 Satz 1 und 2 PflAPrV erteilt die Pflegeschule den Auszubildenden für jedes Ausbildungsjahr ein Zeugnis über die im Unterricht und in der praktischen Ausbildung erbrachten Leistungen (zu den Jahreszeugnissen insgesamt *Kostorz* 2021a), wobei für jeden dieser beiden Bereiche eine Note zu bilden ist. Für den Fall, dass in einem Jahreszeugnis mehrere Noten ausgewiesen werden, ist jeweils eine Gesamtnote für jeden der beiden genannten Bereiche zu bilden (BT-Drucks. 19/2707, 93). Denkbar ist also beispielsweise, dass die Auszubildenden getrennte Noten für unterschiedliche Unterrichtsfächer, Lernfelder bzw. curriculare Einheiten oder ähnliches resp. für die jeweils im Ausbildungsjahr absolvierten einzelnen Praxiseinsätze erhalten und diese Noten dann zu den Leistungsbeurteilungen für den Unterricht einerseits und die praktische Ausbildung andererseits zusammengeführt werden.

Zusätzlich zu den Leistungsnoten sind auf den Zeugnissen etwaige Fehlzeiten differenziert nach Unterricht und praktischer Ausbildung auszuweisen; hier rekurriert § 6 Abs. 1 Satz 4 PflAPrV vor allem auf § 13 Abs. 1 PflBG, nach dem Urlaubszeiten der Auszubildenden ebenso wenig auf die Ausbildung angerechnet werden wie krankheitsbedingte Fehlzeiten von bis zu 10 % der Stunden des theoretischen und praktischen Unterrichts einerseits sowie der praktischen Ausbildung andererseits (▶ Kap. 2.3).

Pädagogisch betrachtet sollen die Jahreszeugnisse den Zweck erfüllen, »den Auszubildenden einen Überblick über ihre Lernentwicklung und den Leistungsstand zu geben.

Sie sind außerdem Maßstab dafür, ob die mit der Ausbildung verfolgten Ziele erfüllt werden« (BT-Drucks. 19/2707, 93). Darüber hinaus haben sie aber auch eine gewichtige prüfungsrechtliche Bedeutung. So kann zum einen die Zulassung zur staatlichen Prüfung unter anderem nur dann erteilt werden, wenn die Durchschnittsnote der Jahreszeugnisse mindestens *ausreichend* beträgt (§ 11 Abs. 3 PflAPrV); zum anderen spielen die Noten der Jahreszeugnisse bei der Bildung der Vornoten nach § 13 PflAPrV eine Rolle (▶ Kap. 6.1 bzw. ▶ Kap. 6.5.1).

Zum genauen Termin der Erteilung der Jahreszeugnisse schweigt sich sowohl die Ausbildungs- und Prüfungsverordnung als auch die hierzu formulierte amtliche Begründung aus. Es ist aber davon auszugehen, dass das erste Jahreszeugnis bei einer regulären Ausbildung in Vollzeit – dem Wortlaut des Begriffs entsprechend – nach Ablauf des ersten Ausbildungsjahres zu erstellen ist; zu diesem Zeitpunkt sollten die Unterrichtsinhalte des ersten Ausbildungsdrittels nach dem schulinternen Curriculum gemäß § 6 Abs. 2 PflBG und § 2 Abs. 3 PflAPrV vermittelt sowie die Praxiseinsätze für das erste Jahr der Ausbildung nach dem vom Ausbildungsträger zu erstellenden Ausbildungsplan nach § 6 Abs. 1 Satz 3 PflBG und § 3 Abs. 3 Satz 4 PflAPrV absolviert worden sein. Das zweite Jahreszeugnis dürfte dann regelmäßig im Zusammenhang mit der Bescheinigung über das Ablegen der Zwischenprüfung gemäß § 7 PflAPrV zum Ende des zweiten Ausbildungsdrittels ausgestellt werden, wenn die 1.400 Unterrichtsstunden des ersten und zweiten Ausbildungsjahres nach Anlage 6 PflAPrV erteilt und die Praxiseinsätze der ersten beiden Ausbildungsjahre nach Anlage 7 PflAPrV abgeschlossen sind.

Das dritte und letzte Jahreszeugnis ist gemäß § 11 Abs. 2 Nr. 3 PflAPrV (zusammen mit den beiden ersten Jahreszeugnissen) bei der Anmeldung zur staatlichen Prüfung vorzulegen (▶ Kap. 6.1). Da diese nicht früher als drei Monate vor dem vertraglich vereinbarten Ende der Ausbildung begonnen werden soll (§ 11 Abs. 1 Satz 2 PflAPrV), die Zulassung zur Prüfung spätestens zwei Wochen vor deren Beginn mitzuteilen ist (§ 11 Abs. 4 PflAPrV) und der Vorsitzende des Prüfungsausschusses dem Grunde nach unverzüglich über den Zulassungsantrag zu entscheiden hat, ist das letzte Jahreszeugnis regelmäßig bereits etwa vier Monate vor dem regulären Ausbildungsende zu erteilen. Dies ist in zweierlei Hinsicht kritisch zu beurteilen (hierzu auch *Haage* 2019b, § 11 Rdnr. 2 f. und 7): Zum einen werden auch noch in der letzten Ausbildungsphase wichtige Inhalte vermittelt, die dem Grunde nach ebenfalls abgeprüft und im Zeugnis bewertet werden sollten; zum anderen können bei einer derart frühen Zeugniserteilung keine Fehlzeiten mehr ausgewiesen werden, die nach dem Zeitpunkt der Zeugnisausgabe liegen, was insbesondere für die Erteilung der Zulassung zur staatlichen Prüfung nicht ganz unproblematisch ist (hierzu ausführlicher ▶ Kap. 6.1). In der Ausbildungs- und Prüfungspraxis wird sich der Zeitpunkt der Vergabe des dritten Jahreszeugnisses indes aus den Terminabsprachen der Pflegeschule mit der Prüfungsbehörde ergeben, da die Prüfungstermine von dem bzw. der Vorsitzenden des Prüfungsausschusses im Benehmen mit der Schulleitung festzulegen sind (§ 11 Abs. 1 PflAPrV) (so auch *Kostorz* 2021a, 28).

Das Nähere zur Bildung der Noten für die Jahreszeugnisse regeln die einzelnen Bundesländer (§ 6 Abs. 1 Satz 3 PflAPrV). Obwohl es sich dabei um eine Obliegenheit der Länder und nicht um ein freiwillig auszuübendes Ermessen handelt, haben bislang nur wenige Bundesländer entsprechende Vorschriften erlassen. Während es derzeit etwa in Bayern, Mecklenburg-Vorpommern oder Sachsen-Anhalt (zum Teil sehr detaillierte) Vorschriften zu den Jahreszeugnissen gibt (vgl. exemplarisch → § 10 GSBFSVO MV oder → §§ 20 und 21 Pfl-VO ST), sind in den meisten Bundesländern bislang noch keine entsprechenden Regelungen verabschiedet worden (hierzu etwa *Kostorz* 2021a, 31 sowie ausführlich zu den einzelnen Bundesländern *Arens* 2022, 336 ff.). Gleichwohl sollten bei der Notenbildung – unabhängig von den nach § 6 Abs. 1 Satz 3 PflAPrV erlassenen landesspezifischen Detailregelungen – bestimmte rechtliche Aspekte berücksichtigt werden, die sich zum Teil unmittelbar aus der Ausbildungs- und Prüfungsverordnung und zum Teil aus allgemeinen schulrechtlichen Erwägungen ergeben.

> **§ 10 Abs. 3 und 4 GSBFSVO MV**
>
> (3) Im theoretischen und fachpraktischen Unterricht werden schriftliche, mündliche und gegebenenfalls praktische Leistungsnachweise erhoben.
> (4) Die Anzahl der Leistungsnachweise nach den Absätzen 1 bis 3 und ihre Gewichtung werden zu Beginn des Schuljahres von der zuständigen Fachkonferenz festgelegt und den Schülern bekannt gegeben.
>
> **§ 20 Pfl-VO ST**
>
> (1) Die Leistungen während des theoretischen und praktischen Unterrichts sowie der praktischen Ausbildung sind kontinuierlich zu bewerten.
> (2) Die Benotung erfolgt nach § 17 der Pflegeberufe-Ausbildungs- und Prüfungsverordnung.
> (3) Die Ermittlung der Jahresnoten ergibt sich aus den einzelnen Leistungsbewertungen im jeweiligen Ausbildungsjahr. Es sind ganze Noten zu bilden. Näheres wird durch das für das allgemeinbildende und berufsbildende Schulwesen zuständige Ministerium geregelt.
> (4) Für die staatliche Prüfung erfolgt die Berechnung der Vornoten nach § 13 der Pflegeberufe-Ausbildungs- und Prüfungsverordnung. Die Berechnung der Prüfungsnoten erfolgt nach den §§ 14 bis 16 der Pflegeberufe-Ausbildungs- und Prüfungsverordnung.
>
> **§ 21 Pfl-VO ST**
>
> (1) Für jedes Ausbildungsjahr erteilt die Pflegeschule der oder dem Auszubildenden ein Jahreszeugnis über die im Unterricht und in der praktischen Ausbildung erbrachten Leistungen. Im Jahreszeugnis wird zusätzlich zu den für die Lernfelder erteilten Jahresnoten nach § 6 Abs. 1 der Pflegeberufe-Ausbildungs- und Prüfungsverordnung jeweils eine Note über die im Unterricht und in der praktischen Ausbildung erbrachten Leistungen ausgewiesen. Die Note für den theoretischen und praktischen Unterricht ist das arithmetische Mittel der Lernfelder der Stundentafel, die im jeweiligen Ausbildungsjahr unterrichtet wurden. Die Bildung der Durchschnittsnote für die praktische Ausbildung ergibt sich aus dem arithmetischen Mittel aller Leistungsnachweise. Die Noten nach Satz 2 und 3 werden mit zwei Stellen nach dem Komma ausgewiesen und nicht gerundet.
> (2) Das Jahreszeugnis des zweiten Ausbildungsjahres weist zusätzlich die Ergebnisse der Zwischenprüfung aus. Bei Teilzeitausbildung sind die Ergebnisse der Zwischenprüfung auf dem Zeugnis des Ausbildungsjahres auszuweisen, in dem die Zwischenprüfung stattgefunden hat.
> (3) Die Jahreszeugnisse für das erste und zweite Ausbildungsjahr werden am Ende des jeweiligen Ausbildungsjahres erteilt. Das Jahreszeugnis für das dritte Ausbildungsjahr wird vor dem Beginn der staatlichen Prüfung erteilt.
> (4) Ein Abgangszeugnis wird erteilt, wenn eine Auszubildende oder ein Auszu-

> bildender die Ausbildung vorzeitig verlässt oder nach Ablauf der Ausbildungszeit, ohne die staatliche Prüfung nach § 13 bestanden zu haben, die Ausbildung beendet.

Bezüglich der Festlegung der Noten für den (theoretischen und praktischen) Unterricht kann zunächst festgehalten werden, dass die Pflegeschulen und die an ihnen tätigen Lehrkräfte die von den Schülerinnen und Schülern gezeigten Lernentwicklungen und Leistungsstände in Form unterschiedlicher Lernerfolgskontrollen kontinuierlich und dem Grunde nach bereits ab dem Beginn deren Ausbildung bzw. Einschulung überprüfen und bewerten sollten – nur so ist sichergestellt, dass die im Zeugnis erteilten Noten für den Unterricht tatsächlich ein Abbild des Leistungsvermögens bzw. -zuwachses der Auszubildenden darstellen und sie insofern objektiv, reliabel und valide, also kurz: »gerecht« sind (zu diesen Gütekriterien *Kostorz/Schlosser* 2014, 129 f.). Sofern sich aus den nach § 6 Abs. 1 Satz 3 PflAPrV erlassenen landesrechtlichen Bestimmungen zur Notenbildung keine konkreteren Vorgaben im Hinblick auf die Art der zu erbringenden Leistungen und die Ausgestaltung der Lernerfolgskontrollen ergeben, »ist es grundsätzlich Sache der einzelnen Fachlehrkraft, darüber zu befinden, in welcher Weise sie die von ihr zu bewertenden Leistungen des Schülers sachkundig ermittelt« (*Rux* 2018, 139), wobei sie dabei indes die ihre insoweit bestehende pädagogische Freiheit einschränkenden verbindlichen Konferenzbeschlüsse und/oder Dienstanweisungen der vorgesetzten Schulleitung zu befolgen hat (vgl. etwa *Kostorz* 2022a, 12 f.).

Im allgemeinen Schulrecht hat sich in diesem Zusammenhang die Unterscheidung zwischen schriftlichen Arbeiten einerseits und sonstigen Leistungen andererseits etabliert (*Kostorz/Schlosser* 2014, 134 f.). Zu den sogenannten sonstigen Leistungen gehören dabei alle mündlichen und praktische Beiträge im Unterricht sowie gelegentliche kurze schriftliche Übungen, wie etwa Tests, das Verfassen von Protokollen oder die Anfertigung bzw. das Präsentieren von Hausaufgaben und Referaten (hierzu etwa *Böhm* 2015, 43 ff.). Schriftliche Arbeiten (Klassen- bzw. Kursarbeiten oder Klausuren) sind demgegenüber umfangreichere schriftliche Lernerfolgskontrollen, die in einer Lerngruppe unter Aufsicht geschrieben werden, von der Lehrkraft zumeist vorher angekündigt werden und in unmittelbarem Zusammenhang mit den im Unterricht vermittelten Inhalten stehen (hierzu etwa *Böhm* 2015, 26 ff.). Bei der Bildung einer Gesamt- bzw. Zeugnisnote sind beide Beurteilungsbereiche in aller Regel angemessen zu berücksichtigen; zum Teil besteht auch die schulrechtliche Pflicht, sie gleichgewichtet in die Leistungsnote einfließen zu lassen (*Kostorz/Schlosser* 2014, 134 f.). Vorbehaltlich abweichenden oder konkretisierenden Landesrechts nach § 6 Abs. 1 Satz 3 PflAPrV kann dies analog auf die Bildung der Noten auf den Jahreszeugnissen für die im (theoretischen und praktischen) Unterricht erbrachten Leistungen angewendet werden (so auch *Kostorz* 2021a, 30). So ist es beispielsweise denkbar, den Leistungsstand der Auszubildenden im Theorieunterricht durch das Stellen von Klausuren und die Erhebung sogenannter mündlicher bzw. sonstiger Leistungen zu überprüfen und im praktischen Pflegeunterricht (gegebenenfalls ergänzend) regelmäßige Performanzprüfungen durchzuführen (*Kostorz* 2021a, 30).

Dabei können auf den Jahreszeugnissen durchaus mehrere (schriftliche bzw. mündliche) Noten für einzelne Lernfelder, Lernsituationen, curriculare Einheiten oder Fächer ausgewiesen werden; möglich ist auch eine differenzierte Bewertung von im theoretischen und im praktischen Unterricht erbrachten Leistungen. In diesem Fall ist nach § 6 Abs. 1 Satz 2 PflAPrV allerdings eine einheitliche Note für die im Unterricht innerhalb des Bewertungszeitraums erbrachten Leistungen zu bilden; hierfür sollten die Kollegien auf

Schulebene ein einheitliches Procedere festlegen und zumindest sogenannte Grundsätze der Leistungsbewertung beschließen.

Obwohl für die praktische Ausbildung der Schülerinnen und Schüler die Ausbildungsträger verantwortlich sind, werden die Jahresnoten auch für diesen Teil der dualen Ausbildung von der zuständigen Pflegeschule erteilt (im Ergebnis auch *Haage* 2019b, § 6 Rdnr. 7). Grundlage hierfür sind vor allem die sogenannten qualifizierten Leistungseinschätzungen nach § 6 Abs. 2 PflAPrV, die von den Einrichtungen für die einzelnen Praxiseinsätze der Auszubildenden zu erstellen sind. Sofern ein Praxiseinsatz nach Anlage 7 PflAPrV auf zwei Stationen oder gar Praxiseinrichtungen aufgeteilt wird, sind – um das gesamte Leistungsbild der Auszubildenden zu erfassen – für jeden einzelnen Einsatz gesonderte Leistungseinschätzungen abzugeben.

Bei diesen qualifizierten Leistungseinschätzungen handelt es sich um fundierte, strukturierte und schriftliche Beschreibungen der erbrachten Praxisleistungen, die den Auszubildenden bei Beendigung eines jeden Einsatzes in einem Abschlussgespräch bekannt zu machen und als Rückmeldung zu dem erreichten Leistungsstand zu erläutern sind; zudem sind in ihnen etwaige Fehlzeiten der Auszubildenden auszuweisen (vgl. BT-Drucks. 19/2707, 93). Dabei deutet bereits der Begriff der qualifizierten Leistungseinschätzung darauf hin, dass es sich hierbei um eher verbal-gutachterliche Stellungnahmen zu den Leistungen der Auszubildenden handelt, die nicht durch die Vergabe von ordinalskalierten Noten oder ähnlichem zu quantifizieren sind (so auch *Haage* 2019b, § 6 Rdnr. 6).

Die Jahresnote für die praktische Ausbildung wird von der Pflegeschule dann »im Benehmen mit dem Träger der praktischen Ausbildung unter besonderer Berücksichtigung der für das Ausbildungsjahr erstellten qualifizierten Leistungseinschätzungen [...] festgelegt« (§ 6 Abs. 3 PflAPrV). Die Formulierung »im Benehmen« deutet dabei darauf hin, dass die Schule den Ausbildungsträger vor der Notenfestlegung hören muss – ihm wird also lediglich die Möglichkeit einer (für die Schule dem Grunde nach nicht verbindlichen) Stellungnahme eingeräumt, die klar von einer irgendwie gearteten Zustimmung oder gar einem zu erzielenden Einvernehmen abzugrenzen ist (*Kostorz* 2021a, 30 und 32). Bei der Festlegung der Note dürfte daher insbesondere den Praxisbegleiterinnen und Praxisbegleitern der Schule eine wichtige Rolle zukommen, da sie unter anderem die Aufgabe haben, die Auszubildenden »fachlich zu betreuen und zu beurteilen« (§ 5 Satz 2 PflAPrV) und sich mit den Praxisanleiterinnen und Praxisanleitern der Praxiseinrichtungen auszutauschen (hierzu ausführlicher *Kostorz* 2021a, 32) (▶ Kap. 5.2).

Wie auch bei den Jahresnoten für den Unterricht können auf den Jahreszeugnissen nach § 6 PflAPrV mehrere Noten für die praktische Ausbildung ausgewiesen werden; denkbar ist beispielsweise, dass für jeden Praxiseinsatz nach Anlage 7 PflAPrV eine gesonderte Note erteilt wird. Macht die Schule von der Möglichkeit Gebrauch, auf dem Zeugnis mehrere Noten für die praktische Ausbildung auszuweisen, ist – wie auch bei der Bewertung der im Unterricht erbrachten Leistungen – eine zusammenfassende Note zu bilden (§ 6 Abs. 1 Satz 3 PflAPrV); auch hier sollten gegebenenfalls schulinterne und -verbindliche Absprachen getroffen werden. Ist ein Praxiseinsatz zum Zeitpunkt der Ausstellung des Zeugnisses im Einzelfall noch nicht beendet, erfolgt dessen Berücksichtigung erst im nächsten Ausbildungsjahr (§ 6 Abs. 2 Satz 2 PflAPrV).

4.4.2 Zwischenprüfung

Zum Ende des zweiten Ausbildungsdrittels findet eine nicht-staatliche Zwischenprüfung statt (§ 6 Abs. 5 PflBG), die sich auf sämtliche Kompetenzbereiche erstreckt, die in der Ausbildung bis dahin vermittelt worden sind (§ 7

i. V. m. Anlage 1 PflAPrV). Dabei ist ein Bestehen dieser Prüfung keine Voraussetzung für die Fortsetzung der Ausbildung: »Vielmehr handelt es sich um ein pädagogisches Instrument beziehungsweise Indikator [sic!] um bei einer Gefährdung des Ausbildungsziels geeignete Maßnahmen zu ergreifen« (BT-Drucks. 19/2707, 93). Dabei gilt das Erreichen des Ausbildungsziels dann als gefährdet, »wenn die jeweils in der Zwischenprüfung erzielten Noten schlechter als ›ausreichend‹ betragen oder das Gesamtbild Rückschlüsse auf ein zu erwartendes Nichtbestehen der jeweiligen Prüfungsteile der staatlichen Prüfungen« zulässt (BT-Drucks. 19/2707, 93) In diesem Fall sollen der Träger der praktischen Ausbildung, die Pflegeschule und der Auszubildende gemeinsam über geeignete Maßnahmen zur Sicherung des Ausbildungserfolgs beraten. Im Vordergrund stehen dabei pädagogische Maßnahmen zur Unterstützung des Auszubildenden (beispielsweise Zusatzkurse, zusätzliche Praxisbegleitungen oder didaktische Maßnahmen der individuellen Förderung).

Auch hinsichtlich der Zwischenprüfung ist das Nähere durch Landesrecht zu regeln (§ 7 Satz 5 PflAPrV), was sich in erster Linie auf die Form und die Anzahl der im Rahmen der Zwischenprüfung abzulegenden Teilprüfungen beziehen dürfte. Darüber hinaus wird landesrechtlich auch festzulegen sein, wer für die Durchführung und die Organisation der Zwischenprüfung zuständig ist, da hierzu weder das Pflegeberufegesetz noch die entsprechende Ausbildungs- und Prüfungsordnung Angaben oder zumindest Anhaltspunkte enthalten. Vor dem Hintergrund des § 10 Abs. 1 Satz 1 PflBG, nach dem die Pflegeschule die Gesamtverantwortung für die Koordination des Unterrichts mit der praktischen Ausbildung trägt (▶ Kap. 5.3), ist jedoch davon auszugehen, dass die Pflegeschule auch bei der Zwischenprüfung die Federführung übernimmt, zumal solche Prüfungen bereits vor dem Inkrafttreten des Pflegeberufegesetzes von einigen Schulen eigeninitiativ durchgeführt worden sind (vgl. *Igl* 2021, § 6 PflBG Rdnr. 16 unter Verweis auf § 48 Abs. 1 BBiG).

Obwohl die Bundesländer also dem Grunde nach verpflichtet sind, das Nähere zu den Zwischenprüfungen zu regeln (§ 7 Satz 5 PflAPrV), ist bislang nur die Hälfte aller Länder dieser Obliegenheit nachgekommen. Zusammenfassend zeigt sich, dass in acht Bundesländern ein schriftlicher (und zum Teil mündlicher) Teil vorgeschrieben ist (vgl. exemplarisch → § 31 BFSO Pflege BY) und in sechs zusätzlich ein praktischer Prüfungsteil (vgl. exemplarisch → § 3 PflBAPAVO RP) (zu den landesspezifischen Regelungen ausführlicher *Arens* 2020, 351 ff.).

§ 31 BFSO Gesundheit BY

(1) Am Ende des zweiten Schuljahres findet gemäß § 6 Abs. 5 PflBG und § 7 PflAPrV eine Zwischenprüfung in schriftlicher und mündlicher Form statt, die sich auf die Ausbildungsinhalte der ersten beiden Schuljahre bezieht.

(2) Die Prüfungsaufgabe der schriftlichen Prüfung beinhaltet zwei Fallbeispiele aus verschiedenen Versorgungsbereichen unter Berücksichtigung verschiedener Altersgruppen zu pflegender Personen. Die Bearbeitungszeit beträgt 120 Minuten. Die vom Staatsministerium beauftragte Schulaufsichtsbehörde erstellt die Prüfungsaufgabe.

(3) Die Aufgabenstellung der mündlichen Prüfung beinhaltet eine komplexe Fallsituation aus den Kompetenzbereichen III bis V der Anlage 1 PflAPrV. Die Schülerinnen und Schüler werden einzeln oder zu zweit von mindestens einer Lehrkraft der Schule geprüft. Die Prüfungszeit beträgt je Schülerin oder Schüler 20 Minuten, davon sind fünf Minuten zur Vorbereitung und 15 Minuten für das Prüfungsgespräch. Die Aufgabe stellt die Schule.

(4) Die schriftliche Prüfungsarbeit bewertet und unterzeichnet eine Lehrkraft der Schule der Schülerin oder des Schülers. Die Leistung in der mündlichen Prüfung wird von der oder den Lehrkräften bewertet, die die Prüfung abnimmt oder abnehmen.

(5) Die Prüfung ist bestanden, wenn in beiden Prüfungsteilen mindestens die Note »ausreichend« erzielt wird. Bei Nichtbestehen der Prüfung findet ein schulisches Beratungsgespräch mit der Schülerin oder dem Schüler unter Einbindung des Trägers der praktischen Ausbildung statt. Über das Gespräch fertigt die beteiligte Lehrkraft eine Niederschrift an, die von den Teilnehmerinnen und Teilnehmern des Gesprächs unterzeichnet wird.

(6) [...] Schülerinnen und Schüler, die an der Zwischenprüfung in allen oder einzelnen Teilen infolge eines von ihnen nicht zu vertretenden Grundes nicht teilnehmen konnten, können die Zwischenprüfung oder die nicht abgelegten Prüfungsteile nachholen. Die Möglichkeit zum Nachholen der schriftlichen Zwischenprüfung besteht dabei zum nächsten zentralen Prüfungstermin.

(7) Das Ergebnis der Zwischenprüfung hat keine Auswirkung auf die Entscheidung über das Vorrücken oder den Fortbestand des Ausbildungsvertrags (§ 7 Satz 3 PflAPrV).

§ 3 PflBAPAVO RP

(1) Die Zwischenprüfung nach § 7 PflAPrV wird durch die Pflegeschule (§ 1 Abs. 1 AGPflBG) durchgeführt. Sie findet an einem Unterrichtstag statt und besteht aus einem schriftlichen, einem mündlichen und einem praktischen Teil. Sie dauert für alle drei Teile zusammen höchstens 120 Minuten. Die Prüfungsformen müssen im Unterricht geübt worden sein.

(2) Die Zwischenprüfung wird von fachlich zuständigen Lehrkräften für die zu prüfenden Kompetenzen nach Anlage 1 PflAPrV sowie von Personen mit der Befähigung zur Praxisanleitung nach § 4 PflAPrV abgenommen.

(3) Für jeden Prüfungsteil wird der Leistungsstand der oder des Auszubildenden festgestellt und dokumentiert, ob zu erwarten ist, dass sie oder er nach den Ergebnissen das Ausbildungsziel erreichen wird. Erfolgt die Dokumentation des Leistungsstandes durch eine Leistungsbeurteilung, ist das sechsstufige Notensystem des § 34 Abs. 2 der Schulordnung für die öffentlichen berufsbildenden Schulen anzuwenden und das Erreichen des Ausbildungsziels ist gefährdet, wenn in mindestens einem Prüfungsteil die Note schlechter als »ausreichend« ist.

(4) Die oder der Auszubildende erhält eine Bescheinigung über das Ablegen der Zwischenprüfung. Die Bescheinigung enthält das Datum der Zwischenprüfung, den Vor- und Zunamen sowie Geburtstag und Geburtsort der oder des Auszubildenden sowie die Feststellung über die Erreichbarkeit des Ausbildungsziels. Die geprüften Kompetenzbereiche nach Anlage 1 PflAPrV werden aufgelistet.

4.4.3 Kriterien der Leistungsbewertung

Für die Bewertung der Leistungen wird mit § 17 PflAPrV das Notensystem übernommen, das auch an allgemeinbildenden Schulen und in anderen beruflichen Bildungsgängen üblich ist (hierzu etwa *Kostorz* 2016b, 270 und 280 f.). Zwar ist es nach dem Wortlaut der Vorschrift nur für »die

Vornoten und für die staatliche Prüfung« maßgeblich, doch werden die Vornoten für den schriftlichen, den mündlichen und den praktischen Teil der Abschlussprüfung aus den Noten auf den Jahreszeugnissen generiert (§ 13 Abs. 3 PflAPrV), so dass das Notensystem – zumindest analog – auch bei diesen Testaten und bei den ihnen zugrundeliegenden Leistungsbewertungen zu berücksichtigen ist; entsprechendes gilt für die Zwischenprüfung nach § 7 PflAPrV (so nun auch *Igl* 2021, § 17 PflAPrV Rdnr. 1).

Bei dem anzuwendenden Notensystem handelt es sich um die im Schulwesen übliche Ordinalskala von 1 (*sehr gut*) bis 6 (*ungenügend*) (▶ Tab. 7). Dabei kann eine Leistungsbewertung mit Ziffernzensuren nur dann über Aussagekraft verfügen, wenn die erteilte Note an einer bestimmten Bezugsnorm orientiert ist. In der pädagogischen Diskussion werden diesbezüglich eine kollektive, eine individuelle und eine kriteriumsorientierte Bezugsnorm unterschieden (hierzu ausführlich *Kostorz* 2016b, 275 ff.) (▶ Abb. 25): Während die Leistungen der Schülerinnen und Schüler bei der Leistungsbewertung nach einer kollektiven Bezugsnorm in Relation zu den Leistungen der Mitglieder einer Referenzgruppe (meist die Mitglieder einer Klasse) gesetzt werden, werden sie bei der Anwendung einer individuellen Bezugsnorm bei der Zensurenvergabe nicht mit den durchschnittlichen Ergebnissen der gesamten Klasse verglichen, sondern mit den eigenen Leistungen bei einer zurückliegenden Lernerfolgskontrolle. Eine Leistungsbewertung nach einer kriteriumsorientierten Bezugsnorm orientiert sich an der Erreichung eines vor der Leistungsmessung klar operationalisierten Lernziels bzw. dem Erwerb eines zuvor klar bestimmten angestrebten Kompetenzzuwachses, wobei diese Sachnorm für alle Lernenden bzw. zu Prüfenden gleichermaßen gelten muss und nicht individuell festgelegt werden darf.

§ 17 PflAPrV knüpft diesbezüglich an den Grad der Erfüllung von (zunächst nicht näher bestimmten) Anforderungen an, die von den Auszubildenden bzw. Prüflingen zu erfüllen sind (so ist etwa die Note *sehr gut* bei einer Leistung zu erteilen, »die den *Anforderungen* in besonderem Maß entspricht«). Diese Anforderungen wiederum ergeben sich zunächst aus § 5 PflBG, darüber hinaus aber vor allem auch aus den Anlagen 1 bis 4 PflAPrV und den darauf fußenden Rahmenplänen der Fachkommission nach § 53 PflBG (*Fachkommission*

Tab. 7: Notenstufen und deren Bedeutung (eigene Zusammenstellung nach § 17 PflAPrV)

Note	Notendefinition
sehr gut	eine Leistung, die den Anforderungen in besonderem Maß entspricht
gut	eine Leistung, die den Anforderungen voll entspricht
befriedigend	eine Leistung, die im Allgemeinen den Anforderungen entspricht
ausreichend	eine Leistung, die zwar Mängel aufweist, aber im Ganzen den Anforderungen noch entspricht
mangelhaft	eine Leistung, die den Anforderungen nicht entspricht, jedoch erkennen lässt, dass die notwendigen Grundkenntnisse vorhanden sind und die Mängel in absehbarer Zeit behoben werden können
ungenügend	eine Leistung, die den Anforderungen nicht entspricht, und selbst die Grundkenntnisse so lückenhaft sind, dass die Mängel in absehbarer Zeit nicht behoben werden können

4.4 Leistungsbewertung

 Gut ist, wer über dem Durchschnitt liegt, schlecht, wer darunter liegt.

kollektive Bezugsnorm: Bewertung der individuellen Leistungen eines Schülers in Relation zu den Leistungen der Mitglieder einer Referenzgruppe (häufig die Mitglieder der eigenen Lerngruppe)

 Gut ist, wer im Lernprozess Fortschritte gemacht hat, schlecht, wessen Leistungen rückläufig sind.

individuelle Bezugsnorm: Bewertung des individuellen Lernfortschritts eines Schülers im Vergleich mit den eigenen Leistungen bei einer zurückliegenden Lernerfolgskontrolle

 Gut ist, wer allgemeine Erwartungen an den Kompetenzerwerb erfüllt, schlecht, wer sie nicht erfüllt.

kriteriumsorientierte Bezugsnorm: Bewertung der Leistungen eines Schülers nach dem Grad des Erreichens eines vor der Leistungsmessung klar operationalisierten Lernziels bzw. dem Erwerb eines zuvor klar bestimmten angestrebten Kompetenzzuwachses

Abb. 25: Bewertungsmaßstäbe bei der Notenvergabe (eigene Darstellung)

2020 nebst *BiBB* 2020), die die jeweils zu erwerbenden Kompetenzen für die (schulische) Zwischenprüfung bzw. die (staatliche) Abschlussprüfung angehender Pflegefachkräfte definieren. Entscheidend für die Leistungsbeurteilung bzw. -bewertung und die Vergabe einer Leistungsnote ist also allein der subjektive Kompetenzerwerb der Schülerinnen und Schüler im Verhältnis zu den im Gesetz und der Rechtsverordnung bestimmten Anforderungen, die an sie im Rahmen der Ausbildung bzw. einer Prüfung oder Lernerfolgskontrolle gerichtet werden (sogenannte kriteriums- oder sachorientierte Leistungsbewertung); die durchschnittliche Leistungsstärke der Lern- bzw. Prüfungsgruppe und/oder der individuelle Lernfortschritt des jeweiligen Auszubildenden bzw. Prüflings müssen bei der Notenfindung mithin unberücksichtigt bleiben.

Dies gilt vorliegend insbesondere auch vor dem Hintergrund des Gleichbehandlungsgrundsatzes nach Art. 3 GG sowie der Berufsausübungsfreiheit nach Art. 12 GG: Sofern Auszubildende im Unterricht bzw. in der praktischen Ausbildung eine im Verhältnis zu den an sie gerichteten, klar operationalisierten Anforderungen vergleichbare Leistung erbracht haben, müssen diese auch annähernd gleich bewertet werden. Nur so ist sichergestellt, dass (bundes- oder zumindest landesweit) alle Auszubildenden bei objektiv gleichwertig erbrachten Leistungen gleiche Noten auf den Jahreszeugnissen, damit auch gleiche Vor- und im Ergebnis ebenso gleiche Examensnoten erhalten und ihnen so vergleichbare Teilhabe- und Karrieremöglichkeiten im Erwerbsleben eingeräumt werden. Würden hingegen soziale und/oder subjektive Bewertungsmaßstäbe bei der Notenbildung angelegt, hinge diese zu sehr von Faktoren ab, die für einen objektiven Betrachter kaum nachvollziehbar sind – die Noten verlören auf diese Weise ihre Aussagekraft, weshalb eine Orientierung an einem kollektiven bzw. individuellen Bewertungsmaßstab bei Noten, die – wie in der Pflegeausbildung – im Zusammenhang mit einem Berufsabschluss bzw. einer Berufsqualifikation vergeben werden, dem Grund nach ausgeschlossen ist (hierzu ausführlich *Kostorz* 2016b, 282 f.).

4.5 Umgang mit Disziplinschwierigkeiten

Die Frage, inwieweit Pflegeschulen und die für sie tätigen Lehrkräfte berechtigt sind, Leistungs- und Verhaltensdefizite ihrer Schülerinnen und Schüler zu ahnden, hängt im Wesentlichen von der Frage ab, ob auf das Schulverhältnis das jeweils landesspezifische (allgemeine) Schulrecht Anwendung findet. Ist dies der Fall, ergeben sich entsprechende Sanktionsmöglichkeiten unmittelbar aus dem betreffenden Schulgesetz, das üblicherweise auch einen Katalog an Maßnahmen enthält, derer sich Lehrkräfte im Falle von Disziplinstörungen bedienen können (vgl. exemplarisch den nach § 3 Abs. 2 SächsSchulG auch an medizinischen Berufsfachschulen, die an Krankenhäusern in Trägerschaft einer kommunalen Gebietskörperschaft angegliedert sind, geltenden → § 39 SächsSchulG).

> **§ 39 SächsSchulG**
>
> (1) Zur Sicherung des Erziehungs- und Bildungsauftrags oder zum Schutz von Personen und Sachen können nach dem Grundsatz der Verhältnismäßigkeit Ordnungsmaßnahmen gegenüber Schülern getroffen werden, soweit andere Erziehungsmaßnahmen nicht ausreichen. Erziehungsmaßnahme ist auch die zeitweilige Inbesitznahme störender Gegenstände.
> (2) Ordnungsmaßnahmen sind:
>   1. schriftlicher Verweis;
>   2. Überweisung in eine andere Klasse gleicher Klassenstufe oder einen anderen Kurs der gleichen Jahrgangsstufe;
>   3. Androhung des Ausschlusses aus der Schule;
>   4. Ausschluss vom Unterricht und anderen schulischen Veranstaltungen bis zu vier Wochen;
>   5. Ausschluss aus der Schule.
>   Die körperliche Züchtigung ist verboten.
> (3) Ordnungsmaßnahmen nach
>   1. Absatz 2 Satz 1 Nummer 1 werden in der Primarstufe und der Sekundarstufe I vom Klassenlehrer oder Schulleiter, in der Sekundarstufe II vom Schulleiter,
>   2. Absatz 2 Satz 1 Nummer 2 bis 5 werden vom Schulleiter getroffen.
> (4) Die Ordnungsmaßnahmen nach Absatz 2 Satz 1 Nummer 4 und 5 sind nur bei schwerem oder wiederholtem Fehlverhalten zulässig. Wird eine Ordnungsmaßnahme nach Absatz 2 Satz 1 Nummer 5 getroffen, unterrichtet der Schulleiter die Schulaufsichtsbehörde. Diese berät den Schüler, bei minderjährigen Schülern auch die Eltern, darüber, welche andere Schule der Schüler nach Wirksamwerden der Ordnungsmaßnahme besuchen kann. Die Schulpflicht bleibt unberührt.
> (5) Vor der Entscheidung über Ordnungsmaßnahmen sind der betroffene Schüler, bei minderjährigen Schülern auch die Eltern, zu hören. Der Schulleiter hört vor einer Entscheidung über Ordnungsmaßnahmen nach Absatz 2 Satz 1 Nummer 2 bis 5 die Klassenkonferenz oder Jahrgangsstufenkonferenz an. Auf Antrag des Schülers, gegen den eine Ordnungsmaßnahme nach Absatz 2 Satz 1 Nummer 3 bis 5 getroffen werden soll, hört der Schulleiter den Klassensprecher oder, sofern der Unterricht nicht im Klassenverband erteilt wird, einen Jahrgangsstufensprecher an. Sofern an der Schule sozialpädagogische Unterstützung durch einen Träger der Jugendhilfe erbracht wird,

> hört der Schulleiter auf Wunsch des Schülers, gegen den eine Ordnungsmaßnahme nach Absatz 2 Satz 1 Nummer 5 getroffen werden soll, auch Vertreter an, die diese Unterstützungsmaßnahmen durchführen.
> (6) In dringenden Fällen kann der Schulleiter bis zur endgültigen Entscheidung einen Schüler vorläufig vom Unterricht und anderen schulischen Veranstaltungen ausschließen.
> (7) Widerspruch und Klage gegen Ordnungsmaßnahmen nach Absatz 2 Satz 1 Nummer 3 bis 5 sowie Absatz 6 haben keine aufschiebende Wirkung.

Problematischer ist die Rechtslage demgegenüber an Pflegeschulen in denjenigen Bundesländern, in denen der schulische Teil der Pflegeausbildung nicht dem (allgemeinen) Schulrecht des betreffenden Landes unterliegt, da hier folglich auch nicht die jeweils einschlägigen schulgesetzlichen Bestimmungen zur Sanktionierung von Fehlverhalten im Unterricht zur Anwendung kommen können. Gleichwohl lassen sich auch hier verallgemeinerbare Disziplinierungsmöglichkeiten benennen, die allgemeinen Rechts(grund)sätzen entsprechen und sich an den bestehenden Schulgesetzen orientieren. In Betracht kommen insofern sogenannte Erziehungs- und Ordnungsmaßnahmen sowie ausbildungsrechtliche Sanktionen (hierzu insgesamt *Kostorz* 2011b sowie *Kostorz* 2015) (▶ Abb. 26).

4.5.1 Erziehungsmaßnahmen

Bei den Erziehungsmaßnahmen handelt es sich um Disziplinierungsmaßnahmen, die von der Lehrkraft im laufenden Unterricht unmittelbar angewendet und umgesetzt werden können; zu unterscheiden sind insofern anregende und fördernde Erziehungsmaßnahmen sowie Erziehungsmaßnahmen in Form von Geboten und Verboten.

Zu den anregenden bzw. fördernden Erziehungsmaßnahmen gehören etwa die Aufforderung zur Mitarbeit und zur Aufmerksamkeit, vor allem aber auch die Ermahnung und die Missbilligung von Fehlverhalten. »Solche erzieherischen Einwirkungen berühren die Rechtssphäre des einzelnen Schülers allenfalls am Rande; sie richten sich nach Gesichtspunkten pädagogischer Zweckmäßigkeit« (*Avenarius/Hanschmann* 2019, Tz. 22.12) und haben daher keine nennenswerten unmittelbaren rechtlichen Auswirkungen.

Gleichwohl gibt es rechtliche Grenzen zu beachten, etwa wenn Lehrkräfte Lernende durch die Intervention herabwürdigen oder sie lächerlich machen (beispielsweise durch chauvinistische oder ehrabschneidende Äußerungen) oder sie durch ihr Verhalten die psychische Gesundheit der Schülerinnen und Schüler beeinträchtigen (beispielsweise durch einschüchterndes Brüllen) (vgl. *Rux* 2018, Rdnr. 437 unter Bezugnahme auf § 1631 Abs. 2 BGB). Dass darüber hinaus ein absolutes Züchtigungsverbot zum Schutz der physischen Gesundheit der Lernenden besteht, sollte sich (nicht nur aus juristischen Gründen) von selbst verstehen (*Avenarius/Hanschmann* 2019, Tz. 22.32).

Den Erziehungsmaßnahmen in Form von Geboten bzw. Verboten sind diejenigen Maßnahmen zuzurechnen, die einem Schüler »ein bestimmtes Verhalten verbindlich vorschreiben oder untersagen und dadurch dessen Entfaltungsfreiheit in den durch Art. 2 Abs. 1 GG vorgegebenen Schranken begrenzen« (*Avenarius/Hanschmann* 2019, Tz. 22.13). Vergleichsweise niedrigschwellige Maßnahmen sind dabei eine Änderung der Sitzordnung, die Aufforderung, eine verursachte Verunreinigung des Klassenraums oder des verwendeten Unterrichtsmaterials zu beseitigen, oder die Übertragung zusätzlicher Aufgaben. Letztere dürfen indes keinen Strafcharakter haben und müssen vielmehr darauf ausgerichtet sein, dem Schüler sein Fehlverhalten zu verdeutlichen (*Böhm* 2007, 40 f.). Unzulässig wäre demnach das bloße Abschreibenlassen

4 Schulverhältnis zwischen Pflegeschule und Auszubildenden

Maßnahme	Arten/Formen	Anwendungsbeispiele	Zuständigkeit	Form
Kündigung	fristlose Kündigung aus wichtigem Grund	Beleidigungen oder Tätlichkeiten gegen eine Lehrkraft oder einen Mitschüler bzw. eine Mitschülerin	Ausbildungsträger	schriftlich unter Benennung des Kündigungsgrundes
Abmahnung	Missbilligung eines beeinflussbaren Verhaltens	wiederholtes Zuspätkommen, unentschuldigtes Fehlen	Ausbildungsträger	aus Beweisgründen besser schriftlich (Hinweis-, Ermahnungs- und Warnfunktion beachten!)
Ordnungsmaßnahmen	Verweis, Überweisung in eine parallele Lerngruppe, Vorübergehender Ausschluss vom Unterricht	permanente Streitigkeiten mit Mitschülerinnen bzw. -schülern während des Unterrichts, Mobbing	Schulleitung (oder Klassenkonferenz)	besser schriftliche Anordnung der Maßnahme
Erziehungsmaßnahmen als Gebote bzw. Verbote	Änderung der Sitzordnung, Einbehalten von Gegenständen, Ausschluss von der Unterrichtsstunde, Nacharbeit, Zusatzaufgaben	Ablenken von Sitznachbarn, Nutzung des Mobiltelefons, mehrfache Zwischenrufe, Leistungsverweigerung	unterrichtende Lehrkraft	mündliche Verhängung der Maßnahme (Realakt)
anregende und fördernde Erziehungsmaßnahmen	Aufforderung zur Mitarbeit, pädagogische Gespräche, Ermahnungen, Tadel, Missbilligungen	Unaufmerksamkeit, Gespräche mit dem Nachbarn, gezeigtes Desinteresse und Langeweile	unterrichtende Lehrkraft	mündliche Verhängung der Maßnahme (Realakt)

Abb. 26: Rechtliche Möglichkeiten beim Umgang mit Disziplinschwierigkeiten (eigene Darstellung)

der Schulordnung; möglich hingegen wäre die Aufforderung, schriftliche Regeln für ein angemessenes Zusammenleben in der Schule aufzustellen und zu begründen oder ein Stundenprotokoll anzufertigen, um die durch die Störung versäumten Unterrichtsinhalte nachzuarbeiten. Hinzu kommen Maßnahmen, die zwar ebenfalls pädagogisch motiviert sind, aber eine wesentlich größere juristische Tragweite haben; zu nennen sind vor allem die zeitweise Wegnahme (das »Einkassieren«) von Gegenständen, der Verweis aus der laufenden Unterrichtsstunde (»Rausschmeißen«) und die Nacharbeit versäumter Unterrichtsinhalte in der Schule (»Nachsitzenlassen«).

Rechtlich gesehen kann das Wegnehmen von Gegenständen (etwa eines Mobiltelefons, mit dem während des Unterrichts Kurzmitteilungen abgerufen bzw. verschickt werden) eine sogenannte verbotene Eigenmacht der Lehrkraft nach → § 858 Abs. 1 BGB sein, wenn nicht ein »Gesetz die Entziehung [...] gestattet«. Das bedeutet: Sofern ein im Einzelfall geltendes Schulgesetz die Wegnahme von Gegenständen als Erziehungsmaßnahme erlaubt, liegt eine gesetzliche Ermächtigung hierfür vor, so dass der entsprechende Eingriff rechtmäßig ist. Unterliegt der Unterricht hingegen nicht dem (allgemeinen) Schulrecht des Landes, ermangelt es eines Gesetzes, das den Besitzentzug gestattet. Eine Lehrkraft, die einem Schüler in einem solchen Fall einen Gegenstand, wie etwa ein Mobiltelefon, ohne seine Einwilligung abnimmt, handelt folglich widerrechtlich, so dass der Schüler, gegen dessen Willen die Wegnahme geschieht, das Recht hat, sich (notfalls sogar mit Gewalt!) dagegen zu wehren (→ § 859 Abs. 1 und 2 und → § 861 Abs. 1 BGB). Anders verhält es sich nur dann, wenn die Lehrperson eine (aktive) Wegnahme des Gegenstandes vermeidet und vielmehr derart pädagogisch auf den Schüler einwirkt (etwa unter Androhung weiterer disziplinarischer Maßnahmen), dass dieser den Gegenstand (»freiwillig«) herausgibt und der Besitzentzug damit nicht – wie es im Gesetz heißt – »ohne dessen Willen« erfolgt.

§ 858 Abs. 1 BGB

Wer dem Besitzer ohne dessen Willen den Besitz entzieht oder ihn im Besitz stört, handelt, sofern nicht das Gesetz die Entziehung oder die Störung gestattet, widerrechtlich (verbotene Eigenmacht).

§ 859 Abs. 1 und 2 BGB

(1) Der Besitzer darf sich verbotener Eigenmacht mit Gewalt erwehren.
(2) Wird eine bewegliche Sache dem Besitzer mittels verbotener Eigenmacht weggenommen, so darf er sie dem auf frischer Tat betroffenen oder verfolgten Täter mit Gewalt wieder abnehmen.

§ 861 Abs. 1 BGB

Wird der Besitz durch verbotene Eigenmacht dem Besitzer entzogen, so kann dieser die Wiedereinräumung des Besitzes von demjenigen verlangen, welcher ihm gegenüber fehlerhaft besitzt.

Ein Ausschluss von der laufenden Unterrichtsstunde ist als Erziehungsmaßnahme unter der Voraussetzung möglich und zulässig, dass es der Lehrkraft auf andere Weise nicht gelingt, einen störungsfreien Unterrichtsablauf sicherzustellen, und deshalb das Recht auf Ausbildung und Unterricht der Mitschülerinnen und Mitschüler gefährdet ist; dies ist insbesondere dann der Fall, wenn der betreffende Schüler den Unterricht gravierend oder wiederholt stört (*Böhm* 2007, 42 sowie *Rux* 2018, Rdnr. 465 ff.). Da der des Unterrichts verwiesene Schüler der Kontrolle durch die Lehrkraft entzogen ist, stellt sich in diesem Fall indes die Frage, ob die Lehrkraft durch eine entsprechende Maßnahme ihre Aufsichtspflicht verletzt haben könnte. Bei Schülerinnen und Schülern, die das 18. Lebensjahr bereits vollendet haben, reduziert sich die Aufsichtspflicht der Schule und ihrer Lehrkräfte allerdings auf nahezu Null (hierzu *Böhm* et al. 2005, 29), mit der Folge, dass volljährige Schülerinnen und Schüler ohne weiteres aufgefordert werden können, den Unterricht zu verlassen (so auch *Avenarius/ Hanschmann* 2019, Tz. 29.222 f.). Bei minderjährigen Schülerinnen und Schülern richtet sich die Reichweite der Aufsichtspflicht vor allem nach deren Alter, Entwicklungsstand und Einsichtsfähigkeit (*Avenarius/Füssel* 2008, 140 f.). Da im Allgemeinen davon ausgegangen werden kann, dass auch 16- oder 17-jährige Auszubildende in der Lage sind, sich in einer entsprechenden Situation adäquat zu verhalten und insofern keiner kontinuierlichen Beaufsichtigung bedürfen, stehen auch ihrem Verweis aus dem Unterricht in aller Regel keine zu berücksichtigenden Aufsichtspflichten auf Seiten der Lehrkraft entgegen. Um letzte Zweifel auszuschließen und auch der präventiven Aufsichtspflicht Genüge zu leisten, sollte die Lehrkraft den störenden Schüler unter Umständen mit einer klaren Verhaltensaufforderung des Raumes verweisen (*Kostorz* 2015, 74).

Schließlich ist als Erziehungsmaßnahme eine sogenannte Nacharbeit in der Schule (gegebenenfalls unter Aufsicht) denkbar. Sofern sie bezweckt, Lernrückstände aufzuarbeiten (etwa infolge eines Verweises aus der laufenden Unterrichtsstunde, nicht erledigter Hausaufgaben, Zuspätkommens zum Unterricht oder fortwährender Störungen des Lehrbetriebs), handelt es sich bei ihr lediglich um eine – insofern rechtlich unproblematische – erweiternde Ausgestaltung der Schulbesuchs- und Mitwirkungspflicht des Auszubildenden nach § 17 Satz 2 Nr. 1 PflBG (▶ Kap. 4.3.1) (vgl. *Kostorz* 2015, 74). Etwas anderes gilt jedoch dann, wenn das »Nachsitzen« nicht der Kompensation von Lernrückständen bzw. -versäumnissen dient, sondern Vergeltungs- bzw. Strafcharakter hat. In diesem Fall handelt es sich um eine Einschränkung der verfassungsrechtlich geschützten körperlichen Bewegungsfreiheit, die insofern rechtlich unzulässig ist (*Böhm* 2007, 40 f.).

4.5.2 Ordnungsmaßnahmen

Ordnungsmaßnahmen unterscheiden sich von den Erziehungsmaßnahmen vor allem dadurch, dass sie nicht im laufenden Unterrichtsbetrieb von dem jeweiligen Fachlehrer unmittelbar als Realakt umgesetzt, sondern in einem förmlicheren Verfahren von einem hierfür für zuständig erklärten Gremium (zum Beispiel von einer Disziplinarkonferenz) bzw. einer festen Institution der Schule (zum Beispiel von der Schulleitung) verfügt werden (*Böhm* 2007, 37 f. sowie *Avenarius/ Hanschmann* 2019, Tz. 22.22). Das Schulrecht der einzelnen Bundesländer sieht unterschiedliche Ordnungsmaßnahmen vor; als gemeinsame Schnittmenge können insbesondere der schriftliche Verweis, die Überweisung in eine parallele Klasse oder Lerngruppe sowie der vorübergehende Ausschluss vom gesamten Unterricht oder vom Unterricht eines Faches für eine bestimmte Zeit genannt werden. Sofern an einer Pflegefachschule das jeweilige Landesschulrecht nicht gilt, können diese Maßnahmen zumindest entsprechend angewendet werden (*Kostorz* 2015, 74).

Der sogenannte schriftliche Verweis unterscheidet sich als förmliche Ordnungsmaßnahme insofern von einem einfachen Tadel, der im laufenden Unterrichtsgeschehen von der jeweiligen Lehrkraft ausgesprochen wird, als er regelmäßig schriftlich ergeht und in die Zuständigkeit der Schulleitung oder eines bestimmten schulinternen Gremiums, wie etwa einer Klassenkonferenz fällt (*Kostorz* 2011b, 30). Er soll einem disziplinarisch auffälligen Schüler eindringlich dessen Fehlverhalten deutlich machen und ihm aufzeigen, dass sein Verhalten die Erfüllung des Bildungsauftrags der Pflegeschule erschwert und daher künftig nicht mehr hingenommen wird. »Dem Verweis kommt damit eine ähnliche Funktion zu, wie der Abmahnung im Arbeitsrecht« (*Rux* 2018, Rdnr. 460). Da eine solche von der Pflegeschule nicht unmittelbar ausgesprochen werden kann, dient der schriftliche Verweis vor allem dazu, das Erwirken einer ausbildungsrechtlichen Abmahnung durch den Ausbildungsträger zu erleichtern (▶ Kap. 3.10.2 sowie ▶ Kap. 4.5.3). Ähnlich wie eine Abmahnung sollte auch ein Verweis ausdrücklich auf das Fehlverhalten hinweisen (Hinweisfunktion), den Schüler zur Besserung ermahnen (Ermahnungsfunktion) und ihm die Konsequenzen aufzeigen, die bei einem Fortbestand der Disziplinprobleme eintreten können (Warnfunktion).

Die Überweisung störender Schülerinnen und Schüler in eine parallele Klasse oder Lerngruppe ist im allgemeinen Schulrecht insbesondere »im Falle nachhaltiger und durch erzieherische Einwirkungen nicht zu behebender Störungen des Unterrichts gerechtfertigt und auch dann nur unter der Voraussetzung, dass diese Störungen auf einem Konflikt in der Klasse bzw. Lerngruppe beruhen, für die der betreffende Schüler zumindest mitverantwortlich ist« (*Rux* 2018, Rdnr. 463). Diesbezüglich gilt es zu beachten, dass (auch) eine Pflegeschule eine doppelte Pflicht trifft: Zum einen hat sie als duale Partnerin des Ausbildungsträgers diesem gegenüber dafür Sorge zu tragen, dass das Ausbildungs- bzw. Unterrichtsziel möglichst aller ihr anvertrauten Schülerinnen und Schüler tatsächlich erreicht werden kann, zum anderen muss sie das subjektive Recht der Lernenden auf qualifizierten Unterricht in einer angemessenen Lernatmosphäre erfüllen (*Kienzle* 2004, 64 f.). Um diese korrespondierenden Ziele zu erreichen, steht ihr eine weitreichende Organisationsfreiheit zu, zu der nicht nur die Bildung arbeitsfähiger Lerngruppen gehört (*Böhm* 2009, 21), sondern im Bedarfsfall auch deren Umbildung. Hinzu kommt, dass Pflegeschulen und die für sie tätigen Lehrkräfte ihren Schülerinnen und Schülern gegenüber weisungsbefugt sind (▶ Kap. 4.3.2), wobei sich das Direktionsrecht nicht nur auf die Art, den Ort und die Zeit der auszuführenden Tätigkeiten bezieht, sondern auch auf das Team bzw. Kollegium innerhalb dessen sie auszuführen sind (hierzu *Weber* 2007, 183 ff.). Analog zu den Regelungen der meisten Landesschulgesetze ist also auch einer Pflegeschule, die nicht dem (allgemeinen) Schulrecht unterliegt, eine Überweisung störender Schülerinnen und Schüler in eine parallele Lerngruppe möglich. In Anlehnung an die einschlägigen Bestimmungen der einzelnen Schulgesetze sollte darüber allerdings nicht der Klassen- oder Fachlehrer entscheiden, sondern ein von der Schule bestimmtes Gremium oder die Schulleitung selbst (*Kostorz* 2011b, 30).

Rechtlich schwierig gestaltet sich der (wenn auch zeitlich befristete) Ausschluss vom gesamten Unterricht oder vom Unterricht eines Faches, der im allgemeinen Schulrecht regelmäßig dann möglich ist, wenn der Lernende wiederholt bzw. gravierend gestört und so einen angemessenen Unterrichtsbetrieb unmöglich gemacht hat und die zu ergreifende Maßnahme zudem erwarten lässt, dass sie zu einer Verhaltensänderung des störenden Schülers führt (vgl. *Rux* 2018, Rdnr. 467). Ihm steht nämlich das Recht des Schülers auf Ausbildung gegenüber, das nicht nur vom Ausbildungsträger, sondern – vor allem hinsichtlich der Unterrichtserteilung – auch von der Pflegeschule zu erfüllen ist (▶ Kap. 4.1) (hierzu auch *Sträßner* 2004, 100 f.). Hier muss es zu einer Abwägung zwischen den Interessen des störenden Schülers und seiner Mitlernenden kommen, die ebenfalls ein Recht auf Ausbildung (in Form störungsfreien Unterrichts!) geltend machen können. Dabei ist in die Interessensabwägung auch einzubeziehen, dass der Lernende, der durch deviantes Verhalten im Unterricht aufgefallen ist, seine (schulische) Ausbildung zum Teil selbst verunmöglicht und sein Recht auf Unterricht zumindest ein Stück weit verwirkt hat. Führen diese Überlegungen zu dem Ergebnis, dass ein vorübergehender Ausschluss vom Unterricht pädagogisch sinnvoll ist und er der Wiederherstellung eines geordneten Unterrichtsverlaufs dienlich sein kann, ist die Verhängung der Maßnahme – auch bei Pflegeschulen, die nicht dem Schulrecht unterliegen – unter drei Voraussetzungen möglich (*Kostorz* 2011b, 31):

1. Die Pflegeschule muss sicherstellen, dass der theoretische und praktische Unterricht trotz des Ausschlusses über die gesamte Ausbildungszeit hinweg 2.100 Stunden nicht unterschreitet (▶ Kap. 4.1).
2. Der vom Unterricht ausgeschlossene Schüler ist ausdrücklich darauf hinzuweisen, dass er durch die Ordnungsmaßnahme nicht von der Pflicht befreit ist, den behandelten Stoff auf- und nachzuarbeiten; es liegt folglich allein in seinem Verantwortungsbereich, sich die versäumten Inhalte anzueignen (vgl. *Rux* 2018, Rdnr. 466) (▶ Kap. 4.3.2).
3. Durch den Ausschluss vom Unterricht darf der Lernende nicht durch ein Mehr an Freizeit belohnt werden; vielmehr ist er zu verpflichten, sich während der Zeit in der Einrichtung des Ausbildungsträgers praktisch ausbilden zu lassen (▶ Kap. 3.4).

4.5.3 Ausbildungsrechtliche Maßnahmen

Vor dem Hintergrund, dass Auszubildende verpflichtet sind, aktiv an der Erreichung des Ausbildungsziels mitzuwirken, und hierzu auch ein ordnungsgemäßes und diszipliniertes Verhalten im Unterricht gehört, haben Schülerinnen und Schüler, die ein diesbezüglich abweichendes Verhalten zeigen, auch mit rechtlichen Konsequenzen von Seiten des Ausbildungsträgers zu rechnen, die durch entsprechende Erziehungs- und Ordnungsmaßnahmen zumindest angebahnt werden können (*Kostorz* 2015, 74). In Betracht kommen insofern eine Abmahnung und als Ultima Ratio eine Kündigung aus wichtigem Grund (▶ Kap. 3.10.2).

4.5.4 Grundsätze der Sanktionierung schulischen Fehlverhaltens

Unabhängig von der konkreten Art einer im Einzelfall anzuwenden Disziplinierungsmaßnahme sind Pflegeschulen und deren Lehrkräfte gehalten, bestimmte allgemeine (rechtsstaatliche) Grundsätze beim Umgang mit Unterrichtsstörungen zu beachten, um eine möglichst gerechte Behandlung aller Schülerinnen und Schüler zu gewährleisten (vgl. hierzu *Sträßner* 2004, 146 ff.).

Nach dem Grundsatz der Verhältnismäßigkeit sollen Lehrkräfte stets vorrangig die mildeste, aber adäquate Erziehungs- bzw. Ordnungsmaßname anwenden (*Böhm* 2006, 42 f.). So kann eine Ansichnahme von Gegenständen oder ein Ausschluss aus der laufenden Unterrichtsstunde erst dann erfolgen, wenn eine Ermahnung im Unterricht fruchtlos geblieben ist. Ebenso sollten Ordnungsmaßnahmen erst dann erfolgen, wenn Erziehungsmaßnahmen zu keinen Verhaltensänderungen bei dem störenden Schüler geführt haben. Auch bei den Ordnungsmaßnahmen ist eine Abstufung erforderlich: So darf eine Überweisung in eine parallele Lerngruppe oder ein vorübergehender Ausschluss vom Unterricht erst dann erfolgen, wenn ein schriftlicher Verweis folgenlos geblieben ist. Das bedeutet indes nicht, dass die Rangfolge innerhalb der Erziehungs- und Ordnungsmaßnahmen in allen Fällen sklavisch einzuhalten ist (so auch *Avenarius/Hanschmann* 2019, Tz. 22.241): Wenn stets das mildeste *adäquate* Mittel anzuwenden ist, kann das für einen Schüler, der beispielsweise eine Lehrkraft oder einen anderen Auszubildenden massiv verbal bedroht hat, im Einzelfall bedeuten, dass er sofort für einige Tage vom

Unterricht suspendiert wird, ohne dass zuvor erzieherische Einwirkungen erfolgten oder die Schule einen schriftlichen Verweis ausgesprochen hat. Insgesamt steht Lehrkräften bei der Auswahl einer angemessenen Erziehungs- oder Ordnungsmaßnahme damit ein recht breiter und pädagogisch auszufüllender Ermessensspielraum zu (*Rux* 2018, Rdnr. 436).

Der Grundsatz der Gleichbehandlung gebietet es Lehrkräften, wesentlich gleiche Sachverhalte auch wesentlich gleich zu behandeln (hierzu *Hoegg* 2021, 15). Bei vergleichbaren Unterrichtsstörungen müssen Lehrkräfte also auch vergleichbar reagieren. Unzulässig wäre es beispielsweise, wenn ein Schüler für die erstmalige Benutzung seines Mobiltelefons (zu Recht) nur gerügt werden würde, während seine Mitschülerin für die einmalige Versendung einer Kurznachricht einen schriftlichen Verweis erhielte. Nach dem Grundsatz der Verhältnismäßigkeit könnte die Schülerin zudem nur dann einen schriftlichen Verweis erhalten, wenn sie zuvor (unter Umständen wiederholt) auf das Handyverbot im Unterricht aufmerksam gemacht oder ihr das Telefon als Erziehungsmaßnahme schon einmal abgenommen worden wäre (*Kostorz* 2011b, 32).

Nach dem Grundsatz der Zurechenbarkeit muss dem Schüler, gegen den eine Disziplinarmaßnahme verhängt werden soll, das zu tadelnde Fehlverhalten eindeutig zugeordnet werden können. Es muss also feststehen, wer »den ordnungswidrigen Zustand [...] in zurechenbarer Weise herbeigeführt hat« (*Avenarius/Hanschmann* 2019, Tz. 22.242); im Zweifel muss mit Hilfe einer Sachverhaltsermittlung Beweis darüber erhoben werden, wer für die Unterrichtsstörung verantwortlich ist (*Böhm* 2007, 45 ff.). Undifferenzierte Kollektivmaßnahmen gegen mehrere Lernende oder gar ganze Klassen bzw. Lerngruppen sind daher unzulässig (*Avenarius/Hanschmann* 2019, Tz. 22.242).

Schließlich ist der Grundsatz der Gewährung rechtlichen Gehörs zu beachten, der besagt, dass Schülerinnen und Schülern, denen eine Ordnungsmaßnahme droht, zunächst Gelegenheit gegeben werden soll, sich zu den ihnen gegenüber erhobenen Vorwürfen zu äußern (*Avenarius/Hanschmann* 2019, Tz. 22.252). Demnach kann eine Ordnungsmaßnahme erst dann ausgesprochen werden, wenn die Darstellung der Position des Schülers keine andere Deutung des zugrundeliegenden Sachverhalts erlaubt. Anders verhält es sich bei Erziehungsmaßnahmen: Sie werden im laufenden Unterrichtsgeschehen in aller Regel spontan und situativ von der jeweiligen Lehrkraft verhängt; eine Anhörung des störenden Schülers ist hier nicht erforderlich, zumal sie die Wirksamkeit der Maßnahme häufig auch herabsetzen und die Störung des Unterrichtsverlaufs verstärken würde (*Kostorz* 2011b, 32).

4.6 Schulordnung

Auch wenn es weder das Pflegeberufegesetz noch die Ausbildungs- und Prüfungsverordnung ausdrücklich vorsieht, haben die Pflegeschulen das sich aus der Pflicht zur Sicherstellung eines ordnungsgemäßen Schulbetriebs ergebende Recht, sich eine Schul- bzw. Hausordnung zu geben, um bestimmte innere Schulangelegenheiten zu regeln und gewisse Verhaltensregeln als Grundlage für das Zusammenleben innerhalb der Schulgemeinschaft für verbindlich zu erklären (*Rux* 2018, Rdnr. 401 f. sowie *Kostorz* 2022a, 19 f.).

Unproblematisch sind insofern Regelungen, die sich darauf beschränken, ausschließlich den innerschulischen Bereich zu reglementieren, und die nicht im Widerspruch zu geltenden Rechtsvorschriften stehen oder einen Kernbereich der Persönlichkeitssphäre der Schülerinnen und Schüler antasten, etwa indem »sie dafür genutzt werden, das Verhalten der einzelnen Schüler durch umfassende minutiöse Verhaltensregeln zu standardisieren und diese damit zu gängeln« (*Rux* 2008, 66). Insbesondere rechtswidrig sind danach »solche Beschränkungen der allgemeinen Handlungsfreiheit, die unter keinem vernünftigen Gesichtspunkt sachlich zu vertreten und daher willkürlich sind« (*Rux* 2018, Rdnr. 404), wie etwa ein generelles und auch für volljährige Schülerinnen und Schüler geltendes Verbot, während eventueller Freistunden das Schulgelände zu verlassen. Möglich wären hingegen Regelungen, die sich etwa auf das Betreten und Verlassen des Schulgebäudes, das Verhalten während der Unterrichtspausen, die Sitzordnung in den Klassenräumen oder ein Alkoholverbot auf dem Schulgelände beziehen (vgl. auch *Rux* 2018, Rdnr. 400).

Denkbar ist in diesem Zusammenhang auch die Auferlegung bestimmter Meldepflichten im Krankheitsfall, da die Kenntnis, welche bzw. wie viele Schüler und Schülerinnen zum Unterricht erscheinen, für die Unterrichtsplanung und -gestaltung der Lehrkräfte aus pädagogisch-didaktischer Sicht unabdingbar ist. Hinzu kommt, dass die Pflegeschulen nach § 6 Abs. 1 Satz 4 PflAPrV verpflichtet sind, auf den Jahreszeugnissen auch die Fehlzeiten der Schülerinnen und Schüler zu dokumentieren, so dass auch diese Obliegenheit zur Fehlzeitenkontrolle die Begründung einer entsprechenden Meldepflicht bei Krankheit rechtfertigen kann (*Kostorz* 2018c, 215) (▸ Kap. 4.3.1).

In der Praxis strittig sind demgegenüber häufig schulinterne Regelungen zum Rauchen auf dem Schulgelände, zur Nutzung bzw. zum Mitführen eines Mobiltelefons oder zur Bekleidung der Schüler und Schülerinnen im Unterricht.

Die Frage eines wie auch immer gearteten Rauchverbots an Pflegeschulen lässt sich dabei nur unter Berücksichtigung der landesspezifischen Nichtraucherschutz- bzw. Schulgesetze beantworten, die in unterschiedlicher Reichweite für die Pflegeschulen eines Bundeslandes gelten und jeweils andere gesetzliche Vorgaben für ein eventuelles Rauchverbot enthalten; hier kann die Schulordnung zwar einen umfassenderen Nichtraucherschutz festlegen, keinesfalls aber von einem gesetzlichen, vorbehaltslosen Rauchverbot dispensieren (vgl. *Rux* 2018, Rdnr. 417).

Die Nutzung bzw. das Mitführen eines Mobiltelefons auf dem Schulgelände generell zu verbieten, dürfte vor dem Hintergrund der allgemeinen Handlungs- und der Eigentumsfreiheit aus Art. 2 und 14 GG in den meisten Fällen unverhältnismäßig und damit unzulässig sein; möglich sind hingegen Regelungen, die es den Auszubildenden auferlegen, ihre Telefone zumindest im Unterricht auszuschalten bzw. nicht zu nutzen (*Hoegg* 2020, 247). Hier geht es unter anderem nicht nur um die Prävention von Unterrichtsstörungen oder Täuschungshandlungen bei Klausuren, sondern auch um den Schutz vor »Cybermobbing«, da die Kameras von Mobiltelefonen häufig dazu genutzt werden, kompromittierende Bilder und Filme von Schülern und Lehrkräften aufzunehmen (*Rux* 2018, Rdnr. 419).

Bei den Vorschriften zur Kleiderordnung ergibt sich ein differenziertes Bild: So kann die Einführung einer einheitlichen und verpflichtenden Schulkleidung durch die Schulordnung ein ebenfalls nicht zu rechtfertigender Eingriff in die allgemeine Handlungsfreiheit der Schülerinnen und Schüler sein, wenn sie nicht durch höherrangiges Recht gerechtfertigt ist (differenzierend *Avenarius/Hanschmann* 2019, Tz. 21.164). Ähnliches gilt, wenn Schülerinnen und Schülern Maßgaben zur Haartracht oder zur Art der Bekleidung gemacht werden sollen, da die Verantwortung hierfür den Lernenden grundsätzlich selbst unterliegt und es kaum sinnvolle Kriterien für eine Abgrenzung von »angemessener« und beispielsweise (zu) »aufreizender« bzw. »unsittlicher« Kleidung gibt. »Insbesondere ist es der

Schule in der Regel nicht möglich, sich allgemeinen Modetrends entgegen zu stellen: Solange etwa bauchfreie T-Shirts auch im Winter en vogue sind, kann man diese nicht schlechthin aus der Schule verbannen« (*Rux* 2018, Rdnr. 406). Das schließt indes nicht aus, dass Lehrkräfte im Einzelfall einschreiten, wenn durch das äußere Erscheinungsbild eines Schülers bzw. einer Schülerin »intensive Belästigungen oder Störungen des Unterrichts oder des Schullebens bereits eingetreten sind oder absehbar drohen« (*Avenarius/Hanschmann* 2019, Tz. 21.161), wie es etwa bei zu knapper Kleidung der Fall sein kann, die die Mitschüler – und vielleicht sogar die Lehrperson – in hohem Maße vom Unterrichtsgeschehen ablenkt (*Hoegg* 2020, 245 f.); ähnliches gilt, wenn ein Schüler seine Mitlernenden beispielsweise mit einem markigen Spruch auf seiner Kleidung derart provoziert, dass diese kaum noch dem Unterricht folgen können.

Dementsprechend kann durch eine Schulordnung grundsätzlich auch nicht das Tragen bestimmter Marken untersagt werden, selbst wenn damit eine bestimmte politische Gesinnung gezeigt bzw. transportiert werden soll, wie es häufig beispielsweise bei den Modemarken LONSDALE oder CONSDAPLE der Fall ist. Wird aber die Oberbekleidung so getragen, dass von den Markennamen nur noch die Buchstaben NSDA bzw. NSDAP zu sehen sind, können Lehrkräfte und Schule hiergegen mit Erziehungs- bzw. Ordnungsmaßnahmen vorgehen (*Hoegg* 2020, 244) (▶ Kap. 4.5).

Anders verhält es sich demgegenüber mit sachlich begründeten Vorgaben für die Kleiderwahl im (vor allem praktischen) Unterricht, wie etwa die Verpflichtung, hier die in der Praxis übliche Arbeits- oder Schutzkleidung zu tragen, um den Unterricht so realitätsnah wie möglich gestalten zu können, oder Schmuckstücke abzunehmen bzw. Piercings abzukleben, um eine eventuell bestehende Verletzungsgefahr zu minimieren (hierzu insgesamt *Rux* 2018, Rdnr. 405 ff.). Sie wären in einer Schulordnung ohne weiteres zulässig.

Problematisch sind darüber hinaus Bestimmungen der Schulordnung, die das Verhalten der Schülerinnen und Schüler im außerschulischen Bereich zu reglementieren versuchen. Deren Zulässigkeit wird in erster Linie an der Treuepflicht der Auszubildenden als ausbildungsvertraglicher Nebenpflicht sowie an deren Zuverlässigkeit zur Berufsausübung als Voraussetzung für den Zugang zur Ausbildung nach § 11 Abs. 2 i. V. m. § 2 Nr. 2 PflBG zu messen sein (*Kostorz* 2018b, 181). Die Treue- und Loyalitätspflicht der Auszubildenden bezieht sich dabei vor allem auf die Pflicht zur »Vermeidung der Ansehensgefährdung des Schul- und Einrichtungsträgers« (*Sträßner* 2004, 139); danach wäre es beispielsweise zulässig, den Lernenden aufzuerlegen, in der Öffentlichkeit weder die Pflegeschule noch den Ausbildungsträger oder das Ethos des Pflegeberufs durch wahrheitswidrige Äußerungen zu diskreditieren. Entsprechendes gilt für das Kriterium der Zuverlässigkeit als Einstellungsvoraussetzung für eine Pflegeausbildung (▶ Kap. 2.2.3); in diesem Zusammenhang wäre es der Schule in einer Schulordnung etwa gestattet, die Lernenden zu einem berufsangemessenen Verhalten zu verpflichten, das sich beispielsweise in einem Verzicht auf den Konsum illegaler Drogen zeigt. Mit der allgemeinen Handlungsfreiheit wäre es indes unvereinbar, über eine Schulordnung auch anderweitiges außerschulisches Verhalten regeln zu wollen, wie etwa das generelle Verhalten in der Öffentlichkeit, den (sozial geduldeten) Umgang mit Alkohol im Freizeitbereich oder die Möglichkeiten politischer Betätigung außerhalb des Ausbildungs- und Schulkontextes (a. A. wohl *Sträßner* 2004, 111).

5 Kooperationsverhältnis zwischen Ausbildungsträger und Pflegeschule

Zur Vervollständigung der ausbildungsrechtlichen Dreiecksbeziehung zwischen den drei an der Pflegeausbildung beteiligten Akteuren tritt neben das Ausbildungsverhältnis zwischen dem Ausbildungsträger und den Auszubildenden und das Schulverhältnis zwischen der Pflegeschule und den Auszubildenden schließlich das Kooperationsverhältnis zwischen dem Ausbildungsträger und der Pflegeschule (▶ Abb. 27). Als diese Beziehung determinierende Generalklauseln dienen insofern § 6 Abs. 4 PflBG, nach dem die Pflegeschulen und die Ausbildungsträger auf der Grundlage von Kooperationsverträgen zur Zusammenarbeit verpflichtet werden (hierzu *BiBB* 2019a), und § 8 Abs. 2 PflAPrV, nach dem auf der Grundlage dieser Kooperationsverträge »zwischen der Pflegeschule, insbesondere den für die Praxisbegleitung zuständigen Lehrkräften, dem Träger der praktischen Ausbildung sowie den an der praktischen Ausbildung beteiligten Einrichtungen und den Praxisanleiterinnen und Praxisanleitern eine regelmäßige Abstimmung« erfolgen soll. Von besonderer Bedeutung sind insofern die Praxisbegleitung durch Lehrkräfte der Pflegeschule, die Koordination des Unterrichts mit der praktischen Ausbildung und die Kontrolle der praktischen Ausbildung durch die Pflegeschule.

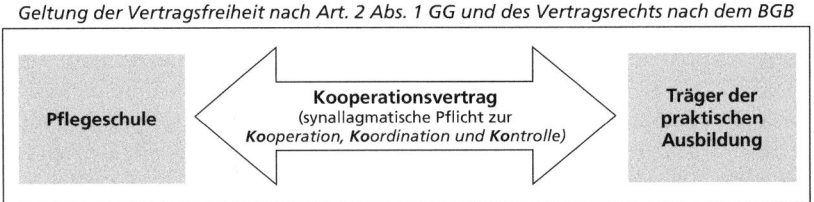

Abb. 27: Rechte und Pflichten aus dem Kooperationsverhältnis (eigene Darstellung)

5.1 Abschluss von Kooperationsverträgen

Das Ziel des Abschlusses von Kooperationsverträgen zwischen der Pflegeschule und dem Ausbildungsträger als den beiden zentralen ausbildenden Akteuren besteht neben der Institutionalisierung und Vertiefung ihrer Zusammenarbeit vor allem darin, die Durchführung der durch das Pflegeberufegesetz und die Ausbildungs- und Prüfungsverordnung vorgegebenen Ausbildungsveranstaltungen sicherzustellen und sämtliche Ausbildungsmaßnahmen miteinander zu koordinieren (→ BT-Drucks. 19/2707, 93 f.). In der pädagogischen Diskussion wird insofern regelmäßig von der sogenannten Lernortkooperation gesprochen, wobei zwischen den Stufen der gegenseitigen Information, der abstimmenden Koordination der Ausbildungsbemühungen und der (echten bzw. institutionalisierten) Kooperation in Form eines unmittelbaren Zusammenwirkens der Ausbildungsakteure unterschieden wird (hierzu etwa *Faßhauer* 2020, 476).

BT-Drucks. 19/2707, 93 f.
Die neue Pflegeausbildung erfordert eine enge Zusammenarbeit der Pflegeschule, des Trägers der praktischen Ausbildung sowie der weiteren an der Ausbildung beteiligten Einrichtungen. Um diese Zusammenarbeit abzusichern, erfolgreich und arbeitsteilig zu gestalten, schließen die Beteiligten nach § 6 Absatz 4 PflBG Kooperationsverträge. Hiermit wird im Interesse der Auszubildenden ein fortlaufender und systematischer Austausch zwischen allen an der Ausbildung beteiligten Akteuren sichergestellt.

Leider bleibt im Pflegeberufegesetz und in der Ausbildungs- und Prüfungsverordnung etwas unklar, in welchen Fällen eine Pflicht zum Abschluss eines Kooperationsvertrages zwischen der Pflegeschule und dem Träger der praktischen Ausbildung genau besteht. Da § 8 Abs. 1 PflAPrV (unter anderem) auf § 8 Abs. 2 PflBG verweist, nach dem der Ausbildungsträger selber eine Pflegeschule betreiben (sogenannte Trägeridentität) oder mit einer Pflegeschule ein Vertrag über die Durchführung des Unterrichts abgeschlossen haben muss (▶ Kap. 2.2.1), liegt es zunächst nahe, dass nur im letzteren Fall ein formeller Kooperationsvertrag abzuschließen ist (so etwa *Igl* 2021, § 8 PflAPrV Rdnr. 14). Allerdings bestimmt § 6 Abs. 4 PflBG ganz allgemein, dass die Träger der praktischen Ausbildung mit den Pflegeschulen »bei der Ausbildung auf der Grundlage entsprechender Kooperationsverträge« zusammenwirken müssen. Von daher sind auch bei einer Trägeridentität von Schule und Ausbildungsträger (schriftliche) Vereinbarungen über das Zusammenwirken bei der Ausbildung zu treffen, wobei hier trägerinterne Vereinbarungen oder Kooperationsabsprachen ausreichen dürften (*Dielmann* 2022, § 6 PflBG Rdnr. 18), auch wenn fraglich bleibt, ob diese das Kriterium eines Vertrages i.S.d. § 311 Abs. 1 BGB erfüllen.

Mit § 60 Abs. 2 Nr. 3 PflAPrV wurde das *Bundesinstitut für Berufsbildung* damit beauftragt, die Kooperationspartner über die Gestaltung der Kooperationsverträge zu beraten; es hat hierzu Formulierungshilfen für unterschiedliche Kooperationsverträge vorgelegt (*BiBB* 2019a). Danach sollten in einem Kooperationsvertrag zwischen einer Pflegeschule und einem Ausbildungsträger vor allem folgende Aspekte aufgegriffen werden (neben allgemeineren Bestimmungen zur Vertragslaufzeit, zur Möglichkeit der Vertragsänderung oder zu den Modalitäten einer Vertragsbeendigung):

- Zielsetzung und Kooperationspartner
- Zusammenarbeit
- Ausbildungsangebot und -kapazitäten
- Planung und Sicherstellung der Ausbildung
- Praxisanleitung, Praxisbegleitung und Beurteilungen
- Rahmenbedingungen zur Durchführung der Ausbildung
- Kostenerstattung
- Schlußbestimmungen

Die Verpflichtung des Ausbildungsträgers, durch Kooperationsverträge mit den weiteren an der praktischen Ausbildung beteiligten Praxiseinrichtungen zu gewährleisten, dass alle vorgegebenen Einsätze der praktischen Ausbildung durchgeführt werden und so das Ausbildungsziel auf der Grundlage des Ausbildungsplans in der vorgesehenen Zeit erreicht werden kann (§ 8 Abs. 3 PflBG) (▶ Kap. 3.3.2), bleibt hiervon zunächst unberührt (▶ Abb. 28).

Im Rahmen des Kooperationsvertrages zwischen dem Ausbildungsträger und der Pflegeschule kann diese jedoch damit beauftragt

5 Kooperationsverhältnis zwischen Ausbildungsträger und Pflegeschule

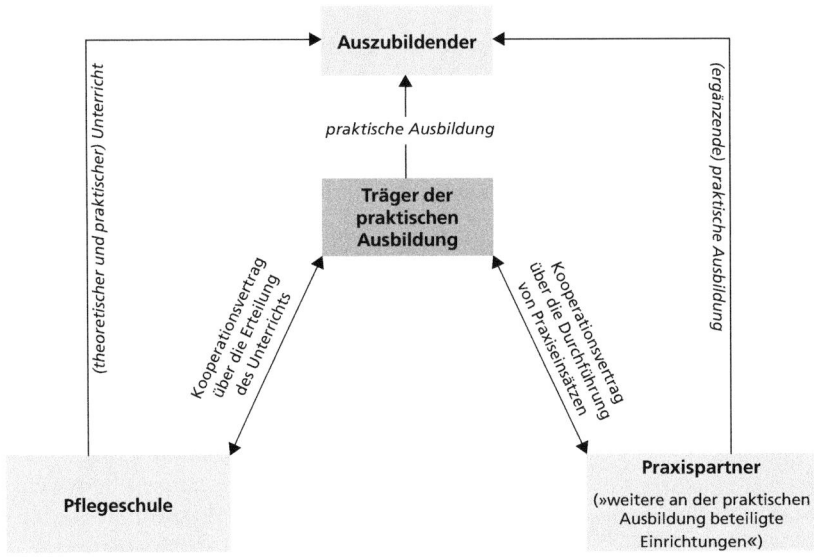

Abb. 28: Kooperationsverpflichtungen des Ausbildungsträgers (eigene Darstellung)

werden, die genannten Aufgaben des Trägers der praktischen Ausbildung nach § 8 Abs. 3 PflBG wahrzunehmen; entsprechendes gilt, wenn zwischen den beiden Akteuren Trägeridentität besteht (§ 8 Abs. 4 Satz 1 PflBG) (→ BT-Drucks. 18/7823, 70).

BT-Drucks. 18/7823, 70
Wenn zwischen dem Träger der praktischen Ausbildung und einer Pflegeschule Trägeridentität besteht, kann unproblematisch die dann nur organisatorisch verselbstständigte Pflegeschule die Aufgaben des Trägers der praktischen Ausbildung übernehmen. Besteht keine Trägeridentität, kann der Träger der praktischen Ausbildung durch Vereinbarung auch die Wahrnehmung von Aufgaben an die Pflegeschule übertragen. Eine solche Gestaltung kann gerade kleineren Ausbildungsbetrieben die Übernahme der Rolle des Trägers der praktischen Ausbildung erleichtern. [...] Die über den Ausbildungsvertrag definierte Stellung eines Ausbildungsbetriebs als Träger der praktischen Ausbildung bleibt davon jedoch sowohl im Falle der Ausbildungsverbünde wie auch der Aufgabenübertragung auf eine Pflegeschule unberührt.

In diesem Fall obliegt es der Pflegeschule, die Vereinbarungen mit den sogenannten weiteren an der praktischen Ausbildung beteiligten Einrichtungen abzuschließen, um zu gewährleisten, dass die praktische Ausbildung ordnungsgemäß durchgeführt wird und das Ausbildungsziel entsprechend erreicht werden kann (▶ Kap. 3.3.2). Darüber hinaus kann die Pflegeschule von dem Ausbildungsträger auch zum Abschluss des Ausbildungsvertrages nach § 16 PflBG bevollmächtigt werden (§ 8 Abs. 4 Satz 2 PflBG); der rechtliche Vertragspartner des Auszubildenden bleibt in diesem Fall aber ebenfalls stets der Träger der praktischen Ausbildung (▶ Kap. 3.1) (▶ Abb. 29).

Sämtliche Kooperationsvereinbarungen unterliegen dabei dem Erfordernis der Schriftform nach → § 126 BGB (§ 8 Abs. 1 Satz 1 PflAPrV). Das Nähere zu den Kooperationsverträgen regeln nach § 8 Abs. 1 Satz 2 PflAPrV die einzelnen Bundesländer, die hiervon in unterschiedlichem Maße Gebrauch gemacht haben; zum Teil wird hier schlicht auf die Muster des *Bundesinstituts für Berufsbildung* verwiesen, zum Teil werden auch landesspezifische Kooperationsverträge bereitgestellt (zu den landesspezifischen Regelungen *Arens* 2022, 277 ff.).

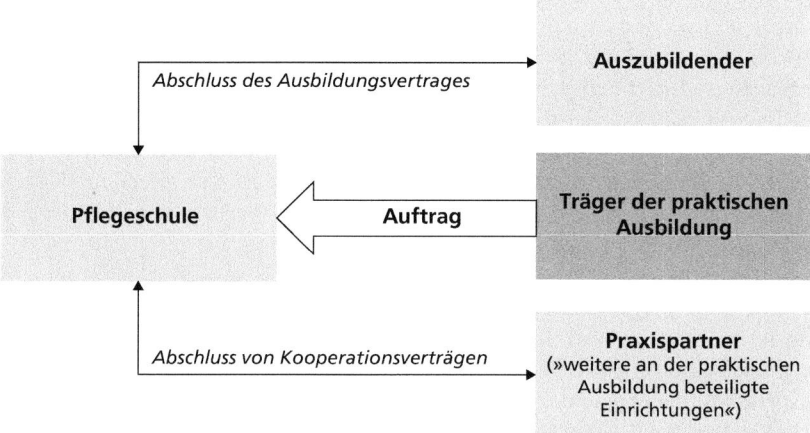

Abb. 29: Möglichkeiten der Beauftragung der Pflegeschule durch den Ausbildungsträger (eigene Darstellung)

---

§ 126 BGB

(1) Ist durch Gesetz schriftliche Form vorgeschrieben, so muss die Urkunde von dem Aussteller eigenhändig durch Namensunterschrift oder mittels notariell beglaubigten Handzeichens unterzeichnet werden.
(2) Bei einem Vertrag muss die Unterzeichnung der Parteien auf derselben Urkunde erfolgen. Werden über den Vertrag mehrere gleichlautende Urkunden aufgenommen, so genügt es, wenn jede Partei die für die andere Partei bestimmte Urkunde unterzeichnet.
(3) Die schriftliche Form kann durch die elektronische Form ersetzt werden, wenn sich nicht aus dem Gesetz ein anderes ergibt.
(4) Die schriftliche Form wird durch die notarielle Beurkundung ersetzt.

5.2 Praxisbegleitung

Während die Praxiseinrichtung zur Praxis*anleitung* verpflichtet ist (▶ Kap. 3.3.3), hat die Pflegeschule die Praxis*begleitung* sicherzustellen, die nach § 6 Abs. 3 Satz 4 PflBG der Unterstützung der praktischen Ausbildung dient und eine bessere Verzahnung der praktischen Pflegeausbildung mit dem Pflegeunterricht gewährleisten soll. Die konkreten Anforderungen an die von der Pflegeschule zu leistende Praxisbegleitung werden dabei in § 5 PflAPrV aufgestellt. Danach geht es bei der Praxisbegleitung darum, »die Auszubildenden insbesondere fachlich zu betreuen und zu beurteilen sowie die Praxisanleiterinnen und Praxisanleiter zu unterstützen« (Satz 2).

»Die geforderte Betreuung kann z. B. durch Gespräche mit den Auszubildenden über die Ausbildungssituation, die konkreten Ausbildungsziele und den Stand ihrer Realisierung im Praxisfeld gewährleistet werden« (*Dielmann* 2022, § 5 PflAPrV Rdnr. 1). Hinsichtlich der Beurteilung der Auszubildenden rekurriert die Vorschrift auf § 6 Abs. 3 PflAPrV, nach dem die Jahresnote für die praktische Ausbildung von der Pflegeschule im Benehmen mit dem Träger der praktischen Ausbildung festzulegen ist, was de facto gezwungenermaßen einen entsprechenden Austausch von Praxisbegleitern und Praxisanleitern erfordert (▶ Kap. 4.4.1). Die Aufgabe der Unterstützung der Praxisanleitung kann beispielsweise dadurch erfüllt werden, dass die hiermit betrauten Lehrkräfte ihre praxisanleitenden Kolleginnen und Kollegen zu pädagogischen und fachwissenschaftlichen Fragen der praktischen Pflegeausbildung beraten und fortbilden, sei es im Rahmen der Praxisbegleitgespräche oder in institutionalisierten Anleiter- bzw. Praxiskonferenzen (hierzu etwa *Radke* 2008, 24). Aus berufspädagogischer Sicht handelt es sich bei der Praxisbegleitung also um Lernortkooperation in der Form des unmittelbaren Zusammenwirkens der Ausbildungsakteure.

Sofern Praxisbegleiterinnen und -begleitern weitere Aufgaben zugewiesen werden sollen, wie etwa – was die amtliche Begründung zur Ausbildungs- und Prüfungsverordnung nahelegt (→ BT-Drucks. 19/2707, 92) – die Erteilung klinischen Unterrichts zu Ausbildungszwecken, so ist dies sehr kritisch zu beurteilen: Zum einen sieht der Wortlaut des § 5 PflAPrV eine *Einbeziehung des zu pflegenden Menschen* in ein Praxisbegleitgespräch ebenso wenig vor wie eine Begleitung der Auszubildenden *in exemplarischen Pflegesituationen* (*Haage* 2019b, § 5 Rdnr. 3), zum anderen ist dies »eher Aufgabe des Praxisanleiters und der Praxisanleiterin, die in den Stationsbetrieb eingebunden und deshalb mit den pflegerischen Abläufen und den zu Pflegenden besser vertraut sind« (*Dielmann* 2022, § 5 PflAPrV Rdnr. 2).

Nicht zu unterschätzen sind zudem die in diesem Zusammenhang zu beachtenden haftungsrechtlichen Aspekte. Kommt es in einer von einem Praxisbegleiter initiierten und betreuten Anleitungssituation zu einem von ihm selbst zu vertretenden Pflegefehler, entfällt eine (vertragliche) Haftung des Ausbildungsträgers nach § 280 BGB, da dieser gemäß § 278 BGB nur für seine Mitarbeiterinnen und Mitarbeiter einstehen muss, Praxisbegleiterinnen und Praxisbegleiter aber regelmäßig Beschäftigte der Pflegeschule und eben nicht der ausbildenden Gesundheitseinrichtung sind (▶ Kap. 3.9.4). Dies hat zur Folge, dass Praxisbegleiterinnen und Praxisbegleiter auch bei leichtester Fahrlässigkeit prinzipiell selber bzw. deliktisch nach § 823 BGB haften müssen, wenn sie in einer Anleitungssituation im Rahmen des klinischen Unterrichts einen Pflegeempfänger schädigen. Zwar können auch sie sich dem Grund nach auf die Grundsätze des von der Rechtsprechung entwickelten innerbetrieblichen Schadensausgleichs berufen und gegenüber der Pflegeschule als ihrem Arbeitgeber eine Haftungserleichterung (bei mittlerer Fahrlässigkeit) bzw. eine Haftungsbefreiung (bei leichter Fahrlässigkeit) beanspruchen (▶ Kap. 3.9.4), doch setzt dies vor allem voraus, dass die Schädigung des Pflegeempfängers im Rahmen einer *betrieblich veranlassten Tätigkeit* erfolgte (BAG vom 28. Oktober 2010 [Az. 8 AZR 418/09]), wobei eine Tätigkeit vor allem dann als betrieblich veranlasst gilt, »wenn bei objektiver Betrachtungsweise aus der Sicht des Schädigers im Betriebsinteresse [hier: im Interesse der Pflegeschule bzw. der Qualität der Beschulung der Auszubildenden] zu handeln war« (*Howald* 2018, 348). Gerade das ist hier aber fraglich: Zum einen sind Praxisanleitung und Praxisbegleitung sowohl institutionell als auch hinsichtlich der ihnen jeweils zugewiesenen spezifischen Aufgaben getrennt; zum anderen sieht § 5 PflAPrV klinischen Pflegeunterricht im Rahmen der Praxisbegleitung nicht ausdrücklich vor. Wird er daher von einem Praxisbegleiter bzw. einer Praxisbegleiterin (dennoch) angeboten, könnte darin eine objektiv nicht begründbare, sondern eigenverantwortliche Unterrichtsplanung gesehen werden, die insofern auch über die pädagogische Freiheit von Lehrkräften hinausginge (hierzu *Kostorz* 2022a, 12). Dies hätte zur Folge, dass diese Unterrichtsform als nicht betriebs- oder besser: schulnützig gälte und sich die Pflegeschule deshalb mit der Begründung von ihrer Haftung im Rahmen des innerbetrieblichen Schadensausgleichs befreien könnte, sie bzw. die für sie in der Praxisbegleitung tätigen Mitarbeiterinnen und Mitarbeiter seien nicht für die pflegerische Versorgung der Patientinnen und Patienten der lernortkooperierenden Praxiseinrichtungen zuständig.

Anzuraten ist daher im Ergebnis dringend, klinischen Pflegeunterricht im Rahmen der Praxisbegleitung entweder nur auf ausdrückliche Anweisung der Schulleitung oder bestenfalls im Beisein und vor allem in der Verantwortung eines Praxisanleiters bzw. einer Praxisanleiterin durchzuführen.

BT-Drucks. 19/2707, 92
Die Praxisbegleitung erfolgt realitätsnah unter Einbeziehung des zu pflegenden Menschen. Die fachliche Begleitung und Beratung der Auszubildenden erfolgt deshalb in exemplarischen Pflegesituationen.

Insgesamt erfordert die Erfüllung des Aufgabenspektrums der Praxisbegleiterinnen und Praxisbegleiter deren regelmäßige Anwesenheit in den Einrichtungen, in denen die praktische Ausbildung stattfindet. Nach § 5 Satz 4 PflAPrV »soll für jede Auszubildende oder für jeden Auszubildenden daher mindestens ein Besuch einer Lehrkraft je Orientierungseinsatz, Pflichteinsatz und Vertiefungseinsatz in der jeweiligen Einrichtung erfolgen«. Von dieser Soll-Vorgabe darf nur im Einzelfall und beim Vorliegen besonderer Umstände abgewichen werden, etwa wenn ein Auszubildender den angesetzten Termin wegen einer kurzfristigen Erkrankung nicht wahrnehmen und ein Ersatztermin aus dienstplanerischen Gründen nicht mehr rechtzeitig vor Beendigung des Praxiseinsatzes organisiert werden kann. Entsprechendes gilt für das Erfordernis der regelmäßigen persönlichen Anwesenheit des Praxisanleiters in den Einrichtungen der praktischen Ausbildung. Telefonische Praxisbegleitgespräche müssen daher ebenso die Ausnahme bleiben wie Gespräche mittels eines Videokonferenzsystems.

Dabei sind die Praxiseinrichtungen nach § 10 Abs. 2 Satz 2 PflBG verpflichtet, die Pflegeschulen bei der Durchführung der Praxisbegleitung zu unterstützen. Hierzu gehört insbesondere, dass sich die Praxiseinrichtungen bei der Terminfindung für die Praxisbegleitgespräche kooperativ zeigen bzw. mit ihnen verbindliche Terminabsprachen getroffen werden können (*Dielmann* 2022, § 10 PflBG Rdnr. 7) und sie den praxisbegleitenden Lehrkräften der Pflegeschulen den Zugang zu den Einrichtungen und den konkreten Ausbildungsstellen gewähren (*Haage* 2019b, § 5 Rdnr. 1), darüber hinaus aber auch, dass sie im Sinne einer gemeinsamen Lernbegleitung eine hierzu erforderliche Kooperation von Praxisanleitung und Praxisbegleitung ermöglichen (*Opolony*, in: *Kreutz/Opolony* 2019, § 10 Rdnr. 10). Dementsprechend sind sie auch gehalten, dienstplanerisch dafür Sorge zu tragen, dass an den Praxisbegleitgesprächen nicht nur die Auszubildenden, sondern nach Möglichkeit auch die zuständigen Praxisanleiterinnen bzw. Praxisanleiter teilnehmen. Dabei ist zu empfehlen, die genaueren Modalitäten der Koordination von Praxisanleitung und Praxisbegleitung im Kooperationsvertrag zwischen der Schule und dem Träger der praktischen Ausbildung zu regeln (▶ Kap. 5.1).

Durchgeführt wird die Praxisbegleitung von Lehrkräfte der Pflegeschule, also Personen, die im Lehrbetrieb der Schule tätig sind und daher mindestens die Anforderungen für die Erteilung des praktischen Unterrichts erfüllen (BT-Drucks. 19/2707, 92). Hierbei handelt es sich um Lehrkräfte mit einer abgeschlossenen insbesondere pflegepädagogischen Hochschulausbildung mindestens auf Bachelor-Niveau (▶ Kap. 2.2.2).

5.3 Koordinationsverantwortung

Nach § 10 Abs. 1 Satz 1 PflBG trägt die Pflegeschule »die Gesamtverantwortung für die Koordination des Unterrichts mit der praktischen Ausbildung«. Leider ist die amtliche Überschrift des § 10 PflBG (*Gesamtverantwortung der Pflegeschule*) hier insofern missverständlich, als es eben nicht um die Verantwortung für die *gesamte* Ausbildung, sondern »nur« um eine Koordinationsverantwortung für die einzelnen (dualen) Ausbildungsmaßnahmen bzw. -abschnitte geht (so auch *Dielmann* 2022, § 10 PflBG Rdnr. 2). Im Vordergrund steht diesbezüglich vor allem die Abstimmung des Ausbildungsplans mit dem schulinternen Curriculum zur »Festlegung möglichst korrespondierender Ausbildungsinhalte zwischen Unterricht und praktischer Ausbildung« (*Igl* 2021, § 10 PflBG Rdnr. 4). Dabei ist die Erteilung dieses Koordinierungsauftrags an die Pflegeschulen insgesamt mehr als sinnvoll, da die Ausbildungsträger in erster Linie der pflegerischen Versorgung ihrer Patientinnen und Patienten bzw. ihrer Bewohnerinnen und Bewohner verpflichtet sind und – anders als die Pflegeschulen – dem Grunde nach keine Bildungseinrichtungen darstellen (*Weiß* et al. 2018, 158).

Sinn der Koordinationsverantwortung der Pflegeschulen ist also die Gewährleistung einer optimalen inhaltlichen und zeitlichen Theorie-Praxis-Verzahnung während der Ausbildung durch die Sicherstellung möglichst korrespondierender Ausbildungsinhalte am Lernort Schule einerseits und am Lernort Praxis andererseits (→ BT-Drucks. 18/7823, 71 f.). Um das zu erreichen, obliegt der Pflegeschule die Prüfung, ob der Ausbildungsplan, den der Träger der praktischen Ausbildung unter Berücksichtigung der Vorgaben des schulinternen Curriculums zu erstellen hat (▶ Kap. 3.3.1), tatsächlich den Anforderungen des Lehrplans der Pflegeschule entspricht (▶ Kap. 4.1.3) (§ 10 Abs. 1 Satz 2 PflBG). Sollte dies nicht der Fall sein, ist der Träger der praktischen Ausbildung zur Anpassung des Ausbildungsplans verpflichtet (§ 10 Abs. 1 Satz 3 PflBG) – die Pflegeschule wird insofern also zur Kontrollinstanz des Ausbildungsträgers (*Weiß* et al. 2018, 158).

> **BT-Drucks. 19/2707, 71 f.**
> Die Festlegung möglichst korrespondierender Ausbildungsinhalte zwischen Unterricht und praktischer Ausbildung stellt sicher, dass zu den Lerninhalten des Unterrichts Praxisbezug hergestellt wird. Die in der Pflegeschule erworbenen Kenntnisse und Fertigkeiten unterstützen die Auszubildenden bei der Umsetzung ihrer Aufgaben in den Einrichtungen. Darüber hinaus kann die Pflegeschule durch die Verzahnung, die Erfahrungen und Fertigkeiten des Auszubildenden aus der Praxis durch theoretische Grundlagen vertiefen und durch Einordnung in einen Gesamtkontext abstrahieren sowie bei der Reflexion helfen.

Sofern die Pflegeschule mit dem Ausbildungsträger durch einen Kooperationsvertrag nach § 8 Abs. 2 Nr. 1 PflBG verbunden ist (▶ Kap. 2.2.1 und ▶ Kap. 5.1), erfolgt diese Überprüfung im Rahmen der Zustimmung zum Ausbildungsvertrag nach § 16 Abs. 6 PflBG, der zwingend »eine Darstellung der inhaltlichen und zeitlichen Gliederung der praktischen Ausbildung (Ausbildungsplan)« zu enthalten hat (§ 16 Abs. 2 Nr. 4 PflBG)

(► Kap. 3.1). Im Falle der Trägeridentität zwischen Pflegeschule und Ausbildungsträger muss das zuständige Leitungsorgan des Trägers »dafür Sorge tragen, dass die gesetzlichen Anforderungen umgesetzt werden (nach den inhaltlichen Vorgaben der Schule). Aufgrund der Abhängigkeit vom Träger der praktischen Ausbildung ist es der Schulleitung in einem solchen Fall kaum zuzumuten, solche Fälle bei den zuständigen Behörden zur Anzeige zu bringen, und deshalb trifft den Träger die Pflicht, zumal auch im eigenen Interesse, intern die notwendigen Bestimmungen zu erlassen und durchzusetzen« (*Weiß* et al. 2018, 158).

5.4 Kontrolle der Ausbildungsnachweise

Eine weitere Kontrolle der Ausbildungstätigkeit der Praxiseinrichtung durch die Pflegeschule erfolgt mittels einer Überprüfung, ob die praktische Ausbildung tatsächlich gemäß dem Ausbildungsplan durchgeführt wird, der nach § 10 Abs. 1 Satz 2 PflBG den Anforderungen des schulinternen Curriculums entsprechen muss. Dies erfolgt über einen Soll-Ist-Vergleich des von den Auszubildenden zu führenden Ausbildungsnachweises nach § 17 Satz 2 Nr. 3 PflBG (► Kap. 3.6.3) mit dem von dem Ausbildungsträger zu erstellenden Ausbildungsplan (► Kap. 3.3.1) (§ 10 Abs. 2 Satz 1 PflBG). Hierzu ist es wichtig, dass der Ausbildungsplan und der Ausbildungsnachweis eine vergleichbare Struktur aufweisen (BT-Drucks. 19/2707, 91), weshalb der Ausbildungsnachweis von der Pflegeschule so zu gestalten ist, »dass sich aus ihm die Ableistung der praktischen Ausbildungsanteile in Übereinstimmung mit dem Ausbildungsplan und eine entsprechende Kompetenzentwicklung feststellen lassen« (§ 3 Abs. 5 Satz 1 PflAPrV). Um dies zu gewährleisten und eine einheitliche Entwicklung der Ausbildungsstandards sicherzustellen, sollen die Pflegeschulen bei der Gestaltung der Ausbildungsnachweise auf einen vom *Bundesinstitut für Berufsbildung* erstellten Musterentwurf zurückgreifen (*BiBB* 2019b) (§ 3 Abs. 5 Satz 2 PflAPrV).

In der Organisationspraxis der Schulen ist für die Kontrolle der Ausbildungsnachweise oftmals die auch für die Praxisbegleitung verantwortliche Lehrkraft zuständig, die die sogenannten Praxisbegleitgespräche mit den Auszubildenden führt. In deren Rahmen sind »die Auszubildenden insbesondere fachlich zu betreuen« (§ 5 Satz 2 PflAPrV), wobei diese Betreuung »durch Gespräche mit den Auszubildenden über die Ausbildungssituation, die konkreten Ausbildungsziele und den Stand ihrer Realisierung im Praxisfeld gewährleistet werden« kann (*Dielmann* 2022 § 5 PflAPrV Rdnr. 1). Dies ist mithin der Rahmen, in dem auch der Vergleich zwischen den Vorgaben des Ausbildungsplans und den tatsächlichen Ausbildungsbemühungen des Ausbildungsträgers mit dem Ziel erfolgen kann und soll, Defizite und Pflichtverletzungen in der praktischen Ausbildung aufzudecken (► Kap. 3.3).

6 Staatliche Prüfung

Zum Ende der beruflichen Pflegeausbildung wird regelmäßig eine staatliche (Abschluss-)Prüfung abgenommen (umgangssprachlich auch Staatsprüfung oder Staatsexamen genannt), mit der festgestellt werden soll, ob die Auszubildenden (oder nun besser: die Prüflinge bzw. Prüfungskandidaten) das Ausbildungsziel tatsächlich erreicht haben. Ist dies der Fall, ist eine der Grundvoraussetzungen erfüllt, ihnen die Erlaubnis zum Führen der Berufsbezeichnung *Pflegefachfrau* bzw. *Pflegefachmann* zu erteilen (§ 2 Nr. 1 PflBG) (▶ Kap. 8). Erstaunlicherweise enthält das Pflegeberufegesetz als Berufszulassungsgesetz allerdings kaum Vorschriften, die diese staatliche Prüfung reglementieren. § 56 Abs. 1 Nr. 1 PflBG ermächtigt das *Bundesministerium für Familie, Senioren, Frauen und Jugend* sowie das *Bundesministerium für Gesundheit* vielmehr, »das Nähere über die staatliche Prüfung nach § 2 Nummer 1 [PflBG]« durch eine Rechtsverordnung zu regeln. Die danach erlassene Pflegeberufe-Ausbildungs- und Prüfungsverordnung enthält dementsprechend recht detaillierte Maßgaben zu den Zulassungsvoraussetzungen, zur Durchführung und zu den einzelnen Teilen der Staatsprüfung sowie zum Umgang mit Unregelmäßigkeiten im Prüfungsablauf und dem Ergebnis bzw. dem (Nicht-)Bestehen der staatlichen Prüfung (▶ Abb. 30).

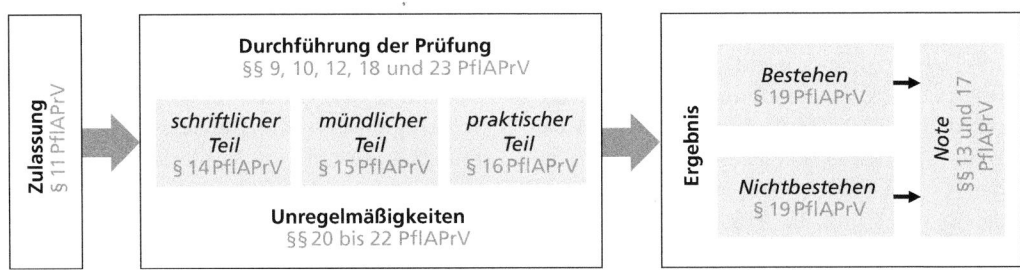

Abb. 30: Staatliche Prüfung zur Pflegefachkraft (eigene Darstellung)

6.1 Zulassung zur Prüfung

Die Zulassung zur Prüfung muss nach § 11 Abs. 1 PflAPrV von den einzelnen Prüfungskandidaten beantragt werden. Da die Vorschrift hierzu keine besondere Form bestimmt, ist dies dem Grunde nach auch mündlich möglich (*Dielmann* 2022, § 11 PflAPrV Rdnr. 8); in der Praxis wird indes die jeweilige Pflegeschule entsprechende Antragsformulare bereithalten. Über den Antrag entscheidet der Vorsitzende des Prüfungsausschusses, welcher an jeder Pflegeschule zu bilden ist (▶ Kap. 6.2.2). Beim Vorliegen der entsprechenden Zugangsvoraussetzungen handelt es sich hierbei um eine gebundene Entscheidung, die kein Ermessen zulässt: »Der Vorsitzende des Prüfungsausschusses hat hinsichtlich der Zulassung zur Prüfung [also] nur das Recht, förmlich zu prüfen, ob die erforderlichen Unterlagen vorliegen« (*Igl* 2021, § 11 PflAPrV Rdnr. 2). Die Zulassung ist der zu prüfenden Person spätestens zwei Wochen vor Prüfungsbeginn entweder schriftlich oder elektronisch mitzuteilen (§ 11 Abs. 4 PflAPrV); bei einer schriftlichen Mitteilung ist → § 126 Abs. 1 BGB zu berücksichtigen, bei einer elektronischen → § 126a Abs. 1 BGB.

§ 126 Abs. 1 BGB

Ist durch Gesetz schriftliche Form vorgeschrieben, so muss die Urkunde von dem Aussteller eigenhändig durch Namensunterschrift oder mittels notariell beglaubigten Handzeichens unterzeichnet werden.

§ 126a Abs. 1 BGB

Soll die gesetzlich vorgeschriebene schriftliche Form durch die elektronische Form ersetzt werden, so muss der Aussteller der Erklärung dieser seinen Namen hinzufügen und das elektronische Dokument mit seiner qualifizierten elektronischen Signatur versehen.

Zu den Zulassungsvoraussetzungen gehört zunächst die Vorlage eines Identitätsnachweises in amtlich beglaubigter Abschrift (§ 11 Abs. 2 Nr. 1 PflAPrV). Einen Identitätsnachweis bildet dabei etwa der Personalausweis oder ein Reisepass; die amtliche Beglaubigung dessen Abschrift bzw. Ablichtung kann beispielsweise im Bürgerbüro des Wohnortes vorgenommen werden.

Zudem ist dem Antrag auf Prüfungszulassung der vom Auszubildenden »ordnungsgemäß schriftlich geführte Ausbildungsnachweis nach § 3 Absatz 5 [PflAPrV]« beizufügen (§ 11 Abs. 2 Nr. 2 PflAPrV) (▶ Kap. 3.6.3). Dabei bleibt offen, welche Kriterien an dessen Ordnungsgemäßheit anzulegen sind. »Mit Blick auf die bei der Prüfungszulassung immer relevante Berufsfreiheit aus Art. 12 GG dürfen an die ›Ordnungsgemäßheit‹ des Ausbildungsnachweises nicht zu hohe Anforderungen gestellt werden. Insbesondere ist zu berücksichtigen, dass die Auszubildenden im Laufe der Ausbildung erst noch lernen zu dokumentieren. Die Eindrücke aus den Ausbildungsnachweisen zu Beginn der Ausbildung sind daher nicht so maßgeblich wie zum Ende der Ausbildung« (*Dielmann* 2022, § 11 PflAPrV Rdnr. 7). Im Ergebnis wird unter »Ordnungsgemäßheit« daher vor allem »Vollständigkeit« zu verstehen sein: Der Vorsitze des Prüfungsausschusses muss anhand des Ausbildungsnachweises nachvollziehen können, ob der Antragsteller tatsächlich alle Praxiseinsätze der Anlage 7 PflAPrV mit den dort angegebenen Mindeststundenzahlen absolviert hat (▶ Kap. 3.3.2).

Schließlich ist die Vorlage der Jahreszeugnisse nach § 6 Abs. 1 PflAPrV erforderlich. Da dies – dem Wortlaut der Vorschrift entsprechend – auch zwingend das dritte und letzte Jahreszeugnis umfasst (bei einer Ausbildung in Vollzeit), muss sichergestellt werden, dass dieses Zeugnis auch fristgerecht erteilt wird (*Haage* 2019b, § 11 Rdnr. 3). Es ist daher von der Pflegeschule »so früh aus[zu]stellen, dass auch eine denkbar frühe Prüfung (drei Monate vor dem Ende der Ausbildung [§ 11 Abs. 1 Satz 2 PflAPrV]) noch unter Vorlage der Jahreszeugnisse beantragt werden kann« (*Dielmann* 2022, § 11 PflAPrV Rdnr. 12) (▶ Kap. 4.4.1).

Die Zulassung zur staatlichen Prüfung kann dabei nur dann erteilt werden, wenn die Durchschnittsnote der Jahreszeugniszensuren mindestens *ausreichend* beträgt (§ 11 Abs. 3 PflAPrV). Dabei ist das arithmetische

Mittel aus den insgesamt sechs Einzelnoten nach § 6 Abs. 1 Satz 1 und 2 PflAPrV zu bilden (drei Jahreszeugnisse mit jeweils einer Note für den Unterricht und die praktische Ausbildung) und analog zu den Maßgaben des § 17 PflAPrV zu runden (Erteilung der Note *ausreichend* oder besser bei einem erreichten Durchschnittswert von bis unter 4,50) (▶ Kap. 6.5.1) (*Kostorz* 2021a, 27).

Schließlich dürfen die im Laufe der Ausbildung angefallenen Fehlzeiten die nach § 13 PflBG i. V. m. § 1 Abs. 4 PflAPrV zulässigen Fehlstunden nicht überschreiten (§ 11 Abs. 3 PflAPrV) (▶ Kap. 2.3). Problematisch ist insofern, dass das letzte der regelmäßig drei Jahreszeugnisse, auf denen die Fehlzeiten zu vermerken sind, zum Teil deutlich vor dem eigentlichen Ausbildungsende auszustellen ist und danach anfallende Fehlzeiten dem Grunde nach nicht mehr berücksichtigt werden (können). Bei einer möglichen bzw. drohenden Überschreitung der Fehlzeiten nach § 13 PflBG kann dieses Testat aber mit einem entsprechenden Vermerk versehen werden (*Dielmann* 2022, § 11 PflAPrV Rdnr. 16), so dass die Prüfungsbehörde eine Prüfungszulassung unter der Auflage erteilen kann, dass die Prüfung nur beim Einhalten der Fehlzeitenregelung angetreten werden darf (vgl. *Fischer* et al. 2022, Rdnr. 136). Zudem kann das Prüfungsverfahren notfalls durch eine Zulassungsrücknahme vorzeitig beendet werden, wenn sich die Zulassung – etwa wegen zu hoher Fehlzeiten – nachträglich als rechtswidrig erweist (*Fischer* et al. 2022, Rdnr. 169).

In diesem Zusammenhang ist allerdings auch zu bedenken, dass dem Problem der unzureichenden Fehlzeitenerfassung letztendlich nur dadurch wirkungsvoll begegnet werden könnte, dass die Prüfung (und in letzter Konsequenz auch der frühestmögliche Termin für den Zulassungsantrag bzw. die Ausgabe des letzten Jahreszeugnisses) zwingend in die Zeit nach dem Ausbildungsende gelegt werden würde, da nur so die Fehlzeiten während der gesamten Ausbildungsdauer (retrospektiv) erfasst werden könnten. Dies entspräche indes weder der gesetzlich bestimmten Möglichkeit noch der Intention des Gesetz- bzw. Verordnungsgebers, die Prüfung bereits im letzten Ausbildungsquartal abnehmen lassen zu können (vgl. § 11 Abs. 1 Satz 2 PflAPrV i. V. m. § 21 Abs. 2 Alt. 2 PflBG) (▶ Kap. 6.2.1), weshalb es auch vertretbar erscheint, die Fehlzeiten im Sinne einer Stichtagsregelung zu demjenigen Zeitpunkt zu erfassen und zu kontrollieren, zu dem der Zulassungsantrag gestellt bzw. das letzte Jahreszeugnis ausgegeben worden ist.

Mit der Zulassung zur staatlichen Prüfung durch die zuständige Aufsichtsbehörde wird mit den Auszubildenden ein Prüfungsrechtsverhältnis begründet, das vom Ausbildungsverhältnis mit dem Ausbildungsträger zu abstrahieren ist. Im Verhältnis zum Prüfungsausschuss wird der Auszubildende metamorphisch zum Prüfling bzw. zur zu prüfenden Person (*Dielmann* 2022, § 11 PflAPrV Rdnr. 1), wobei er den (zusätzlichen) Status des Auszubildenden dann nicht verliert, wenn die Prüfung – was der Regel entspricht (▶ Kap. 6.2.1) – zeitlich in die Dauer des Ausbildungsverhältnisses fällt.

6.2 Abnahme der Prüfung

Neben den konkreten Maßgaben zu den einzelnen Prüfungsteilen und zum Umgang mit Unregelmäßigkeiten im Prüfungsablauf sind bei der Abnahme der staatlichen Prüfung weitere, eher allgemeinere prüfungsrechtliche Aspekte zu berücksichtigen, die sich vor allem auf die Strukturierung der Prüfung (§§ 9, 18 und 23 PflAPrV), die Zusammensetzung und die Aufgaben des Prüfungsausschusses (§ 10 PflAPrV) sowie gegebenenfalls zu gewährende Nachteilsausgleiche bei Prüflingen mit einer Behinderung oder einer Beeinträchtigung beziehen (§ 12 PflAPrV).

6.2.1 Strukturierung der Prüfung

Die staatliche Prüfung gliedert sich in einen schriftlichen, einen mündlichen und einen praktischen Teil (§ 9 Abs. 1 Satz 1 PflAPrV), wobei diese drei Prüfungsbestandteile in den §§ 14 bis 16 PflAPrV näher beschrieben und konkretisiert werden (▶ Kap. 6.3). Der praktischen Prüfung, die in »realen und komplexen Pflegesituationen« stattzufinden hat (§ 16 Abs. 4 PflAPrV), kommt dabei insofern eine besondere Bedeutung zu, als auch die spätere Berufstätigkeit examinierter Pflegefachkräfte von einer unmittelbaren Patientenversorgung und -betreuung nach dem Uno-actu-Prinzip geprägt ist (ähnlich *Igl* 2021, § 9 PflAPrV Rdnr. 4). Lässt der Prüfling hier elementare bzw. ausreichende Fähigkeiten und Fertigkeiten vermissen, ist die Ausbildungszeit um bis zu ein Jahr zu verlängern (§ 19 Abs. 4 Satz 1 und 4 PflAPrV) (▶ Kap. 6.5.2).

Generelles Ziel des sogenannten Staatsexamens ist die Überprüfung, ob der Prüfungskandidat das Ausbildungsziel nach § 5 PflBG (gegebenenfalls i. V. m. §§ 60 bzw. 61 jeweils Abs. 1 PflBG) erreicht (▶ Kap. 2.4) und die in der Anlage 2 PflAPrV (Kompetenzen für die staatliche Prüfung zur *Pflegefachfrau* oder zum *Pflegefachmann*) bzw. in den Anlagen 3 oder 4 PflAPrV (Kompetenzen für die staatliche Prüfung zur *Gesundheits- und Kinderkrankenpflegerin* oder zum *Gesundheits- und Kinderkrankenpfleger* bzw. zur *Altenpflegerin* oder zum *Altenpfleger*) beschriebenen Kompetenzen erworben hat (§ 9 Abs. 1 Satz 2 PflAPrV bzw. §§ 26 oder 28 jeweils Abs. 1 und Abs. 3 Satz 1 PflAPrV). Konkreter geht es im schriftlichen und mündlichen Teil der Prüfung darum, dass der Kandidat seine Fachkompetenz und die zur Ausübung des Pflegeberufs erforderliche personale Kompetenz einschließlich der notwendigen Sozialkompetenz und der Selbständigkeit nachweist, während er im praktischen Teil der Prüfung unter Beweis zu stellen hat, dass er über die zu professioneller Pflege erforderliche (umfassend zu verstehende) Berufskompetenz verfügt und befähigt ist, pflegetypische Aufgaben gemäß dem Ausbildungsziel des Pflegeberufegesetzes auszuführen (§ 9 Abs. 2 PflAPrV).

Der mündliche und schriftliche Teil der Prüfung ist dabei an derjenigen Pflegeschule abzulegen, an der der Prüfling den schulischen Teil der Ausbildung abschließt, auch wenn ein quantitativ größerer Teil der gesamten Unterrichtsstunden an einer anderen Pflegeschule erteilt worden ist (§ 9 Abs. 3 Satz 1 PflAPrV). Relevant wird dies unter anderem dann, wenn Auszubildende einen klientenspezifischen Berufsabschluss in der Gesundheits- und Kinderkrankenpflege bzw. in der Altenpflege anstreben und im dritten Ausbildungsjahr eine entsprechende Fachklasse besuchen, die sich aus Schülerinnen und Schülern unterschiedlicher Zubringerschulen zusammensetzt (▶ Kap. 4.1.3). Von dieser Regelung darf nur im Ausnahmefall abgewichen werden (§ 9 Abs. 3 Satz 2 PflAPrV), etwa wenn eine Wiederholungsprüfung abzulegen oder die dem Grunde nach zuständige Schule geschlossen worden ist (*Dielmann* 2022, § 9 PflAPrV Rdnr. 5). Antragsberechtigt ist in diesen Fällen die zu prüfende Person; beschieden wird der Antrag von der jeweiligen Aufsichtsbehörde, die hierzu die Vorsitzenden der beteiligten Prüfungsausschüsse zu hören hat.

Der praktische Teil der Prüfung wird in der Regel in der Einrichtung abgelegt, in der der Vertiefungseinsatz durchgeführt worden ist (§ 9 Abs. 5 PflAPrV). Diese Regelung korrespondiert mit § 3 Abs. 2 Satz 3 PflAPrV, nach der der Vertiefungseinsatz beim Träger der praktischen Ausbildung absolviert werden soll (▶ Kap. 3.3.2).

Nach § 11 Abs. 1 Satz 2 PflAPrV soll der Prüfungsbeginn nicht länger als drei Monate vor dem Ende der Ausbildung liegen. Eine Frist für die Dauer oder den spätesten Abschluss des Prüfungsverfahrens ist hingegen nicht gesetzlich bestimmt. Da die Prüfung auch außerhalb eines bestehenden Ausbildungsverhältnisses abgelegt werden kann, kann sich die Prüfung im Einzelfall also auch über das Ende der Ausbildungszeit hinziehen, das gemäß § 21 Abs. 1 PflBG unabhängig vom Zeitpunkt der staatlichen Abschlussprüfung grundsätzlich mit Ablauf der Ausbildungszeit endet (▶ Kap. 3.10.1) (hierzu kritisch *Haage* 2019b, § 11 Rdnr. 2). Gleichwohl sollte der Prüfungsausschuss bzw. dessen Vorsitzender bestrebt sein, die Prüfung(steile) so zu terminieren, dass die Prüfung innerhalb der Ausbildungszeit abgeschlossen werden kann, um dem Prüfling die Möglichkeit zu geben, dem Arbeitsmarkt für examinierte Pflegefachkräfte unmittelbar nach dem Abschluss der Ausbildung zur Verfügung zu stehen, zumal auch § 21 Abs. 2 Alt. 2 PflBG davon ausgeht, dass die Prüfung regelmäßig »vor Ablauf der Ausbildung« abgelegt werden soll.

§ 18 PflAPrV bestimmt, dass über die gesamte Prüfung eine Niederschrift zu fertigen ist, aus der sich Gegenstand, Ablauf und Ergebnisse der Prüfung sowie gegebenenfalls vorgekommene Unregelmäßigkeiten ergeben. Sie dient vor allem der Gewährleistung eines ordnungsgemäßen Prüfungsablaufs und sichert die Möglichkeit einer später eventuell erforderlichen Überprüfung des Prüfungsvorgangs in einem Widerspruchs- oder gar Klageverfahren, weshalb ihr in erster Linie eine Beweisfunktion zukommt (*Igl* 2021, § 18 PflAPrV Rdnr. 1). Von ihr zu unterscheiden ist die Begründung der Prüfungsentscheidung: »Nicht die Begründung muss im Protokoll enthalten sein, sondern die ihr zugrunde liegenden Fakten« (*Dielmann* 2022, § 18 PflAPrV Rdnr. 4).

Dabei wird zuweilen missverständlich angenommen, »dass es sich bei der Niederschrift um ein einziges Schriftstück handeln muss, in dem alle Sachverhalte der Prüfung chronologisch erfasst werden. Richtigerweise besteht ein Prüfungsprotokoll in der Regel aus mehreren Einzelunterlagen, die erst in ihrer Gesamtheit den chronologischen und inhaltlichen Verlauf des Prüfungsgeschehens belegen« (*Stolpmann/Teufer*, 2009, 127). Insgesamt gilt aber, dass es keine allgemeinen prüfungsrechtlichen Grundsätze gibt, wie genau eine Prüfung und deren Verlauf zu dokumentieren ist (zu allgemeinen Merkmalen *Fischer* et al. 2022, Rdnr. 455 ff.). Welche Unterlagen angefertigt werden, liegt ausschließlich im Ermessen der Prüfer (*Stolpmann/Teufer* 2009, 128). Gleichwohl ist darauf zu achten, dass die Niederschrift einerseits so umfassend ist, »dass sie den Verlauf der Prüfung und das Zustandekommen der Ergebnisse ausreichend beschreibt. Andererseits darf die Dokumentation keinen unrealistischen Umfang einnehmen, um handhabbar zu bleiben und den Prüfungsverlauf nicht zu erschweren« (*Stolpmann/Teufer* 2009, 130).

Nach Abschluss der Prüfung ist der zu prüfenden Person auf Antrag Einsicht in ihre Prüfungsunterlagen zu gewähren. Hierzu sind die schriftlichen Aufsichtsarbeiten drei, der Antrag auf Prüfungszulassung sowie die Prüfungsniederschrift zehn Jahre aufzubewahren (§ 23 PflAPrV). Einsicht bedeutet in diesem Zusammenhang, dass die Unterlagen bei der Prüfungsbehörde eingesehen werden können; ein Anspruch auf Aushändigung oder Kopie der Unterlagen besteht nicht (*Dielmann* 2022, § 23 PflAPrV Rdnr. 1).

6.2.2 Prüfungsausschuss

Nach § 10 Abs. 1 PflAPrV ist an jeder Pflegeschule ein Prüfungsausschuss zu bilden, der für die ordnungsgemäße Durchführung der staatlichen Prüfung zuständig ist. Er besteht aus mindestens fünf Mitgliedern und setzt sich wie folgt zusammen:

1. Den Vorsitz führt regelmäßig ein Vertreter bzw. eine Vertreterin der zuständigen Be-

hörde, im Ausnahmefall auch eine von ihr mit der Wahrnehmung dieser Aufgabe betraute Person (§ 10 Abs. 1 Satz 2 Nr. 1 PflAPrV), die insofern mit der hoheitlichen Aufgabe der Prüfungsabnahme beliehen wird (*Dielmann* 2022, § 10 PflAPrV Rdnr. 4). Die erforderliche fachliche Qualifikation dieses Behördenvertreters wird dabei nicht näher umschrieben. Da dieses Prüfungsausschussmitglied im Prüfungsverfahren allerdings nicht in der Rolle eines Fachprüfers auftritt, sondern ihm vielmehr eher administrative und organisatorische Aufgaben zukommen (vgl. zusammenfassend *Dielmann* 2022, § 10 PflAPrV Rdnr. 18), wird seine Geeignetheit für die Funktion des Prüfungsausschussvorsitzenden vor allem an dessen verwaltungsrechtlichen Kompetenzen zu messen sein (a. A. *Dielmann* 2022, § 10 PflAPrV Rdnr. 2, der einen Pflegeberufsabschluss oder eine entsprechende Qualifikation für »das Mindeste« hält, was zur fachlichen Eignung bei Prüfungsausschussvorsitzenden »als Formalqualifikation verlangt werden kann«).

2. Neben dem Vorsitzenden gehören dem Prüfungsausschuss der Schulleiter bzw. die Schulleiterin an (§ 10 Abs. 1 Satz 2 Nr. 2 PflAPrV), dessen bzw. deren Qualifikation sich aus § 9 Abs. 1 Nr. 1 PflBG ergibt (▶ Kap. 2.2.2). Anstelle der Schulleiterin oder des Schulleiters kann – insbesondere an großen Schulen, an denen für mehrere Gesundheitsberufe ausgebildet wird – auch ein für die Pflegeausbildung zuständiges Mitglied der (erweiterten) Schulleitung bestellt werden (so etwa der für den Bereich Pflege zuständige Fachbereichsleiter) (BT-Drucks. 19/2707, 94).

3. Hinzu kommen mindestens zwei an der Pflegeschule unterrichtende Fachprüferinnen bzw. Fachprüfer (§ 10 Abs. 1 Satz 2 Nr. 3 PflAPrV), die als Lehrkräfte der Schule die Anforderungen nach § 9 Abs. 1 Nr. 2 PflBG erfüllen oder unter die Bestandsschutzregelung des § 65 Abs. 4 PflBG fallen müssen (▶ Kap. 2.2.2). Zudem sollen sie den Prüfungskandidaten überwiegend ausgebildet haben (§ 10 Abs. 2 Satz 3 PflAPrV), »wobei der Begriff ›überwiegend‹ nicht rein rechnerisch zu verstehen ist, sondern sich auch an anderen Kriterien orientieren kann. So kann für die Prüfung die Fachprüferin oder der Fachprüfer ausgewählt werden, die oder der in dem prüfungsrelevanten Themenbereich zuletzt unterrichtet hat und damit maßgeblich an der Vorbereitung der Schülerinnen und Schüler auf die Prüfung beteiligt war« (BT-Drucks. 19/2707, 94). In der Praxis werden zudem häufig die Kursleiterinnen und Kursleiter mit der Prüfungsabnahme betraut, da diese häufig ein großes Quantum an Unterricht in ihren Klassen absolviert haben. Werden diese Kriterien bei der Besetzung des Prüfungsausschusses berücksichtigt, können diesem auch (deutlich) mehr Lehrkräfte in der Funktion eines Fachprüfers angehören als die in der Prüfungsverordnung vorgegebenen mindestens zwei. Treten an einer Schule beispielsweise Auszubildende aus vier Parallelkursen die staatliche Prüfung an, die von vier unterschiedlichen Klassenlehrerinnen bzw. Klassenlehrern überwiegend unterrichtet worden sind, sollten diese vier Lehrkräfte auch fachprüfende Mitglieder des Prüfungsausschusses sein bzw. hierzu berufen werden.

4. Schließlich gehört dem Prüfungsausschuss mindestens eine Person als Fachprüferin bzw. Fachprüfer an, die zum Zeitpunkt der Prüfung als Praxisanleiterin bzw. Praxisanleiter nach § 4 Abs. 1 PflAPrV tätig ist und insofern die Voraussetzungen nach § 4 Abs. 2 Satz 1 PflAPrV erfüllt (▶ Kap. 3.3.3). Sie muss zudem in der Einrichtung tätig sein, in der der Vertiefungseinsatz des jeweiligen Prüflings durchgeführt worden ist (§ 10 Abs. 1 Satz 2 Nr. 4 PflAPrV). Da dieser Einsatz beim Träger der Ausbildung abgeleistet werden soll (§ 7 Abs. 4 Satz 1 PflBG und § 3 Abs. 2 Satz 2 Satz 3 PflAPrV)

(▶ Kap. 3.3.2), handelt es sich bei ihr regelmäßig um eine bei dem Ausbildungsträger des Prüfungskandidaten beschäftigte praxisanleitende Person. Für Prüfungsausschüsse an Schulen, die Auszubildende verschiedener Ausbildungsträger betreuen, bedeutet das letztendlich, dass in ihnen mindestens ein Praxisanleiter pro Ausbildungsträger vertreten sein muss (*Dielmann* 2022, § 10 PflAPrV Rdnr. 6). Strebt ein Prüfling einen klientenspezifischen Berufsabschluss in der Gesundheits- und Kinderkrankenpflege bzw. in der Altenpflege an, soll der praxisanleitende Fachprüfer im Bereich der Pflege von Menschen in der entsprechenden Altersstufe tätig sein (§§ 26 bzw. 28 jeweils Abs. 3 Satz 2 PflAPrV).

Nach § 10 Abs. 2 Satz 1 PflAPrV werden die Mitglieder des Prüfungsausschuss von der zuständigen Behörde auf Vorschlag der Pflegeschule bestellt (ebenso wie jeweils eine Stellvertreterin bzw. ein Stellvertreter je Mitglied). Entgegen dem Wortlaut dieser Vorschrift kann sich dies indes nur auf die Mitglieder nach § 10 Abs. 1 Satz 2 Nr. 2 bis 4 PflAPrV beziehen und nicht auch auf den Vertreter der zuständigen Behörde, da die Pflegeschule kein Vorschlagsrecht für diesen Behördenvertreter haben kann (*Haage* 2019b, § 10 Rdnr. 6). Nimmt eine Pflegeschule ihr Vorschlagsrecht nicht wahr, entscheidet der Prüfungsausschussvorsitzende nach eigenem Ermessen (*Dielmann* 2022, § 10 PflAPrV Rdnr. 10). Dessen Aufgabe ist es in diesem Zusammenhang auch sicherzustellen, dass die vorgeschlagenen bzw. berufenen Mitglieder des Prüfungsausschusses über die erforderliche formelle Qualifikation und fachliche Eignung zur Prüfungsabnahme verfügen (*Igl* 2021, § 10 PflAPrV Rdnr. 9).

Insgesamt erstaunt es, dass der Prüfungsausschuss im Prüfungsverfahren faktisch nicht als Kollegialorgan tätig wird, sondern seine Aufgaben auf einzelne Mitglieder des Prüfungsausschusses bzw. auf verschiedene Varianten der Zusammenarbeit einzelner Prüfungsausschussmitglieder verteilt sind (*Dielmann* 2022, § 10 PflAPrV Rdnr. 18). Durch diese »komplex gestaltete Struktur mit Bildung eines Prüfungsausschusses und Einzelregelungen für einzelne Prüfungsteile« (*Haage* 2019b, § 10 Rdnr. 9) entsteht ein Regelungsgeflecht, das nicht immer leicht zu erfassen ist.

Eine besondere Rolle im Prüfungsausschuss nimmt in jedem Fall dessen Vorsitzender ein, dem zusammengefasst folgende Aufgaben zukommen (nach *Dielmann* 2022, § 10 PflAPrV Rdnr. 18), bei deren Erfüllung er von der zuständigen Behörde zu unterstützen ist (§ 10 Abs. 3 Satz 2 PflAPrV):

- Zulassung zur Prüfung auf Antrag der zu prüfenden Person (§ 11 Abs. 1 Satz 1 PflAPrV) (▶ Kap. 6.1)
- Festsetzung der Prüfungstermine im Benehmen mit der Schulleitung (§ 11 Abs. 1 Satz 1 PflAPrV) (▶ Kap. 6.3)
- Bestimmung der Fachprüferinnen und Fachprüfer für den schriftlichen, den mündlichen und den praktischen Teil der staatlichen Prüfung auf Vorschlag der Schulleitung (§ 10 Abs. 3 Satz 3 PflAPrV) (▶ Kap. 6.3)
- Festsetzung der Vornoten auf Vorschlag der Pflegeschule (§ 13 Abs. 1 PflAPrV) (▶ Kap. 6.5.1)
- Bildung der Noten für die einzelnen Aufsichtsarbeiten und Bildung der Gesamtnote für den schriftlichen Prüfungsteil (§ 14 Abs. 5 Satz 2 und Abs. 7 PflAPrV) (▶ Kap. 6.3.1
- Bildung der Prüfungsnote für die mündliche Prüfung im Benehmen mit den Fachprüferinnen und Fachprüfern und Bildung der Gesamtnote für den mündlichen Prüfungsteil (§ 14 Abs. 5 und Abs. 7 PflAPrV) (▶ Kap. 6.3.2)
- Bildung der Prüfungsnote für die praktische Prüfung im Benehmen mit den Fachprüferinnen und Fachprüfern und Bildung der Gesamtnote für den praktischen

Prüfungsteil (§ 16 Abs. 7 und Abs. 9 PflAPrV) (▶ Kap. 6.3.3)
- Mitteilung über das Nichtbestehen der Prüfung (§ 19 Abs. 2 Satz 2 PflAPrV) (▶ Kap. 6.5.2)
- Entscheidung über eine zusätzliche Ausbildung, deren Dauer und Inhalt bei Nichtbestehen der Prüfung (§ 19 Abs. 4 Satz 2 und 3 PflAPrV) (▶ Kap. 6.5.2)
- Genehmigung bzw. Nichtgenehmigung eines Rücktritts von der Prüfung (§ 20 PflAPrV) (▶ Kap. 6.4.1)
- Entscheidung über einen wichtigen Grund für ein Prüfungsversäumnis (§ 21 PflAPrV) (▶ Kap. 6.4.2)
- Entscheidung über Ordnungsverstöße und Täuschungsversuche (§ 22 PflAPrV) (▶ Kap. 6.4.3)

Darüber hinaus ist der Prüfungsausschussvorsitzende verpflichtet, an den jeweiligen Teilen der Prüfung in dem Umfang teilzunehmen, der zur Erfüllung seiner Aufgaben erforderlich ist; eine Verpflichtung zur Anwesenheit während der gesamten Dauer der Prüfung besteht allerdings nicht (§ 10 Abs. 4 PflAPrV). Dabei dürfte es sich von selbst verstehen, dass die Anwesenheit des Prüfungsausschussvorsitzenden bei den schriftlichen Prüfungen nicht erforderlich ist, da hier nur eine verlässliche Aufsicht gewährleistet sein muss, die auch von einer hierzu beauftragten Person wahrgenommen werden kann. Demgegenüber sollte er nach Möglichkeit an den mündlichen und praktischen Prüfungen teilnehmen, um sich ein persönliches Bild von den Prüflingen machen zu können, was insbesondere bei der Festlegung von Noten von Bedeutung sein kann: »Aus diesem Grund ist die Vorschrift eng auszulegen und so zu verstehen, dass der Vorsitzende des Prüfungsausschusses zumindest zeitweise bei jeder mündlichen und praktischen Prüfung einer zu prüfenden Person anwesend ist« (*Igl* 2021, § 10 PflAPrV Rdnr. 10).

§ 10 Abs. 5 PflAPrV räumt der zuständigen Behörde – vertreten durch den Vorsitzenden des Prüfungsausschusses – schließlich die Möglichkeit ein, nach freiem Ermessen Sachverständige und Beobachter (zum Beispiel Unterrichtskräfte, die nicht selbst Mitglied des Prüfungsausschusses sind [BT-Drucks. 19/2707, 95]) zur Teilnahme an allen Prüfungsvorgängen zu entsenden, wobei die Teilnahme an einer realen Pflegesituation stets nur mit Einwilligung des jeweiligen Pflegeempfängers zulässig ist (▶ Kap. 6.3.3). Unklar bleibt dabei, welchen Grund eine Entsendung insbesondere von Sachverständigen haben könnte und welche Funktion die entsprechende Person ausüben soll (kritisch insgesamt *Haage* 2029b, § 10 Rdnr. 12 f.). »Ob hiervon in der Praxis tatsächlich nennenswert Gebrauch gemacht wird, ist fraglich, da sich dadurch die Organisation des Prüfungswesens entsprechend erschwert und eine Beteiligung von Sachverständigen und Beobachtern an internen Prüfungssachverhalten – wie der Beratung zur Notenfindung – auch Rechtsfragen aufwirft« (*Haage* 2029b, § 10 Rdnr. 13).

6.2.3 Nachteilsausgleich

Dem verfassungsrechtlichen Gebot des Art. 3 Abs. 3 Satz 2 GG folgend, nach dem niemand wegen einer Behinderung benachteiligt werden darf, sieht § 12 PflAPrV bei der Durchführung der staatlichen Prüfung einen Nachteilsausgleich für Prüflinge mit einer Behinderung oder einer Beeinträchtigung vor, um deren Chancengleichheit im Prüfungsverfahren zu wahren (*Igl* 2021, § 12 PflAPrV Rdnr. 2 sowie → BT-Drucks. 19/2707, 95). Der Begriff der Behinderung bzw. Beeinträchtigung orientiert sich dabei an dem des → 2 Abs. 1 SGB IX und ist insofern von lediglich akuten Beeinträchtigungen der Leistungsfähigkeit eines Prüfungskandidaten abzugrenzen (*Fischer* et al. 2022, Rdnr. 301d).

BT-Drucks. 19/2707, 95
Die Prüfungen müssen für alle zu prüfenden Personen die gleichen Chancen eröffnen. Bei

Menschen mit Behinderungen oder Beeinträchtigungen kann es sein, dass zur Wahrung der Chancengleichheit individuell festzulegende Ausnahmen von den Prüfungsregularien erforderlich sind. [§ 12] Absatz 1 [PflAPrV] macht deutlich, dass in solchen Fällen auf die besonderen Belange der betreffenden zu prüfenden Personen Rücksicht zu nehmen ist.

> **§ 2 Abs. 1 SGB IX**
>
> Menschen mit Behinderungen sind Menschen, die körperliche, seelische, geistige oder Sinnesbeeinträchtigungen haben, die sie in Wechselwirkung mit einstellungs- und umweltbedingten Barrieren an der gleichberechtigten Teilhabe an der Gesellschaft mit hoher Wahrscheinlichkeit länger als sechs Monate hindern können. Eine Beeinträchtigung nach Satz 1 liegt vor, wenn der Körper- und Gesundheitszustand von dem für das Lebensalter typischen Zustand abweicht. Menschen sind von Behinderung bedroht, wenn eine Beeinträchtigung nach Satz 1 zu erwarten ist.

Die Gewährung eines individuellen Nachteilsausgleichs ist vom Prüfling bei der zuständigen Behörde spätestens mit dem Antrag auf Prüfungszulassung schriftlich oder elektronisch zu begehren (§ 12 Abs. 2 PflAPrV). Obwohl der Antrag dem Grunde nach nicht zu begründen ist, »wird der Antragsteller sinnvollerweise auf die Art seiner Behinderung und deren Auswirkungen im Zusammenhang von Prüfungen hinweisen« (*Igl* 2021, § 12 PflAPrV Rdnr. 8). Nach § 12 Abs. 3 PflAPrV hat die Behörde auch die Möglichkeit, ein amtsärztliches Attest oder andere geeignete Unterlagen anzufordern, aus denen die leistungsmindernde oder -verhindernde Auswirkungen der Beeinträchtigung oder Behinderung hervorgehen (zum Verfahren etwa *Haage* 2019b, § 12 Rdnr. 4).

Sofern die zuständige Behörde den Antrag auf Nachteilsausgleich für berechtigt hält, bestimmt sie nach pflichtgemäßem Ermessen, in welcher geänderten Form die Prüfungsleistung (gleichwertig!) zu erbringen ist (§ 12 Abs. 4 Satz 1 PflAPrV), und gibt die Entscheidung der zu prüfenden Person bekannt (§ 12 Abs. 6 PflAPrV). Als eine Möglichkeit zur Anpassung der Prüfungsmodalitäten nennt § 12 Abs. 4 Satz 2 PflAPrV eine Verlängerung der Schreib- bzw. Bearbeitungszeit der Prüfungsleistung. Weitere Arten des Nachteilsausgleichs ergeben sich aus dem Einzelfall in Abhängigkeit von der individuell vorliegenden Behinderung bzw. Beeinträchtigung (*Vollmer/Frohnenberg* 2014, 65). Möglich ist etwa eine Unterstützung durch Assistenzkräfte, die Berücksichtigung besonderer räumlicher Erfordernisse (Barrierefreiheit, Ruheräume, naheliegende Toiletten etc.), die Textoptimierung von Prüfungsaufgaben und/oder Formulierungen in leichter Sprache (bei Beibehaltung der Verwendung von Fachsprache) oder die Zulassung technischer Hilfen (zum Beispiel die Nutzung eines Computers beim schriftlichen Teil der Prüfung) (nach *Vollmer/Frohnenberg* 2014, 65 ff.).

Insgesamt geht es bei einem Nachteilsausgleich mithin (nur) darum, geeignete Ausgleichsmaßnahmen zu finden, »mit denen den Schwierigkeiten des Prüflings, seine vorhandenen Kenntnisse und Fähigkeiten unter Geltung der einheitlichen Bedingungen darzustellen, Rechnung getragen wird« (*Fischer* et al. 2022, Rdnr. 301d). Aus diesem Grund dürfen die fachlichen Prüfungsanforderungen durch einen Nachteilsausgleich auch nicht verändert werden (§ 12 Abs. 5 PflAPrV); eine Besserstellungen von Prüflingen mit Behinderung im Vergleich zu Mitprüflingen ohne Behinderung ist daher unzulässig: »Die Einräumung besonderer Prüfungsbedingungen im Wege des Nachteilsausgleichs muss ihrerseits im Verhältnis zu den anderen Prüflingen die Chancengleichheit wahren. Sie darf daher nicht zu einer Überkompensation, also einer Übervorteilung des betreffenden Prüflings führen« (*Fischer* et al. 2022, Rdnr. 301h).

Fallbeispiel

Die Prüfungskandidatin Nele Q. leidet seit ihrer Kindheit an einer chronischen Tic-Störung. Von ihr erlernte Bewältigungsstrategien haben zu einer ausreichenden Kompensation der Beschwerden bei mündlichen und praktischen Beanspruchungen geführt, bei schriftlichen Anforderungen ist ihr dies nicht gelungen; hier ist es bei einer motorischen Verlangsamung geblieben. Sie beantragt unter Vorlage entsprechender ärztlicher Atteste daher die Gewährung eines Nachteilsausgleichs bei der staatlichen Prüfung zur *Pflegefachfrau* und bittet darum, die Prüfungsleistung des schriftlichen Teils der Prüfung mündlich ablegen zu dürfen (Antrag auf Änderung der Prüfungsart). Die zuständige Behörde gewährt Frau Q. eine Schreibzeitverlängerung im Umfang von 25 % der regulären Schreibzeit bei den schriftlichen Aufsichtsarbeiten, lehnt eine Änderung der Prüfungsart aber ab.

Dieser Bescheid ergeht zu Recht: Eine Abweichung von der eigentlich vorgesehenen Prüfungsart »würde eine Überkompensation darstellen und somit die übrigen Prüflinge in ihrer Chancengleichheit verletzen. Denn bei einem Wechsel der Prüfungsart im Zuge eines Nachteilsausgleichs ist unter dem Gesichtspunkt der Chancengleichheit Zurückhaltung geboten. Die an die Stelle der ursprünglichen Prüfungsart tretende andere Prüfungsart (hier mündliche Prüfung an Stelle schriftlicher Prüfung) muss noch geeignet sein, die mit der Prüfung abzufragende Prüfungsleistung des Kandidaten zu dokumentieren. Ist sie das nicht, scheidet ein Wechsel der Prüfungsart von vornherein aus, weil eine solche Prüfung keine gleichwertige Prüfungsleistung in einer anderen Form wäre, und daher den Grundsatz der Chancengleichheit verletzen würde. Hier stellt die mündliche Prüfung keine der schriftlichen Prüfung gleichwertige Prüfungsleistung dar. Denn in den beiden verschiedenen Prüfungsarten werden verschiedene Kompetenzen abgefragt. Beanstandungsfrei weist der Antragsgegner darauf hin, dass durch die schriftliche Prüfung ein Urteil darüber ermöglicht werde, ob der Prüfling befähigt ist, schriftliche Fragestellungen in angemessener Zeit schriftlich zu bearbeiten, da es im Beruf der Pflegekraft erforderlich sei, dass diese auf der Grundlage schriftlicher Berichte den Pflegebedarf, die Pflegeplanung, die Organisation und insbesondere die Dokumentation der Pflege schriftlich niederlegen könne. Eine mündliche Prüfung ist zumindest weniger geeignet, solche Kompetenzen festzustellen« (VG Berlin vom 4. Juli 2022 [Az. 12 L 129/22]).

6.3 Prüfungsteile

Die staatliche Prüfung besteht aus insgesamt drei Teilen: einen schriftlichen, einen mündlichen und einen praktischen Teil (§ 9 Abs. 1 Satz 1 PflAPrV), die sich auf jeweils andere Kompetenzbereiche bzw. Kompetenzschwerpunkte beziehen (§§ 14 bis 16 PflAPrV; für die Prüfung zu einem klientenspezifischen Berufsabschluss ergänzend §§ 27 bzw. 29 PflA- PrV). Dabei ist vom Verordnungsgeber offengelassen worden, in welcher zeitlichen Abfolge die Prüfungsteile anzusetzen sind (*Haage* 2019b, § 11 Rdnr. 2), auch wenn der Reihenfolge der Vorschriften in der Prüfungsverordnung das Indiz abgeleitet werden kann, »dass die Prüfung auch in dieser Reihenfolge aufgebaut werden soll, dh also zunächst der schriftliche, dann der mündliche und zum Abschluss der praktische Prüfungsteil« (*Haage* 2019b, § 19 Rdnr. 4). Nach § 11 Abs. 1 Satz 1 PflAPrV ist es letztendlich Aufgabe der bzw. des Vorsitzenden des Prüfungsausschusses, die Prüfungstermine und damit auch die Prüfungsabfolge im Benehmen mit der Schulleitung festzulegen. »Im Benehmen« bedeutet dabei, dass der bzw. die Prüfungsausschussvorsitzende die Termine mit der Schulleitung *gemeinsam* festlegt; im Konfliktfall entscheidet der bzw. die Vorsitzende des Prüfungsausschusses (*Dielmann* 2022, § 11 PflAPrV Rdnr. 15).

6.3.1 Schriftlicher Teil

Der schriftliche Teil der staatlichen Prüfung besteht aus insgesamt drei Klausuren, den sogenannten Aufsichtsarbeiten. Thematisch beziehen sie sich auf ausgewählte Kompetenzschwerpunkte aller fünf Kompetenzbereiche der Anlage 2 PflAPrV (§ 14 Abs. 1 PflAPrV). Der Schwerpunkt liegt dabei auf den beiden Kompetenzbereichen *Pflegeprozesse und Pflegediagnostik* sowie *Kommunikation und Beratung* (▶ Kasten 4), also auf der Mikroebene pflegeberuflichen Handelns (▶ Kap. 2.4.1). »Die zu prüfenden Personen [sollen] zeigen, dass sie über diese Kompetenzen verfügen und in der Lage sind, individuelle Pflegesituationen mit Hilfe ihres Wissens analytisch zu erschließen, das Wissen fachgerecht einzusetzen und situationsbezogen kritisch, reflexiv, fachlich und ethisch begründet urteilen zu können« (BT-Drucks. 19/2707, 96).

Kasten 4: Prüfungsgegenstände der Aufsichtsarbeiten

1. Aufsichtsarbeit

Kompetenzschwerpunkte

- *Die Pflege von Menschen aller Altersstufen verantwortlich planen, organisieren, gestalten, durchführen, steuern und evaluieren*
- *Kommunikation und Interaktion mit Menschen aller Altersstufen und ihren Bezugspersonen personen- und situationsbezogen gestalten und eine angemessene Information sicherstellen*

unter Einbeziehung der Kompetenzschwerpunkte

- *Menschen aller Altersstufen bei der Lebensgestaltung unterstützen, begleiten und beraten*
- *Entwicklung und Autonomie in der Lebensspanne fördern*

sowie des Kompetenzbereichs

- *Das eigene Handeln auf der Grundlage von Gesetzen, Verordnungen und ethischen Leitlinien reflektieren und begründen*

2. Aufsichtsarbeit

Kompetenzschwerpunkte

- *Pflegeprozesse und Pflegediagnostik bei Menschen aller Altersstufen mit gesundheitlichen Problemlagen planen, organisieren, gestalten, durchführen, steuern und evaluieren unter dem besonderen Fokus von Gesundheitsförderung und Prävention*
- *Information, Schulung und Beratung bei Menschen aller Altersstufen verantwortlich organisieren, gestalten, steuern und evaluieren*

unter Bezugnahme auf den Kompetenzschwerpunkt

- *Pflegehandeln an aktuellen wissenschaftlichen Erkenntnissen, insbesondere an pflegewissenschaftlichen Forschungsergebnissen, Theorien und Modellen ausrichten*

3. Aufsichtsarbeit

Kompetenzschwerpunkte

- *Pflegeprozesse und Pflegediagnostik von Menschen aller Altersstufen in hoch belasteten und kritischen Lebenssituationen verantwortlich planen, organisieren, gestalten, durchführen, steuern und evaluieren*
- *In lebensbedrohlichen sowie in Krisen- oder Katastrophensituationen zielgerichtet handeln*

in Verbindung mit den Kompetenzschwerpunkten

- *Ärztliche Anordnungen im Pflegekontext eigenständig durchführen*
- *Ethisch reflektiert handeln*

Eine festgelegte Reihenfolge der Klausuren wird mit der Aufzählung in § 14 Abs. 1 PflAPrV nicht intendiert, so dass die drei Prüfungsbereiche in einer beliebigen Abfolge berücksichtigt werden können. Offen bleibt in diesem Zusammenhang, ob die Prüflinge darüber informiert werden dürfen oder gar müssen, welche Kompetenzen an welchem Tag mit der jeweiligen Aufsichtsarbeit abgeprüft werden (*Haage* 2019b, § 14 Rdnr. 10).

Die Klausuren dauern jeweils 120 Minuten und sollen an drei aufeinanderfolgen Tagen geschrieben werden, was aber nicht zwingend ist; insbesondere können zwischen den Klausurtagen Sonn- bzw. Feiertage liegen. Die Arbeiten haben unter Aufsicht stattzufinden, wobei die Aufsicht durch die Schulleitung zu bestellen ist (§ 14 Abs. 3 PflAPrV). Die Aufsichtsführenden brauchen keine Mitglieder des Prüfungsausschusses sein (*Dielmann* 2022, § 14 PflAPrV Rdnr. 4), müssen die Aufsicht aber derart effektiv führen, dass Täuschungshandlungen der Prüflinge nach Möglichkeit verhindert werden (*Fischer* et al. 2022, Rdnr. 439).

In allen drei Aufsichtsarbeiten haben die Prüflinge fallbezogene Aufgabe zu bearbeiten (§ 14 Abs. 2 Satz 1 PflAPrV). Den Klausuren müssen also Fallsituationen zugrunde liegen, auf die sich die gestellten Fragen bzw. Aufgaben beziehen; diese wiederum dürfen nicht losgelöst vom Fall beantwortet werden können. Es geht mithin nicht ausschließlich darum, Wissen zu reproduzieren oder zu reorganisieren, sondern darum, erworbene Kompetenzen zu zeigen und anzuwenden (▶ Tab. 8 [in Anlehnung an *Schäfer/Wesselborg* 2021, 151]). Nicht zwingend erforderlich ist es hingegen, dass sich alle Aufgaben einer Klausur auf genau eine Fallsituation beziehen und die Prüflinge die Aufgaben frei beantworten müssen; denkbar ist vielmehr auch, dass in einer Klausur mehrere Fälle bzw. Fallvarianten geschildert werden oder in ihr Fragen im Antwort-Wahl-Verfahren oder beispielsweise Zuordnungsaufgaben gestellt werden.

Tab. 8: Beispiele für Aufgabentypen (eigene Zusammenstellung nach *Schäfer/Wesselborg* 2021, 151)

	Faktenaufgabe	**Fallaufgabe**
Aufgabenart	Reproduktion von Wissen	Transfer von Wissen
Fallbeschreibung [Beispiel]	keine	Schilderung der Situation einer Patientin, die sich nicht mobilisieren lässt und deren linkes Bein geschwollen ist.
Fragestellung [Beispiel]	Nennen Sie mögliche Ursachen einer Thrombose!	Erklären Sie den möglichen Zusammenhang des aktuellen Gesundheitszustandes der Patientin und ihrem geschwollenen Bein!

Dabei sollen die Fallsituationen der Klausuren bezogen auf drei Aspekte variiert werden (§ 14 Abs. 2 Satz 2 PflAPrV):

1. Altersstufe der Pflegeempfänger (Kinder und Jugendliche, Erwachsene und alte Menschen)
2. soziales und kulturelles Umfeld der Pflegeempfänger
3. Bereiche der pflegerischen Versorgung (stationäre Akutpflege, stationäre Langzeitpflege, ambulante Akut- und Langzeitpflege)

Hierdurch soll – im Sinne der generalistisch ausgerichteten Ausbildung – gewährleistet werden, dass sich die vielfältigen Aufgaben der Pflege von Menschen unterschiedlicher Altersgruppen und in verschiedenen ambulanten und stationären Versorgungskontexten auch in der staatlichen Prüfung widerspiegeln (BT-Drucks. 19/2707, 97). Nicht zulässig wäre es daher, wenn in allen drei Klausuren jeweils nur eine Altersstufe, ein soziales und kulturelles Umfeld sowie nur ein Versorgungsbereich Berücksichtigung fände (*Haage* 2019b, § 14 Rdnr. 4).

Strebt ein Prüfling einen Berufsabschluss in der Gesundheits- und Kinderkrankenpflege bzw. in der Altenpflege an (▶ Kap. 3.2), ist die schriftliche Prüfung am speziellen Ausbildungsziel des § 60 Abs. 1 bzw. § 61 Abs. 1 PflBG und den entsprechend in Anlage 3 bzw. 4 PflAPrV klientenspezifisch formulierten Kompetenzbereichen und Kompetenzschwerpunkten auszurichten (§ 26 Abs. 3 Satz 1 sowie § 27 Abs. 1 bzw. § 28 Abs. 3 Satz 1 sowie § 29 Abs. 1 PflAPrV). Insbesondere sind die Fallsituationen der Klausuren ausschließlich auf die Pflege von Kindern und Jugendlichen bzw. von alten Menschen zu beziehen (§ 27 Abs. 4 bzw. § 29 Abs. 4 PflAPrV).

Bei den Klausuren handelt es sich im Grundsatz um schulbezogene Prüfungen, da die zuständige Behörde die Aufgaben für die Aufsichtsarbeiten nach § 14 Abs. 4 Satz 1 PflAPrV auf Vorschlag der Pflegeschule auszuwählen hat. Trotz dieses Vorschlagsrechts der Schulen muss der Behörde aber eine echte Auswahlmöglichkeit verbleiben, welche durch eine zu kleine Anzahl an vorgeschlagenen Aufgaben nicht auf Null reduziert werden darf (*Haage* 2019b, § 14 Rdnr. 8 f.). Die Pflegeschulen sind daher gehalten, für jede Klausur mindestens zwei Vorschläge zu unterbreiten oder der Behörde einen Aufgabenpool zur Verfügung zu erstellen, aus dem diese dann die drei Aufsichtsarbeiten bilden kann.

Der Vorteil einer derart dezentralen Prüfung besteht darin, dass der Prüfungsstoff grundsätzlich dem Lehrstoff folgt und einem Prüfling nichts abverlangt wird, »was er in der Ausbildung oder im Unterricht nicht gelernt haben kann« (*Fischer* et al. 2022, Rdnr. 385), auch wenn sich die Prüfungsinhalte dem Grunde nach auf sämtliche der in § 14 Abs. 1 PflAPrV (bzw. § 27 Abs. 1 oder § 29 Abs. 1 PflAPrV) aufgeführten Kompetenzschwerpunkte beziehen müssen (so wohl auch *Haage* 2019b, § 14 Rdnr. 9). Der Nachteil besteht darin, dass die Prüfungen von Schule zu Schule abweichen und sie so eine hohe Ausdifferenzierung im Schwierigkeitsgrad haben können (*Haage* 2019b, § 14 Rdnr. 9), was letztendlich die Vergleichbarkeit der an unterschiedlichen Pflegeschulen erworbenen Berufsabschlüsse erschwert (hierzu auch ▶ Kap. 4.4.3).

Aus diesem Grund eröffnet § 14 Abs. 4 Satz 2 PflAPrV der nach Landesrecht zuständigen Behörde die Möglichkeit, zentrale Prüfungsaufgaben vorzugeben, »die dann bei allen in dem Zuständigkeitsbereich der Behörde stattfindenden schriftlichen Prüfungen zu verwenden sind. [...] Dadurch kann gewährleistet werden, dass allen zu prüfenden Personen die gleichen Aufgaben mit den gleichen Schwierigkeitsgraden gestellt werden. Zudem ist dann eine weitergehende Vergleichbarkeit der erzielten Prüfungsergebnisse möglich« (BT-Drucks. 19/2707, 97). Diese zentralen Prüfungsaufgaben sind unter Beteiligung von Pflegeschulen zu erarbeiten, wobei nicht alle Schulen involviert werden müssen, an denen die zentralen Prüfungen abgenommen werden sollen. Die Form der Beteiligung ist nicht vorgeschrieben, denkbar ist aber zum Beispiel, dass einzelnen Pflegeschulen ein Vorschlagsrecht für die Klausuraufgaben eingeräumt wird oder diese turnusmäßig von jeweils einer anderen Schule erstellt werden. Entscheidet sich die zuständige Behörde für eine zentrale schriftliche Prüfung, ist konsequenterweise auch der Prüfungstermin landeseinheitlich festzulegen (§ 14 Abs. 4 Satz 3 PflAPrV).

Die Bewertung des schriftlichen Teils der Prüfung ist zweistufig. Zunächst wird jede der drei Aufsichtsarbeiten von mindestens zwei Fachprüfern benotet, die an der Pflegeschule unterrichten und formelles Mitglied des Prüfungsausschusses sind (Fachprüfer nach § 10 Abs. 1 Satz 2 Nr. 3 PflAPrV [▶ Kap. 6.2.2]). Aus den Zensuren der Fachprüfer bildet der Prüfungsausschussvorsitzende dann die Noten für jede einzelne Klausur (§ 14 Abs. 5 PflAPrV). Sein Entscheidungsspielraum ist dabei durch die Voten der Fachprüfer begrenzt: Bei gleichen Benotungen ergibt sich kein Spielraum, bei abweichenden Zensuren ist die Note »im Benehmen« mit den Fachprüfern festzulegen. Dies bedeutet, dass der Vorsitzende des Prüfungsausschusses eine Verständigung über die vorzunehmende Bewertung suchen muss. Das Benehmen geht zwar über eine bloße Anhörung der Fachprüfer hinaus, meint aber kein Einvernehmen (*Dielmann* 2022, § 14 PflAPrV Rdnr. 9). Im Zweifel ist das arithmetische Mittel der Noten der Fachprüfer zu bilden und die Klausur nach dem Notenschema des § 17 PflAPrV zu bewerten (▶ Kap. 6.5.1). Die Frage, ob dem Prüfungsausschussvorsitzenden ein Letztentscheidungsrecht zusteht, das ihn auch berechtigt, von den Voten der Fachprüfer abzuweichen, ist strittig, dürfte aber zu verneinen sein, da er ansonsten selbst zum Prüfer würde, was nicht mit seiner ihm mit § 10 PflAPrV zugewiesenen Aufgabe vereinbar wäre (▶ Kap. 6.2.2) (so wohl auch *Dielmann* 2022, § 14 PflAPrV Rdnr. 9; a. A. *Haage* 2019b, § 14 Rdnr. 12; differenziert *Fischer* et al. 2022, Rdnr. 575 ff.).

Der schriftliche Teil der staatlichen Prüfung ist schließlich bestanden, wenn jede der drei Aufsichtsarbeiten mindestens mit der Note *ausreichend* bewertet worden ist (§ 14 Abs. 6 PflAPrV). Ein Ausgleich einer nichtbestandenen Arbeit durch eine oder zwei Arbeiten mit einer besseren Benotung kann also nicht erfolgen.

6.3.2 Mündlicher Teil

Während beim schriftlichen Teil der staatlichen Prüfung die Kompetenzbereiche *Pflegeprozesse und Pflegediagnostik* sowie *Kommunikation und Beratung* im Vordergrund stehen, geht es nach § 15 Abs. 1 PflAPrV im mündlichen Teil vornehmlich um die Prüfungs- bzw. Kompetenzbereiche:

- *Kooperation und intra-/interprofessionelles Handeln*
  (Verantwortliche Gestaltung und Mitgestaltung intra- und interprofessionelles Handeln in unterschiedlichen systemischen Kontexten [Kompetenzbereich III der Anlage 2 PflAPrV]),
- *Recht und Ethik*
  (Reflexion und Begründung des eigenen Handelns auf der Grundlage von Gesetzen, Verordnungen und ethischen Leitlinien [Kompetenzbereich IV der Anlage 2 PflAPrV]),
- *Wissenschaft und Berufshaltung*
  (Reflexion und Begründung des eigenen Handelns auf der Grundlage von wissenschaftlichen Erkenntnissen und berufsethischen Werthaltungen und Einstellungen [Kompetenzbereich V der Anlage 2 PflAPrV]).

Zur Schwerpunktsetzung heißt es in der amtlichen Begründung: »Auch im mündlichen Teil der Prüfung hat die zu prüfende Person anwendungsbereite berufliche Kompetenzen nachzuweisen. […] Diese beziehen sich auf teambezogene Aufgaben, den Einfluss einrichtungs- und gesellschaftsbezogener Rahmenbedingungen auf das Pflegehandeln sowie die

Auseinandersetzung mit der eigenen Berufsrolle und dem beruflichen Selbstverständnis« (BT-Drucks. 19/2707, 98). In den Fokus genommen wird damit also die Meso- und die Makroebene pflegeberuflichen Handelns (▶ Kap. 2.4.1).

Auch im mündlichen Teil der Prüfung hat der Prüfling anwendungsbereite berufliche Kompetenzen nachzuweisen, was einem ausschließlichen Abfragen von Fachwissen nicht gerecht würde (BT-Drucks. 19/2707, 98). Aus diesem Grund werden die drei Kompetenzbereiche der mündlichen Prüfung anhand einer komplexen Aufgabenstellung geprüft, die aus der Bearbeitung einer (einzelnen) Fallsituation besteht (§ 15 Abs. 2 Satz 1 und 2 PflAPrV). Weitere Vorgabe nach § 15 Abs. 2 Satz 2 PflAPrV ist, dass es in der Fallsituation um einen anderen Versorgungskontext und um eine andere Lebensaltersstufe des Pflegeempfängers gehen muss als in der praktischen Prüfung. Das Kriterium des Versorgungskontextes nimmt dabei Bezug auf § 5 Abs. 1 Satz 1 PflBG, in dem akute, dauerhaft stationäre sowie ambulante Pflegesituationen unterschieden werden; die Lebensaltersstufe bezieht sich auf die Pflege von Kindern und Jugendlichen, Erwachsenen bzw. alten Menschen (*Dielmann* 2022, § 15 PflAPrV Rdnr. 4).

Problematisch ist dabei insofern, dass die Reihenfolge der einzelnen Prüfungsteile nicht vorgegeben ist und sich der Gegenstand der mündlichen Prüfung dem Grunde nach nicht ohne Kenntnis darüber festlegen lässt, was Thema der praktischen Prüfung war bzw. sein wird (*Haage* 2019b, § 15 Rdnr. 2). Die Planung des mündlichen Teils erfordert daher ein gewisses vorausschauendes Geschick, wenn dieser Prüfungsteil vor der praktischen Prüfung liegt. Wird die praktische Prüfung hingegen vor der mündlichen durchgeführt, steht zu deren Zeitpunkt bereits fest, welche Lebensaltersstufe und welcher Versorgungskontext Gegenstand des praktischen Teils der Prüfung war; in diesem Fall kann eine entsprechend alternative Fallsituation für den mündlichen Teil gewählt werden (*Dielmann* 2022, § 15 PflAPrV Rdnr. 4).

Strebt ein Prüfling einen Berufsabschluss in der Gesundheits- und Kinderkrankenpflege bzw. in der Altenpflege an (▶ Kap. 3.2), ist die mündliche Prüfung am speziellen Ausbildungsziel des § 60 Abs. 1 bzw. § 61 Abs. 1 PflBG und den entsprechend in Anlage 3 bzw. 4 PflAPrV klientenspezifisch formulierten Kompetenzbereichen und Kompetenzschwerpunkten auszurichten (§ 26 Abs. 3 Satz 1 sowie § 27 Abs. 2 bzw. § 28 Abs. 3 Satz 1 sowie § 29 Abs. 2 PflAPrV). Zudem sind die Fallsituationen (wie auch bei der praktischen Prüfung) ausschließlich der Pflege von Kindern und Jugendlichen bzw. von alten Menschen zu entnehmen (§ 27 Abs. 4 bzw. § 29 Abs. 4 PflAPrV).

Die mündliche Prüfung kann als Einzel- oder als Tandemprüfung mit zwei Prüflingen abgenommen werden, wobei die Prüfungszeit zwischen 30 und 45 Minuten je Prüfling betragen soll (§ 15 Abs. 3 Satz 1 und 2 PflAPrV). Bei Tandemprüfungen mit gleicher Themenbearbeitung muss die Abstimmung zwischen mündlicher und praktischer Prüfung nach § 15 Abs. 2 Satz 2 PflAPrV gewährleistet sein (*Haage* 2019b, § 15 Rdnr. 3); bei einer sogar gemeinsamen Themenbearbeitung muss sichergestellt werden, dass sich der Einzelbeitrag der Prüflinge eindeutig abgrenzen und dementsprechend bewerten lässt (*Dielmann* 2022, § 15 PflAPrV Rdnr. 5).

Unmittelbar vor der Prüfung ist den Kandidaten eine angemessene Vorbereitungszeit zu gewähren (§ 15 Abs. 3 Satz 3 PflAPrV). Als Orientierungsgröße für die Vorbereitungszeit können 20 bis 30 Minuten gelten; die genaue Festlegung erfolgt auf der Grundlage der Fallsituation, die Gegenstand der Prüfung ist, nach Ermessen des Fachprüfers, der sie erstellt hat (BT-Drucks. 19/2707/ 98). Um Täuschungsversuche von vornherein auszuschließen, muss die Vorbereitung unter Aufsicht erfolgen. Auch hier braucht die aufsichtsführende Person nicht zwangsläufig Mitglied des Prüfungsausschusses sein; sie muss die Aufsicht aber gewissenhaft und effektiv führen.

In Ergänzung zu § 10 Abs. 5 PflAPrV, nach dem die zuständige Behörde Sachverständige bzw. Beobachter zur Teilnahme an allen Prüfungsvorgängen entsenden kann (▶ Kap. 6.2.2), räumt § 15 Abs. 8 PflAPrV dem Vorsitzenden des Prüfungsausschusses das Recht ein, mit Zustimmung des Prüfungskandidaten die Anwesenheit von Zuhörerinnen und Zuhörern beim Prüfungsgespräch zu gestatten, »wenn ein berechtigtes Interesse besteht«. Ein solches berechtigtes Interesse kann zum Beispiel bei Auszubildenden gegeben sein, die sich auf eine mündliche Prüfung zu einem späteren Zeitpunkt vorbereiten möchten, oder bei Lehrkräften der Schule bzw. angehenden Fachprüferinnen und Fachprüfern, die für eine künftige Mitwirkung am Prüfungsverfahren vorgesehen sind (*Dielmann* 2022, § 15 PflAPrV Rdnr. 14). Dabei darf die störungsfreie Durchführung der Prüfung durch die Teilnahme von Zuhörern nicht gefährdet werden (BT-Drucks. 19/2707, 99).

Die mündliche Prüfung ist von mindestens zwei Fachprüfern abzunehmen und zu benoten, die an der Pflegeschule unterrichten und formelles Mitglied des Prüfungsausschusses sind (Fachprüfer nach § 10 Abs. 1 Satz 2 Nr. 3 PflAPrV [▶ Kap. 6.2.2]) (§ 15 Abs. 4 Satz 1 PflAPrV). Bei ihrer Leistungsbewertung sind die Fachprüfer zu einer eigenverantwortlichen Prüfungsentscheidung verpflichtet; sie müssen die Leistungen des Prüflings daher selbst, unmittelbar und vollständig zur Kenntnis nehmen und aus eigener Sicht selbständig beurteilen (*Fischer* et al. 2022, Rdnr. 320). Das setzt eine kontinuierliche (nicht nur physische, sondern auch psychische) Anwesenheit der Prüfer während der gesamten Dauer des mündlichen Teils der Prüfung voraus (→ *Zimmerling/Brehm* 2007, Rdnr. 592).

Anwesenheitspflicht der Fachprüfer
(*Zimmerling/Brehm* 2007, Rdnr. 592)
Das Gebot der eigenen unmittelbaren und vollständigen Kenntnisnahme macht es für mündliche Prüfungen unumgänglich, dass zumindest alle für die Bewertung verantwortlichen Personen während der gesamten Prüfung im Prüfungsraum anwesend sind und das Prüfungsgeschehen verfolgen. Diese persönliche Anwesenheit kann nicht durch mündliche oder schriftliche Informationen von Dritten über den Prüfungshergang ersetzt werden. Der Zweck der mündlichen Prüfung, das Leistungsvermögen der Bewerber unter dem Zwang zur spontanen Darstellung, zu unverzüglichen Reaktionen auf unvorhergesehene Fragen oder Entwicklungen sowie im Meinungsaustausch festzustellen, macht es für die Bewertung unverzichtbar, dass sich alle dafür verantwortlichen Personen einen unmittelbaren Eindruck vom gesamten Prüfungsgeschehen verschaffen. Das Gebot der eigenen unmittelbaren und vollständigen Kenntnisnahme der Prüfungsleistung setzt den Prüfer natürlich voraus, dass auch der Prüfer »prüfungsfähig« ist und demzufolge in der Lage ist, dem Prüfungsgeschehen zu folgen. Ein gesundheitsbedingt geistig abwesender Prüfer, der dem Prüfungsgeschehen nicht folgen kann, bewirkt die Rechtswidrigkeit der Prüfungsentscheidung; entsprechendes gilt, wenn der Prüfer minutenlang schläft oder in einem Buch ohne Bezug zum konkreten Prüfungsstoff liest.

Im Gegensatz dazu ist der Vorsitzende des Prüfungsausschusses nur zu einer zumindest zeitweisen Teilnahme an der mündlichen Prüfung gehalten, um sich ein eigenes Bild von dem Prüfungskandidaten machen zu können (§ 10 Abs. 4 PflAPrV). Nach § 15 Abs. 4 Satz 2 PflAPrV ist er zudem berechtigt, sich auch aktiv am Prüfungsgespräch zu beteiligen und dabei selbst Prüfungsfragen zu stellen. Da er dabei aber in der Rolle des Vorsitzenden bleibt und er insofern auch keinen der beiden Fachprüfer ersetzen kann, steht ihm – anders als den Fachprüfern – allerdings kein Vorschlagsrecht für die Note zu (*Dielmann* 2022, § 15 PflAPrV Rdnr. 6).

Aus den jeweiligen Noten der Fachprüfer bildet der Prüfungsausschussvorsitzende im Benehmen mit den Fachprüfern dann die Prüfungsnote (§ 15 Abs. 5 PflAPrV); hier gilt das zur schriftlichen Prüfung ausgeführte entsprechend (▶ Kap. 6.3.1). Der mündliche Teil der Prüfung ist bestanden, wenn die Prüfung mindestens mit *ausreichend* benotet wird (§ 15 Abs. 6 PflAPrV).

6.3.3 Praktischer Teil

Der praktische Teil der staatlichen Prüfung findet als Performanzprüfung in realen und komplexen Pflegesituationen statt, in denen der Prüfling mindestens zwei Personen selbständig, umfassend und prozessorientiert pflegerisch zu versorgen hat (§ 16 Abs. 4 Satz 1 und 2 sowie Abs. 2 Satz 1 PflAPrV). Das Kriterium der Prozessorientierung nimmt dabei Bezug auf das vierphasige Pflegeprozessmodell der *WHO*, das sich auch in der Beschreibung des Ausbildungsziels nach § 5 Abs. 3 Nr. 1 lit. a bis d PflBG widerspiegelt (▶ Kap. 2.4): Der Prüfling muss den Pflegebedarf der zu versorgenden Personen erheben, die erforderlichen pflegerischen Interventionen planen, sie durchführen und anschließend evaluieren (§ 16 Abs. 2 Satz 2 PflAPrV). »Die Prüfung umfasst [somit] die Übernahme aller anfallenden Aufgaben einer prozessorientierten Pflege und spiegelt die späteren, maßgeblichen beruflichen Tätigkeiten des Pflegeberufs wider« (BT-Drucks. 19/2707, 99). Wesentliches Element der Prüfung sind dabei die vorbehaltenen Tätigkeiten nach § 4 PflBG (▶ Kap. 2.4 und 8.3) (→ BT-Drucks. 19/2707, 99).

BT-Drucks. 19/2707, 99
Die – erstmalig für den Pflegebereich eingeführten – vorbehaltenen Tätigkeiten nach § 4 PflBG sind bei der praktischen Prüfung als wesentliches Prüfungselement zu berücksichtigen. Die vorbehaltenen Tätigkeiten, die künftig ausschließlich von ausgebildeten Pflegefachkräften mit einer entsprechenden Berufserlaubnis wahrgenommen werden dürfen, spielen bei der künftigen pflegerischen Versorgung eine wichtige Rolle. Gerade durch die praktische Prüfung ist sicherzustellen, dass die zu prüfenden Personen in der Lage sind, die in § 4 PflBG im Einzelnen geregelten vorbehaltenen Tätigkeiten unter Anwendung der erforderlichen und in der Ausbildung erworbenen Kompetenzen fachgerecht auszuüben.

Nach § 16 Abs. 1 PflAPrV sind in der praktischen Prüfung sämtliche der in Anlage 2 PflAPrV aufgeführten Kompetenzbereiche zu berücksichtigen, da sich in der praktischen Prüfung »die Anforderungen des Berufes vollumfänglich widerspiegeln« sollen (BT-Drucks. 19/2707, 99). Dabei ist es im Zweifel unerheblich, welche der den jeweiligen Kompetenzbereichen untergeordneten Kompetenzschwerpunkte beachtet und welche den diesen wiederum zugewiesenen konkreten Kompetenzen abgeprüft werden (▶ Kap. 2.4.1). Entscheidend ist vielmehr, dass jeweils mindestens eine Kompetenz eines jeden Kompetenzbereichs geprüft wird. Eine Gewichtung ist dabei weder vorgesehen noch erforderlich (*Kostorz* 2022c, 43). Der Verordnungsgeber führt dazu entsprechend aus: »Der Gegenstand der praktischen Prüfung ergibt sich aus dem Arbeitsalltag in der Pflege. In welchem Umfang die einzelnen Kompetenzbereiche im Rahmen der praktischen Prüfung eine Rolle spielen, hängt von der konkreten Pflegesituation und der zu pflegenden Person ab« (BT-Drucks. 19/2707, 99; so auch *Dielmann* 2022, § 16 PflAPrV Rdnr. 1).

Strebt ein Prüfling einen Berufsabschluss in der Gesundheits- und Kinderkrankenpflege bzw. in der Altenpflege an (▶ Kap. 3.2), ist die praktische Prüfung am speziellen Ausbildungsziel des § 60 Abs. 1 bzw. § 61 Abs. 1 PflBG und den entsprechend in Anlage 3 bzw. 4 PflAPrV klientenspezifisch formulierten Kompetenzbereichen auszurichten (§ 26 Abs. 3 Satz 1 sowie § 27 Abs. 3 bzw. § 28 Abs. 3 Satz 1 sowie § 29 Abs. 3 PflAPrV). Insbesondere müssen die zu versorgenden Pflegeempfänger der Altersgruppe von Kindern und Jugendlichen bzw. von alten Menschen angehören (§ 27 Abs. 4 bzw. § 29 Abs. 4 PflAPrV).

Nach § 16 Abs. 5 PflAPrV ist die praktische Prüfung vierphasig zu strukturieren; sie umfasst insofern

1. einen Vorbereitungsteil,
2. ein Übergabegespräch mit Fallvorstellung,

3. die Durchführung der geplanten und situativ erforderlichen Pflegemaßnahmen sowie
4. ein Reflexionsgespräch.

Der Vorbereitungsteil dient dabei der Ausarbeitung des Pflegeplans, wofür dem Prüfling eine angemessene Vorbereitungszeit unter Aufsicht zu gewähren ist. Eine zeitliche Eingrenzung dieser Vorbereitungszeit wurde nicht vorgenommen, ähnlich wie bei der mündlichen Prüfung können als Orientierungsgröße 20 bis 30 Minuten gelten. Die geforderte Aufsicht kann auch von einer Person durchgeführt werden, die nicht Mitglied des Prüfungsausschusses ist. In der Fallvorstellung werden die Ergebnisse der Pflegeanamnese und der Erhebung des Pflegebedarfs, also die wesentlichen Elemente der Pflegeplanung vorgestellt. Das Reflexionsgespräch bietet dem Prüfling die Gelegenheit, »den Pflegeverlauf noch einmal nachzuvollziehen, die durchgeführten oder ggf. unterlassenen Pflegemaßnahmen zu begründen und zu erläutern, die Interaktion mit den zu Pflegenden in die Betrachtung einzubeziehen und ggf. Handlungsalternativen aufzuzeigen« (*Dielmann* 2022, § 16 PflAPrV Rdnr. 7). Dabei sind Nachfragen der Fachprüfer selbstverständlich möglich und zulässig, sie sollten jedoch »nicht zur Situation einer weiteren mündlichen Prüfung führen« (BT-Drucks. 19/2707, 100).

Für die Fallvorstellung und das Reflexionsgespräch sind jeweils maximal 20 Minuten vorgesehen; ohne den Vorbereitungsteil soll die praktische Prüfung eine Dauer von 4 Stunden nicht überschreiten. Für die Durchführung der Pflege als Kern der Prüfung verbleiben demnach höchstens 200 Minuten (3 Stunden und 20 Minuten), wenn der zeitliche Rahmen für die Fallvorstellung und das Reflexionsgespräch jeweils ausgeschöpft wird (*Dielmann* 2022, § 16 PflAPrV Rdnr. 7).

Wann genau die Prüfungsaufgabe auszugeben ist bzw. welche Zeit zwischen dem Vorbereitungsteil und dem klinischen Teil der Prüfung liegen muss, wird nicht näher bestimmt. Zwar enthält § 16 Abs. 5 Satz 2 PflAPrV die Maßgabe, dass die gesamte praktische Prüfung durch eine Pause von maximal einem Werktag unterbrochen werden kann, doch bezieht sich diese Möglichkeit ausdrücklich auf die praktische Prüfung *ohne* den Vorbereitungsteil, also ausschließlich auf die Fallvorstellung, die Durchführung der Pflegemaßnahme und das Reflexionsgespräch; die Pflegeplanung könnte danach in einer unbestimmten Zeit davor liegen – von wenigen Stunden bis hin zu einigen Tagen oder gar Wochen (a. A. *Dielmann* 2022, § 16 PflAPrV Rdnr. 6). Zu beachten ist jedoch, dass es sich bei der praktischen Prüfung trotz ihrer Aufteilung in einzelne Prüfungsschritte dem Grunde nach um eine einheitliche Prüfung handelt (so auch BT-Drucks. 19/2707, 100). Vor diesem Hintergrund ist es zwingend erforderlich, dass die Pflegeplanung als erstem Prüfungsschritt derart zeitnah erstellt wird, dass zum Zeitpunkt der Fallvorstellung und vor allem der Durchführung der erforderlichen pflegerischen Interventionen keine nennenswerten Änderungen mehr an ihr vorgenommen werden müssen. Die Prüfungsaufgabe darf also frühestens zu dem Zeitpunkt ausgegeben werden, an dem voraussichtlich bzw. mit hoher Wahrscheinlichkeit keine Anpassungen der Pflegeplanung mehr erforderlich werden. Nach pflegewissenschaftlichen Erkenntnissen können dies in stabilen Pflegesituationen einige Tage, in kritischen Fällen auch nur wenige Stunden vor der Fallvorstellung und der Durchführung der Pflegemaßnahmen sein (*Kostorz* 2022c, 45).

Fraglich ist zudem, wie damit umzugehen ist, wenn ein Pflegeempfänger, für den bereits eine Pflegeplanung erstellt worden ist, verstirbt bzw. verlegt wird oder aus einem sonstigen Grund für die Prüfung nicht mehr zur Verfügung steht. In diesem Fall bestehen zwei Möglichkeiten (*Kostorz* 2022c, 46): Zunächst kann am eigentlichen Prüfungstag eine neue Prüfungsaufgabe ausgegeben werden, so dass vom Prüfling eine neue Pflegeplanung für eine andere zu versorgende Person zu erstellen ist; die weiteren Schritte der Prüfung (Fallvorstellung, Pflegemaßnahme und Reflexionsgespräch) wären dann entsprechend zeitlich nach hinten zu verlagern. Eine andere Option wäre, dem Prüfling gemäß § 20 PflAPrV ein Recht zum Rücktritt von der Prüfung einzuräumen (▶ Kap. 6.4.1). In diesem Fall würde er als wichtigen Grund für den Abbruch der praktischen Prüfung eine Verletzung der Chancengleichheit aller Prüfungskandidaten geltend machen (vgl. *Fischer* et al. 2022, Rdnr. 31), welche vorliegend damit zu begründen wäre, dass der Vorbereitungsteil ohne eigenes Verschulden in kürzester Zeit wiederholt werden müsste. Die Folge wäre, dass dieser Teil der staatlichen Prüfung zu einem späteren Zeitpunkt in Gänze neu abzulegen wäre und damit wiederholt werden dürfte.

Das Stellen der Prüfungsaufgabe und damit die Auswahl der zu pflegenden Menschen obliegt den Fachprüfern, die dabei einen entsprechenden Vorschlag der Pflegeschule zu berücksichtigen haben (§ 16 Abs. 3 Satz 2 PflAPrV). Diese sind an den Vorschlag allerdings nicht zwangsläufig gebunden, weshalb sie – je nach den Umständen und den am Prüfungsort herrschenden Verhältnissen – auch eine andere, abweichende Aufgabe stellen können. In diesem Zusammenhang erschließt sich indes kaum, weshalb die Pflegeschule gesetzlich zu einem solchen Vorschlag verpflichtet wird, da die Auswahl für eine praktische Prüfung geeigneter Pflegeempfänger »wesentlich sinnvoller bspw. von der oder dem am Prüfungsverfahren beteiligten Praxisanleiter/-in [zu] bewerkstelligen [ist] als von der Schulleitung als Repräsentantin der Pflegeschule« (*Dielmann* 2022, § 16 PflAPrV Rdnr. 4). In der Praxis dürfte es daher nicht selten zu einem »Zirkelvorschlag« kommen, bei dem die Fachprüfer der Schulleitung eine Prüfungsaufgabe nahelegen, die ihnen dann wiederum von dieser offiziell vorgeschlagen wird.

Insgesamt müssen mindestens zwei zu versorgende Pflegeempfänger ausgewählt werden, von denen einer einen erhöhten Pflegebedarf aufweisen muss (§ 16 Abs. 4 Satz 2 PflAPrV). Leider wurde nicht näher bestimmt, wann genau ein »erhöhter Pflegebedarf« vorliegt; hier gibt es mithin einen gewissen Beurteilungsspielraum der die Prüfungsaufgabe bestimmenden Fachprüfer. Diese sind indes an das sich aus Art. 3 Abs. 1 GG ergebende prüfungsrechtliche Gebot der Chancengleichheit gebunden, wonach allen Prüflingen ähnliche Voraussetzungen und möglichst gleiche Erfolgsaussichten einzuräumen sind (*Stolpmann/Teufer* 2009, 109). Bei der Festlegung der in der praktischen Prüfung zu meisternden Pflegesituation i.S.d. § 16 Abs. 4 Satz 1 PflAPrV ist daher darauf zu achten, dass der von den Prüflingen jeweils zu bewältigende Pflegeaufwand insgesamt vergleichbar ist. Hierzu gehört zum einen, dass von der Möglichkeit, in der Prüfung mehr als nur zwei Pflegeempfänger versorgen zu lassen, nur dann Gebrauch gemacht werden sollte, wenn diese Personen insgesamt einen vergleichsweise geringen bzw. signifikant unterdurchschnittlichen Pflegeaufwand erfordern. Zum anderen darf nur einer der Pflegeempfänger einen erhöhten Pflegebedarf aufweisen (Singular!), so dass der bzw. die andere(n) zu pflegende(n) Mensch(en) einen bestenfalls durchschnittlichen Pflegeaufwand zeigen darf bzw. dürfen. Ein Verstoß gegen die Chancengleichheit wäre dann anzunehmen, wenn der den Prüfern bei der Gestaltung der Prüfungsaufgabe eingeräumte Beurteilungsspielraum den durch die Prüfungsverordnung vorgegebenen Rahmen des (gerade noch) zulässigen verlässt (*Fischer* et al. 2022, Rdnr. 379); dies könnte beispielsweise dann gegeben sein, wenn bei einer Prüfung in der stationären Langzeitpflege drei Bewohnerinnen bzw. Bewohner mit dem Pflegegrad 5 zu versorgen wären (*Kostorz* 2022c, 46).

Wie auch bei allen anderen medizinischen Maßnahmen bzw. pflegerischen Interventionen muss der Pflegeempfänger darin einwilligen, als zu pflegende Person an der Prüfung mitzuwirken (§ 16 Abs. 3 Satz 2 PflAPrV).

Grundvoraussetzung hierfür ist dessen Einwilligungsfähigkeit, also das Vermögen, die Bedeutung und Tragweite einer Entscheidung »geistig-intellektuell erfassen, seinen Willen entsprechend frei bestimmen und sein Handeln nach dieser Einsicht ausrichten zu können« (*Kostorz* 2020a, 117). Eine Entscheidung, die auf einer solch freien Willensbildung fußt, ist als Ausdruck des eigenen Selbstbestimmungsrechts durch Art. 2 Abs. 1 GG verfassungsrechtlich geschützt und entsprechend zu akzeptieren und umzusetzen. Ist der Pflegeempfänger aufgrund seiner gesundheitlichen Disposition nicht (mehr) einwilligungsfähig, greift die Entscheidungsbefugnis eines rechtlichen Betreuers bzw. eines Vorsorgebevollmächtigten, der stellvertretend für die zu versorgende Person rechtswirksam in deren Teilnahme an der Prüfung einwilligen oder sie ablehnen kann (§ 630d Abs. 1 Satz 2 i. V. m. §§ 1823 bzw. 164 BGB). Äußert der Pflegeempfänger in dieser Konstellation den Wunsch, sich (nicht) für die Prüfung zur Verfügung zu stellen, ist darin zwar kein Ausdruck seines *freien*, wohl aber seines *natürlichen* Willens zu sehen, der vom Betreuer bzw. Vorsorgebevollmächtigten nach § 1821 Abs. 2 BGB ebenfalls entsprechend zu berücksichtigen und umzusetzen ist. Eine Formvorschrift für die Einwilligung existiert nicht, weshalb sie schriftlich, mündlich oder im Ausnahmefall auch konkludent erteilt werden kann. Zu empfehlen ist, dass über die Einwilligung zumindest eine Notiz angefertigt wird; besser noch sollte der Pflegeempfänger bzw. sein Betreuer oder Bevollmächtigter gebeten werden, die Einwilligung schriftlich zu erklären, so dass sie als beweissicheres Dokument mit zur Prüfungsniederschrift nach § 18 PflAPrV (▶ Kap. 6.2.1) genommen werden kann (*Kostorz* 2022c, 44).

Zusätzlich zum Pflegeempfänger bzw. dessen Betreuer oder Bevollmächtigten muss auch das für den zu pflegenden Menschen verantwortliche Fachpersonal in die Mitwirkung an der Prüfung einwilligen, da »ohne deren Einverständnis schwerlich auf einer Station oder in einem Wohnbereich eine praktische Prüfung abgehalten werden kann« (*Dielmann* 2022, § 16 PflAPrV Rdnr. 4).

Die Frage, ob an der praktischen Prüfung neben den Fachprüfern (und selbstverständlich dem Pflegeempfänger) weitere Personen teilnehmen dürfen, ist – im Gegensatz zur mündlichen Prüfung (vgl. § 15 Abs. 8 PflAPrV) – in § 16 PflAPrV nicht vom Verordnungsgeber geregelt worden. Nach allgemeinen prüfungsrechtlichen Grundsätzen steht es jedoch im Ermessen des Vorsitzenden des Prüfungsausschusses, auch (andere) Personen, die der Prüfungskommission nicht angehören, als Gäste zu einer Prüfung zuzulassen, wenn (wie hier) die einschlägige Prüfungsordnung dies nicht ausdrücklich untersagt (*Fischer* et al. 2022, Rdnr. 452 m.w.N.). Voraussetzung hierfür dürfte indes sein, dass sowohl der Prüfling als auch die zu pflegende Person mit der Anwesenheit von Zuschauern einverstanden sind (analog zu § 15 Abs. 8 und § 16 Abs. 3 Satz 2 PflAPrV). Dies gilt indes nur für die Prüfungsphase der Leistungsermittlung; bei der Beratung über das Prüfungsergebnis sind Gäste generell ausgeschlossen, »selbst wenn sie sich an der Beratung (scheinbar) nicht aktiv beteiligen« (*Fischer* et al. 2022, Rdnr. 452).

Anders als der mündliche Teil der Prüfung ist die praktische Prüfung als Einzelprüfung abzulegen (§ 16 Abs. 4 Satz 2 PflAPrV). Sie ist zudem in dem Versorgungsbereich zu absolvieren, in dem der Prüfling im Rahmen der praktischen Ausbildung seinen Vertiefungseinsatz nach § 6 Abs. 3 Satz 2 PflBG abgeleistet hat (▶ Kap. 3.3.2) (§ 16 Abs. 3 Satz 1 PflAPrV), da der Prüfling hier die zeitlich umfassendste und intensivste Ausbildung erfahren hat und gerade in diesem Bereich in der Lage sein muss, seine pflegerischen Kompetenzen in einem praktischen Umfeld unter Beweis zu stellen (BT-Drucks. 19/2707, 99). Das bedeutet allerdings nicht, dass die Prüfung zwangsläufig auch in der Fachabteilung abzulegen ist, in der der Auszubildende im letzten Ausbildungsdrittel schwerpunktmäßig ausgebildet wurde.

Fallbeispiel

Marcel S. absolviert seine Ausbildung zum *Pflegefachmann* hauptsächlich in einem Krankenhaus des Ausbildungsträgers Sanitec GmbH und hat in dem mit ihm geschlossenen Ausbildungsvertrag den Vertiefungseinsatz in der stationären Akutpflege gewählt. In seinem dritten Ausbildungsjahr ist er vor allem auf einer Station für innere Medizin tätig, nun soll er den praktischen Teil der staatlichen Prüfung auf einer chirurgischen Station ablegen. Da der Vertiefungseinsatz aber eben nicht im Bereich *Innere Medizin*, sondern gemäß § 7 Abs. 4 Satz 1 und 2 PflBG sowie Anlage 7 PflAPrV generell in der *stationären Akutpflege* zu absolvieren ist, ist es ohne weiteres statthaft, wenn er die praktische Prüfung »auf der Chirurgie« ablegen soll, da beide Bereiche bzw. Stationen zum Versorgungsbereich bzw. zum Vertiefungseinsatz in der stationären Akutpflege gehören.

Nach § 18 Abs. 1 Nr. 1 PflBG ist der Ausbildungsträger, bei dem nach § 3 Abs. 2 Satz 3 PflAPrV auch der Vertiefungseinsatz erfolgen soll, allerdings verpflichtet, die Ausbildung so zu gestalten, »dass das Ausbildungsziel in der vorgesehenen Zeit erreicht werden kann« (▶ Kap. 3.3.1). Zu diesem Ausbildungsziel gehört es unter anderem, die angehenden Pflegefachkräfte derart zu qualifizieren, dass sie »zum Ende der Ausbildung fähig [sind], im gewählten Vertiefungsbereich fachlich fundiert Aufgaben bei zu pflegenden Menschen mit einem hohen Grad an Pflegebedürftigkeit zu übernehmen« (*Fachkommission* 2020, 241). Das bedeutet, dass Auszubildende im gesamten Versorgungsspektrum des Vertiefungsbereichs und nicht nur in einem ihm zugehörenden Ausschnitt geschult und unterwiesen werden müssen, um das gesteckte Ausbildungsziel tatsächlich zu erreichen. Sofern der Ausbildungsträger dieser Verpflichtung nicht nachgekommen ist, weil er – wie bei Herrn S. – einen Auszubildenden im Vertiefungseinsatz der stationären Akutpflege ausschließlich auf einer Station für innere Medizin eingesetzt und angeleitet hat, hat er für dieses Ausbildungsdefizit rechtlich einzustehen, etwa durch die Zahlung eines Schadensersatzes, falls der Auszubildende wegen des Ausbildungsdefizits durch die praktische Prüfung fallen sollte und deswegen die Ausbildung nach § 19 Abs. 4 PflAPrV verlängern muss (▶ Kap. 3.5).

Nach § 16 Abs. 6 Satz 1 PflAPrV ist die Prüfung von mindestens zwei Fachprüfern abzunehmen, von denen einer ein Fachprüfer i.S.d. § 10 Abs. 1 Satz 2 Nr. 4 PflAPrV sein muss. Hierbei handelt es sich um eine praxisanleitende Pflegefachkraft, die zwar die hierfür erforderliche Qualifikation nach § 4 Abs. 3 PflAPrV mitbringen (▶ Kap. 3.3.3), jedoch nicht zwangsläufig auch in der Einrichtung tätig sein muss, in der der Vertiefungseinsatz des Prüflings durchgeführt wurde. Hiernach darf der praktische Teil der staatlichen Prüfung also grundsätzlich von allen in der Praxisanleitung tätigen Pflegefachkräften abgenommen werden, unabhängig davon, in welcher Einrichtung sie dieser Tätigkeit nachgehen (so auch *Dielmann* 2022, § 16 PflAPrV Rdnr. 8). Zu beachten ist jedoch, dass nach § 10 Abs. 2 Satz 3 PflAPrV nur Fachprüfende bestellt werden sollen, die *als Lehrkraft* »die zu prüfende Person überwiegend ausgebildet haben«. Auch wenn Praxisanleiterinnen und Praxisanleiter dem Grunde nach nicht zu den Lehrkräften in der dualen Pflegeausbildung gehören, sollte diese Maßgabe für die Fachprüfer aus der Praxisanleitung entsprechend angewendet werden, so dass »externe« Praxisanleiter – trotz der rechtlichen Zulässigkeit – nicht mit der Prüfungsabnahme betraut werden sollten (*Kostorz* 2022c, 47). Dies wäre auch insofern nicht erforderlich, als im Prüfungsausschuss regelmäßig ohnehin auch mindestens ein Praxisanleiter des Ausbildungsträgers vertreten ist (▶ Kap. 6.2.2).

Wie auch bei der mündlichen Prüfung ist der Vorsitzende des Prüfungsausschusses beim praktischen Teil der Prüfung berechtigt, sich an ihr zu beteiligen und selbst Fragen zu stellen (§ 16 Abs. 6 Satz 2 PflAPrV). Diesbezüglich gilt das zur mündlichen Prüfung ausgeführte entsprechend (▶ Kap. 6.3.2).

Die praktische Prüfung ist von den Fachprüfern zu benoten, die sie abgenommen haben (§ 16 Abs. 6 Satz 1 PflAPrV). Eine bestimmte Gewichtung der einzelnen Prüfungsbestandteile (Vorbereitungsteil, Fallvorstellung, Durchführung der Pflegemaßnahmen und Reflexionsgespräch) wird dabei nicht vorgegeben, da das »Prüfungsgeschehen [...] eine Einheit mit der handlungsorientierten Ausrichtung des Unterrichts und der praktischen Ausbildung dar[stellt]« (BT-Drucks. 19/2707, 100). Ausschlaggebend ist hier vielmehr der allgemeine Bewertungsspielraum der Prüfer (hierzu *Fischer* et al. 2022, Rdnr. 874 ff.).

Diskussionswürdig ist die Frage, welche Note zu erteilen ist, wenn eine vom Prüfling durchgeführte pflegerische Intervention patientengefährdend ist, die übrigen Prüfungsleistungen aber insgesamt als solide gelten können. Aufgrund des den Fachprüfern eingeräumten Bewertungsspielraums ist eine Kompensation schlechter Einzelleistungen durch ein insgesamt positives Gesamtbild der Prüfungsleistung zwar möglich, aber letztendlich nicht zwingend. So dürfen einzelne schlechte Leistungen dann ohne Ausgleichsmöglichkeit den Ausschlag geben, »wenn sie die Annahme rechtfertigen, dass der Prüfling das Ziel der Prüfung, insbesondere die Qualifikation für einen bestimmten Beruf, nicht erreicht, weil er dafür offensichtlich ungeeignet ist« (*Fischer* et al. 2022, Rdnr. 541). Ziel des Pflegeberufegesetzes und damit letztendlich auch das Ziel der staatlichen Prüfung zur *Pflegefachfrau* bzw. zum *Pflegefachmann* ist vor allem der Schutz pflegebedürftiger Personen vor einer unqualifizierten und unsachgemäßen Versorgung durch berufsmäßig pflegende Fachkräfte (▶ Kap. 1.1). Unterlaufen einem Prüfling in der praktischen Prüfung daher Pflegefehler, die die zu versorgende Person gefährden oder sogar schädigen, ist dies letztendlich als Zeichen für die fachliche Ungeeignetheit des Prüflings zur Ausübung des Berufs der *Pflegefachfrau* bzw. des *Pflegefachmanns* zu werten, da dieser offensichtlich nicht in der Lage ist, eine pflegerische Intervention selbständig und vor allem fachgerecht auszuführen (vgl. § 5 Abs. 3 Nr. 1 lit. c PflBG). Die Bewertung der gezeigten Leistung mit der Note *mangelhaft* ist daher ermessensfehlerfrei und rechtlich möglich, auch wenn das in der praktischen Prüfung gewonnene Gesamtbild von den Kompetenzen der Prüfungsperson insgesamt positiver sein sollte – der Pflegefehler dient hier also als Ausschluss für ein positives Prüfungsergebnis, welches letztendlich dazu führen würde, dass die betreffende Person eine Erlaubnis zum Führen der Berufsbezeichnung *Pflegefachfrau* bzw. *Pflegefachmann* erhielte, obwohl sie fachlich nicht in der Lage ist, ihren Beruf ohne Gefährdung der Patientensicherheit auszuüben.

Dies deckt sich auch mit den Erkenntnissen der Pflegewissenschaft, in der in einem gängigen Klassifikationsmodell zur Pflegequalität vier Stufen der Ergebnisqualität definiert werden, die von der optimalen bis zur gefährlichen Pflege reichen (*Fiechter/Meier* 1993, 174). In Beziehung gesetzt zu den möglichen Notenstufen nach § 17 PflAPrV (▶ Kap. 6.5.1) ergibt sich auch insofern die Note *mangelhaft*, wenn die pflegerische Intervention zur einer gesundheitlichen Gefährdung oder sogar Schädigung des Pflegeempfängers führt (▶ Abb. 31).

Aus den jeweiligen Noten der Fachprüfer bildet der Prüfungsausschussvorsitzende im Benehmen mit den Fachprüfern die Prüfungsnote (§ 16 Abs. 7 PflAPrV); hier gilt das zur schriftlichen Prüfung ausgeführte entsprechend (▶ Kap. 6.3.1). Der praktische Teil der Prüfung ist bestanden, wenn die Prüfung mindestens mit *ausreichend* benotet wird (§ 15 Abs. 8 PflAPrV).

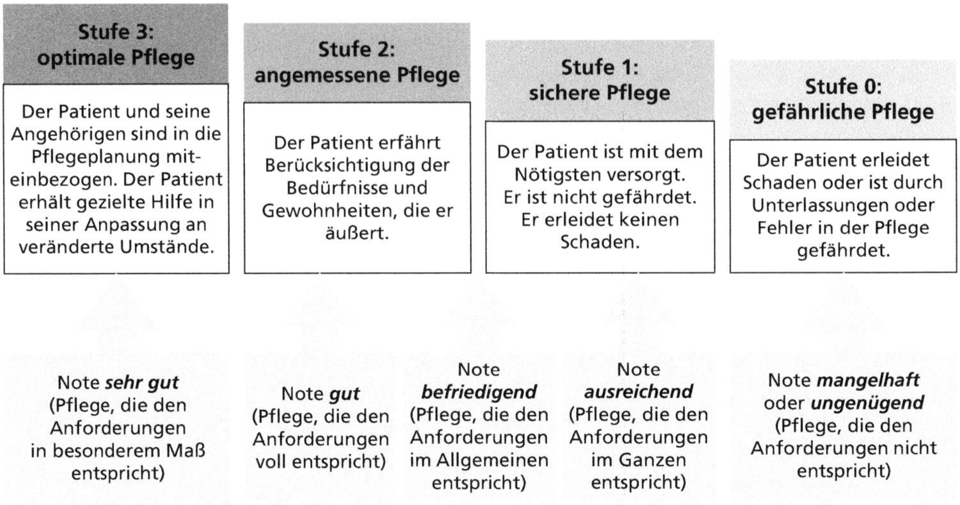

Stufe 3: optimale Pflege	**Stufe 2: angemessene Pflege**	**Stufe 1: sichere Pflege**	**Stufe 0: gefährliche Pflege**
Der Patient und seine Angehörigen sind in die Pflegeplanung miteinbezogen. Der Patient erhält gezielte Hilfe in seiner Anpassung an veränderte Umstände.	Der Patient erfährt Berücksichtigung der Bedürfnisse und Gewohnheiten, die er äußert.	Der Patient ist mit dem Nötigsten versorgt. Er ist nicht gefährdet. Er erleidet keinen Schaden.	Der Patient erleidet Schaden oder ist durch Unterlassungen oder Fehler in der Pflege gefährdet.
Note *sehr gut* (Pflege, die den Anforderungen in besonderem Maß entspricht)	Note *gut* (Pflege, die den Anforderungen voll entspricht) / Note *befriedigend* (Pflege, die den Anforderungen im Allgemeinen entspricht)	Note *ausreichend* (Pflege, die den Anforderungen im Ganzen entspricht)	Note *mangelhaft* oder *ungenügend* (Pflege, die den Anforderungen nicht entspricht)

Abb. 31: Benotung unterschiedlicher Stufen der Pflegequalität (eigene Darstellung)

6.4 Unregelmäßigkeiten

In den meisten Fällen durchlaufen die Prüfungskandidatinnen und -kandidaten die einzelnen Teile der staatlichen Prüfung derart regelgerecht, dass zu deren Ende das Bestehen bzw. Nichtbestehen der Prüfung festgestellt und das Prüfungsergebnis entsprechend bekanntgegeben werden kann (▶ Kap. 6.5). Im Ausnahmefall kann es indes vorkommen, dass der Prüfling – etwa wegen einer Erkrankung – von der Prüfung zurücktreten muss, er einen Teil der Prüfung abbricht bzw. versäumt oder er bei einer Täuschung überführt wird bzw. die ordnungsgemäße Durchführung der Prüfung auf andere Art stört. Die sich daraus ergebenden Rechtsfolgen werden in §§ 20 bis 23 PflAPrV bestimmt.

6.4.1 Rücktritt

Nach der Prüfungszulassung hat der Prüfling gemäß § 20 Abs. 1 PflAPrV die Möglichkeit, im Falle einer Prüfungsunfähigkeit mit einer entsprechenden Erklärung von der gesamten Prüfung oder von einzelnen Teilen der Prüfung zurückzutreten. Als Prüfungsteile gelten dabei die einzelnen Aufsichtsarbeiten sowie der mündliche und der praktische Teil der Prüfung, nicht jedoch die einzelnen Elemente bzw. Sequenzen der mündlichen bzw. praktischen Prüfung, da diese beiden Prüfungsteile als prüfungsorganisatorische und -rechtliche Einheit anzusehen sind (im Ergebnis wohl auch *Dielmann* 2022, § 20 PflAPrV Rdnr. 8; unschlüssig *Haage* 2019b, § 20 Rdnr. 3 und 5). Adressat der Erklärung ist in jedem Fall der Vorsitzende des Prüfungsausschusses, ersatzweise zunächst gegebenenfalls auch die Aufsichtsperson bzw. die unmittelbar prüfende(n) Person(en) (*Dielmann* 2022, § 20 PflAPrV Rdnr. 2).

Die Erklärung muss in schriftlicher (§ 126 BGB) bzw. elektronischer Form (§ 126a BGB) und unverzüglich abgegeben werden. Unverzüglich bedeutet dabei, dass sie unmittelbar nach der Wahrnehmung bzw. dem Bekanntwerden der subjektiv empfundenen Prüfungsunfähigkeit erklärt werden muss, wobei hier aufgrund der Chancengleichheit im Prüfungsverlauf regelmäßig ein strenger Maßstab anzulegen ist (*Haage* 2019b, § 20 Rdnr. 2). Dies ist zunächst sowohl vor als auch nach Prüfungsbeginn möglich. Denkbar ist aber selbst ein Rücktritt nach Beendigung der Prüfung bzw. des Prüfungsteils, wenn »die zu prüfende Person die erhebliche Beeinträchtigung ihrer Prüfungsunfähigkeit während der Prüfung nicht in ausreichendem Maß erkennen« konnte (*Dielmann* 2022, § 20 PflAPrV Rdnr. 2); hier dürfte es aber in der Regel am Erfordernis der Unverzüglichkeit der Rücktrittserklärung mangeln (hierzu ausführlicher *Stolpmann/Teufer* 2009, 131 ff.).

Da ein rechtswirksamer Rücktritt nach § 20 Abs. 2 PflAPrV genehmigungspflichtig ist, hat der Prüfling auch den Grund für seine angeführte Prüfungsunfähigkeit mitzuteilen. Dabei kann der Rücktritt vom Prüfungsausschussvorsitzenden nur genehmigt werden, wenn ein *wichtiger* Grund vorliegt (plötzlicher Tod eines nahen Angehörigen, Verkehrsunfall auf dem Weg zur Prüfung etc.) und er dies entsprechend festgestellt hat. In diesem Fall gilt die Prüfung bzw. der entsprechende Prüfungsteil als nicht unternommen, »mit der Folge, dass die erneut in Angriff genommenen Prüfungsteile nicht als Wiederholungsprüfung, sondern als erstmalige Prüfung mit Wiederholungsmöglichkeit gewertet werden« (*Dielmann* 2022, § 20 PflAPrV Rdnr. 8).

Der empirisch häufigste Fall für das Vorliegen eines wichtigen Grundes dürfte dabei eine akute Erkrankung des Prüflings sein, die von einer einen Nachteilsausgleich i.S.d. § 12 PflAPrV rechtfertigenden dauerhaften Beeinträchtigung bzw. Behinderung abzugrenzen ist (▶ Kap. 6.2.3). Eine solche krankheitsbedingte Prüfungsunfähigkeit ist vom Prüfling durch ein amtsärztliches Attest zu belegen (§ 20 Abs. 2 Satz 3 PflAPrV), aus dem nicht zwangsläufig die festgestellte Diagnose hervorgehen muss, wohl aber die vorliegenden Symptome bzw. Beeinträchtigungen, die zur Prüfungsunfähigkeit geführt haben (*Dielmann* 2022, § 20 PflAPrV Rdnr. 4).

Selbstverschuldete krankheitsbedingte Prüfungsunfähigkeiten (wie etwa die Einnahme eines leistungsmindernden Beruhigungsmittels) sind dabei ebensowenig als wichtiger Grund für einen Rücktritt anzuerkennen wie eine Prüfungsteilnahme trotz eigener Kenntnis einer gesundheitlichen Beeinträchtigung (etwa bei der längeren Einnahme eines ärztlich verordneten Medikaments, das zu für den Prüfungskandidaten erkennbaren Konzentrationsschwächen führt) (*Fischer* et al. 2022, Rdnr. 265). In Rechtsprechung und Literatur besteht zudem Einigkeit darüber, dass Symptome von Prüfungsstress oder gar Prüfungsangst keinen rechtlich relevanten Rücktrittsgrund darstellen (*Stolpmann/Teufer* 2009, 136): »Dass die mit der Prüfungssituation typischerweise verbundenen Anspannungen und Belastungen zu Konzentrationsstörungen führen können, ist grundsätzlich hinzunehmen und nicht als eine krankhafte Verminderung der Leistungsfähigkeit, sondern vielmehr als prüfungsrelevantes Defizit der persönlichen Leistungsfähigkeit zu bewerten« (*Fischer* et al. 2022, Rdnr. 256).

Genehmigt der Vorsitzende des Prüfungsausschusses den vom Prüfungskandidaten erklärten Rücktritt nicht oder teilt dieser den Grund für den Rücktritt nicht unverzüglich, also nicht rechtzeitig mit, so gilt die Prüfung bzw. der betreffende Teil der Prüfung als nicht bestanden (§ 20 Abs. 3 PflAPrV) (▶ Kap. 6.5.2). Da sich aus der Nichtgenehmigung des Rücktritts mithin die gleichen Folgen ergeben wie aus einem Nichtbestehen des entsprechenden Prüfungsteils, ist eine weitere Prüfung für den Prüfungskandidaten daher auch als Wiederholungsprüfung zu werten (*Haage* 2019b, § 20 Rdnr. 5).

6.4.2 Versäumnis

Während ein Rücktritt von der Prüfung stets mit einer entsprechenden Willensäußerung des Prüflings einhergeht, wird bei einem Prüfungsversäumnis i.S.d. § 21 PflAPrV vom Prüfungskandidaten ein Prüfungstermin nicht wahrgenommen, eine Aufsichtsarbeit nicht oder nicht rechtzeitig abgegeben oder die Prüfung oder einen Teil der Prüfung unterbrochen, *ohne* dass hierzu eine Erklärung erfolgt.

Bei einem Prüfungsversäumnis gilt die Prüfung bzw. der betreffende Prüfungsteil als nicht bestanden. Diese Nichtbestehensbewertung kann der Prüfling nur dadurch verhindern, dass er (nachträglich) einen wichtigen Grund für sein Verhalten geltend macht. Die Entscheidung darüber, ob tatsächlich ein wichtiger Grund vorliegt, trifft – wie bei einem Rücktritt nach § 20 PflAPrV – der Prüfungsausschussvorsitzende. Sieht dieser einen wichtigen Grund für das Versäumnis, gilt die Prüfung als nicht begonnen und kann ohne Fehlversuch erneut abgelegt werden. Insgesamt gilt hier das zum Prüfungsrücktritt ausgeführte entsprechend (▶ Kap. 6.4.1).

6.4.3 Ordnungsverstöße und Täuschungsversuche

Mit § 22 PflAPrV können von einem Prüfling zu vertretende erhebliche Störungen der Prüfungsabnahme und Täuschungsversuche geahndet werden. Der Begriff der erheblichen Störung ist dabei ein rechtlich unbestimmter; von einer solchen kann aber stets dann ausgegangen werden, wenn das Verhalten des Prüflings geeignet ist, »die möglichst zuverlässige Ermittlung der Fähigkeiten und Kenntnisse der anderen Prüflinge [zu] behinder[n] (zB laute Unterhaltung, Rauchen oder Benutzung eines Handys während der Aufsichtsarbeit oder ständiges Dazwischenreden in der mündlichen Prüfung)« (*Fischer* et al. 2022, Rdnr. 221).

Praxisrelevanter als diese Ordnungsverstöße dürften Täuschungsversuche von Seiten der Prüfungskandidaten sein. Ein prüfungsrechtlich zu beanstandender Täuschungsversuch liegt dabei vor, wenn der Prüfling eine eigenständige und reguläre Prüfungsleistung vorspiegelt, bei deren Erbringung er sich in Wahrheit unerlaubter Hilfe bedient hat, um bei den Prüfern über die ihr zugrundeliegenden eigenen Kenntnisse und Fähigkeiten einen Irrtum zu erregen und so das Prüfungsergebnis zu seinen Gunsten positiv zu beeinflussen (*Kostorz/Oentrich* 2017, 134 f. m.w.N.). Mögliche Täuschungshandlungen sind insofern beispielsweise die Kontaktaufnahme mit dem Sitznachbarn, um Lösungsansätze zu besprechen oder abzugleichen, das Abschreiben von dessen Klausurergebnissen, die Nutzung eines Spickzettels oder die Verwendung eines (internetfähigen) Mobiltelefons, aber auch das unzulässige Präparieren eines dem Grunde nach erlaubten Hilfsmittels oder gar das Anfertigenlassen der Klausur durch eine dritte Person (sogenannter Strohmann) (*Kostorz/Oentrich* 2017, 135).

Keine Täuschungshandlung liegt demgegenüber bei einer Hilfe zugunsten eines anderen Prüflings vor, also etwa beim Abschreiben*lassen*, da hier auf Seiten der hilfestellenden Person nicht über die Eigenständigkeit bei der Erbringung der Prüfungsleistungen getäuscht wird; ein solches Verhalten kann aber im Einzelfall einen soeben näher beschriebenen Ordnungsverstoß darstellen (*Zimmerling/Brehm* 2007, Rdnr. 403). Unzweifelhaft kein Täuschungsversuch ist zudem die schlichte Vorbereitung auf eine Täuschungshandlung, wie beispielsweise das bloße Erstellen von unzulässigen Hilfsmitteln (etwa das häusliche Anfertigen eines Spickzettels [gegebenenfalls sogar zu Lernzwecken]) (*Zimmerling/Brehm* 2007, Rdnr. 390).

Kontrovers beurteilt wird hingegen die Frage, ob bereits das schlichte Mitführen eines unerlaubten Hilfsmittels als Täuschungsversuch zu werten ist. Zum Teil wird die Auffassung vertreten, dies sei der Fall, sobald der

Prüfling mit dem unerlaubten Hilfsmittel den Prüfungsraum betritt, da die Mitführung unerlaubter Hilfsmittel »als Indiz dafür gewertet werden kann, dass der Prüfling einen Täuschungsversuch geplant hat« (*Luthe* 2003, 95). Dem entgegenzuhalten ist jedoch, dass es sich hierbei bestenfalls um eine Vorbereitung zu einem Täuschungsversuch handelt und im Zweifel nicht endgültig festgestellt werden kann, ob das mitgeführte Hilfsmittel nur zur Lernvorbereitung oder für einen prüfungsrechtlich relevanten Täuschungsakt gedacht war. Von daher kann ein Täuschungsversuch grundsätzlich frühestens dann angenommen werden, wenn der Prüfungskandidat das unerlaubte Hilfsmittel während des Prüfungsgeschehens tatsächlich benutzen möchte und die aufsichtsführende bzw. prüfende Person dies bemerkt (*Kostorz/Oentrich* 2017, 137 f.).

Bei einem Ordnungsverstoß oder einem Täuschungsversuch kann der Vorsitzende des Prüfungsausschusses den betreffenden Teil der Prüfung für nicht bestanden erklären (▶ Kap. 6.5.2). Als Prüfungsteil gilt diesbezüglich eine Aufsichtsarbeit sowie der mündliche und praktische Teil der staatlichen Prüfung (*Haage* 2019b, § 23 Rdnr. 2 f.). Die Nichtbestehensentscheidung ist ermessensfehlerfrei zu treffen, insbesondere ist das rechtsstaatliche Verhältnismäßigkeitsprinzip zu beachten, das es verbietet, »schlechthin jedes ordnungswidrige Verhalten des Prüflings mit dem Nichtbestehen der Prüfung zu ahnden. Vielmehr ist danach zu differenzieren, inwieweit das Verhalten des Prüflings geeignet war, die Chancengleichheit im Prüfungswettbewerb zu beeinträchtigen« (*Zimmerling/Brehm* 2007, Rdnr. 404).

Von Verfassungs wegen muss es insbesondere bei Täuschungshandlungen also ein gestuftes System an Sanktionsmechanismen geben, das unterschiedliche Schweregrade von Täuschungshandlungen berücksichtigt, so dass weniger gravierende Täuschungen mit einem entsprechend milderen, aber dennoch adäquaten Mittel geahndet werden können als schwerwiegende Täuschungen: »Der Umstand, dass in der Prüfungsordnung bei einer Täuschung bzw. einem Täuschungsversuch nur eine Sanktion vorgesehen ist, schließt es nicht aus, unter Beachtung des verfassungsrechtlichen Verhältnismäßigkeitsgrundsatzes im Wege einer verfassungskonformen Auslegung zu Differenzierungen zu gelangen« (OVG Berlin vom 30. November 2011 [Az. 9 OVG 10 N 48.0]). Zu unterscheiden sind insofern geringfügige und ernsthafte bzw. schwerwiegende Täuschungen (hierzu ausführlich *Kostorz/Oentrich* 2017, 149 ff.):

- Bei einer *geringfügigen* Täuschung, wie sie beispielsweise bei einem mündlichen Wortwechsel mit einem Mitprüfling oder dem (flüchtigen) Blick auf dessen Klausurbearbeitung vorliegt, ist es ausreichend und verhältnismäßig, wenn der betreffende Prüfungskandidat ermahnt bzw. verwarnt oder an einen anderen Platz gesetzt und dort räumlich separiert wird (*Fischer* et al. 2022, Rdnr. 241).
- Liegt demgegenüber eine *umfangreiche* bzw. *schwerwiegende* Täuschung vor, also etwa die Nutzung eines Spickzettels oder gar eines internetfähigen Mobiltelefons, ist es gerechtfertigt, die Prüfungsleistung (entsprechend § 22 Satz 1 PflAPrV) mit *nicht bestanden* bzw. *ungenügend* zu bewerten, so dass sie erneut zu absolvieren ist (*Fischer* et al. 2022, Rdnr. 244).

Eine Nichtbestehensentscheidung ist im Falle der Störung der Prüfung bis zum Abschluss der gesamten Prüfung, im Falle eines Täuschungsversuchs innerhalb von drei Jahren nach Abschluss der Prüfung zulässig (§ 22 Satz 2 PflAPrV) (hierzu kritisch *Haage* 2019b, § 22 Rdnr. 5).

6.5 Prüfungsergebnis

Die Berechnung und die Folgen des Prüfungsergebnisses ergeben sich im Wesentlichen aus § 19 PflAPrV. Die Vorschrift enthält die Bestehensregelung (Abs. 1 Satz 1), die Berechnungsweise der Gesamtnote der staatlichen Prüfung (Abs. 1 Satz 2), die Obliegenheit zur Zeugniserteilung bzw. zur schriftlichen Mitteilung eines Nichtbestehens der Prüfung (Abs. 2), die Wiederholungsmöglichkeiten (Abs. 3) und die Modalitäten der Zulassung zur Wiederholungsprüfung (Abs. 4).

6.5.1 Notenbildung und Bestehen

Grundvoraussetzung für das Bestehen der staatlichen Prüfung ist zunächst, dass sowohl die drei Aufsichtsarbeiten als auch der mündliche und der praktische Teil der Prüfung mit *ausreichend* benotet worden sind, was sich aus den Regelungen zu den einzelnen Prüfungsteilen ergibt (§ 14 Abs. 6, § 15 Abs. 6 und § 16 Abs. 8 PflAPrV) (▶ Kap. 6.3). Aus diesen Noten generiert der Vorsitzende des Prüfungsausschusses die sogenannten Gesamtnoten für die drei Prüfungsteile, wobei auch die Vornoten nach § 13 PflAPrV zu berücksichtigen sind.

Diese Vornoten ergeben sich vornehmlich aus den Noten auf den Jahreszeugnissen nach § 6 PflAPrV (▶ Kap. 4.4.1): Das arithmetische Mittel der (regelmäßig drei) Jahresnoten für den Unterricht ergibt die Vornote sowohl für den schriftlichen als auch für den mündlichen Teil der Prüfung, das arithmetische Mittel der (regelmäßig drei) Noten für die praktische Ausbildung bildet die Vornote für die praktische Prüfung (§ 13 Abs. 3 PflAPrV). Die Vornoten werden vom Prüfungsausschussvorsitzenden festgesetzt, die Pflegeschule hat jedoch – da die Jahreszeugnisse Schulzeugnisse sind – ein entsprechendes Vorschlagsrecht (§ 13 Abs. 1 Satz 1 PflAPrV). Letztendlich gibt es bei deren Festlegung allerdings weder auf Seiten der Schule noch auf Seiten des Prüfungsausschussvorsitzenden ein Ermessen, da die Berechnung durch § 17 PflAPrV vorgegeben wird (*Dielmann* 2022, § 13 PflAPrV Rdnr. 2; kritisch auch *Haage* 2019b, § 13 Rdnr. 1). Danach erfolgt die Berechnung der arithmetischen Mittel der Zeugnisnoten ohne Rundung bis zur zweiten Nachkommastelle (*Igl* 2021, § 19 PflAPrV Rdnr. 4; im Ergebnis wohl auch *Haage* 2019b, § 17 Rdnr. 2); das so ermittelte Ergebnis kann anhand der Notenskala des § 17 PflAPrV in eine ordinalskalierte Ziffernnote transformiert werden (▶ Tab. 9).

Die Gesamtnoten der drei Prüfungsteile ergeben sich schließlich aus der jeweiligen Prüfungsnote für den mündlichen und den praktischen Teil bzw. aus dem arithmetischen Mittel der drei Aufsichtsarbeiten des schriftlichen Teils, wobei die Vornoten für den schriftlichen und den mündlichen Teil einerseits und für den praktischen Teil andererseits mit einem Anteil von jeweils 25 % zu berücksichtigen sind (§ 14 Abs. 7, § 15 Abs. 7 und § 16 Abs. 9 i. V. m. § 13 Abs. 1 und 2 PflAPrV), da es »modernen pädagogischen Erfordernissen [entspricht], neben den punktuell unter besonderen Prüfungsbedingungen erbrachten

Tab. 9: Notenskala nach § 17 PflAPrV

Notenwert	bis unter 1,50	1,50 bis unter 2,50	2,50 bis unter 3,50	3,50 bis unter 4,50	4,50 bis unter 5,50	ab 5,50
Note	*sehr gut*	*gut*	*befriedigend*	*ausreichend*	*mangelhaft*	*ungenügend*

Leistungen auch die während der Ausbildung erbrachten Leistungen in die Gesamtbewertung miteinzubeziehen« (BT-Drucks. 19/2707, 96) – Auszubildende sollen also bereits während der Lehrzeit zum Lernen und zur Leistung motiviert werden, um zu vermeiden, dass sie die Schulzeit primär als Freizeit von der praktischen Ausbildung verstehen (*Kostorz* 2021a, 28). Die Notenskala des § 17 PflAPrV ist dabei auch bei dieser Bildung der Gesamtnoten für die Prüfungsteile zu berücksichtigen; die Berechnung des Notenwertes erfolgt ebenfalls ohne Rundung bis zur zweiten Nachkommastelle (▶ Tab. 9).

Die staatliche Prüfung ist schließlich bestanden, wenn die drei Gesamtnoten für den schriftlichen, den mündlichen und den praktischen Teil jeweils mit mindestens *ausreichend* benotet worden sind (§ 19 Abs. 1 Satz 1 PflAPrV).

Das arithmetische Mittel der drei Gesamtnoten für die einzelnen Prüfungsteile bildet schließlich die Gesamtnote für die staatliche Prüfung (§ 19 Abs. 1 Satz 2 PflAPrV). Auch hier ist die Notenskala des § 17 PflAPrV zu berücksichtigen; die Berechnung des Notenwertes erfolgt abermals ohne Rundung bis zur zweiten Nachkommastelle (▶ Tab. 9).

Im Falle des Bestehens der Prüfung erhält der Prüfungskandidat ein Zeugnis, in dem die Noten der einzelnen Prüfungsbestandteile und die Gesamtnote ausgewiesen werden (§ 19 Abs. 2 Satz 1 PflAPrV). Hierfür ist das Muster der Anlage 8 PflAPrV zu verwenden.

6.5.2 Nichtbestehen und Wiederholungsmöglichkeiten

Bei einem Nichtbestehen der Prüfung erhält der Prüfungskandidat eine entsprechende schriftliche oder elektronische Mitteilung, die mindestens die Prüfungsnoten, also die Noten der einzelnen Prüfungsbestandteile enthalten muss und die von dem Vorsitzenden des Prüfungsausschusses auszufertigen ist (*Dielmann* 2022, § 19 PflAPrV Rdnr. 5).

Sämtliche Prüfungsteile (genauer: jede Aufsichtsarbeit der schriftlichen Prüfung, die mündliche Prüfung und die praktische Prüfung) können wiederholt werden, wenn die zu prüfende Person die Note *mangelhaft* oder *ungenügend* erhalten hat (§ 19 Abs. 3 PflAPrV). Einerseits muss also nicht die gesamte Staatsprüfung wiederholt werden, wenn ein Prüfling nur einzelne Teile der Prüfung nicht bestanden hat (*Igl* 2021, § 19 PflAPrV Rdnr. 6), andererseits ist eine Wiederholung zur Verbesserung der Prüfungsnote ausdrücklich ausgeschlossen (*Haage* 2019b, § 19 Rdnr. 4). Jeder der genannten Prüfungsbestandteile darf insgesamt ein Mal wiederholt werden; im Ergebnis hat ein Prüfungskandidat damit jeweils (nur) zwei Versuche (*Dielmann* 2022, § 19 PflAPrV Rdnr. 6). In bestimmten Konstellationen ist eine Wiederholungsprüfung zudem an eine erneute bzw. verlängerte Ausbildung gebunden, ohne die eine zweite Prüfungszulassung nicht erfolgen darf (§ 19 Abs. 4 PflAPrV).

Eine verlängerte Ausbildung ist dabei obligatorisch, wenn der Prüfling durch

- alle drei schriftlichen Aufsichtsarbeiten,
- den praktischen Teil der Prüfung oder sogar
- alle Teile der Prüfung

gefallen ist (§ 19 Abs. 4 Satz 1 PflAPrV). Darüber hinaus kann der Vorsitzende des Prüfungsausschusses im Benehmen mit den Fachprüferinnen oder Fachprüfern ausnahmsweise auch in anderen Fällen über eine zusätzliche Ausbildung entscheiden (§ 19 Abs. 4 Satz 2 PflAPrV) (kritisch hierzu *Haage* 2019b, § 19 Rdnr. 8, der in der Unbestimmtheit der Vorschrift die Gefahr »willkürliche[r] Entscheidungen« sieht).

Dauer und Inhalt der zusätzlichen Ausbildung bestimmt der Prüfungsausschussvorsitzende (§ 19 Abs. 4 Satz 3 PflAPrV). Um die Auszubildenden vor ungerechtfertigten Verzögerungen zu schützen, darf die weitere Ausbildung eine Gesamtdauer von zwölf Monaten grundsätzlich nicht überschreiten (§ 19 Abs. 4 Satz 4 PflAPrV) und das – entgegen § 21 Abs. 2 PflBG (▶ Kap. 3.10.1) – einschließlich der Wiederholungsprüfung. Die Bedingungen der zusätzlichen Ausbildung sind nach den Umständen des einzelnen Falls festzulegen. Der Bemessung der Dauer sowie der Bestimmung der Inhalte der zusätzlichen Ausbildung dürfen dabei nur diejenigen Prüfungsteile zugrunde gelegt werden, die nicht mit mindestens *ausreichend* bewertet worden sind; Themenbereiche, in denen ausreichende oder bessere Noten erzielt wurden, können nicht erneut Gegenstand der Ausbildung und auch nicht Gegenstand der Wiederholungsprüfung sein (*Dielmann* 2022, § 19 PflAPrV Rdnr. 10).

Wird dem Prüfungskandidaten eine zusätzliche Ausbildung auferlegt, muss er im Sinne eines einseitigen Gestaltungsrechts nach § 21 Abs. 2 PflBG entscheiden, ob er gegenüber dem Ausbildungsträger schriftlich die ihm auferlegte Verlängerung der Ausbildung verlangt oder sich beruflich neu orientieren möchte. In allen anderen Fällen des Nichtbestehens meldet sich die zu prüfende Person – sofern gewollt – schlicht zur nächsten Wiederholungsprüfung an. Diese zweite Prüfung darf dann – ebenso wie dem Grunde nach die erste – auch nach dem Ende des Ausbildungsverhältnisses (durch Fristablauf) terminiert werden (*Dielmann* 2022, § 19 PflAPrV Rdnr. 8). Ist dies der Fall, kann der Auszubildende ebenfalls die Möglichkeit des § 21 Abs. 2 PflBG nutzen, die Ausbildungszeit durch ein einseitiges schriftliches Verlangen bis zur Wiederholungsprüfung zu verlängern (▶ Kap. 3.10.1).

Wie auch bei der erstmaligen Prüfung muss die Zulassung zur Wiederholungsprüfung vom Prüfungskandidaten beantragt werden. Dem Antrag ist gegebenenfalls ein Nachweis über die zusätzlich absolvierte Ausbildung beizufügen (§ 19 Abs. 4 Satz 5 PflAPrV), aus dem hervorgehen muss, um welche Dauer die Ausbildungszeit verlängert worden ist und welche Inhalte in der zusätzlichen Ausbildungszeit vermittelt worden sind (*Dielmann* 2022, § 19 PflAPrV Rdnr. 12).

Die Frage, ob eine geprüfte Person nach nicht bestandener Wiederholungsprüfung noch eine Berufszulassung als Pflegefachkraft erhalten kann, war bereits nach dem bis zum Jahr 2019 geltenden Krankenpflegegesetz umstritten (*Kurtenbach* et al. 1998, 168 f.). Im Ergebnis wird sie die Ausbildung im Falle eines zweimaligen Scheiterns bei der staatlichen Prüfung nochmals komplett neu absolvieren müssen, ohne dass ihr bereits abgeleistete Ausbildungszeiten bzw. vermittelte Ausbildungsinhalte angerechnet werden können (*Haage* 2019b, § 19 Rdnr. 14).

Berufszulassung nach endgültigem Nichtbestehen (*Kurtenbach* et al. 1998, 168 f.)
Die Frage, ob nach nichtbestandener Wiederholungsprüfung die gesamte Ausbildung nebst einer neuen Prüfung wiederholt werden darf, ist strittig. Aus dem Qualitätsgedanken des Gesetzes sowie aus der strikten Regelung nach [§ 19 Abs. 4 [PflAPrV] könnte gefolgert werden, daß eine erneute Prüfung auch nach wiederholter voller Ausbildung unzulässig wäre, da ein Versagen auch in der Wiederholungsprüfung anzeigt, daß ein Bewerber für den Beruf ungeeignet wäre. Da jedoch der Nachweis der Geeignetheit zum Beruf weder als Zulassungsvoraussetzung nach § 6 [jetzt: § 11], noch nach § 12 [jetzt; § 16] KrPflG [jetzt: PflBG] zum Abschluß eines Ausbildungsvertrages, noch schließlich nach § 4 [jetzt: § 11] dieser Verordnung [scil. der Ausbildungs- und Prüfungsverordnung] bei der Zulassung zur Prüfung gefordert wird, wird die Frage positiv zu beantworten sein. In der Praxis dürfte ein solcher Fall eine absolute Seltenheit darstellen. Allerdings besteht kein Rechtsanspruch des Durchgefallenen auf erneuten Abschluß eines Ausbildungsvertrages.

7 Besonderheiten der hochschulischen Pflegeausbildung

Nach der Erprobung in unterschiedlichen Modellstudiengängen wurde mit dem Pflegeberufegesetz erstmals die Möglichkeit geschaffen, primärqualifizierende Pflegestudiengänge an Hochschulen auf Bachelor-Niveau als regelhafte Alternative zur dualen beruflichen Pflegeausbildung anzubieten, um das Berufsfeld der Pflege aufzuwerten und pflegerisches Handeln auf der Grundlage wissenschaftsbasierter und wissenschaftsorientierter Entscheidungen zu stärken (*Kostorz* 2016c, 246 sowie → BT-Drucks. 18/7823, 86). »Damit schließt sich eine qualifikatorische und kompetenzielle Lücke zwischen in Deutschland und europäisch, beziehungsweise international ausgebildeten Pflegefachkräften« (*Dangel/Korporal* 2016, 17).

BT-Drucks. 18/7823, 86
Teil 3 [des Pflegeberufegesetzes] führt ein generalistisch ausgerichtetes, primärqualifizierendes Pflegestudium an Hochschulen auf Bachelor-Niveau ein. Damit wird ein weiteres wichtiges Signal zur Aufwertung und Stärkung des Berufsbereichs gesetzt. Es werden neue Zielgruppen für eine Ausbildung in der Pflege erschlossen und neue Entwicklungsperspektiven im Sinne eines durchlässigen Pflegebildungssystems mit Qualifikationsmöglichkeiten von der Helferausbildung bis zum Master-Studium eröffnet. Ziel der Einführung einer hochschulischen Pflegeausbildung ist insbesondere, pflegerisches Handeln auf der Grundlage wissenschaftsbasierter und wissenschaftsorientierter Entscheidungen zu stärken. Die hochschulisch ausgebildeten Pflegekräfte sollen forschungsgestützte Lösungsansätze und innovative Konzepte in die Pflege transferieren und dadurch zu einer weiteren Verbesserung der Pflegequalität beitragen. Die Ausgestaltung der neuen hochschulischen Pflegeausbildung stützt sich auf die Erfahrungen aus den Modellstudiengängen nach dem Altenpflegegesetz und dem Krankenpflegegesetz.

Primärqualifizierung bedeutet in diesem Zusammenhang, dass sowohl die gesamte theoretische Ausbildung als auch die praktische Unterweisung in den an der Ausbildung beteiligten Gesundheitseinrichtungen curricular als Hochschulstudium geregelt sind (*Dangel/Korporal* 2016, 17). Eine Pflegeschule ist an der hochschulischen Pflegeausbildung ebenso wenig beteiligt wie ein eigenständiger Ausbildungsträger i.S.d. § 8 PflBG; die in der Praxis ausbildenden Einrichtungen sind vielmehr durch Kooperationsvereinbarungen mit der Hochschule verbunden, die insoweit auch die Gesamtverantwortung für die Ausbildung trägt.

Nach bestandener Prüfung und entsprechender Erlaubniserteilung sind die Absolventinnen und Absolventen ebenfalls befugt, die Berufsbezeichnung *Pflegefachfrau* bzw. *Pflegefachmann* zu führen, ergänzt um den mit dem Hochschulstudium erworbenen akademischen Grad (zum Beispiel *Bachelor of Arts* [B.A.], *Bachelor of Science* [B.Sc.] oder *Bachelor of Nursing* [B.N.]) (§ 1 Abs. 1 Satz 2 PflBG).

7.1 Studiengangskonzept

Das Hochschulrecht fällt nach Art. 70 Abs. 1 GG dem Grunde nach in die originäre und ausschließliche Gesetzgebungskompetenz der Bundesländer. Gleichwohl wird vor allem mit § 38 PflBG ein – wenn auch vergleichsweise weit gesteckter – Rahmen für die hochschulische Pflegeausbildung auf Bundesebene gesetzt. Dies ist insofern erforderlich, als die Absolventinnen und Absolventen entsprechender Studiengänge ebenfalls die Erlaubnis erhalten können, die Berufsbezeichnung *Pflegefachfrau* bzw. *Pflegefachmann* (mit dem Zusatz des akademischen Grades) zu führen, und dementsprechend nach den Regularien des Pflegeberufegesetzes zur Berufsausübung zuzulassen sind (§§ 1 und 2 PflBG). Der Bund macht hier also von seiner (konkurrierenden) Regelungskompetenz Gebrauch, die ihm nach Art. 74 Abs. 1 Nr. 19 GG für den Bereich der »Zulassung zu ärztlichen und anderen Heilberufen« eingeräumt worden ist (▶ Kap. 1.2.3). Die weitere Ausgestaltung des Studiums sowie des konkreten Studiengangskonzepts obliegt gemäß Art. 70 Abs. 1 GG und vor dem Hintergrund der Wissenschaftsfreiheit nach Art. 5 Abs. 3 GG der jeweiligen Hochschule, die dabei indes die Vorgaben der sogenannten Berufsanerkennungsrichtlinie 2005/36/EG zu beachten hat (§ 38 Abs. 6 PflBG) (▶ Kap. 1.2.2).

§ 38 Abs. 2 PflBG bestimmt zunächst, dass entsprechende primärqualifizierende Pflegestudiengänge zu akkreditieren und die Studiengangskonzepte im Akkreditierungsverfahren von der jeweils zuständigen Landesbehörde zu überprüfen sind. Zwar gibt es keine bundeseinheitliche bzw. -gesetzliche Regelung, nach der Studiengänge zu akkreditieren sind, doch sehen zum einen die Vereinbarungen der Kultusministerkonferenz entsprechende Verfahren vor, zum anderen werden sie durch die einzelnen Landeshochschulgesetze bestimmt (*Lindner*, in: *Hartmer/Detmer* 2017, 717); die Regelung des Pflegeberufegesetzes wirkt in diesem Punkt also nicht konstitutiv, sondern eher deklaratorisch. Maßstab der Überprüfung eines Studiengangkonzepts im Akkreditierungsverfahren sind dabei die Einhaltung und die Umsetzung des Pflegeberufegesetzes und der entsprechenden Ausbildungs- und Prüfungsverordnung (*Igl* 2021, § 38 PflBG Rdnr. 12).

Weitere Maßgaben ergeben sich aus § 38 Abs. 1 PflBG. Danach muss das Studium sowohl theoretische und praktische Lehrveranstaltungen als auch bestimmte Praxiseinsätze umfassen (▶ Kap. 7.3) und modular gestaltet sein, wobei das modulare Curriculum von der Hochschule auf Grundlage der Ausbildungsziele des § 37 PflBG (▶ Kap. 7.2) und der Kompetenzanforderungen der Anlage 5 PflAPrV zu entwickeln ist (§ 30 Abs. 4 PflAPrV). Die Studiendauer wird auf mindestens drei Jahre festgelegt; unter Berücksichtigung von § 11 Satz 1 Nr. 1 HRG können die Hochschulen demnach Studiengangskonzepte entwickeln, die eine Studiendauer von sechs bis acht Semestern beinhalten.

Bereits erbrachte, der hochschulischen Pflegeausbildung gleichwertige Leistungen können – wie im Hochschulbetrieb üblich – nach allgemeinen landes- bzw. hochschulrechtlichen Vorgaben auf das Pflegestudium angerechnet werden (hierzu *Morgenroth* 2021, 684 ff.); dies gilt insbesondere für eine bereits erfolgreich abgeschlossene berufliche Pflegeausbildung nach dem Pflegeberufegesetz, dem Krankenpflegegesetz oder dem Altenpflegegesetz (§ 38 Abs. 5 PflBG). »Die in den genannten Ausbildungen erworbenen Kompetenzen und Fähigkeiten sollen in der Regel als gleichwertige Leistungen auf das Studium angerechnet werden. […] Diese Vorschrift trägt zum durchlässigen Übergang von beruflicher zu hochschulischer Pflegeausbildung bei und darüber hinaus der Tatsache Rechnung, dass die Ausbildungsziele nach § 37 [PflBG] die Kompetenzen der beruflichen Pflegeausbildung nach § 5 [PflBG] mitumfassen [▶ Kap. 7.2]. Im Regelfall ist von der Anrechnungsfähigkeit auf die Hälfte der Dauer der hochschulischen Ausbildung auszugehen« (BT-Drucks. 18/7823, 88).

7.2 Ausbildungsziele

Das Ausbildungsziel der hochschulischen Pflegeausbildung beschreibt § 37 PflBG, der sich an mehreren Stellen auf die Ziele der beruflichen Pflegeausbildung nach § 5 PflBG bezieht (▶ Kap. 2.4). So soll auch das Pflegestudium dazu befähigen, zu pflegende Menschen aller Altersstufen in den allgemeinen und speziellen Versorgungsbereichen der Pflege in akut und dauerhaft stationären sowie ambulanten Pflegesituationen unmittelbar zu versorgen; angestrebt wird also auch hier eine generalistische Ausbildung, die zur direkten Pflege »am Bett« qualifiziert (*Leuxner/von Schwanenflügel* 2018, 206).

Hinsichtlich der zu vermittelnden Kompetenzen verweist § 37 Abs. 3 PflBG zunächst auf § 5 Abs. 3 PflBG. »Die Ausbildungsziele der beruflichen Ausbildung bleiben damit der gemeinsame Nenner auch für die hochschulische Ausbildung« (*Igl* 2017, 861) – diese stellt im Vergleich zur beruflichen Pflegeausbildung also insofern kein *aliud*, sondern ein *plus* dar, als das Studium »ein erweitertes Ausbildungsziel« verfolgt (§ 37 Abs. 1 PflBG). Dieses erweiterte Ausbildungsziel umfasst zum einen die – einem Studium dem Grunde nach stets immanente – Kompetenzvermittlung auf wissenschaftlicher Grundlage und Methodik. Darüber hinaus beschreibt § 37 Abs. 3 PflBG in fünf Aspekten die Vermittlung weiterer Kompetenzen, die in Anlage 5 PflAPrV näher konkretisiert werden (§ 30 Abs. 1 Satz 2 PflAPrV) (▶ Kasten 5).

Kasten 5: Erweitertes Ausbildungsziel

1. Steuerung hochkomplexer Pflegeprozesse

Während die berufliche Pflegeausbildung zur Organisation, Gestaltung und Steuerung des Pflegeprozesses befähigt (§ 5 Abs. 3 lit. b PflBG), soll das Pflegestudium zur Steuerung und Gestaltung hochkomplexer Pflegeprozesse auf der Grundlage wissenschaftsbasierter oder wissenschaftsorientierter Entscheidungen qualifizieren. »Was damit gemeint ist, woran die Komplexität bemessen wird und ob es sich nur um zwei Stufen der Komplexität handeln soll oder gar um drei (normaler bzw. einfacher bzw. nicht komplexer?) Pflegeprozess, komplexer Pflegeprozess, hochkomplexer Pflegeprozess [sic!] bleibt zu klären« (*Weiß* et al. 2018, 229).

2. Anwendung vertieften Wissens

Die hochschulische Pflegeausbildung soll zur Anwendung vertieften Wissens über die Grundlagen der Pflegewissenschaft, des gesellschaftlich-institutionellen Rahmens des pflegerischen Handelns sowie des normativ-institutionellen Systems der Versorgung und zur maßgeblichen Mitgestaltung an der Weiterentwicklung der gesundheitlichen und pflegerischen Versorgung befähigen. Hervorzuheben im Vergleich zum Ausbildungsziel nach § 5 Abs. 2 Satz 2

PflBG ist hier die Aneignung und die Anwendung vertieften Wissens (*Igl* 2021, § 37 PflBG Rdnr. 9). Mit der klaren und zusätzlichen Bezugnahme auf den gesellschaftlichen und normativ-institutionellen Rahmen des pflegerischen Handelns »sind auch die die Pflege betreffenden Bereiche des Sozialgesetzbuchs (SGB) angesprochen, so insbesondere die Gesetzliche Krankenversicherung (SGB V), die neben der kurativen Versorgung mittlerweile auch zentrale Elemente der Gesundheitsförderung und Prävention sowie der Palliation enthält, weiter die Soziale Pflegeversicherung (SGB XI) und das gesamte Rehabilitationswesen (SGB IX)« (*Igl* 2021, § 37 PflBG Rdnr. 9).

3. Antizipation von Forschungsergebnissen

Absolventinnen und Absolventen der hochschulischen Pflegeausbildung sollen sich Forschungsgebiete der professionellen Pflege auf dem neuesten Stand der gesicherten Erkenntnisse erschließen und forschungsgestützte Problemlösungen wie auch neue Technologien in das berufliche Handeln übertragen sowie berufsbezogene Fort- und Weiterbildungsbedarfe erkennen können. Diese Teilkompetenz stellt sich im Vergleich zu den anderen als sehr anspruchsvoll dar und entspricht eher dem Niveau, das an einen Master-Studiengang zu richten ist (*Weiß* et al. 2018, 229).

4. Entwicklung wissenschaftsbasierter Lösungsstrategien

Die Studierenden sollen lernen, sich kritisch-reflexiv und analytisch sowohl mit theoretischem als auch praktischem Wissen auseinanderzusetzen und wissenschaftsbasiert innovative Lösungsansätze zur Verbesserung im eigenen beruflichen Handlungsfeld zu entwickeln und zu implementieren. Auch dies ist eine Qualifikation, die eher auf Master-Niveau liegt (*Weiß* et al. 2018, 229).

5. Qualitätsmanagement

Schließlich soll die hochschulische Pflegeausbildung akademisierte Pflegefachkräfte dazu befähigen, an der Entwicklung von Qualitätsmanagementkonzepten, Leitlinien und Expertenstandards mitzuwirken. Dies kann auf unterschiedlichen Handlungsebenen erfolgen: »Ein Qualitätsmanagementkonzept kann einmal auf der betrieblichen Ebene zu entwickeln sein. Es kann aber auch für das gesamte bundesweite Versorgungsgeschehen von Relevanz sein. Letzteres gilt für die Einbindung in die Entwicklung von Leitlinien und Expertenstandards« (*Igl* 2021, § 37 PflBG Rdnr. 12).

Vor dem Hintergrund der Wissenschaftsfreiheit nach Art. 5 Abs. 3 GG kann jede Hochschule darüber hinaus nach eigenem Ermessen die Vermittlung zusätzlicher Kompetenzen vorsehen, soweit das Ausbildungsziel der hochschulischen Ausbildung hierdurch nicht gefährdet wird (§ 37 Abs. 4 PflBG). Die Hochschulen erhalten somit die Möglichkeit, im Rahmen der gesetzlichen Vorgaben eigene Profile zu entwickeln (BT-Drucks. 18/7823, 87).

7.3 Struktur des Studiums

Das primärqualifizierende Pflegestudium umfasst sowohl (theoretische und praktische) Lehrveranstaltungen als auch Praxiseinsätze in Einrichtungen des Gesundheitswesens (§ 38 Abs. 1 PflBG), die im Wechsel aufeinander erfolgen sollen (§ 30 Abs. 3 Satz 1 PflAPrV). Der Arbeitsaufwand der Studierenden (neudeutsch: Workload) umfasst dabei insgesamt mindestens 4.600 Stunden, wovon mindestens 2.100 Stunden auf die Lehrveranstaltungen und mindestens 2.300 Stunden auf die Praxiseinsätze entfallen müssen; mindestens jeweils 400 der auf die Praxiseinsätze entfallenden Stunden sind in der allgemeinen Akutpflege und der allgemeinen Langzeitpflege in stationären Einrichtungen sowie in der allgemeinen ambulanten Akut- und Langzeitpflege durchzuführen (§ 30 Abs. 2 PflAPrV). Die verbleibenden 200 Stunden können frei auf beide Ausbildungsbereiche verteilt werden (BT-Drucks. 19/2707, 104). Dabei ist eine Lehrveranstaltungsstunde – den universitären Gepflogenheiten entsprechend – mit 45 Minuten anzusetzen, während eine Stunde Praxiseinsatz mit 60 Minuten zu veranschlagen ist (vgl. *Igl* 2021, § 38 PflBG Rdnr. 9 f.).

Von einer differenzierten Fehlzeitenregelung wird – im Gegensatz zur beruflichen Pflegeausbildung (▶ Kap. 2.3) – in Hinblick auf die eigenen Regelungen der Hochschulen sowohl im Pflegeberufegesetz als auch in der Ausbildungs- und Prüfungsverordnung abgesehen (BT-Drucks. 19/2707, 104). Allerdings gilt auch für die hochschulische Pflegeausbildung der allgemeine Grundsatz, dass Fehlzeiten das Erreichen des Ausbildungsziels nicht gefährden dürfen (§ 30 Abs. 6 PflAPrV).

Die Praxiseinsätze gliedern sich wie in der beruflichen Ausbildung in Pflichteinsätze, einen Vertiefungseinsatz sowie weitere Einsätze (§ 38 Abs. 3 Satz 1 PflBG); § 7 Abs. 1 bis 3 PflBG gilt insofern entsprechend (▶ Kap. 3.3.2) (*Igl* 2021, § 38 PflBG Rdnr. 13). Damit kann zwar auch in der hochschulischen Pflegeausbildung ein Vertiefungseinsatz in der pädiatrischen Versorgung bzw. im Bereich der allgemeinen Langzeitpflege gewählt werden, eine Möglichkeit zum Erwerb eines gesonderten bzw. klientenspezifischen Abschlusses im Bereich der Altenpflege oder der Kinderkrankenpflege besteht hingegen anders als in der beruflichen Pflegeausbildung nicht (BT-Drucks. 19/2707, 104) (▶ Kap. 3.2). Wie in der betrieblichen Pflegeausbildung muss die Praxiseinrichtung die Praxisanleitung der Studierenden nach § 6 Abs. 3 PflBG und § 4 PflAPrV gewährleisten (▶ Kap. 3.3.3).

Eine Besonderheit der hochschulischen im Vergleich zur betrieblichen Pflegeausbildung besteht darin, dass ein geringer Anteil der Praxiseinsätze in den Gesundheitseinrichtungen durch praktische Lerneinheiten an der Hochschule (zum Beispiel Versorgung von Simulationspatienten oder praktische Übungen in sogenannten Skills-Labs; vgl. *Igl* 2021, § 38 PflBG Rdnr. 19) ersetzt werden kann (§ 38 Abs. 3 Satz 4 PflBG); als Orientierungsgröße können 5 % der Praxiszeiten, also 115 Stunden gelten (BT-Drucks. 18/7823, 88). Erforderlich hierfür ist ein entsprechender Antrag bei der jeweils zuständigen Landesbehörde. Im Rahmen des Antragsverfahrens muss die Hochschule in einem Konzept darlegen, »dass das Ziel der Praxiseinsätze, insbesondere das Ziel, als Mitglied eines Pflegeteams in unmittelbarem Kontakt mit zu pflegenden Menschen zu lernen, nicht gefährdet wird« (§ 30 Abs. 5 PflAPrV).

7.4 Rechtsstellung der Hochschule

An der hochschulischen Pflegeausbildung ist weder eine Pflegeschule i.S.d. § 9 PflBG beteiligt noch existiert ein Träger der praktischen Ausbildung i.S.d. § 8 PflBG – der Hochschule kommt als ausbildender Akteurin damit eine besondere Rolle zu (hierzu insgesamt *Dauer* 2022a): So trägt sie nach § 38 Abs. 4 PflBG zunächst die Gesamtverantwortung für die Koordination der theoretischen und praktischen Lehrveranstaltungen mit den Praxiseinsätzen; dies entspricht der Koordinationsverantwortung der Pflegeschule nach § 10 Abs. 1 Satz 1 PflBG (▶ Kap. 5.3) (*Igl* 2021, § 38 PflBG Rdnr. 21). Darüber hinaus ist sie aber auch für die Durchführung der Praxiseinsätze verantwortlich, wozu sie Kooperationsverträge mit Einrichtungen des Gesundheitswesens schließen muss, die die Voraussetzungen des § 7 PflBG erfüllen müssen (▶ Kap. 2.2.1). Die Gesamtverantwortung der Hochschule bemisst sich damit wie bei den Pflegeschulen insgesamt nach den Maßgaben der §§ 6, 8 und 10 PflBG, dies aber nicht direkt, sondern analog (*Weiß* et al. 2018, 232).

Mit den Kooperationsverträgen hat die Hochschule gemäß § 31 Abs. 1 PflAPrV zugleich sicherzustellen, dass die Praxiseinrichtungen in angemessenem Umfang eine Praxisanleitung entsprechend den Vorgaben des modularen Curriculums der Hochschule durchführen, die durch geeignetes, in der Regel hochschulisch qualifiziertes Pflegepersonal zu erfolgen hat (hierzu ausführlich *Dauer* 2022b). Die Länder können in ihren Ausführungsbestimmungen weitergehende Regelungen treffen und bis zum 31. Dezember 2029 auch abweichende Anforderungen an die Eignung der Praxisanleiterinnen und Praxisanleiter zulassen.

Ähnlich wie die Pflegeschulen in der betrieblichen Pflegeausbildung stellen die Hochschulen in der hochschulischen Pflegeausbildung für die Zeit der Praxiseinsätze die Praxisbegleitung ihrer Studierenden in angemessenem Umfang sicher (▶ Kap. 5.2). Hierzu regeln sie mit den Einrichtungen der Praxiseinsätze über Kooperationsverträge die Modalitäten der Durchführung der Praxisbegleitung in den Einrichtungen sowie die Zusammenarbeit mit den Praxisanleiterinnen und Praxisanleitern (§ 31 Abs. 2 PflAPrV).

7.5 Rechtsstellung der Studierenden

Angehende *Pflegefachfrauen* und *Pflegefachmänner*, die eine hochschulische Pflegeausbildung absolvieren, sind hinsichtlich ihres rechtlichen Status keine Auszubildenden, sondern Studierende: In Ermangelung eines Ausbildungsträgers i.S.d. § 8 PflBG schließen sie keinen Ausbildungsvertrag nach § 16 PflBG ab (▶ Kap. 3.1), vielmehr wird mit ihrer Immatrikulation an einer staatlichen Hochschule ein öffentlich-rechtliches Mitgliedschaftsverhältnis begründet; mit einer privaten Hochschule wird ein privatrechtlicher Studienvertrag geschlossen (*Morgenroth* 2021, Rdnr. 15 ff.).

Der Zugang zum Pflegestudium bestimmt sich dabei grundsätzlich allein nach den insofern einschlägigen landesrechtlichen Regelungen zum Hochschulzugang (*Leuxner/von Schwanenflügel* 2018, 206), wobei es sich vornehmlich bzw. regelmäßig um die Festlegung bestimmter, größtenteils fachspezifischer Qualifikationsvoraussetzungen handelt (hierzu *Lindner*, in: *Hartmer/Detmer* 2017, 666 ff.). Die Zugangsvoraussetzungen zur (beruflichen) Pflegeausbildung nach § 11 Abs. 2 i. V. m. § 2 Nr. 2 bis 4 PflBG (Zuverlässigkeit, gesundheitliche Eignung und erforderliche Deutschkenntnisse), die vor allem der Abwehr von Gefahren für die zu versorgenden Pflegebedürftigen und der Gewährleistung der Fähigkeit zur Erlangung berufspraktischer Fertigkeiten durch die Auszubildenden dienen (▶ Kap. 2.2.3), gelten in der hochschulischen Pflegeausbildung dem Grunde nach damit nicht. Zwar bestimmt § 27 Abs. 1 Satz 3 HRG für den Hochschulbereich, dass Zugangs*hindernisse*, die in der Person eines Studienbewerbers liegen und sich nicht auf dessen Qualifikation beziehen, durch Landesrecht geregelt werden können, doch wurde hiervon bislang nur dann Gebrauch gemacht, wenn wegen einer Vorstrafe oder einer Erkrankung des Studienbewerbers ein störungsfreier und ordnungsgemäßer Studienbetrieb nicht (mehr) gewährleistet erschien (*Pautsch/Dillenburger* 2016, 123).

Zwischen der beruflichen und der hochschulischen Ausbildung bestehen indes derartig gewichtige Parallelen, dass es gerechtfertigt erscheint, durch Landesrecht (etwa im jeweiligen Landeshochschulgesetz, einer Rechtsverordnung oder im Satzungsrecht der Hochschule) Zugangshindernisse für die hochschulische Pflegeausbildung festzuschreiben, die den (negativen) Zugangsvoraussetzungen für die berufliche Pflegeausbildung entsprechen, auch wenn es hier dem Grunde nach nicht um die Vermeidung einer Gefährdung des Studienbetriebes geht: Zum einen durchlaufen die Lernenden in beiden Fällen vergleichbare Praxiseinsätze, in denen sie jeweils »am Bett« an und mit Patientinnen und Patienten arbeiten, zum anderen zielt sowohl die berufliche Ausbildung als auch das hochschulische Studium darauf ab, nach den entsprechenden Abschlussprüfungen die Berufsbezeichnung *Pflegefachmann* bzw. *Pflegefachfrau* führen zu dürfen. Nur durch entsprechende Hochschulzugangshindernisse kann also auch im Pflegestudium die Sicherheit der Patientinnen und Patienten gewährleistet und es letztendlich vermieden werden, dass Berufsbewerber im Zweifel erst das gesamte Pflegestudium durchlaufen müssen, um nach bestandener Prüfung bei der Antragstellung zur Erlaubniserteilung zum Führen der Berufsbezeichnung feststellen bzw. erfahren zu müssen, dass hierfür bestimmte zentrale Voraussetzungen nach §§ 1 und 2 PflBG nicht vorliegen und eine Berufsausübung daher faktisch unmöglich ist (▶ Kap. 1.1).

Insofern sollte bei der Implementierung bzw. Akkreditierung hochschulischer Pflegestudiengänge nach §§ 37 ff. PflBG in jedem Fall sorgsam geprüft werden, ob nicht beispielsweise durch eine satzungsrechtliche Regelung in der jeweiligen Studien- bzw. Prüfungsordnung Zugangshindernisse festgeschrieben werden (hierzu *Pautsch/Dillenburger* 2016, 152 f.), die den (negativen) Zugangsvoraussetzungen für die berufliche Pflegeausbildung entsprechen. Sofern diese nach § 27 Abs. 1 Satz 3 HRG erlassenen Maßgaben ähnlich bestimmt gefasst werden, wie die Regelungen in § 11 Abs. 2 i. V. m. § 2 Nr. 2 bis 4 PflBG, ist auch nicht davon auszugehen, dass der grundsätzliche Zugangsanspruch zur Ausbildung nach Art. 12 Abs. 1 GG in grundrechtswidriger Art relativiert würde, da die angelegten Eignungskriterien die besonderen Anforderungen des Studiums widerspiegelten und sie den verfassungsrechtlich zulässigen subjektiven Zugangsvoraussetzungen entsprächen, die das Bundesverfassungsgericht in seiner Rechtsprechung zur Reglementierung des grundgesetzlich freien Berufszugangs festgelegt hat (▶ Kap. 1.2.3).

Während des Pflegestudiums wird den Studierenden – im Gegensatz zu den Lernenden in der beruflichen Pflegeausbildung – keine Ausbildungsvergütung gezahlt (▶ Kap. 3.7.1), was dem Grunde nach auch für die Praxiseinsätze gilt: »Die Zahlung einer Ausbildungsvergütung für die Praxiseinsätze ist gesetzlich nicht vorgesehen, aber auch nicht untersagt (vgl. für die berufliche Ausbildung § 19 PflBG).

Tab. 10: Sozialversicherungsrechtlicher Status während der hochschulischen Pflegeausbildung (eigene Zusammenstellung)

Sozialversicherungszweig	Status	Rechtsgrundlage
Krankenversicherung	Versicherungspflicht in der Krankenversicherung der Studierenden (zu den Ausnahmen *Kostorz* 2012)	§ 5 Abs. 1 Nr. 9 SGB V
Pflegeversicherung	siehe Krankenversicherung	§ 20 Abs. 1 Satz 2 Nr. 9 SGB XI
Rentenversicherung	keine Versicherungspflicht bzw. Versicherungsfreiheit	§ 5 Abs. 3 SGB VI
Arbeitslosenversicherung	keine Versicherungspflicht bzw. Versicherungsfreiheit	§ 27 Abs. 4 Satz 1 Nr. 2 SGB III
Unfallversicherung	Versicherung kraft Gesetzes	§ 2 Abs. 1 Nr. 8 lit. c bzw. Nr. 2 SGB VII

In der Gesetzesbegründung heißt es dazu lapidar, dass die Ausbildungsvergütung vertraglich vereinbart werden kann (BT-Drucks. 18/7823, S. 87). Allerdings ist nicht klar, mit welchem Vertragspartner (Hochschule oder Einrichtungen der Praxiseinsätze) Studierende einen Vertrag über eine Ausbildungsvergütung schließen sollen, wenn anders als in der beruflichen Ausbildung kein Träger der praktischen Ausbildung vorgesehen ist, mit dem ein Ausbildungsvertrag besteht« (*Igl* 2021, § 38 PflBG Rdnr. 22). Denkbar ist dabei aber zumindest, dass die Praxiseinrichtungen nach § 7 PflBG den Studierenden während ihrer Praxiseinsätze eine Art Ausbildungsvergütung in Form eines Praktikumsentgelts oder einer Aufwandsentschädigung zahlen, dessen Höhe beispielsweise in dem Kooperationsvertrag mit der Hochschule vereinbart werden könnte.

Mit dem Studierendenstatus ist auch eine andere sozialversicherungsrechtliche Absicherung der Lernenden verbunden; dies gilt grundsätzlich auch unabhängig davon, ob die Praxiseinrichtung während der Praxiseinsätze eine wie auch immer geartete Vergütung zahlt, da die Praxisphasen als verpflichtende Praktika im Curriculum der Hochschule bzw. in der Studienordnung festgeschrieben sein müssen (▶ Tab. 10).

Dem fehlenden Status der Studierenden als Auszubildende i.S.d. § 16 Abs. 1 PflBG geschuldet ist zudem, dass auf ihre Ausbildungsmaßnahmen bzw. Praxiseinsätze dem Grunde nach nicht »die für Arbeitsverträge geltenden Rechtsvorschriften und Rechtsgrundsätze anzuwenden« sind (§ 16 Abs. 4 PflBG). Gleichwohl nehmen sie in ihren Praxiseinrichtungen als Berufspraktikantinnen und Berufspraktikanten im Rahmen ihrer hochschulischen Ausbildung eine zumindest auszubildenden- bzw. arbeitnehmerähnliche Stellung ein, so dass die wesentlichen arbeitsrechtlichen Schutzvorschriften (gegebenenfalls analog) auch in den Praxiseinsätzen der Pflegestudierenden gelten (▶ Kap. 3.8). Von besonderer Bedeutung dürften insofern die Bestimmungen des Jugendarbeitsschutzgesetzes, des Arbeitszeitgesetzes sowie des Mutterschutzgesetzes sein, die bei einem nach einer Studienordnung abzuleistenden Praktikum ohnehin unmittelbar gelten (§ 1 Abs. 1 Nr. 4 JArbSchG, § 2 Abs. 2 ArbZG sowie § 1 Abs. 2 Satz 2 Nr. 8 MuSchG). Zudem dürfen auch Pflegestudierenden – entsprechend den Auszubildenden – während der Praxiseinsätze

»nur Aufgaben übertragen werden, die dem Ausbildungszweck und dem Ausbildungsstand entsprechen; die übertragenen Aufgaben sollen den physischen und psychischen Kräften der Studierenden angemessen sein« (§ 31 Abs. 3 PflAPrV) (▶ Kap. 3.4.2).

7.6 Staatliche Prüfung

Anders als die berufliche Pflegeausbildung endet die hochschulische Variante nicht mit Zeitablauf zum Ende der Ausbildungszeit (und das unabhängig davon, ob bzw. wann die staatliche Prüfung abgelegt bzw. bestanden worden ist), sondern mit der Verleihung des akademischen Grades durch die Hochschule, also erst nach bzw. mit dem erfolgreich absolvierten Examen. Dementsprechend obliegt es auch den Hochschulen, das Erreichen des (im Vergleich zur beruflichen Ausbildung erweiterten) Ausbildungsziels nach § 37 PflBG zu überprüfen (§ 39 Abs. 1 PflBG). Dabei hat zumindest die Überprüfung der Kompetenzen nach § 5 PflBG (Ziele der beruflichen Ausbildung [▶ Kap. 2.4.1]) zum Ende des Studiums zu erfolgen (§ 39 Abs. 2 Satz 1 PflBG); die Kompetenzen nach § 37 Abs. 3 und 4 PflBG ([erweiterte] Ziele der hochschulischen Ausbildung [▶ Kap. 7.2]) können auch in einem früh(er)en Studienverlauf in den studienbegleitenden Modulabschlussprüfungen kontrolliert werden (*Igl* 2021, § 39 PflBG Rdnr. 13).

Mit der integrierten Überprüfung der Ausbildungsziele nach § 5 PflBG *und* § 37 Abs. 3 und 4 PflBG durch die Hochschule bilden die staatliche und die hochschulische Prüfung eine organisatorische Einheit (§ 39 Abs. 3 Satz 2 PflBG) (→ BT-Drucks. 19/2707, 111). Während die Bedingungen der staatlichen Prüfung dabei allerdings durch die Vorgaben der §§ 32 ff. PflAPrV konkretisiert und ausgestaltet werden, unterliegen die Modalitäten der hochschulischen Prüfung der alleinigen Verantwortung der Hochschule, die sich insofern auf ihr Selbstverwaltungsrecht i. V. m. der verfassungsrechtlich geschützten Wissenschaftsfreiheit nach Art. 5 Abs. 3 GG berufen kann (*Schnellenbach*, in: *Hartmer/Detmer* 2017, 733 und 735).

BT-Drucks. 18/7823, 88
Die Regelung in § 39 [PflBG] berücksichtigt die Belange der Hochschulen im Rahmen der landesrechtlichen Vorgaben zu Hochschulabschlüssen auf Grundlage des Bologna-Prozesses. Zugleich wird die staatliche Verantwortung für den Pflegeberuf als Heilberuf sichergestellt, indem die staatliche Prüfung, die zur Erlangung der Berufszulassung aus Gründen des Gesundheitsschutzes der zu pflegenden Menschen erforderlich ist, im Rahmen der hochschulischen Überprüfung zum Bachelorabschluss […] erfolgt. Die hochschulische Überprüfung der Studienziele und die staatliche Prüfung zur Erlangung der Berufszulassung bilden somit innerhalb der hochschulischen Pflegeausbildung auf der Grundlage dieses Gesetzes eine faktische Einheit. Durch diese Ausgestaltung werden Doppelprüfungen für die Studierenden vermieden sowie das Auseinanderfallen der hochschulischen Prüfung und der staatlichen Prüfung mit unterschiedlichen Ergebnissen verhindert. Die Studierenden können den akademischen Grad nicht ohne das Bestehen der staatlichen Prüfungsanteile erhalten.

Der Prüfungsgegenstand der von der Hochschule abzunehmenden staatlichen Prüfung ergibt sich im Wesentlichen aus dem in § 5 PflBG formulierten Ausbildungsziel und den in Anlage 5 PflAPrV beschriebenen, während der hochschulischen Ausbildung zu erwerbenden Kompetenzen (§ 32 Abs. 1 PflAPrV i. V. m. § 39 Abs. 2 Satz 1 PflBG). Auch hier umfasst die Prüfung einen schriftlichen, einen mündlichen und einen praktischen Teil; in den hierzu erlassenen §§ 35 bis 37 PflAPrV werden die Prüfungsinhalte näher spezifiziert. Die einzelnen Prüfungsteile folgen dabei dem modularen Curriculum des Pflegestudiums: Gemäß § 39 Abs. 3 PflBG und § 32 Abs. 4 PflAPrV legt die Hochschule mit Zustimmung der jeweils zuständigen Landesbehörde die Module fest, deren Modulabschlussprüfungen zugleich als Aufsichtsarbeiten bzw. als mündlicher und praktischer Prüfungsteil des Staatsexamens gelten (§ 35 Abs. 3 Satz 5, § 36 Abs. 2 Satz 2 sowie § 37 Abs. 2 Satz 4 PflBG).

Obwohl sich der staatliche Anteil der hochschulischen Prüfung auf die Überprüfung der Kompetenzen beziehen soll, die auch Teil der beruflichen Ausbildung nach § 5 PflBG sind (BT-Drucks. 19/2707, 106), liegt dessen Abstraktionsniveau deutlich über dem der staatlichen Prüfung nach der Absolvierung der beruflichen Pflegeausbildung. Dies zeigt sich vor allem im höheren Niveau der Kompetenzbeschreibungen in Anlage 5 PflAPrV (Kompetenzen für die Prüfung der hochschulischen Pflegeausbildung) im Vergleich zu den Kompetenzformulierungen in Anlage 2 PflAPrV (Kompetenzen für die staatliche Prüfung zur *Pflegefachfrau* bzw. zum *Pflegefachmann*), darüber hinaus aber auch in den in §§ 35 bis 37 PflAPrV umschriebenen Prüfungsanforderungen: So werden etwa in allen drei Aufsichtsarbeiten – anders als in der staatlichen Prüfung im Rahmen der beruflichen Ausbildung – auch »die Reflexion und Begründung des eigenen Handelns auf der Grundlage von wissenschaftlichen Erkenntnissen geprüft« (§ 35 Abs. 3 Satz 4 PflAPrV) und in der mündlichen Prüfung ist die gestellte Aufgabenstellung »unter Berücksichtigung aktueller wissenschaftlicher Erkenntnisse« zu lösen (§ 36 Abs. 3 Satz 1 PflAPrV). Die praktische Prüfung hat nach § 37 Abs. 4 PflAPrV in *hoch*komplexen Pflegesituationen stattzufinden; zudem soll die zu prüfende Person auch ihre Kompetenz unter Beweis stellen, »ihr Pflegehandeln wissenschaftsbasiert und -orientiert zu begründen und zu reflektieren« (§ 37 Abs. 2 Satz 3 PflAPrV).

Insgesamt sollen die Prüflinge also nachweisen, dass sie die für die Berufsausübung erforderlichen Kompetenzen auf hochschulischem Niveau erworben haben (BT-Drucks. 19/2707, 108).

Nach § 39 Abs. 4 Satz 1 PflBG und § 33 Abs. 3 Satz 1 PflAPrV werden die Modulprüfungen des Studiums, die zugleich Bestandteile der staatlichen Prüfung sind, unter dem gemeinsamen Vorsitz der Hochschule und der für das Staatsexamen zuständigen Landesbehörde durchgeführt (zur Frage eines möglichen Dissenses zwischen beiden Vorsitzenden vgl. *Igl* 2021, § 39 PflBG Rdnr. 16). Mit der Beteiligung der landesrechtlichen Prüfungs- bzw. Aufsichtsbehörde soll vor allem die staatliche Verantwortlichkeit für die Qualität der Pflegeausbildung und die mit ihr bezweckte Patientensicherheit sichergestellt werden (▶ Kap. 1.1). Umso erstaunlicher ist es, dass die Landesbehörde die Hochschule beauftragen kann, den Vorsitz auch stellvertretend für sie wahrzunehmen (§ 39 Abs. 4 Satz 2 PflBG): »Damit ist die staatliche Verantwortung für die Abschlussprüfung nur noch rudimentär vorhanden, indem die Landesbehörde lediglich bei der Modulauswahl für die Prüfung zu beteiligen ist« (*Dielmann* 2022, § 39 PflBG Rdnr. 5), wodurch »relevante staatliche Kontrolle aufgegeben« wird (*Haage* 2019a, § 39 Rdnr. 4; weniger kritisch *Igl* 2021, § 39 PflBG Rdnr. 17).

Der Doppelcharakter der Prüfungen und deren grundsätzliche Verantwortlichkeit in der Hand der zuständigen Landesbehörde spiegelt sich in der Zusammensetzung des Prüfungsausschusses wider, der an jeder Hochschule zu bilden ist, die die hochschulische Pflegeausbildung anbietet (§ 33 Abs. 1 Satz 1 PflAPrV). Ihm müssen zunächst jeweils ein Vertreter der Hochschule und der zuständigen Landesbehörde angehören, die den Vorsitz des Ausschusses gemeinschaftlich und gleichberechtigt führen. Zudem gehören ihm jeweils mindestens ein Prüfer aus den folgenden Personenkreisen an (§ 33 Abs. 1 Satz 2 PflAPrV):

- Personen, die an der Hochschule für das Fach (oder besser: für die zu prüfenden Inhalte) als Professorin bzw. Professor berufen worden sind
- Personen, die über eine Hochschulprüfungsberechtigung verfügen, aber nicht zwangsläufig aus dem Kreis der Professorinnen und Professoren stammen müssen, sondern auch dem sogenannten akademischen Mittelbau zugehören können, und die nach § 15 Abs. 4 HRG »selbst mindestens die durch die Prüfung festzustellende oder eine gleichwertige Qualifikation besitzen« (hierzu etwa *Schnellenbach*, in: *Hartmer/Detmer* 2017, 753 f.)
- Personen, die für die Abnahme des praktischen Prüfungsteils geeignet sind, wobei nicht näher bestimmt ist, welche Qualifikationsanforderungen die Prüfer genau erfüllen müssen (*Haage* 2019b, § 33 Rdnr. 2); Grundvoraussetzung dürfte – da es sich bei der praktischen Prüfung zugleich um eine hochschulische Modulabschlussprüfung handelt – neben der generellen Hochschulprüfungsberechtigung indes sein, dass sie eine hinreichende Berufserfahrung zur Beurteilung pflegerischer bzw. pflegepraktischer Interventionen mitbringen (vgl. *Morgenroth* 2021, Rdnr. 386 ff.) (etwa hochschulisch qualifizierte Praxisanleiterinnen und Praxisanleiter [▶ Kap. 7.4])

Diese Prüferinnen und Prüfer müssen zudem über eine Erlaubnis zum Führen einer Berufsbezeichnung als Pflegefachkraft verfügen (*Pflegefachfrau* bzw. *Pflegefachmann*, *Gesundheits- und [Kinder-]Krankenpfleger[in]* oder *Altenpfleger[in]*) (§ 33 Abs. 1 Satz 3 PflAPrV).

Wie in der beruflichen Pflegeausbildung sind die drei Aufsichtsarbeiten sowie der mündliche und der praktische Teil der Prüfung bestanden, wenn alle Bestandteile mindestens mit der Note *ausreichend* bewertet worden sind (§ 35 Abs. 7, § 36 Abs. 7 und § 37 Abs. 8 PflAPrV), wobei es auch hier zur Aufgabe der Vorsitzenden des Prüfungsausschusses gehört, die einzelnen Noten im Benehmen mit den Fachprüferinnen und Fachprüfern festzulegen (§ 35 Abs. 6, § 36 Abs. 6 und § 37 Abs. 7 PflAPrV). Die so ermittelte Note für die mündliche und praktische Prüfung ist zugleich die Gesamtnote für diese beiden Prüfungsteile; beim schriftlichen Teil wird sie aus den Noten für die drei Klausuren gebildet, wobei sie unterschiedlich gewichtet werden können, wenn die ihnen zugrundeliegenden Module im Curriculum des Studiums hinsichtlich ihres Arbeitsaufwands unterschiedlich bewertet werden (§ 35 Abs. 8 PflAPrV). Anders als in der staatlichen Prüfung im Rahmen der beruflichen Pflegeausbildung fließen in die Examensnoten der Staatsprüfung im Rahmen der hochschulischen Pflegeausbildung also keine Vornoten in die Leistungsbewertung ein. Aus dem arithmetischen Mittel der Noten für die drei Prüfungsteile wird schließlich die Gesamtnote für die staatliche Prüfung gebildet (§ 39 Abs. Satz 2 PflAPrV).

Die hochschulische Pflegeausbildung kann nur dann erfolgreich beendet werden, wenn sowohl der hochschulische als auch der staatliche Teil der Prüfung bestanden worden sind. Die Studierenden können also ohne das Bestehen der staatlichen Prüfungsanteile keinen akademischen Grad erwerben; ebensowenig können sie eine Erlaubnis zum Führen der Berufsbezeichnung *Pflegefachfrau* bzw. *Pflegefachmann* erhalten, wenn sie zwar das staatliche Examen bestanden haben, nicht jedoch den hochschulischen Teil der Prüfung (§ 40 Abs. 1 PflAPrV) (hierzu kritisch *Haage* 2019b, § 40 Rdnr. 2). »Damit soll die staatliche Verantwortung für die gesamte Ausbildung unterstrichen werden, die ansonsten für das Studium selbst im Unterschied zur beruflichen Ausbildung (Teil 2 PflBG) weitgehend in der Verantwortung der Hochschule liegt (§ 38 Abs. 6 PflBG)« (*Dielmann* 2022, § 40 PflAPrV Rdnr. 1).

8 Führen der Berufsbezeichnung

Mit dem Bestehen der staatlichen Prüfung ist die zentrale Voraussetzung zur Erteilung der Erlaubnis zum Führen der Berufsbezeichnung *Pflegefachfrau* bzw. *Pflegefachmann* nach § 1 Abs. 1 Satz 1 PflBG erfüllt (§ 2 PflBG). Zuständig hierfür ist die nach Landesrecht entsprechend ermächtigte Behörde (§ 49 PflBG), die zudem befugt ist, die Erlaubnis unter bestimmten Voraussetzungen zurückzunehmen, zu widerrufen oder ruhen zu lassen (§ 3 PflBG). Mit dem Berufszugang verbunden sind sodann bestimmte Maßgaben zur Berufsausübung. Hierzu gehören vor allem die sogenannten Vorbehaltsaufgaben nach § 4 PflBG, die beruflich nur von Personen ausgeführt werden dürfen, die die Erlaubnis zum Führen einer Berufsbezeichnung nach dem Pflegeberufegesetz haben.

8.1 Erlaubniserteilung

»Wer die Berufsbezeichnung ›Pflegefachfrau‹ oder ›Pflegefachmann‹ führen will, bedarf der Erlaubnis« (§ 1 Abs. 1 Satz 1 PflBG). Die hierfür zu erfüllenden Voraussetzungen ergeben sich aus § 2 PflBG. Es handelt sich hierbei um die Ableistung der vorgeschriebenen Ausbildungszeit und das Bestehen der staatlichen Prüfung, die Zuverlässigkeit und die gesundheitliche Eignung des Berufsbewerbers sowie von ihm vorzuweisenden ausreichenden Kenntnisse der deutschen Sprache.

Zunächst setzt die Erlaubnis zum Führen der Berufsbezeichnung voraus, dass die sie beantragende Person die nach den Maßgaben des Pflegeberufegesetzes und der Ausbildungs- und Prüfungsverordnung vorgeschriebene Ausbildung absolviert und die staatliche Abschlussprüfung bestanden hat (§ 2 Nr. 1 PflBG). Dabei setzt indes bereits die Anmeldung zur sogenannten Staatsprüfung voraus, dass der Prüfungskandidat die Ausbildung ordnungsgemäß durchlaufen hat (▶ Kap. 6.1), weshalb ein Nachweis des Bestehens der Prüfung in aller Regel ausreichend sein dürfte. Dieser kann bei einer beruflichen Pflegeausbildung durch die Vorlage des Prüfungszeugnisses nach § 19 Abs. 2 PflAPrV erbracht werden; eine absolvierte Hochschulausbildung kann durch das von der Hochschule erstellte Zeugnis nach § 40 Abs. 2 PflAPrV nachgewiesen werden (*Dielmann* 2022, § 2 PflBG Rdnr. 5 f.).

Eine weitere Voraussetzung für die Erteilung der Erlaubnis zum Führen einer Berufsbezeichnung nach dem Pflegeberufegesetz ist, dass der Antragsteller »sich nicht eines Verhaltens schuldig gemacht hat, aus dem sich die Unzuverlässigkeit zur Ausübung des Berufs ergibt« (§ 11 Abs. 2 i. V. m. § 2 Nr. 2 PflBG). Die Maßgabe hat vor allem präventiven Charakter und dient der Abwehr von Gefahren für die zu versorgenden Pflegebedürftigen (→ Bay VGH vom 25. September 1996 [Az. 7 B 95.2642]).

Bay VGH zur Zuverlässigkeit von Pflegekräften
Die Reinhaltung des Berufsstandes ist nicht nur bei den Ärzten, sondern auch beim Pflegepersonal besonders wichtig, weil Kranke wegen ihrer Schmerzen und Gebrechen und der damit nicht selten verbundenen Hilflosigkeit ihr ganzes Vertrauen nicht nur in den Arzt, sondern auch in das Pflegepersonal setzen und deshalb in diesem Vertrauen vor einem Missbrauch durch unzuverlässige Pflegekräfte geschützt werden müssen.

Das Merkmal der Zuverlässigkeit bzw. Unzuverlässigkeit zur Berufsausübung ist dabei rechtlich unbestimmt, so dass hier jeweils auf die Umstände des Einzelfalls und auf die Spezifika des Pflegeberufs abzustellen ist (*Kreutz*, in: *Kreutz/Opolony* 2019, § 2 Rdnr. 6). Danach ist eine ausreichende Gewähr für eine ordnungsgemäße Berufsausübung in der Regel nicht gegeben, wenn belegbare Tatsachen die Annahme rechtfertigen, dass der Betreffende die berufsspezifischen Vorschriften und Pflichten nicht ausreichend beachten bzw. erfüllen wird (*Igl* 2021, § 2 PflBG Rdnr. 14). Anhaltspunkte für eine mangelnde Zuverlässigkeit sind beispielsweise das Begehen berufsspezifischer Straftaten, wie etwa Körperverletzungen oder Verstöße gegen die Schweigepflicht oder das Betäubungsmittelrecht; selbst ein hohes Aggressionspotenzial, welches sich etwa in groben Beleidigungen manifestiert, kann im Einzelfall geeignet sein, die Zuverlässigkeit der Pflegekraft zu verneinen (VG Augsburg vom 19. Mai 2009 [Az. Au 2 K 08.1596]). Dabei kommt es bei der Beurteilung auch darauf an, ob das delinquente Verhalten auch künftig zu erwarten ist oder prognostisch mit einer Besserung gerechnet werden kann (*Weiß* et al. 2018, 121 sowie *Dielmann* 2022, § 2 PflBG Rdnr. 7 ff.).

Das Verwehren der Erlaubnis zum Führen der Berufsbezeichnung ist indes nicht nur bei einem strafrechtlich relevanten Fehlverhalten angezeigt; »schuldig gemacht« ist mithin nicht gleichzusetzen mit »strafrechtlich schuldig gemacht« (Bay VGH vom 25. September 1996 [Az. 7 B 95.2642]). So kann beispielsweise auch der Konsum von Cannabis die Unzuverlässigkeit einer Pflegekraft begründen, wenn der Genuss auch die Eignung zum Führen eines Kraftfahrzeuges entfallen lässt, da die »Anforderungen an Konzentration, Wahrnehmungsfähigkeit und Reaktionsvermögen beim Führen von Kraftfahrzeugen [...] jedenfalls in Teilen vergleichbar [sind] mit den Anforderungen, die an einen [hier:] Gesundheits- und Krankenpfleger zu stellen sind« (VG Arnsberg vom 3. Juni 2013 [Az. 7 K 1597/12]). Demgegenüber sind »[g]elegentliche, auch wiederholte Fehler und Nachlässigkeiten im Vorfeld oder während der Ausbildung [...] nicht ausreichend, um die Unzuverlässigkeit bei der Berufsausübung zu belegen« (*Dielmann* 2022, § 2 PflBG Rdnr. 8).

Zudem dürfen Personen, die die Berufsbezeichnung *Pflegefachfrau* bzw. *Pflegefachmann* führen möchten, »nicht in gesundheitlicher Hinsicht zur Ausübung des Berufs ungeeignet« sein (§ 2 Nr. 3 PflBG). Ob sie diesen gesundheitlichen Anforderungen genügen, ist in jedem Einzelfall zu prüfen. Auf die Art einer eventuell bestehenden (psychischen oder physischen) Beeinträchtigung kommt es dabei nicht an; entscheidend ist vielmehr, dass sie im Zweifel die Ausübung des Pflegeberufs weitgehend oder sogar ganz ausschließt. So kann etwa einem Menschen mit Epilepsie, der seit mehr als drei Jahren keinen Anfall mehr erlitten hat und der nach ärztlichem Urteil bei gleichbleibender Medikation auch anfallsfrei bleiben wird, nicht die Erlaubnis zum Führen der Berufsbezeichnung versagt werden, selbst wenn grundsätzlich davon ausgegangen werden kann, »dass in den Fällen, in denen es infolge einer Epilepsie zu großen – mit Bewusstseinsstörungen einhergehenden – Krampfanfällen (Grand mal) kommt, das Risiko einer Gefährdung der Pflegebedürftigen besteht, wenn die Grandmal-Anfälle ohne ausreichende Vorwarnzeit in Situationen auftreten, in denen Pflegebedürftige durch einen plötzlichen Ausfall der Pflegekraft zu Schaden kommen könnten« (OVG Hamburg vom 1. Februar 2002 [Az. 4 Bf 139/00]).

Eine eventuell bestehende gesundheitliche Ungeeignetheit ist dabei ausschließlich an den Anforderungen des Pflegeberufes im Sinne der nach § 5 Abs. 3 PflBG auszuführenden Aufgaben zu bemessen (▸ Kap. 2.4.5). Erkrankungen bzw. Behinderungen, die eine Person nur an der Vornahme einzelner, bestimmter Tätigkeiten des Aufgabenspektrums in der Pflege hindern, sie aber nicht schlechthin für eine Tätigkeit in der Pflege ungeeignet werden lassen, stehen der gesundheitlichen Eignung damit grundsätzlich nicht entgegen (*Weiß* et al. 2018, 121). Eine Suchterkrankung kann danach die gesundheitliche Ungeeignetheit für den Pflegeberuf bedingen (*Weiß* et al. 2018, 121), nicht jedoch eine HIV- oder Hepatitis-Infektion, wenn nicht angenommen werden kann, dass die Pflegekraft die zum Schutz der Patientinnen und Patienten notwendigen Schutzvorschriften und Verhaltensregeln nicht einhält (*Igl* 2021, § 2 PflBG Rdnr. 21).

Schließlich muss die Person über die zur Berufsausübung erforderlichen Kenntnisse der deutschen Sprache verfügen, da es gerade im Pflegebereich unabdingbar ist, »dass sich das Pflegepersonal mit den zu betreuenden Personen, mit deren Angehörigen, im Kollegenkreis und auch mit anderen in den Pflegeprozess eingebundenen Berufsgruppen verständigen kann. Missverständnisse, die durch unzureichende Kenntnisse der deutschen Sprache entstehen, können fatale Folgen nach sich ziehen« (BT-Drucks. 18/1723, 64). Die geforderten Sprachkenntnisse sollten sich grundsätzlich am Sprachniveau B2 des sogenannten → *Gemeinsamen Europäischen Referenzrahmens für Sprache (GER)* orientieren (BT-Drucks. 18/7823, 65).

Sprachniveau B2 des GER
Kann die Hauptinhalte komplexer Texte zu konkreten und abstrakten Themen verstehen; versteht im eigenen Spezialgebiet auch Fachdiskussionen. Kann sich so spontan und fließend verständigen, dass ein normales Gespräch mit Muttersprachlern ohne größere Anstrengung auf beiden Seiten gut möglich ist. Kann sich zu einem breiten Themenspektrum klar und detailliert ausdrücken, einen Standpunkt zu einer aktuellen Frage erläutern und die Vor- und Nachteile verschiedener Möglichkeiten angeben.

Das Vorliegen der genannten Voraussetzungen ist von der Person, die die Erlaubnis zum Führen der Berufsbezeichnung begehrt, zu belegen. Zum Nachweis des Kriteriums der Zuverlässigkeit zur Ausübung des Pflegeberufs ist die zuständige Landesbehörde daher regelmäßig berechtigt, sich vom Antragsteller ein Führungszeugnis vorlegen zu lassen (*Dielmann* 2022, § 11 PflBG Rdnr. 13 sowie *Weiß* et al. 2018, 121); in Betracht kommt insofern ein reguläres bzw. erweitertes Führungszeugnis nach § 30 bzw. § 30a BZRG sowie ein Führungszeugnis zur Vorlage bei einer Behörde nach § 31 BZRG. Ähnliches gilt bei der Voraussetzung der gesundheitlichen Eignung für die Berufsausübung; hier ist es der Behörde gestattet, sich die Berufseignung durch eine ärztliche Bescheinigung belegen zu lassen (*Igl* 2021, § 2 PflBG Rdnr. 20 f.). Die geforderten Sprachkenntnisse können beispielsweise durch ein entsprechendes Sprachzertifikat nachgewiesen werden (*Weiß* et al. 2018, 162).

Das Verfahren der Antragstellung zur Erteilung der Erlaubnis zum Führen der Berufsbezeichnung *Pflegefachfrau* bzw. *Pflegefachmann* ist weder im Pflegeberufegesetz noch in der Ausbildungs- und Prüfungsverordnung geregelt; hier gilt im Rahmen der bundesgesetzlichen Vorgaben das jeweilige Landesrecht. Beim Vorliegen der vier Voraussetzungen des § 2 PflBG hat die antragstellende Person dabei einen Rechtsanspruch auf die Erlaubniserteilung; werden eine oder mehrere Voraussetzungen nicht erfüllt, ist die Erlaubnis entsprechend zu versagen.

Wird die Erlaubnis zum Führen der Berufsbezeichnung erteilt, wird hierüber von der zuständigen Behörde eine Urkunde nach dem Muster der Anlage 13 PflAPrV ausgestellt (§ 1 Abs. 2 PflBG und § 42 PflAPrV). Diese enthält vor allem die Berufsbezeichnung, die geführt werden darf (*Pflegefachfrau* bzw. *Pfle-*

gefachmann, bei einer klientenspezifischen Ausbildung *Altenpfleger[in]* bzw. *Gesundheits- und Kinderkrankenpfleger[in]* [▶ Kap. 3.2]), bei Absolventinnen und Absolventen der hochschulischen Ausbildung zur *Pflegefachfrau* bzw. zum *Pflegefachmann* darüber hinaus den erworbenen akademischen Grad (▶ Kap. 7.6). Für die berufliche Pflegeausbildung enthält sie ferner einen Hinweis auf den nach § 7 Abs. 4 Satz 1 PflBG durchgeführten Vertiefungseinsatz (▶ Kap. 3.2) nach dem Muster der Anlage 14 PflAPrV.

8.2 Verlust der Erlaubnis

Der Schutz des Patientenwohls und der Patientensicherheit gebietet es, die Bestandskraft der Erlaubniserteilung bei Bedarf zu überprüfen und gegebenenfalls zu revidieren, wenn Anhaltspunkte dafür bestehen, dass eine Pflegekraft die Bezeichnung *Pflegefachfrau* bzw. *Pflegefachmann* zu Unrecht führt. Das Gesetz unterscheidet insofern die Rücknahme der Erlaubnis zum Führen einer entsprechenden Berufsbezeichnung beim Fehlen der einschlägigen Voraussetzungen bereits zum Zeitpunkt deren Erteilung (§ 3 Abs. 1 PflBG) vom Widerruf der Erlaubnis bei einem nachträglichen Wegfall einer entsprechenden Bedingung (§ 3 Abs. 2 PflBG) (*Wiese* 2014, Rdnr. 21) (▶ Tab. 11). Hinzu kommt die Möglichkeit des Ruhens der Erlaubniserteilung für den Fall, dass ein Erlaubniswiderruf wegen des Begehens einer Straftat zwar droht, die betreffende Person aber noch nicht rechtskräftig verurteilt worden ist (§ 3 Abs. 3 PflBG).

Tab. 11: Verlust der Erlaubnis zum Führen der Berufsbezeichnung (eigene Zusammenstellung)

Rücknahme der Erlaubnis beim Fehlen einer der Voraussetzungen *ex ante* (§ 3 Abs. 1 PflBG)	Voraussetzungen für die Erlaubniserteilung (§ 2 PflBG)	Widerruf der Erlaubnis beim Wegfall einer der Voraussetzungen *ex post* (§ 3 Abs. 2 PflBG)
»muss« (Pflicht der Behörde)	Ausbildung und Prüfung	[Regelung nicht erforderlich]
»muss« (Pflicht der Behörde)	Zuverlässigkeit	»muss« (Pflicht der Behörde)
»kann« (Ermessen der Behörde)	gesundheitliche Eignung	»kann« (Ermessen der Behörde)
»kann« (Ermessen der Behörde)	ausreichende Deutschkenntnisse	[Regelung nicht erforderlich]

8.2.1 Rücknahme der Erlaubnis

Eine bereits erteilte Erlaubnis zum Führen der Berufsbezeichnung *muss* gemäß § 3 Abs. 1 Satz 1 PflBG (zwingend) zurückgenommen werden, wenn die entsprechende Person zum Zeitpunkt der Erlaubniserteilung keine bzw. eine nur defizitäre Ausbildung genossen resp.

die staatliche Prüfung nicht bestanden hat (§ 2 Nr. 1 PflBG) oder sie für den Beruf der Pflegefachkraft bereits im Vorhinein ungeeignet war (§ 2 Nr. 2 PflBG). Die Rücknahme erfolgt dabei verschuldensunabhängig und *ex tunc*, also mit Wirkung für die Vergangenheit (*Kreutz*, in: *Kreutz/Opolony* 2019, § 3 Rdnr. 2 und 4). Durch diese behördliche Maßnahme wird in Anlehnung an § 48 VwVfG ein *ex ante* fehlerhaft bzw. rechtswidrig erlassener Verwaltungsakt nachträglich korrigiert, wenn die erlaubniserteilende Behörde das Vorliegen der Voraussetzungen nach § 2 PflBG ausnahmsweise entweder falsch eingeschätzt hat oder sie hierbei bewusst getäuscht worden ist.

Demgegenüber *kann* die Erlaubniserteilung nach § 3 Abs. 1 Satz 2 PflBG zurückgenommen werden, wenn die zuständige Behörde bei ihr ursprünglich irrtümlich davon ausgegangen ist, dass die gesundheitliche Eignung zur Berufsausübung und/oder die erforderlichen Kenntnisse der deutschen Sprache vorgelegen haben, und sie erst später erkennt, dass dies nicht der Fall war. Der Behörde wird also ausdrücklich ein Ermessensspielraum eingeräumt, so dass diese Form der Erlaubnisrücknahme – anders als die nach § 3 Abs. 1 Satz 1 PflBG – nicht zwingend ist (*Dielmann* 2022, § 3 PflBG Rdnr. 4). Sie kann beispielsweise dadurch verhindert werden, dass eine ursprüngliche gesundheitliche Beeinträchtigung durch therapeutische Maßnahmen beseitigt wird oder die erforderlichen Sprachkenntnisse nachträglich erworben werden (*Haage* 2019a, § 3 Rdnr. 2).

8.2.2 Widerruf der Erlaubnis

Während die Rücknahme der Erlaubnis zum Führen der Berufsbezeichnung an Tatsachen anknüpft, die der Erlaubniserteilung bereits *ursprünglich* entgegen standen, aber erst nach deren Erteilung festgestellt werden, erfolgt ein Widerruf der Erlaubnis in den Fällen, in denen erst *nach* der Erlaubniserteilung Umstände eintreten und bemerkt werden, die einen Widerruf rechtfertigen (*Wiese* 2014, Rdnr. 21). Dementsprechend wirkt der Erlaubniswiderruf – anders als die Erlaubnisrücknahme – nicht rückwirkend (*ex tunc*), sondern für die Zukunft (*ex nunc*) (*Kreutz*, in: *Kreutz/Opolony* 2019, § 3 Rdnr. 7).

In § 3 Abs. 2 PflBG geregelt ist dabei der Widerruf bei Unzuverlässigkeit und einem Fehlen der gesundheitlichen Eignung für den Pflegeberuf. Auf die beiden weiteren Voraussetzungen zur Erlaubniserteilung nach § 2 PflBG (Absolvierung der Ausbildung und der staatlichen Prüfung sowie das Vorhandensein erforderlicher Deutschkenntnisse) wird in der Vorschrift – anders als beim Erlaubnisrücknahme nach § 3 Abs. 1 PflBG – kein Bezug genommen. Dies ist sachlogisch und stellt insofern keine Regelungslücke dar, als es kaum vorstellbar ist, dass das Bestehen der Staatsprüfung oder eine einmal vorhandene Sprachkompetenz nachträglich wegfällt.

Dabei *muss* die Erlaubnis zum Führen der Berufsbezeichnung zurückgenommen werden, wenn nachträglich bekannt wird, dass die Zuverlässigkeit zur Berufsausübung nicht (mehr) gegeben ist (§ 3 Abs. 2 Satz 1 PflBG). Erforderlich ist dabei der Nachweis eines Verhaltens, »das nach Art, Schwere und Zahl von Verstößen gegen Berufspflichten die zu begründende Prognose rechtfertigt, der Betroffene biete aufgrund der begangenen Verfehlungen nicht die Gewähr, in Zukunft die berufsspezifischen Vorschriften und Pflichten zu beachten. Dabei sind die gesamte Persönlichkeit des Betroffenen und seine Lebensumstände im Zeitpunkt des Abschlusses des Verwaltungsverfahrens zu würdigen« (OVG Lüneburg vom 23. Dezember 2004 [Az. 8 ME 169/04]). In der Vergangenheit wurde hiervon beispielsweise in folgenden Fällen ausgegangen (nach *Igl* 2021, § 3 PflBG Rdnr. 20 ff.):

- Misshandlungen und Verletzungen des Persönlichkeitsrechts gegenüber schutzbedürftigen Personen, die einer Pflegefachkraft anvertraut sind (VG Stuttgart vom 19. Juli 2011 [Az. 4 K 766/11])

- Verletzung bzw. Ausnutzung des Vertrauensverhältnisses zwischen Pflegefachkraft und Patient durch Unterschlagung von Patienteneigentum (OVG Lüneburg vom 17. Juni 2013 [Az. 8 LA 155/12])
- Fälschung von Sprachzertifikaten zum Nachweis erforderlicher Deutschkenntnisse im Rahmen von Verfahren zur Anerkennung im Ausland erworbener Berufsabschlüsse (VG München vom 4. März 2019 [Az. M 16 S 19.179])
- Verletzung des höchstpersönlichen Lebensbereichs von Patienten durch die Anfertigung von Bildaufnahmen, auf denen deren freiliegende Geschlechtsteile zu erkennen sind (VG Hannover vom 27. April 2020 [Az. 7 B 5587/19])
- Verletzung des Selbstbestimmungsrechts von pflegebedürftigen Personen durch die Verwehrung eines klar formulierten Wunsches nach einem Toilettengang (VG Braunschweig vom 30. Juni 2020 [Az. 1 A 283/19])
- Androhung von freiheitsentziehenden Fixierungsmaßnahmen bei einer Zuwiderhandlung gegen Anweisungen der Pflegekraft (VG Braunschweig vom 30. Juni 2020 [Az. 1 A 283/19])

Insgesamt bedarf es bei der Prognose, ob auch künftig mit Pflichtverstößen zu rechnen ist, die eine Unzuverlässigkeit zur Berufsausübung vermuten lassen, indes einer Gesamtbetrachtung, in die alle relevanten Umstände einzubeziehen sind. Zu berücksichtigen sind diesbezüglich etwa beanstandungsfrei zurückgelegte Berufsjahre oder eine zu erwartende erfolgreich verlaufende Resozialisierung (*Dielmann* 2022, § 3 PflBG Rdnr. 9 f.).

Ist die gesundheitliche Eignung für den Pflegeberuf nachträglich weggefallen, *kann* die Erlaubnis zum Führen der Berufsbezeichnung widerrufen werden (§ 3 Abs. 2 Satz 2 PflBG); es handelt sich hier also um eine Ermessensentscheidung, bei der die zuständige Behörde insbesondere den Grundsatz der Verhältnismäßigkeit zu beachten hat (*Kreutz*, in: *Kreutz/Opolony* 2019, § 3 Rdnr. 8). Entscheidendes Kriterium ist dabei der Gesundheitsschutz der Patienten nach Art. 2 Abs. 2 Satz 1 GG, der insofern gegen das Recht auf Berufs(ausübungs)freiheit der *Pflegefachfrau* bzw. des *Pflegefachmanns* nach Art. 12 GG abgewogen werden muss. So kann beispielsweise von einer nicht hinzunehmenden Patientengefährdung ausgegangen werden, wenn eine Pflegefachkraft mehrfach in stark alkoholisiertem Zustand aufgefallen ist und sie überdies verschiedentlich stationär psychiatrisch behandelt werden musste (VG Arnsberg vom 20. Dezember 2006 [Az. 9 K 514/06]). Der Wegfall der gesundheitlichen Eignung ist dabei durch ärztliche Befunde nachzuweisen. »Häufige schriftliche Beschwerden von Vorgesetzten und anderen Beschäftigten über das Arbeits- und Sozialverhalten reichen als Nachweis« demgegenüber nicht aus (*Dielmann* 2022, § 3 PflBG Rdnr. 17 f.).

Da die gesundheitliche Eignung nicht zwangsläufig auf Dauer wegfallen muss, kann eine widerrufene Erlaubnis zur Führung der Berufsbezeichnung *Pflegefachfrau* bzw. *Pflegefachmann* bei günstiger Prognose auf Antrag wieder (neu) erteilt werden (VG Gelsenkirchen vom 7. Dezember 2011 [Az. 7 K 5458/10]). Dies ist etwa nach einer erfolgreich therapierten Suchterkrankung der Fall, wenn eine (weitere) Gefährdung der Patientensicherheit aufgrund einer kontinuierlichen Abstinenz der Pflegefachkraft ausgeschlossen werden kann.

8.2.3 Ruhen der Erlaubnis

§ 3 Abs. 3 Satz 1 PflBG bestimmt schließlich, dass die zuständige Behörde ein Ruhen der Erlaubnis zum Führen der Berufsbezeichnung *Pflegefachfrau* bzw. *Pflegefachmann* anordnen kann, wenn gegen die betreffende Person wegen des Verdachts einer Straftat, aus der sich die Unzuverlässigkeit zur Berufsausübung in der Pflege ergeben würde, ein Strafverfahren eingeleitet wurde. Die Entscheidung, die entsprechende Erlaubnis (vorerst) ruhen zu lassen, steht dabei im Ermessen der Behörde, die auch hier wieder zwischen dem Gut des Patientenschutzes und der Berufs(ausübungs)freiheit der betroffenen Pflegefachkraft abwägen muss (→ BT-Drucks. 18/7823, 66).

> **BT-Drucks. 18/7823, 66**
> Wurde gegen die Inhaberin oder den Inhaber der Erlaubnis nach § 1 [PflBG] ein Strafverfahren eingeleitet, aus dem sich die Unzuverlässigkeit zur Ausübung des Pflegeberufs ergeben kann, steht es im Ermessen der zuständigen Behörde das Ruhen der Erlaubnis mit der Folge anzuordnen, dass das Führen der Berufsbezeichnung nach § 1 [PflBG] nicht mehr zulässig ist. Diese Vorschrift zielt auf das hohe Schutzgut des Patientenschutzes pflegebedürftiger Menschen. Das Ruhenstellen der Erlaubnis beeinträchtigt die Erlaubnisinhaberin oder den Erlaubnisinhaber geringer als ein Widerruf der Erlaubnis. Die zuständige Behörde hat im Rahmen ihrer Ermessensausübung den erforderlichen Schutz der pflegebedürftigen Menschen mit dem Interesse der Berufsträgerin oder des Berufsträgers an der Berufsausübung sorgfältig abzuwägen. Dies gilt insbesondere, da der Einleitung eines Strafverfahrens nur der Verdacht einer Straftat zugrunde liegt, der gerade noch nicht als zutreffend erwiesen ist.

Die Anordnung des Ruhens ist nach § 3 Abs. 3 Satz 2 PflBG von Amts wegen aufzuheben, wenn ihre Voraussetzungen nicht mehr vorliegen, also vor allem, wenn das Strafverfahren eingestellt worden ist oder mit einem Freispruch endet. Die ursprünglich erteilte Erlaubnis zum Führen der Berufsbezeichnung lebt in diesem Fall wieder auf; eines erneuten Antrags auf eine Erlaubniserteilung bedarf es mithin nicht (*Kreutz*, in: *Kreutz/Opolony* 2019, § 3 Rdnr. 10).

8.3 Vorbehaltene Tätigkeiten

Das Pflegeberufegesetz legt mit seinem § 4 erstmals sogenannte vorbehaltene Tätigkeiten als besonderen Verantwortungs- und Aufgabenbereich examinierter Pflegefachkräfte fest. Wurden in den früheren Berufsgesetzen lediglich die jeweiligen Berufsbezeichnungen geschützt, stellt der Gesetzgeber nunmehr auch ausgewählte Tätigkeiten unter Schutz, die außer von Pflegefachkräften von keiner anderen Berufsgruppe ausgeübt werden dürfen (*Hundenborn/Knigge-Demal* 2018, 230 sowie *Klie/Krautz* 2021, 419 f.). Nach der Gesetzesbegründung bedeutet die Regelung »eine merkliche Aufwertung des Pflegeberufs und setzt ein deutliches Zeichen, dass die charakteristischen Kernaufgaben der beruflichen Pflege durch zielgerichtet ausgebildetes Personal mit den erforderlichen Kompetenzen wahrgenommen werden müssen« (BT-Drucks. 18/7823, 66).

Entsprechende Vorbehaltsaufgaben dürfen nach § 4 Abs. 1 PflBG nur von Personen mit einer Erlaubnis nach § 1 Abs. 1 PflBG (▸ Kap. 8.1), also grundsätzlich nur von examinierten *Pflegefachmännern* und *Pflegefachfrauen* durchgeführt werden. Der Vorbehalt besteht dabei ausweislich des Wortlauts der Vorschrift nur bei *beruflicher* Durchführung der Aufgaben. Nicht erfasst werden damit also Tätigkeiten, die etwa von pflegenden Angehörigen i.S.d. § 19 SGB XI erbracht werden (*Opolony* 2020, 491 f.), wohl aber Tätigkeiten, die im beruflichen Kontext von Angehörigen anderer Gesundheitsberufe (wie etwa von Ärztinnen und Ärzten oder von Pflegeassistentinnen und -assistenten) durchgeführt werden sollen (*Haage* 2019a, § 4 Rdnr 1).

Näher bestimmt werden die Vorbehaltsaufgaben in § 4 Abs. 2 PflBG, der sich im

Wesentlichen an das Pflegeprozessmodell der *WHO* anlehnt (▶ Kap. 2.4.5). Danach umfassen die vorbehaltenen Tätigkeiten

1. die Erhebung und Feststellung des individuellen Pflegebedarfs [einschließlich der Planung der Pflege],
2. die Organisation, Gestaltung und Steuerung des Pflegeprozesses sowie
3. die Analyse, Evaluation, Sicherung und Entwicklung der Qualität der Pflege.

Ausgenommen aus dem Katalog der Vorbehaltsaufgaben ist damit lediglich die Durchführung pflegerischer Interventionen als eigenständiger Phase des WHO-Modells (nebst deren Dokumentation), auch wenn es sich hierbei um den Kern der Berufstätigkeit von examinierten Pflegefachkräften handelt, für den sie gemäß § 5 Abs. 3 Nr. 1 lit. c PflBG entsprechend qualifiziert worden sind. Hintergrund ist, dass diese Maßnahmen (insbesondere in stabilen Pflegesituationen) durchaus auch von Pflegeassistentinnen und -assistenten übernommen werden können, so dass sie nicht den mindestens dreijährig ausgebildeten Pflegefachkräften vorbehalten sein müssen (*Kostorz/Hatziliadis* 2016, 34 sowie *Klie/Krautz* 2021, 420) (vgl. exemplarisch → § 3 Abs. 2 Nr. 1 PflfachassAPrV NRW).

> **§ 3 Abs. 2 Nr. 1 PflfachassAPrV NRW**
>
> Die Ausbildung [zur Pflegefachassistentin bzw. zum Pflegefachassistenten] [...] soll insbesondere dazu befähigen, die folgenden Aufgaben eigenständig auszuführen:
>
> a) Pflege und Begleitung von Menschen aller Altersstufen in stabilen Pflegesituationen, auf der Grundlage der individuellen Pflegeplanung von Pflegefachpersonen,
> b) im Pflegeprozess bei der Erstellung der Biografie und Pflegeplanung unterstützend mitwirken, den Pflegebericht fortschreiben und selbst durchgeführte Tätigkeiten dokumentieren [...].

Die Pflegefachkräften vorbehaltenen pflegerischen Aufgaben umfassen gemäß § 4 Abs. 2 Nr. 1 PflBG zunächst die Erhebung und die Feststellung des individuellen Pflegebedarfs. Aus pflegewissenschaftlicher Sicht meint Pflegebedarf dabei »die Gesamtheit der pflegerischen Interventionen [...], die als geeignet und erforderlich gelten, um pflegerisch relevante Problemlagen zu bewältigen« (*Wingenfeld* 2014, 263). Nach dem ausdrücklichen Wortlaut der Vorschrift geht es dabei indes ausschließlich um dessen Erhebung und Feststellung (Pflegeassessment), nicht jedoch um die tatsächliche Durchführung einer pflegerischen Intervention, die keine Vorbehaltsaufgabe i.S.d. § 4 PflBG darstellt.

Nicht unter die Erhebung und Feststellung des Pflegebedarfs fällt ferner die Feststellung der Pflegebedürftigkeit nach §§ 14 und 15 sowie → § 18 SGB XI. Zwar wird im Rahmen des pflegeversicherungsrechtlichen Begutachtungsassessments (hierzu *Kostorz* 2016a) auch der individuelle Pflegebedarf des Versicherten festgestellt, doch dient dies als rein verwaltungsrechtlicher Verfahrensschritt vornehmlich der Klärung und Bestimmung sozial- bzw. pflegeversicherungsrechtlicher Leistungsansprüche (*Igl* 2021, § 4 PflBG Rdnr. 27), so dass Pflegebedürftigkeit im Sinne des Pflegeversicherungsrechts auch durch Personen beurteilt werden kann, die keine Erlaubnis zum Führen der Berufsbezeichnung *Pflegefachfrau* bzw. *Pflegefachmann* haben (*Opolony* 2020, 492).

> **§ 18 Abs. 1 und 7 SGB XI**
>
> (1) Die Pflegekassen beauftragen den Medizinischen Dienst oder andere unabhängige Gutachter mit der Prüfung, ob die Voraussetzungen der Pflegebedürftigkeit erfüllt sind und welcher

> Pflegegrad vorliegt. Im Rahmen dieser Prüfungen haben der Medizinische Dienst oder die von der Pflegekasse beauftragten Gutachter durch eine Untersuchung des Antragstellers die Beeinträchtigungen der Selbständigkeit oder der Fähigkeiten bei den in § 14 Absatz 2 genannten Kriterien nach Maßgabe des § 15 sowie die voraussichtliche Dauer der Pflegebedürftigkeit zu ermitteln. [...]
> (7) Die Aufgaben des Medizinischen Dienstes werden durch Pflegefachkräfte oder Ärztinnen und Ärzte in enger Zusammenarbeit mit anderen geeigneten Fachkräften wahrgenommen. [...]

Zudem umfasst die Vorbehaltsaufgabe nach § 4 Abs. 2 Nr. 1 PflBG auch die Pflegeplanung. Zwar wird sie in dieser Vorschrift nicht explizit genannt (hier ist nur von der »Erhebung und Feststellung des individuellen Pflegebedarfs« die Rede), doch setzt § 5 Abs. 3 Nr. 1 lit. a PflBG, auf den sich § 4 Abs. 2 Nr. 1 PflBG unmittelbar bezieht, dieses Pflegeassessment mit der »Planung der Pflege« in Beziehung. Dass die Formulierungen in den beiden Vorschriften nicht deckungsgleich sind, hängt vermutlich mit einem Versehen des Gesetzgebers zusammen, der bei den Vorbehaltsaufgaben dem Grunde nach den gesamten Pflegeprozess (einschließlich der Planung der Pflege) in den Blick nehmen wollte (*Igl* 2021, § 4 PflBG Rdnr. 45 sowie *Opolony* 2020, 492): »Eine systematische Auslegung des § 4 Abs. 2 PflBG im Kontext des WHO-Konzepts des Pflegeprozesses lässt es [daher] nicht zu, den Schritt der Pflegeplanung aus den Vorbehaltsaufgaben der Pflege herauszunehmen [...]. Insofern ist der Schritt Planung integraler und unverzichtbarer Bestandteil des Pflegeprozesses und, im Rahmen der nach § 4 Abs. 2 Nr. 2 PflBG unter Vorbehalt stehenden Gesamtverantwortung für den Pflegeprozess, in die Vorbehaltsaufgaben zu inkludieren« (*Klie/Krautz* 2021, 420).

Die Organisation, Gestaltung und Steuerung des Pflegeprozesses wird in § 4 Abs. 2 PflBG als zweite Vorbehaltsaufgabe benannt; die Formulierung folgt dabei dem entsprechenden Ausbildungsziel nach § 5 Abs. 3 Nr. 1 lit. b PflBG. Bei dieser pflegerischen Aufgabe geht es um den Pflegeprozess als Ganzes und nicht etwa um die einzelnen Schritte selbst, die – wie etwa die Durchführung einer pflegerischen Intervention und deren Dokumentation – nicht zwangsläufig ebenfalls zu den vorbehaltenen Tätigkeiten gehören müssen (*Dielmann* 2022, § 4 PflBG Rdnr. 14). Diese Gesamtverantwortung für den Pflegeprozess umfasst alle Maßnahmen, die auf dessen inhaltliche Ausgestaltung und die Bereitstellung der hierfür erforderlichen Ressourcen ausgerichtet sind (*Opolony* 2020, 492), wie etwa »die Organisation des Personaleinsatzes und die Festlegung der Zuständigkeiten für die jeweiligen pflegerischen Maßnahmen« (*Igl* 2021, § 5 PflBG Rdnr. 36).

Dies hat auch Auswirkungen auf innerbetriebliche Weisungsstrukturen. So muss der Arbeitgeber, dem grundsätzlich das Weisungsrecht nach § 106 GewO und § 611a Abs. 1 BGB obliegt (▶ Kap. 3.4), Organisationsstrukturen schaffen, in denen sichergestellt ist, dass tatsächlich Pflegefachpersonen die individuellen Pflegeprozesse organisieren und steuern (*Opolony* 2020, 493). Nur sie dürfen beispielsweise pflegerische Tätigkeiten anordnen bzw. deren Durchführung an Dritte, wie etwa Pflegeassistentinnen und Pflegeassistenten, delegieren; in letzter Konsequenz bedeutet das auch, dass selbst ein Arzt entsprechende Anweisungen nicht mehr erteilen darf (*Igl* 2021, § 4 PflBG Rdnr. 46).

Abzugrenzen ist die Vorbehaltsaufgabe der Organisation und Steuerung des Pflegeprozesses vor allem von der Pflegeberatung nach → § 7a SGB XI. Diese Beratungsleistung ist ebenso wie der in der Vorschrift genannte Versorgungsplan vornehmlich auf die Koordinierung verschiedener Sozialleistungen von unterschiedlichen Sozialleistungsträgern gerichtet und damit nicht auf die konkrete Pflege eines individuellen Pflegebedürftigen bezogen, weshalb auch sie – ebenso wie die Feststellung der Pflegebedürftigkeit nach § 18 SGB XI – nicht zwangsläufig durch examinierte *Pflegefachmänner* bzw. *Pflegefachfrauen* erfolgen muss (*Igl* 2021, § 4 PflBG Rdnr. 29 sowie *Opolony* 2020, 493).

§ 7a Abs. 1 Satz 3 SGB XI

Aufgabe der Pflegeberatung ist es insbesondere,

1. den Hilfebedarf unter Berücksichtigung der Ergebnisse der Begutachtung durch den Medizinischen Dienst sowie, wenn die nach Satz 1 anspruchsberechtigte Person zustimmt, die Ergebnisse der Beratung in der eigenen Häuslichkeit nach § 37 Absatz 3 systematisch zu erfassen und zu analysieren,
2. einen individuellen Versorgungsplan mit den im Einzelfall erforderlichen Sozialleistungen und gesundheitsfördernden, präventiven, kurativen, rehabilitativen oder sonstigen medizinischen sowie pflegerischen und sozialen Hilfen zu erstellen,
3. auf die für die Durchführung des Versorgungsplans erforderlichen Maßnahmen einschließlich deren Genehmigung durch den jeweiligen Leistungsträger hinzuwirken, insbesondere hinsichtlich einer Empfehlung zur medizinischen Rehabilitation gemäß § 18 Absatz 1 Satz 3,
4. die Durchführung des Versorgungsplans zu überwachen und erforderlichenfalls einer veränderten Bedarfslage anzupassen,
5. bei besonders komplexen Fallgestaltungen den Hilfeprozess auszuwerten und zu dokumentieren sowie
6. über Leistungen zur Entlastung der Pflegepersonen zu informieren.

Als dritte Vorbehaltsaufgabe benennt § 4 Abs. 2 Nr. 3 PflBG die Analyse, Evaluation, Sicherung und Entwicklung der Qualität der Pflege. Es handelt sich hierbei nach dem Pflegeassessment, der Pflegeplanung und den pflegerischen Interventionen um die vierte Phase des Pflegeprozessmodells der *WHO*. Dabei sind auch die hier bezeichneten Aufgaben »streng patientenbezogen zu verstehen« (*Igl* 2021, § 4 PflBG Rdnr. 47). Aus diesem Grund beziehen sich die genannten Arbeitsschritte ausschließlich auf einzelne pflegerische Interventionen individueller Pflegebedürftiger; ausdrücklich nicht erfasst wird von der Vorschrift das allgemeine pflegebezogene Qualitätsmanagement etwa nach → § 112 SGB XI oder nach → § 135a SGB V: »Dieses Qualitätsmanagement kann [weiterhin] von Personen übernommen werden, die nicht Pflegefachpersonen sind« (*Opolony* 2020, 493; hierzu kritisch bzw. a. A. *Dielmann* 2022, § 4 PflBG Rdnr. 16).

§ 112 Abs. 1 und 2 SGB XI

(1) Die Träger der Pflegeeinrichtungen bleiben, unbeschadet des Sicherstellungsauftrags der Pflegekassen (§ 69), für die Qualität der Leistungen ihrer Einrichtungen einschließlich der Sicherung und Weiterentwicklung der Pflegequalität verantwortlich. Maßstäbe für die Beurteilung der Leistungsfähigkeit einer Pflegeeinrichtung und die Qualität ihrer Leistungen sind die für sie verbindlichen Anforderungen in den Vereinbarungen nach § 113 sowie die vereinbarten Leistungs- und Qualitätsmerkmale (§ 84 Abs. 5).

(2) Die zugelassenen Pflegeeinrichtungen sind verpflichtet, Maßnahmen der Qualitätssicherung sowie ein Qualitätsmanagement nach Maßgabe der Vereinbarungen nach § 113 durchzuführen, Expertenstandards nach § 113a anzuwenden sowie bei Qualitätsprü-

fungen nach § 114 mitzuwirken. Bei stationärer Pflege erstreckt sich die Qualitätssicherung neben den allgemeinen Pflegeleistungen auch auf die medizinische Behandlungspflege, die Betreuung, die Leistungen bei Unterkunft und Verpflegung (§ 87) sowie auf die Zusatzleistungen (§ 88).

§ 135a Abs. 1 und 2 SGB V

(1) Die Leistungserbringer sind zur Sicherung und Weiterentwicklung der Qualität der von ihnen erbrachten Leistungen verpflichtet. Die Leistungen müssen dem jeweiligen Stand der wissenschaftlichen Erkenntnisse entsprechen und in der fachlich gebotenen Qualität erbracht werden.
(2) Vertragsärzte, medizinische Versorgungszentren, zugelassene Krankenhäuser, Erbringer von Vorsorgeleistungen oder Rehabilitationsmaßnahmen und Einrichtungen, mit denen ein Versorgungsvertrag nach § 111a besteht, sind [...] verpflichtet,
1. sich an einrichtungsübergreifenden Maßnahmen der Qualitätssicherung zu beteiligen, die insbesondere zum Ziel haben, die Ergebnisqualität zu verbessern und
2. einrichtungsintern ein Qualitätsmanagement einzuführen und weiterzuentwickeln, wozu in Krankenhäusern auch die Verpflichtung zur Durchführung eines patientenorientierten Beschwerdemanagements gehört.

Für die klientenspezifischen Abschlüsse in der Gesundheits- und Kinderkrankenpflege sowie in der Altenpflege ordnet § 58 Abs. 3 PflBG die entsprechende Anwendung des § 4 PflBG an. Unklar ist dabei, ob »entsprechende Anwendung« bedeutet, dass *Gesundheits- und Krankenpfleger[innen]* bzw. *Altenpfleger[innen]* die Vorbehaltstätigkeiten in allen Versorgungsbereichen für Patientinnen und Patienten aller Altersgruppen ausüben dürfen oder nur im engeren Bereich der Gesundheits- und Kinderkrankenpflege bzw. der Altenpflege (*Kreutz*, in: *Kreutz/Opolony* 2019, § 58 Rdnr. 5, *Büscher* et al. 2020, 21 sowie *Klie/Krautz* 2021, 424). Vor dem Hintergrund der Intention des Gesetzgebers, mit den klientenspezifischen Abschlüssen mehr oder minder eigenständige Berufsbilder zu schaffen bzw. zu erhalten, und aufgrund der Tatsache, dass sich auch die durch die staatliche Prüfung festgestellten Kompetenzen auf diese besonderen Personengruppen beziehen (▶ Kap. 6.3), ist diesbezüglich im Ergebnis davon auszugehen, dass die klientenspezifischen Abschlüsse nur zur Ausübung der Vorbehaltsaufgaben hinsichtlich der jeweiligen Personengruppen befähigen. Hier besteht also nur eine klientenspezifisch beschränkte Befugnis zur Übernahme vorbehaltener Tätigkeiten (*Opolony* 2020, 494, *Kreutz*, in: *Kreutz/Opolony* 2019, § 58 Rdnr. 5 sowie *Igl* 2021, § 58 PflBG Rdnr. 8; a. A. *Dielmann* 2022, § 58 PflBG Rdnr. 3).

Ein vergleichbares Problem besteht bei den nach dem Kranken- und dem Altenpflegegesetz ausgebildeten Pflegefachkräften, bei denen § 4 PflBG ebenfalls entsprechend anzuwenden ist (§ 64 Satz 2 und 3 i. V. m. § 1 Abs. 1 Satz 1 PflBG). Auch hier stellt sich die grundsätzliche Frage, »ob sich die entsprechende Anwendung nur auf die Berechtigung zu vorbehaltenen Tätigkeiten bei der Pflege des Personenkreises erstreckt, auf den sich die jeweilige Ausbildung bezogen hat, oder ob eine solche Beschränkung nicht gegeben ist« (*Büscher* et al. 2020, 22). Unproblematisch ist dabei die entsprechende Berufsausübung der bereits »generalistisch« ausgebildeten *Gesundheits- und Krankenpfleger[innen]*. Sie »können vorbehaltene Tätigkeiten für zu pflegende Menschen aller Altersgruppen wahrnehmen, da die Ausbildung auch bisher schon keine Eingrenzung auf Altersgruppen vorgesehen hat« (*Büscher* et al. 2020, 22).

Diskussionswürdig ist hingegen die Situation bei Pflegefachkräften der Gesundheits- und Kinderkrankenpflege einerseits sowie der Altenpflege andererseits, da in deren Ausbildung eine Kompetenzvermittlung für die Pflege von Menschen aller Altersstufen nicht in der gleichen Weise stattgefunden hat, wie dies in der Ausbildung zur (generalistischen) Pflegefachkraft der Fall ist und war (*Igl* 2021, § 64 PflBG Rdnr. 4). Da die Angehörigen dieser beiden Berufsgruppen »nicht besser gestellt sein können als diejenigen, die nach Inkrafttreten des PflBG einen besonderen Abschluss machen, beziehen sich die Vorbehaltsaufgaben [auch hier nur] auf die Altersgruppe, auf die sich [auch] die ursprüngliche Ausbildung bezog« (*Opolony*, in: *Kreutz/Opolony* 2019, § 64 Rdnr. 3, ebenso *Igl* 2021, § 64 PflBG Rdnr. 4; a. A. *Opolony* 2020, 494 sowie *Dielmann* 2022, § 64 PflBG Rdnr. 3). Diskutiert wird jedoch die Möglichkeit einer Kompensation der insofern unzureichenden formellen Qualifikation durch eine erweiterte materielle Qualifikation, wenn »Personen mit einer Ausbildung in der Altenpflege bzw. in der Gesundheits- und Kinderkrankenpflege […] bereits für eine längere Zeit (mindestens ein Jahr in Vollzeit) in der Pflege von Menschen anderer Altersgruppen beruflich tätig waren« (*Büscher* et al. 2020, 22).

Literaturverzeichnis

AK DQR [Arbeitskreis »Deutscher Qualifikationsrahmen«]: Deutscher Qualifikationsrahmen für lebenslanges Lernen, sine loco 2011.

ArbeitGestalten Beratungsgesellschaft mbH: Ausbildung in der Pflege – nach dem Pflegeberufereformgesetz. Handbuch für die Praxis, Berlin 4. Auflage 2021.

Arens, Frank: Ausbildungsplan und Lernprozesse in der praktischen Pflegeausbildung, in: Die PraxisAnleitung 4/2021, 28–35.

Arens, Frank: Ordnungsmittelanalyse zur beruflichen Pflegeausbildung. Neuordnungen als eigene Angelegenheiten der Bundesländer, Berlin 2022.

Avenarius, Hermann und *Füssel*, Hans-Peter: Schulrecht im Überblick, Darmstadt 2008.

Avenarius, Hermann und *Hanschmann*, Felix: Schulrecht. Ein Handbuch für Praxis, Rechtsprechung und Wissenschaft, Kronach 9. Auflage 2019.

Bachstein, Elke: Praxiswissen Arbeitsrecht für die PDL. Rechtssicherer Umgang mit Mitarbeitern in der Pflege, München und Jena 2007.

Bader, Reinhard und *Müller*, Martina: Leitziel der Berufsbildung: Handlungskompetenz. Anregungen zur Ausdifferenzierung des Begriffs, in: Die berufsbildende Schule 2002, 176–182.

Bals, Thomas: Schulsystem, in: Stöcker, Gertrud: Bildung und Pflege. Eine berufs- und bildungspolitische Standortbestimmung, Hannover 2002, 136–141.

Beauchamp, Tom L. und *Childress*, James F.: Principles of Biomedical Ethics, New York und Oxford 7. Auflage 2013.

Becker, Georg E.: Unterricht planen. Handlungsorientierte Didaktik. Teil I, Weinheim und Basel 10. Auflage 2012.

Bensch, Sandra: Lehrer- und Anleiterqualifizierung in der Pflege. Herausforderungen und Chancen mit dem Pflegeberufegesetz, in: BWP 2/2020, 17–21.

BiBB [Bundesinstitut für Berufsbildung] (Hrsg.): Kooperationsverträge der beruflichen Pflegeausbildung. Fachworkshop-Empfehlungen zur Umsetzung in der Praxis, Bonn 2019a.

BiBB [Bundesinstitut für Berufsbildung] (Hrsg.): Musterentwurf zum Ausbildungsnachweis. Empfehlungen für den Nachweis der praktischen Pflegeausbildung nach § 60 Abs. 5 Pflegeberufe-Ausbildungs- und -Prüfungsverordnung – PflAPrV, Bonn 2019b.

BiBB [Bundesinstitut für Berufsbildung] (Hrsg.): Begleitmaterialien zu den Rahmenplänen der Fachkommission nach § 53 PflBG, Bonn 2020.

BMFSFJ [Bundesministerium für Familie, Senioren, Frauen und Jugend]: Gesetzliche Regelungen in den Bundesländern, unter: www.pflegeausbildung.net/beratung-und-information/gesetzliche-grundlagen-und-uebergangsregelungen/landesgesetzliche-regelungen.html (letzter Abruf 11. Januar 2023).

BMFSJ/BMG [Bundesministerium für Familie, Senioren, Frauen und Jugend sowie Bundesministerium für Gesundheit]: Charta der Rechte hilfe- und pflegebedürftiger Menschen, Berlin 14. Auflage 2020.

Boecken, Winfried et al. (Hrsg.): Gesamtes Arbeitsrecht, Baden-Baden 2016.

Böhm, Thomas: Grundkurs Schulrecht. Zentrale schulrechtliche Fallbeispiele für die Praxis, München 2006.

Böhm, Thomas: Grundkurs Schulrecht II. Zentrale Fragen zur Aufsichtspflicht und zu Erziehungs- und Ordnungsmaßnahmen, Köln 2007.

Böhm, Thomas: Grundkurs Schulrecht III. Zentrale Fragen zur Leistungsbeurteilung und zum Prüfungsrecht, Köln 2. Auflage 2015.

Böhm, Thomas: Grundkurs Schulrecht IV. Gerichtsentscheidungen und juristische Texte besser verstehen, Köln und Kronach 2009.

Böhm, Thomas et al.: Rechts-ABC für Lehrerinnen und Lehrer. München 4. Auflage 2005.

Bördner, Jonas: Quo vadis cura? – Neue Ausbildungswege durch das Pflegeberufegesetz, in: GuP 2017, 201-205.

Büscher, Andreas et al.: Probleme bei der Umsetzung der Vorschrift zur Ausübung vorbehaltener Tätigkeiten (§ 4 Pflegeberufegesetz) – Anmerkungen und Lösungsvorschläge, in: GuP 2020, 20-23 (= MedR 2020, 282–282, Sozialrecht aktuell 2020, 89–91 und Die Schwester/Der Pfleger 66–69).

Dangel, Bärbel und *Korporal*, Johannes: Die novellierte berufsgesetzliche Regelung der Pflege –

Struktur und mögliche Wirkungen, in: Gesundheits- und Sozialpolitik 2016, 8–18.

Dauer, Bettina: Lernortkooperation im Kontext der hochschulischen Pflegeausbildung, Bonn 2022a.

Dauer, Bettina: Praxisanleitung im Kontext der hochschulischen Pflegeausbildung, Bonn 2022b.

DBfK [Deutscher Budesverband für Pflegeberufe] et al. (Hrsg.): Der ICN-Ethikkodex für Pflegefachpersonen, Berlin 2021.

Dielmann, Gerd: Die Gesundheitsberufe und ihre Zuordnung im deutschen Bildungssystem – eine Übersicht, in: Robert Bosch Stiftung: Gesundheitsberufe neu denken, Gesundheitsberufe neu regeln. Grundsätze und Perspektiven, Stuttgart 2013, 149–176.

Dielmann, Gerd: Pflegeberufegesetz und Ausbildungs- und Prüfungsverordnung. Kommentar für die Praxis, Frankfurt am Main 2. Auflage 2022.

Ebbers, Beate: Neuerungen im Mutterschutz. Schwanger in der Pflege. Und nun? In: Heilberufe 2018, 47–49.

Fachkommission [nach dem Pflegeberufegesetz]: Rahmenpläne der Fachkommission nach § 53 PflBG. Rahmenlehrpläne für den theoretischen und praktischen Unterricht. Rahmenausbildungspläne für die praktische Ausbildung, Bonn 2. Auflage 2020.

Faßhauer, Uwe: Lernortkooperation im Dualen System der Berufsausbildung – implizite Normalität und hoher Entwicklungsbedarf, in: Arnold, Rolf et al. (Hrsg.): Handbuch Berufsbildung, Wiesbaden 3. Auflage 2020, 471–484.

Fiechter, Verena und *Meier*, Martha: Pflegeplanung. Eine Anleitung für die Praxis, Basel 1981 bzw. 9. Auflage 1993.

Fischer, Edgar et al.: Prüfungsrecht, München 8. Auflage 2022.

Funk, Eberhard: Neues Pflegeberufegesetz vom Deutschen Bundestag und Bundesrat verabschiedet, in: NDV 2017, 343–346.

Großkopf, Volker (Hrsg.): Praxiswissen Krankenpflegerecht, München 2010.

Großkopf, Volker und *Klein*, Hubert: Recht in Medizin und Pflege, Balingen 5. Auflage 2020.

Großkopf, Volker und *Schanz*, Michael: Arbeitsrechtlicher Leitfaden für das Gesundheitswesen. Von der Einstellung bis zur Kündigung, Balingen 3. Auflage 2021.

Haage, Heinz: Pflegeberufegesetz, in: Das deutsche Bundesrecht (Loseblattausgabe), Baden-Baden 2019a.

Haage, Heinz: Pflegeberufe-Ausbildungs- und Prüfungsverordnung [sic!], in: Das deutsche Bundesrecht (Loseblattausgabe), Baden-Baden 2019b.

Hartmer, Michael und *Detmer*, Hubert: Hochschulrecht. Ein Handbuch für die Praxis, Heidelberg 3. Auflage 2017.

Hartmeyer, Elisabeth und *Slatosch*, Bernhard: Das neue Pflegeberufegesetz – wesentliche Inhalte und Herausforderungen für die Praxis, in: ZAT 2019, 122–126 und 173–177.

Henke, Friedhelm: Ausbildungsnachweis Pflegefachfrau/Pflegefachmann. Lern- und Kompetenzkompass gemäß PflAPrV und Rahmenpläne, Stuttgart 2. Auflage 2020.

Hobusch, Sandra: Recht im Gesundheitswesen für Juristen und Nichtjuristen, München 2. Auflage 2022.

Hoegg, Günther: SchulRecht! für schulische Führungskräfte, Weinheim und Basel 3. Auflage 2020.

Hoegg, Günther: SchulRecht! Aus der Praxis – für die Praxis, Weinheim und Basel 6. Auflage 2021.

Höfert, Rolf: Von Fall zu Fall – Pflege im Recht. Rechtsfragen in der Pflege von A bis Z, Heidelberg 4. Auflage 2017.

Hömig, Dieter und *Wolff*, Heinrich Amadeus: Grundgesetz für die Bundesrepublik Deutschland. Handkommentar, Baden-Baden 13. Auflage 2022.

Hofrath, Claudia und *Zöller*, Maria: Ausbildungen nach dem Pflegeberufegesetz. Strukturelle Besonderheiten im Vergleich zur Ausbildung nach BBiG/HwO, in: BWP 2/2020, 12–16.

Howald, Bert: Haftungsrecht für die Pflege. Zivil- und Strafrecht für Lehre und Praxis, Stuttgart 2018.

Hundenborn, Gertrud und *Knigge-Demal*, Barbara: Der Pflege vorbehalten! Hintergründe und Perspektiven der vorbehaltenen Tätigkeiten im Pflegeberufegesetz, in: RDG 2018, 230–237.

Igl, Gerhard: Rechtliche Reflexe der Pflege, in: Stöcker, Gertrud: Bildung und Pflege. Eine berufs- und bildungspolitische Standortbestimmung, Hannover 2002, 87–91.

Igl, Gerhard: Das Gesetz zur Reform der Pflegeberufe – gelungene oder nur fast gelungene Reform der Pflegeberufe?, in: MedR 2017, 859–863.

Igl, Gerhard: Wo besteht Bestandsschutz?, in: Die Schwester/Der Pfleger 5/2018, 98 f.

Igl, Gerhard: Der Einfluss unionalen Rechts auf Ausbildung und Tatigkeit von Heilberufen (Pflegeberufe und Hebammen), in: Marhold, Franz et al. (Hrsg.): Arbeits- und Sozialrecht für Europa. Festschrift für Maximilian Fuchs, Baden-Baden 2020, 549–571.

Igl, Gerhard: Gesetz über die Pflegeberufe (Pflegeberufegesetz – PflBG), Pflegeberufe-Ausbildungs- und -Prüfungsverordnung (PflAPrV), Pflegeberufe-Ausbildungsfinanzierungsverordnung (PflAFinV). Praxiskommentar, Heidelberg 3. Auflage 2021.

Igl, Gerhard und *Welti*, Felix (Hrsg.): Gesundheitsrecht. Eine systematische Einführung, München 4. Auflage 2022.

Literaturverzeichnis

Jürgensen, Anke: Pflegehilfe und Pflegeassistenz. Ein Überblick über die landesrechtlichen Regelungen für die Ausbildung und den Beruf, Bonn 2019.

Jürgensen, Anke und *Dauer*, Bettina: Handreichung für die Pflegeausbildung am Lernort Praxis, Bonn 2021.

Kienzle, Theo: Ausbildungsrecht in der Pflege. Grundlagen – Beispiele – Gesetzestexte, Stuttgart 2004.

Klein, Zoé et al.: Empfehlungen für Praxisanleitende im Rahmen der Pflegeausbildung nach dem Pflegeberufegesetz (PflBG). Fachworkshop-Empfehlungen zur Umsetzung in der Praxis, Bonn 2021.

Klie, Thomas und *Krautz*, Bernhard: Vorbehaltsaufgaben für die Pflege gemäß § 4 Pflegeberufegesetz: pflegerischer Meilenstein auf dem Weg der Professionalisierung?, in: PflR 2021, 419–425 und 490–497.

KMK [Kultusministerkonferenz]: Das Bildungswesen in der Bundesrepublik Deutschland 2018/2019. Darstellung der Kompetenzen, Strukturen und bildungspolitischen Entwicklungen für den Informationsaustausch in Europa, Bonn 2021a.

KMK [Kultusministerkonferenz]: Handreichung für die Erarbeitung von Rahmenlehrplänen der Kultusministerkonferenz für den berufsbezogenen Unterricht in der Berufsschule und ihre Abstimmung mit Ausbildungsordnungen des Bundes für anerkannte Ausbildungsberufe, Berlin 2021b.

Lunk, Susanne: Ausbildungsnachweis Pflege. Arbeits- und Lernaufgaben im Praxiseinsatz erstellen, München 2022.

Kostorz, Peter: Mündliche Mitarbeit im Unterricht – Bringschuld oder Holschuld? Zur Bewertung der mündlichen Beteiligung von Schülern als Bestandteil der sogenannten Sonstigen Leistungen, in: SchulRecht 2011a, 122–124.

Kostorz, Peter: Sanktionen bei Unterrichtsstörungen aus rechtlicher Sicht, in: Unterricht Pflege 4/2011b, 28–33.

Kostorz, Peter: Krankenversicherung im Studium – zur versicherungsrechtlichen Einordnung von beschäftigten Studierenden und studierenden Beschäftigten, in: NZS 2012, 161–165.

Kostorz, Peter: Rechtlicher Rahmen der Praxisanleitung, in: Forum Ausbildung 2014, 13–17.

Kostorz, Peter: Unterrichtsstörungen. Arten und Ursachen – Prävention und Intervention – Möglichkeiten der Sanktionierung, in: PADUA 2015, 69–75.

Kostorz, Peter: Abkehr von der Minutenpflege. Das PSG II bringt einen neuen Pflegebedürftigkeitsbegriff und ein neues Begutachtungsverfahren, in: Pflegezeitschrift 2016a, 282–287.

Kostorz, Peter: Bewertungsmaßstäbe und Bezugsnormen bei der Notenvergabe unter der Lupe des Schulrechts – Was ist pädagogisch sinnvoll, was juristisch möglich?, in: RdJB 2016b, 270–289.

Kostorz, Peter: Die Ausbildung zur Pflegefachfrau bzw. zum Pflegefachmann – geplante Neuerungen durch das Pflegeberufsgesetz im Vergleich zum Krankenpflegegesetz, in: NZS 2016c, 241–247.

Kostorz, Peter: Rechtliche Folgen von Pflegefehlern, in: Unterricht Pflege 5/2016d, 10–17.

Kostorz, Peter: Das neue Pflegeberufegesetz – Welche Berufsabschlüsse sind möglich?, in: Forum Ausbildung 2/2017, 42–45.

Kostorz, Peter: »Lehrjahre sind keine Herrenjahre!« – Rechte und Pflichten in der Berufsausbildung nach dem Pflegeberufegesetz (Teil 1: Rechte und Pflichten der Ausbildungsträger), in: GuP 2018a, 141–148.

Kostorz, Peter: »Lehrjahre sind keine Herrenjahre!« – Rechte und Pflichten in der Berufsausbildung nach dem Pflegeberufegesetz (Teil 2: Rechte und Pflichten der Pflegeschulen), in: GuP 2018b, 174–182.

Kostorz, Peter: »Lehrjahre sind keine Herrenjahre!« – Rechte und Pflichten in der Berufsausbildung nach dem Pflegeberufegesetz (Teil 3: Rechte und Pflichten der Auszubildenden), in: GuP 2018c, 213–220.

Kostorz, Peter: Die Rechtsstellung der Pflegeschulen nach dem Pflegeberufegesetz, in: Unterricht Pflege 1/2019a, 7–11.

Kostorz, Peter: Generalisierung oder Spezialisierung? Klientenspezifische Ausbildung in der Gesundheits- und Kinderkrankenpflege sowie in der Altenpflege nach dem Pflegeberufegesetz, in: SGb 2019b, 580–587.

Kostorz, Peter: Gesundheitsrecht, in: Haring, Robert (Hrsg.): Gesundheitswissenschaften, Berlin und Heidelberg 2019c, 761–778.

Kostorz, Peter: »Mach Du das mal!« – »Muss ich das?« Zum Weisungsrecht von Praxisanleitenden und zur Weisungsgebundenheit von Auszubildenden, in: Forum Ausbildung 1/2019d, 12–14.

Kostorz, Peter: Basiswissen Gesundheitsrecht, Berlin 2020a.

Kostorz, Peter: Qualifikation und Personaldichte von Lehrkräften an Pflegeschulen in NRW. Auswirkungen des Pflegeberufegesetzes und dessen fragwürdige Umsetzung durch Landesrecht, in: NWVBl. 2020b, 45–51.

Kostorz, Peter: Noten und Zeugnisse während der Ausbildung nach dem Pflegeberufegesetz. Rechtliche Anforderungen an die Leistungsbewertung nach § 6 PflAPrV, in: PADUA 2021a, 27–33.

Kostorz, Peter: Rechtsfragen des Distanzunterrichts an Pflegeschulen, in: Unterricht Pflege 4/2021b, 52–55.

Kostorz, Peter: Grundlagen des Gesundheitsschulrechts, in: Drude, Carsten und Vogler, Christine (Hrsg.): Modernes Management von Pflege- und Gesundheitsschulen, München 2022a, 7–27.

Kostorz, Peter: Grundlagen und Rechtsquellen des Pflegeberuferechts, in: Kostorz, Peter (Hrsg.): Pflegeberufegesetz mit Rechtsverordnungen und Landesrecht NRW. Textausgabe, Münster 2. Auflage 2022b, 9–25.

Kostorz, Peter: Häufig gestellte Fragen zum praktischen Teil der staatlichen Prüfung nach § 16 PflAPrV, in: Forum Ausbildung 1/2022c, 43–47.

Kostorz, Peter (Hrsg.): Pflegeberufegesetz mit Rechtsverordnungen und Landesrecht NRW. Textausgabe, Münster 2. Auflage 2022d.

Kostorz, Peter: Pflegedidaktik rechtlich betrachtet – oder: wie das Pflegeberufegesetz das Lehren und Lernen an Pflegeschulen ordnet, in: Kuckeland, Heidi et al. (Hrsg.): Lehrerprofessionalität in der Pflegedidaktik – aktuelle und zukünftige Herausforderungen, Brake 2022e, 99–120.

Kostorz, Peter: Verletzung der Ausbildungspflicht in der praktischen Pflegeausbildung – rechtliche Konsequenzen für ausbildende Praxiseinrichtungen, in: GesR 2022f, 212–218.

Kostorz, Peter und *Hatziliadis*, Myrofora: Ausbildungsziele der generalistischen Pflegeausbildung, in: Unterricht Pflege 3/2016, 32–35.

Kostorz, Peter und *Oentrich*, Kathrin: Täuschungen bei Klausuren an Hochschulen. Arten, Ahndung und Aufgaben der Prüfungsverwaltung nach dem Hochschulrecht in Nordrhein-Westfalen, in: WissR 2017, 132–161.

Kostorz, Peter und *Schlosser*, Daniela: Praxis des Unterrichtens, Brake 2014.

Krämer, Julia und *Müller-Naevecke*: Kompendium Kompetenzen, Münster 2014.

Kreutz, Marcus und *Opolony*, Bernhard: Gesetz über die Pflegeberufe (Pflegeberufegesetz – PflBG), München 2019.

Kurtenbach, Hermann et al.: Krankenpflegegesetz mit Ausbildungs- und Prüfungsverordnung für die Berufe in der Krankenpflege, Stuttgart et al. 5. Auflage 1998.

Lakies, Thomas: Berufsbildungsgesetz. Basiskommentar zum BBiG, Frankfurt am Main 5. Auflage 2020.

Lakies, Thomas und *Malottke*, Annette: BBiG Berufsbildungsgesetz. Mit Kurzkommentierung des Jugendarbeitsschutzgesetzes (JArbSchG), Frankfurt am Main 7. Auflage 2020.

Lay, Reinhard: Ethik in der Pflege. Das Lehrbuch für alle Bereiche der Pflege, Hannover 3. Auflage 2022.

Leuxner, Alexander und *von Schwanenflügel*, Matthias: Reform der Pflegeberufe. Mehr Qualität und Attraktivität im zukünftig größten Ausbildungsberuf, in: NZS 2018, 201–207.

Lorenschat, Astrid und *Preuß*, Jan-Marten: Ausbildungsnachweis zur generalistischen Pflegeausbildung, Hamburg 2021.

Luthe, Ernst-Wilhelm: Bildungsrecht. Leitfaden für Ausbildung, Administration und Management, Berlin 2003.

Mamerow, Ruth: Praxisanleitung in der Pflege, Berlin und Heidelberg 7. Auflage 2021.

Marckmann, Georg und *Jox*, Ralf J.: Ethik in der Medizin. Ethische Grundlagen medizinischer Behandlungsentscheidungen, in: Bayerisches Ärzteblatt 2013, 442–445.

Morgenroth, Carsten: Hochschulstudienrecht und Hochschulprüfungsrecht, Baden-Baden 3. Auflage 2021.

Müller, Thorsten und *Schabbeck*, Jan P.: Praxishandbuch Pflegerecht, Heidelberg 2018.

Müller-Glöge, Rudi et al. (Hrsg.): Erfurter Kommentar zum Arbeitsrecht, München 22. Auflage 2022.

Ochmann, Uta und *Wicker*, Sabine: Mutterschutz im Gesundheitswesen, in: ASU 2013, 188–195.

Oelke, Uta und *Meyer*, Hilbert: Didaktik und Methodik für Lehrende in Pflege- und Gesundheitsberufen, Berlin 2013.

Opolony, Gerhard: Die Finanzierung der beruflichen Pflegeausbildung nach dem Pflegeberufegesetz, in: GuP 2019, 64–70.

Opolony, Gerhard: Die Vorbehaltsaufgaben nach dem Pflegeberufegesetz, in: NZS 2020, 491–494.

Pautsch, Arne und *Dillenburger*, Anja: Kompendium zum Hochschul- und Wissenschaftsrecht, Berlin und Boston 2. Auflage 2016.

Radke, Karin: Praxisbegleitung in der Pflegeausbildung. Theoretische Grundlagen und praktische Umsetzung, Stuttgart 2008.

Röhl, Klaus F. und *Röhl*, Hans Christian: Allgemeine Rechtslehre. Ein Lehrbuch, Köln und München 3. Auflage 2008.

Rux, Johannes: Aktiv mit dem Schulrecht umgehen, Bad Heilbrunn 2008.

Rux, Johannes: Schulrecht, München 6. Auflage 2018.

Saul, Surya und *Jürgensen*, Anke: Handreichung für die Pflegeausbildung am Lernort Pflegeschule. Erläuterungen des PflBG, der PflAPrV und des Rahmenlehrplans der Fachkommission nach § 53 PflBG. Umsetzungshilfe für schulinterne Curricula, Bonn 2021.

Schäfer, Miriam und *Wesselborg*, Bärbel: Kognitivaktivierender Unterricht. Fallbezogene Aufgaben als kognitiv-aktivierende Lerngelegenheit im Pflegeunterricht, in: PADUA 2021, 149–153.

Schiff, Andrea und *Dallmann*, Hans-Ulrich: Ethik in der Pflege, München 2021.

Schmal, Jörg: Unterrichten und Präsentieren in Gesundheitsfachberufen. Methodik und Didaktik für Praktiker, Berlin 2017.

Schilling, Georg: Das Verfahren zur Anerkennung ausländischer Berufsabschlüsse in der Pflege nach dem Pflegeberufegesetz. Systematik und Rechtsfragen, in: NZS 2021, 12–19.

Schneider, Kordula: Anforderungen an Pflegeausbildungen, in: Schneider, Kordula et al. (Hrsg.): Pflegeunterricht konkret. Grundlagen – Methoden – Tipps, München und Jena 2005, 4–32.

Schröder, Hartwig: Lernen – Lehren – Unterricht. Lernpsychologische und didaktische Grundlagen, München et al. 2. Auflage 2002.

Siefarth, Thorsten: Die Verschwiegenheitspflicht von Pflegekräften, in: Pflege- & Krankenhausrecht 2018, 193–197.

Siefarth, Thorsten: Arbeitsrecht in der Pflege. Das Lexikon für die Praxis. Mit einer systematischen Einführung, Petershausen 2020.

Solomon, Hannah und *Verrilli*, Beth: Synchrones und asynchrones Lernen, in: Lemov, Doug (Hrsg.): Unterricht im digitalen Klassenzimmer. So meistern Sie die neuen schulischen Herausforderungen, Weinheim 2021, 21–39.

Stolpmann, Frank und *Teufer*, Andreas: Prüfungsrecht für Auszubildende und ihre Prüfer, Baden-Baden 2009.

Sträßner, Heinz: Das Recht in der Pflegeausbildung. Handbuch für Auszubildende und Lehrende in der Pflege, Stuttgart 2004.

Taubert, Thomas: Berufsbildungsgesetz. Kommentar, München 3. Auflage 2021.

Trenczek, Thomas et al.: Grundzüge des Rechts. Studienbuch für soziale Berufe, München und Basel 4. Auflage 2014.

Uhl, Antje-Kathrin und *Polloczek*, Tobias: »Man kann sich ja mal beschweren« – die Beschwerdeverfahren nach den §§ 84, 85 BetrVG, in: BB 2008, 1730–1736.

Voller, Kirsten und *Frohnenberg*, Claudia: Nachteilsausgleich für behinderte Auszubildende, Handbuch für die Ausbildungs- und Prüfungspraxis, Bonn 2014.

Wächter, Lars: Ausbildung von A bis Z. Praxishandbuch für Ausbilder, Herne 2012.

Weber, Martina: Arbeitsrecht für Pflegeberufe. Handbuch für die Praxis, Stuttgart 2007.

Weidner, Frank: Künftig Pflegefachkräften vorbehalten, in: Heilberufe 2019, 25–28.

Weiß, Thomas et al.: Pflegeberufereformgesetz (PflBRefG). Praxiskommentar, Wiesbaden 2018.

Weiß, Thomas: Recht in der Pflege. Lernen, Verstehen, Anwenden, München 3. Auflage 2020.

Wiese, Ursula Eva: Pflegerecht. Grundlagen, Fälle, Praxis, München 2014.

Wingenfeld, Klaus: Pflegebedürftigkeit, Pflegebedarf und pflegerische Leistungen, in: Schaeffer, Doris und Wingenfeld, Klaus (Hrsg.): Handbuch Pflegewissenschaft, Weinheim und Basel 2014, 263–290.

Yura, Helen und *Walsh*, Mary B. (Hrsg.): The nursing process: Assessing, Planning, Implementing, Evaluating, New York 1967.

Zimmerling, Wolfgang und *Brehm*, Robert G.: Prüfungsrecht, Köln et al. 3. Auflage 2007.

Stichwortverzeichnis

A

Abmahnung 130, 148, 167, 168
Akteure der Pflegeausbildung 27
Altenpflege
    siehe Berufsabschluss, klientenspezifischer
Anleitungsstation 118
Anordnungsverantwortung 72, 115, 116
Arbeits- und Schutzkleidung 90
Arbeitseinsatz, selbständiger 75, 83, 116
Arbeitsmittel 91
Arbeitsrecht 92
Aufgaben der Pflege
– eingenständig durchzuführende 52
– selbstständig auszuführende 51, 52
Aufgabenerfüllung 83
Aufgabenübertragung 54, 67, 173
Aufsicht 191, 194
Aufsichtsarbeiten 191
Ausbildungs- und Prüfungsverordnung 23
Ausbildungsfinanzierung 22, 23
Ausbildungsfinanzierungsverordnung 23
Ausbildungsmittel 90
Ausbildungsnachweis 85, 181
– Abgleich mit Ausbildungsplan 179
– Führung 85
– Kontrolle 85, 179
– Urkunde 85
Ausbildungspflicht 63
Ausbildungspflichtverletzung 64, 78
– Möglichkeiten der Aufsichtsbehörde 78
– Möglichkeiten der Auszubildenden 79
– Möglichkeiten der Pflegeschule 81
Ausbildungsplan 65
– Erstellung 64
– Kontrolle 178
Ausbildungsrecht
– Bedeutung 13
– Rechtsquellen 15
Ausbildungsstation 118
Ausbildungsstätte 76, 77
Ausbildungsstunden 35
Ausbildungsträger 23
– Krankenhaus 27
– Pflegeeinrichtung 27

Ausbildungsvergütung 87
Ausbildungsverhältnis 26, 53, 63
Ausbildungsvertrag 53
– Abschluss 53
– Änderung 62
– Form 53
– Hauptpflichten 64, 82
– Minderjährige 54
– Verlängerung 37, 125, 208
– Vertragsinhalte 56, 57
– Vertragspartner 53
Ausbildungszeit 96
    siehe Fehlzeiten
– Dauer 35
– Ruhezeit 97
– tägliche und wöchentliche 77, 96
Ausbildungsziel 37, 40, 64, 75
Auszubildende 32

B

Beendigung des Ausbildungsverhältnisses 124
    siehe Kündigung
– Beschäftigung nach 133
– Fristablauf 124
Befähigung zum Pflegeberuf 51
Behinderung 187
Berichtsheft
    siehe Ausbildungsnachweis
Berufsabschluss
    siehe Generalistik
    siehe Wahlrecht
– klientenspezifischer 58, 61, 62, 67, 142, 192, 194, 196, 230
Berufsanerkennung 16, 22
Berufsanerkennungsrichtlinie 16, 17, 22
Berufsausbildung, duale 25
Berufsbezeichnung
    siehe Berufsabschluss
    siehe Führen der Berufsbezeichnung
Berufsbildungsgesetz 22
Berufsfähigkeit 51
Berufsfreiheit 15, 20, 31, 161, 225, 226

Berufszulassung
  siehe Führen der Berufsbezeichnung
Berufszulassungsgesetz 15, 21
Bescheinigung, ärztliche 36, 58, 101, 203, 222
Beschwerderecht 79
Beschwerdeverfahren 80
Bestandsschutz 31, 230
Betriebsgeheimnisse 114
Bewertungsmaßstäbe 160
Bezugsnormen 160

C

Cannabis, Konsum 221
Curriculare Einheiten 141

D

Deutschkenntnisse 34, 222, 224
Dienstplan 77
– geteilter Dienst 98
Direktionsrecht
  siehe Weisungsrecht
Distanzunterricht 41, 137
– asynchroner 139
– EDV-Ausstattung 146
– synchroner 138
Disziplinschwierigkeiten 162
  siehe Erziehungsmaßnahmen
  siehe Ordnungsmaßnahmen
– ausbildungsrechtliche Maßnahmen 168
– Grundsätze der Sanktionierung 168
Dreiecksverhältnis, ausbildungsrechtliches 25
Durchführungsverantwortung 72, 116, 118

E

Eignung, gesundheitliche 34, 221, 224, 225
Einsichtsrecht Prüfungsunterlagen 184
Entgeltfortzahlung im Krankheitsfall 90, 99
– Dauer 99
– Fehlzeiten 101
– Leistungsverweigerungsrecht 102
– Nachweispflicht 101
– Voraussetzungen 101
Erholungsurlaub
  siehe Urlaub
Erziehungsmaßnahmen 163
– anregende und fördernde 163
– Arten 163
– Ausschluss aus der Unterrichtsstunde 165
– Gebote und Verbote 163
– Nacharbeit 166
– Wegnahme von Gegenständen 165
Ethik 46
Ethikkodex für Pflegende 46
Europarecht 16
Evaluation der Pflege 51, 229

F

Fachbücher 91, 146
Fachklassen 143
Fachkompetenz 41
Fehlzeiten 35, 125, 182
– Härtefall 37
– Krankheit 35, 101
– Mutterschutz 36, 107
– Urlaub 35, 37
Führen der Berufsbezeichnung 21, 220
– Erlaubniserteilung 220
– Rücknahme der Erlaubnis 223
– Ruhen der Erlaubnis 225
– Urkunde 222
– Widerruf der Erlaubnis 224
Führungszeugnis 57, 222

G

Generalistik 13, 38, 45, 58, 61
Gesamtverantwortung der Pflegeschule 178
Gesetzgebungskompetenz 20, 21, 24
Gestaltungsrecht, einseitiges 60, 61, 125, 208
geteilter Dienst 98
Gewissensentscheidung 83
Gewissenskonflikt 84
Gleichbehandlungsgrundsatz 161, 169, 187, 188, 198
Grundgesetz 15, 19

H

Haftung 114
  siehe Ausbildungspflichtverletzung
– Anleitungssituation 115
– Arbeitseinsatz 116
– Ausbildungspflichtverletzung 64
– Ausbildungsstation 118
– deliktische 119
– gesamtschuldnerische 121
– innerbetrieblicher Schadensausgleich 122
– klinischer Unterricht 176
– vertragliche 121
Handlungskompetenz, berufliche 25, 41

Hauptschulabschluss 32, 34
Hausaufgaben 150
Hepatitisinfektion 222
HIV-Infektion 222
Honorarlehrkräfte 29

I

Identitätsnachweis 181
interkulturelle Kompetenz 42

J

Jahreszeugnisse 153, 181, 206
- Bedeutung 153
- Noten für den Unterricht 156
- Noten für die praktische Ausbildung 157
- Notenbildung 154
Jugendarbeitsschutz 68, 108
- Anwendungsbereich 108
- Beschäftigungsverbote 110
- Dauer und Lage der Arbeitszeit 108
- Gesundheitsuntersuchungen 111
- Schulbesuch 110
- Urlaub 110
Justus 5

K

Kinderkrankenpflege
  siehe Berufsabschluss, klientenspezifischer
Klassenfahrten 152
Klassengröße 30
Klausuren 156, 191
Kleiderordnung 170
klinischer Unterricht 176
Kollektivstrafe 169
Kommunikationskompetenz 42
Kompetenzen 42, 183
- Kompetenzbereiche 42–45
- Kompetenzdimensionen 41
- Kompetenzschwerpunkte 42
- Kontextebenen 44
Kompetenzerwerb 83
Kompetenzprofil 44
Kooperationsverhältnis 26, 172
Kooperationsvertrag (Pflegeschule) 172
- Form 174
- Inhalte 173
- Pflicht zum Abschluss 173
- Zweck 172

Kooperationsvertrag (Praxiseinrichtung) 67, 68, 173
Koordinationsverantwortung 178
Krankheitsfall
- Meldepflicht 101, 148, 149, 170
Kündigung
- außerordentliche 129, 130, 132, 148
- Benehmen mit der Pflegeschule 132
- durch den Ausbildungsträger 129, 168
- durch den Auszubildenen 132
- fristgemäße 132
- Kündigungserklärungsfrist 131, 133
- Kündigungsgrund 131, 133
- Probezeit 129
Kursstärke 30

L

Landesrecht 16, 24, 28, 30–32, 67, 71, 79, 80, 140, 141, 154, 158, 162, 174, 222
Lebensweltbezug 50
Lehr- und Lernmittel 144
- Arten 144
- Bereitstellungspflicht 144, 146
- Leihe 145
- Zurverfügungstellung 145
Lehrpersonal 28
Lehrplan
- auf Landesebene 141
- Rahmenlehrplan 141
- schulinternes Curriculum 141
Leistungsbewertung 153
- Bewertungsmaßstäbe 160
- kriteriumsorientierte 160
- Notenstufen 159
Leistungsklage 81
Lernaufgaben 70
Lernkompetenz 42
Lernmittel
  siehe Lehr- und Lernmittel
Lernmittelfreiheit 145
Lernpflicht 83
Lernplattform 139, 140
Lernstation 118

M

Mehrarbeit 78
Ménage-à-trois 25
Methodenkompetenz 41
Mitwirkungspflicht 82, 149, 177
Mustervertrag 56, 173, 175
Mutterschutz 103
- Bekanntgabe der Schwangershaft 107

- Beschäftigungsbeschränkungen 106, 107
- Beschäftigungsverbote 103, 105
- Fehlzeiten 107
- Gestaltung der Arbeitsbedingungen 106
- Schutzfristen 103

N

Nachtdienst 68
Nachteilsausgleich 187
- Antrag 188
- Behinderung 187
- Form 188
- Verbot der Überkompensation 188
Niederschrift 184
Normenpyramide 184
Notenskala 206
Notenstufen 159

O

Offenbarung von Privatgeheimnissen 113
Ombudsstelle 80
Ombudsverfahren 80
Ordnungsmaßnahmen 166
- Ausschluss vom Unterricht 167
- Rechtsnatur 166
- schriftlicher Verweis 166
- Überweisung in eine Parallelklasse 167
Ordnungswidrigkeitsverfahren 79

P

Patientenorientierung 50
Patientenrechte 85
Pausen 97
Personalkompetenz 41
Personalschlüssel an Pflegeschulen 29
Pflegeassessment 51, 227
Pflegeassistenz 32, 46, 52, 227
Pflegeausbildung, hochschulische
  siehe Pflegestudium
Pflegebedürftigkeit 50, 227
Pflegeberatung 228
Pflegeberufereformgesetz 21
Pflege-Charta 85
Pflegeplanung 51, 105, 197, 227, 228
Pflegeprozessmodell 51, 228
Pflegeschule 28
- Ausstattung 31
- Lehrpersonal 28
- Mindestanforderungen 28

- Rechtsform 28
Pflegestudium 22, 26, 209
- Akkreditierung 210
- Anerkennung von Leistungen 210
- Ausbildungsvergütung 215
- Ausbildungsziel 211
- Fehlzeiten 213
- Gesamtverantwortung der Hochschule 214
- Gesetzgebungszuständigkeit 210
- Immatrukulation 214
- Praxisanleitung 214
- Praxisbegleitung 214
- Praxiseinsätze 213
- Rechtsstellung der Hochschule 214
- Rechtsstellung der Studierenden 214
- staatliche Prüfung 217
- Studiengangsstruktur 210
- Studienvertrag 214
- Umfang 213
- Zugangsvoraussetzungen 214
Pflegeverständnis 45
Pflegezyklus 52
Pflichtenkollision 83
Praxisanleitung 69
- Aufgaben 69, 70
- Haftung 71
- Qualifikation der Praxisanleiter 70
- Umfang 69
Praxisbegleitgespräche 177
Praxisbegleitung 175
- Aufgabe 175
- Praxisbegleitgespräche 177
- Qualifikation der Praxisbegleiter 177
Praxiseinrichtung 67
Praxiseinsätze 65
- Arten 65
- Kooperationspartner 66
- Umfang 65, 66
Prinzipien biomedizinischer Ethik 49
Privatgeheimnisse 113
Probezeit 129
Professionalisierung der Pflege 45, 46, 52, 226
Prüfung, mündliche 193
- Anwesenheit Fachprüfer 195
- Benotung 195
- Prüfungsabnahme 195
- Prüfungsbereiche 193
- Prüfungsdauer 194
- Prüfungsgegenstand 194
- Prüfungsverfahren 194
- Zuhörer 195
Prüfung, praktische 196
- Auswahl Pflegeempfänger 198
- Benotung 201
- Einwilligung Pflegeempfänger 198
- Patientengefährdung 201
- Prüfungsablauf 196

- Prüfungsabnahme 199
- Prüfungsbereiche 196
- Prüfungsdauer 196
- Prüfungsgegenstand 196
- Zuhörer 199

Prüfung, schriftliche
- Aufgabenauswahl 192
- Aufsicht 191
- Aufsichtsarbeiten 191
- Benotung 193
- Fallorientierung 191
- Prüfungsbereiche 190
- Prüfungsdauer 191
- Prüfungsgegenstand 191

Prüfung, staatliche
   siehe Staatsprüfung

Prüfungsangst 203

Prüfungsausschuss 184
- Arbeitsweise 184
- Bestellung 186
- Funktion des Vorsitzenden 186, 187
- Zusammensetzung 184

Prüfungsergebnis 206
- Bestehen 206
- Gesamtnote 206
- Nichtbestehen 207
- Nichtbestehen, endgültiges 208
- Notenbildung 206
- Wiederholungsmöglichkeiten 207

Prüfungsort 183
Prüfungsrechtsverhältnis 182
Prüfungsstress 203
Prüfungsteile 189
   siehe Prüfung, mündliche
   siehe Prüfung, praktische
   siehe Prüfung, schriftliche
Prüfungsunfähigkeit 202, 203

Q

Qualitätsmaßstab 46
Qualitätssicherung 13, 14, 190

R

Rahmenausbildungsplan 64
Rahmenlehrplan 141
Rangordnungsprinzip 15
Rauchverbot 170
Rechtsverordnungen 16, 23
Religionsfreiheit 83
Routinetätigkeiten 78–80
Ruhepausen 97

S

Sachbezüge 88
Schadensersatz
- Ausbildungspflichtverletzung 64, 81
- Pflegefehler 119
- Pflegeschule 139

Schulausstattung 31
Schulbesuchspflicht 148
Schulbildung 32
Schulfahrten 152
Schulinternes Curriculum 141
Schulleitung 28
Schulordnung 169
- Befugnis zum Erlass 169
- Kleiderordnung 170
- Meldenpflichten bei Krankheit 170
- Nutzung von Mobiltelefonen 170
- Rauchverbot 170
- Regelung außerschulischer Angelegenheiten 171
- Regelung innerschulischer Angelegenheiten 169

Schulrecht 24
Schulverhältnis 26, 135
Schwangerschaftsabbruch 84
Schweigepflicht 112
Selbständigkeit 50
Selbstreflexionskompetenz 42
Sonn- und Feiertagsarbeit 99
Sozialkompetenz 41
Sozialversicherungsentgeltverordnung 88
Sozialversicherungspflicht 93, 216
Sprachniveau 34, 222
Sprachzertifikat 58, 222
staatliche Prüfung
   siehe Staatsprüfung
Staatsexamen
   siehe Staatsprüfung
Staatsprüfung 180
   siehe Nachteilsausgleich
   siehe Prüfungsausschuss
   siehe Prüfungsergebnis
   siehe Prüfungsteile
   siehe Unregelmäßigkeiten
- Abnahme 182
- Beobachter 187
- Prüfungsdauer 184
- Prüfungszeitpunkt 184
- Struktur 183
- Zeugnis 207
- Zulassung 180

Stationshopping 65
Sterbehilfe 84
Suchterkrankung 222

T

Täuschungsversuch 204
Trägeridentität 27
Trifurkation 58

U

Überforderung 76
Übergangsregelung 30
Übernahmeverantwortung 117
Unregelmäßigkeiten (Staatsprüfung) 202
- Ordnungsverstöße 204
- Rücktritt 202
- Täuschungsversuche 204
- Versäumnis 204
Unterricht 135
- Begriff 139
- binnendifferenzierter 142
- Distanzunterricht 137
- Freistellungsanspruch 152
- klinischer 176
- Pflicht zur Mitarbeit 149
- praktischer 137
- Rücksichtnahme auf 152
- Stundenverteilung 136
- theoretischer 137
- Umfang 135
- Unterrichtsinhalte 141
- Unterrichtsziel 136
Unterrichtsstörungen
  siehe Disziplinschwierigkeiten
Untersagensverfügung 78, 190
Unzuverlässigkeit
  siehe Zuverlässigkeit
Urkundenfälschung 85
Urlaub 93
- Dauer 93
- Erkrankung 95
- Erwerbstätigkeit 95
- Fehlzeiten 35
- Zeitpunkt 94

V

Verhältnismäßigkeit 79, 168, 205, 225
Verordnungsermächtigung 23
Vertiefungseinsatz 58, 60, 61
- Gestaltungsspielraum Ausbildungsträger 61, 68, 144
- Wahl 58, 60
Vertragsfreiheit 56, 60
Videokonferenzsystem 138, 177
Vorbehaltsaufgaben 45, 52, 226
- Exaluation der Pflege 229
- Gesetzgebungskompetenz 21
- Organisation des Pflegeprozesses 228
- Pflegeassessment 227
- Pflegeplanung 227, 228
Vorbehaltstätigkeiten
  siehe Vorbehaltsaufgaben
Vornoten 206

W

Wahlrecht 57
Wegezeit 96
Weigerungsrecht 79
Weisungsgebundenheit 83
Weisungsrecht
- Ausbildungsträger 73
- Grenzen 78, 83
- Inhalt der Tätigkeit 74
- Kooperationspartner 73
- Ort der Tätigkeit 76
- Pflegeschule 76, 151
- Umfang 73, 74
- Zeit der Tätigkeit 77
Wissenschaftsorientierung 46
Wissenstransferskompetenz 42

Z

Zeugnis
  siehe Jahreszeugnisse
- Staatsprüfung 207
Zugangsvoraussetzungen 32, 34, 57
Zulassungsantrag 180
Zusammenarbeit, interdisziplinäre 52
Zuverlässigkeit 34, 220, 223–225
Zwangsvollstreckung 79
Zwischenprüfung 157
- Ausgestaltung 158
- Zuständigkeit 158
- Zweck 157